현대의 교류분석

TA Today 2nd ed.

현대의 교류분석

TA Today 2nd ed.

Ian Stewart · Vann Joines 공저 | 제석봉 · 최외선 · 김갑숙 공역

A New Introduction to Transactional Analysis

학지사

TA Today: A New Introduction to Transactional Analysis 2nd Edition
by Ian Stewart and Vann Joines

역자 서문

교류분석(Transactional Analysis: TA)은 정신의학자 Eric Berne이 창시한 상담 또는 심리치료의 한 분야다. 국제교류분석협회에서는 교류분석을 '성격이론인 동시에 개인의 성장과 변화를 촉진하는 체계적인 심리치료'라고 정의하고 있다. 교류분석은 인간의 성격을 이해하고 상담 및 심리치료에 활용하는데, 그 이론의 깊이나 활용 범위가 어떤 심리학적 접근보다 빼어나다. 교류분석은 상담과 심리치료뿐만 아니라 성격이론, 커뮤니케이션이론, 아동발달이론, 정신병리이론으로도 주목을 받고 있다. 교류분석의 강점은 무엇보다 활용 범위가 넓다는 것이다. 성격의 이해나 효율적인 커뮤니케이션을 통한 좋은 관계 형성을 필요로 하는 곳이라면 어디서든 소중한 길잡이가 되어 준다.

그럼에도 불구하고 교류분석이 일부 사람들에 의해 폄하되고 있는 것은 안타까운 일이다. 교류분석이 제 가치를 인정받지 못하고 있는 것은 대중의 인기에 편승했다는 오해 때문이다. 1964년 Berne이 소수의 전문가들을 위해 펴낸 『심리 게임(Games People Play)』이 전 세계에서 일약 베스트셀러가 됨으로써 교류분석은 세간의 시선을 사로잡았다. 당시 유력 대중 매체들이 앞다투어 소개하면서 '게임' '스트로크' '각본' 'OK-ness' 등은 그 어휘에 담긴 진정한 의미도 모르는 사람들의 일상적 대화에서까지 회자되기 시작했다. 이 같은 사건으로 교류분석이 일종의 '대중 심리학(pop psychology)'에 편승되면서 일부 저술가들이 심오한 이론을 단순화시켜 버렸다. 이로써 깊이가 없고 피상적인 심리학이라는 이미지를 갖게 된 것이다.

'인기'로 인해 교류분석에 대한 관심이 고조된 것은 다행한 일이지만, 교류분석에 대한 지나친 단순화와 왜곡은 오랜 세월이 흘러도 회복하기 힘든 지경에 이르렀다. 이렇게 왜곡된 1960년대의 교류분석에 대한 개념들은 우리나라에서도 지금까지 널리 유포되어 오도되고 있다.

Berne은 어떤 사람이든 쉽게 교류분석에 접근하도록 단순하고 쉬운 언어를 선택했다. 그렇지만 그가 사용한 단어는 깊고도 심오한 의미를 담고 있다. 때문에 『심리 게임』이 출판된 이후 수십여 년간 교류분석 전문가들이 떠맡은 무거운 과업은 오도되고 왜곡된 이미지를 수정하여, 원래 Eric Berne이 추구했던 제 위치로 되돌려 놓는 것이었다.

이 책 저자들이 밝힌 『현대의 교류분석(TA Today)』을 출판한 이유 중 하나는 바로 이러한 교류분석의 왜곡된 이미지를 불식하고, Berne의 정통 이론과 그의 사후 눈부시게 발전한 이론을 소개하자는 것이다.

이 책은 1987년에 출판된 후부터 전 세계 교류분석 전문가 양성의 기본 교재로 사용되었다. 한국어판은 2010년에야 학지사를 통해 모습을 드러냈다. 『TA Today(2nd ed.)』는 초판이 나온 지 25년이 흐른 후에야 나왔다. 이 개정판은 초판에 나온 Berne의 정통 이론을 그대로 계승하면서, 초판 발행 이후 새로이 변모된 풍부한 이론과 실제를 담았다.

교류분석은 성격심리학인 동시에, 개인의 성장과 변화를 촉진하는 상담 및 심리치료 이론이다. 그러나 교류분석은 단순히 상담이나 심리치료 영역에만 머물지 않고 사람이나 집단을 대상으로 하는 어떤 영역에서든 활용될 수 있다. Berne은 교류분석의 발달 초기부터 교류분석을 단순히 상담 및 심리치료 이론보다는 '사회행동이론'으로 보았다. 따라서 출범 초기부터 상담 및 심리치료 영역에서뿐만 아니라, 교육 및 조직 영역에서도 널리 활용되어 왔다. 한국TA연구소에서는 교류분석을 임상 영역 외의 교육 및 조직 분야에서도 활용하기 위해 'TA 부모교육 상담 프로그램(TA for Parents: TAP)'을 개발하여 부모교육 및 상담 전문가를 양성하고 있다. 또 'TA 청소년 인성교육 및 상담 프로그램(TA for Teens: TAT)' '조직 내에서의 TA 리더십 프로그램(TA for Leaders: TAL)' 등을 개발하여 관련 전문가 양성 준비과정에 있다.

이 책은 상담이나 심리치료 전문가 과정을 밟는 분들 외에도 부모, 교사, 기업의 관리자 및 회사원, 사회복지사, 경찰 및 보호관찰자, 종교 지도자 등 사람을 돕고 지도하는 분들에게 좋은 길잡이가 될 것이다.

이 책을 번역하는 데 많은 시일이 소요되었지만, 수익성이 떨어지더라도 우리 사회에 필요한 책이라면 항상 마다하지 않고 출판해 주시는 학지사 김진환 사장님께 깊이 감사드린다. 또, 이 책을 정성스럽게 다듬어 주신 편집부 최윤희 님의 노고에도 감사드린다. 『현대의 교류분석』이 우리나라의 상담 현장에서뿐만 아니라 학교, 가정, 조직 등 다양한 영역에서 남을 돕는 분들에게 친근한 벗이 되기를 간절히 소망한다.

2016년 8월

한국TA연구소 소장 제석봉

2판 저자 서문

『현대의 교류분석』 2판을 맞이하게 된 여러분을 환영한다.

이 책을 집필하게 된 동기는 현대 교류분석의 이론과 실제에 대해 분명하고 간결하고 쉽게 접근할 수 있는 입문서를 제공하려는 것이다.

이 책의 특징

독자들의 피드백을 통해 수많은 독자들이 이 책의 여러 특징을 널리 수용하고 인정하여 더없는 기쁨을 느꼈다. 따라서 2판에서도 이러한 특징을 이어 가기로 했다. 그 특징들을 간단히 요약하고자 한다.

- 혼자서 교류분석을 공부하는 사람이든 공식 교육 과정에 참여하는 사람이든 누구에게나 유용하도록 자료를 제시하였다.
- 특히 교류분석을 접하는 분은 이 책의 편안한 대화 스타일의 진가를 맛보기를 희망한다.
- 이론의 요점을 드러내기 위해 사례를 풍부하게 들었다.
- 각 장마다 연습이 들어 있다. 연습 방법에 대해서는 다음에서 설명할 것이다.
- 만일 교류분석의 입문 'TA 101' 과정에 등록하여 참고문헌으로 읽는다면, 이 책이 'TA

101' 과정의 모든 내용을 담고 있다는 사실을 발견하게 될 것이다. 여러 해 동안 이 과정의 내용이 그대로 유지되어 왔지만, 국제교류분석협회에서는 2008년 교육과정을 전면 개편하였다. 이 책은 개편된 내용을 총망라하고 있다.

- 오늘날 교류분석은 국제적인 학문이다. 이 책을 읽을 때에도 국제적인 마인드를 가지기를 희망한다(이 책의 1판은 15개국에서 번역되었다). 저자들도 이러한 마인드로 세계 어느 나라에서나 친숙한 사례를 들었다.
- 더욱 깊이 공부하려는 분들을 위해 주와 참고문헌을 풍부하게 제시하였다.

연 습

우리는 교류분석 과정을 가르칠 때 강의 외에도 연습에 역점을 둔다. 각 장의 주요 부분마다 바로 이와 관련된 연습이 제시되어 있다. 우리는 이러한 연습이 공부한 내용을 실제에 옮기고 또 이론적 내용을 강화시키는 데 가장 효율적인 방법이라는 사실을 알았다.

이 책에서도 동일한 방법을 따르고 있다. 교재에 연습할 내용을 제시하여 놓았다. 특정 이론을 소개한 다음에 바로 연습을 제시하였다. 이 책을 통해 가장 좋은 효과를 거두려면, 빠뜨리지 말고 연습하기를 권한다.

연습문제는 본문과 다른 활자체로 제시하였다. 연습문제를 바로 푼 뒤에 다음 부분으로 넘어가는 것이 좋다. 페이지를 뺐다 끼웠다 할 수 있는 파일을 준비하여, 연습할 때 일어난 반응이나 기타 이 책을 읽을 때 떠오른 생각이나 아이디어를 정리해 두면 좋을 것이다. 이 방법이 교류분석을 가장 효율적으로 공부하는 데 도움이 될 것이다.

이 책의 범위

이 책을 읽으면서 연습문제를 풀다 보면, 처음 읽기 시작할 때보다 자신에 대해 많은 것을 확실하게 깨달았다는 것을 알게 될 것이다. 또한 이러한 지식을 통해 여러분이 기대했던 대로 자신의 삶을 변화시키는 데 활용할 방법도 발견하게 될 것이다. 만일 그렇다면 정말 축하할 일이다.

그렇지만 이 책을 상담이나 심리치료용으로 저술할 의도는 아니었다. 따라서 개인적으로 심각한 문제를 가지고 있는 분이라면, 여러분이 개인적으로 필요로 하는 문제에 관심을 갖고 도와줄 명망 있는 전문가에게 도움을 청하는 것이 좋을 것이다.

교류분석 전문가들은 내담자에게 교류분석의 주요 이론을 학습하도록 권장할 것이다. 여러분이 교류분석으로 상담이나 치료받기를 원하거나 교육 현장이나 조직 내에 교류분석을 적용하기를 원한다면, 이 책을 중요한 학습 자료로 삼을 수 있을 것이다.

교류분석으로 상담하거나 남을 도우려는 분에게는 이 책이 교류분석의 기본 사상을 제공하는 첫 입문서로 유용할 것이다. 사실 이 책은 교류분석 전문가 자격을 취득하는 데에도 튼튼한 토대가 될 만큼 풍부한 내용을 담고 있다. 그러나 단지 이 책을 읽는 것만으로 전문가로서의 자질이 함양된다고 볼 수는 없다. 교류분석 전문가 자격을 얻으려면 일정 기간 교육을 받고, 내담자에게 교류분석을 적용하는 수련과 슈퍼비전을 받고, 또한 자격 시험에 통과해야 한다.

이 책의 내용

이 책은 1판에서와 같이 7부로 구성되어 있다. 이론과 실제에 대한 설명은 점진적으로 구성되어 있으며, 각 부분은 앞에서 배운 부분을 알고 있다는 것을 전제하고 있다.

하나의 장으로 구성된 제1부에서는 교류분석의 특징과 범위를 개관한 것으로서, 앞으로 공부하게 될 주제에 대한 간략한 스케치라 할 수 있다.

제2부는 교류분석 이론의 토대를 이루는 성격 구조의 **자아상태 모델**(ego-state model)을 다룬다. 1판에서와 같이 단순화된 모델에서 벗어나 Berne이 원래 구상했던 정통 모델을 토대로 하여 설명한다.

제3부에서는 '커뮤니케이션'을 다룬다. 자아상태 모델을 토대로 **교류**(transaction)를 분석하는 방법을 제시함으로써, 사람들이 커뮤니케이션하는 방법을 분석한다. 그리고 사람들이 서로 어떻게 **인정**(recognition)을 표하는가 하는 **스트로크**(stroke)라는 중요한 주제를 살펴본

다. 끝으로, 사람들이 함께할 때 또는 시간이 구조화되어 있지 않을 때 시간을 어떻게 보내는가 하는 **시간구조화**(time structuring)를 검토한다.

제4부에서는 '인생각본(life-script)'을 다룬다. 인생각본이란 우리가 아동기에 '일생을 살아갈 인생 이야기를 작성하고', 어른이 되어 이 이야기에 따라 살아가는 방식을 가리킨다. 인생각본은 자아상태 모델과 더불어 교류분석 이론의 근간을 이룬다. 먼저 각본의 특성과 형성을 고찰하고, 여기에 따라 살아가는 방식을 검토한다. 제4부에는 세상에 대처하는 데 '최상의 선택'으로 채택한 여섯 가지 성격 유형을 가리키는 **성격 적응**(personality adaptation)도 포함시켰다.

제5부에서는 **카섹시스**(cathexis) 이론 또는 Schiffs이론을 다룬다. 이 접근 방법을 따르는 임상가들은 사람들이 인생각본을 따를 때 **수동성**(passivity)을 띤다고 말한다. 수동성이란 자신의 문제해결을 다른 사람들이 대신하도록 아무것도 하지 않거나, 하더라도 효율적으로 하지 않는 것을 말한다. 제5부에서는 여러 장에 걸쳐 수동성에 직면하여 적극적인 문제해결에 도움이 될 강력한 모델들을 제시하고 있다.

제6부에서는 과거 오랜 세월 동안 치료사나 철학자들의 마음속에서 떠나지 않았던 문제에 대한 교류분석의 관점을 제시한다. 사람들은 왜 고통스럽고 또 생산적이지 못한 행동들을 반복해서 하는가? 교류분석에서는 이러한 반복적인 유형을 **라켓**(racket)과 **게임**(game)으로 간주한다. 이 모두 인생각본의 표현이다. 교류분석에서는 이러한 유형을 이해하고 타파할 방안을 제시해 준다.

끝으로, 제7부에서는 '교류분석의 실제'를 개관한다. 계약 체결—교류분석 실제의 중심적 원리—과 교류분석에서 본 변화의 목적을 살펴본다. 두 개의 장에서 교류분석을 치료와 상담, 교육과 조직 내에서 활용하는 방안을 기술한다. 마지막 장에서는 교류분석이 1950년부터 현재에 이르기까지 어떻게 발달되어 왔는지 검토한다.

1판과의 차이

이 책에서 기술한 교류분석의 핵심인 기본 이론은 1판이 나온 이후 25년 동안 거의 변함이 없었다. 그렇다고 해서 교류분석의 이론과 실제의 발전이 멈추었다는 것은 아니다. 오히려 지속적인 발전을 하여, 원래의 핵심에서 벗어나 더욱 전문화된 영역으로 범위를 넓혀 적용되어 왔다(제30장에서 더욱 상세하게 다룰 예정이다).

핵심 이론이 변하지 않았다는 것은 2008년 이 책의 뼈대가 되고 있는 '공식 TA 101' 과정이 개편될 때에도 변함없이 유지되었다는 사실을 봐도 알 수 있다. '101' 과정의 개편 작업을 맡은 위원들(저자 중 한 명도 이 위원회에 참여하였음) 간의 활발하고 진지한 토의 끝에 나온 개정판도 앞의 것과 본질적인 내용이 거의 동일하였다. 다만 '101' 과정을 가르칠 때 유연성과 재량을 좀 더 부여했을 뿐이다.

저자들도 2판을 낼 때, 개정된 재량권이 주어진 부분과 더불어 개정된 '101' 과정을 다 포함시키기로 이미 결정하였다. 그러나 이러한 제목은 1판 『현대의 교류분석』에도 다 나와 있는 것들임이 드러났다. 따라서 저자들의 처음 걱정은 2판을 낼 만큼 '101' 내용에 충분한 변화가 있는가 하는 것이었다.

그렇지만 2판의 원고를 쓰면서 거의 모든 장에서 변화가 이루어졌다는 점에서 놀라게 되었다. 그 변화 중 하나는 독자들로부터 지적받은 표현의 명료성이다. 또 다른 변화는 사례들을 업데이트했다는 점이다. 예를 들어, 이 책을 읽은 사회복지사들은 요즈음에 와서 "이렇게 한번 해 보면 어때요? 예, 그러나⋯."라는 게임을 하는 사람은 아무도 없다는 사실을 분명히 알려 주었다. 따라서 해당 사례를 어머니와 아들 간의 대화로 바꾸었다.

나머지 변화들도 제법 사소해 보이지만, 교류분석 이론의 입장에서 보면 상당히 중요한 변화라 하겠다. 예를 들어, 교류분석 이론을 제시할 때 행동기술 모델(기능모델)은 최전방에서 점차 그리고 꾸준히 밀려 나왔다. 또한 교류분석 훈련이나 시험에서 여러 해 동안 이어져 왔던 '구조와 기능의 혼용'을 금지해 왔던 관례를 재고하게 되었다. 구조와 기능의 '구별'을 이해하는 것이 지금도 여전히 중요하지만, Berne은 교류의 그림을 그리는 데 제1차 구조모델을 사용한 것이 사실이다.

또 한 가지 변화된 관점으로는 드라이버 행동과 과정 각본에 대한 견해다. 제15장에서 보겠지만, 1987년 대부분의 사람들은 드라이버 행동을 직면하면 과정 각본에서 벗어날 수 있다고 생각하여 드라이버 행동에 직면시키는 것이 치료적으로 아주 좋은 아이디어라고 생각하였다. 그러나 그 후 경험상 그렇지 않다는 것으로 판명이 나서 이를 변화시켰다.

'101' 교육과정이야 어떻든 이것과 상관없이 변화시킨 것도 있다. 소각본(miniscript)은 삭제했다. 왜냐하면 그 창시자인 Taibi Kahler도 지금 사용하지 않기 때문이다. 따라서 제15장을 재구성하여 과정 각본과 드라이버에 대한 자료를 모았다. 성격적응을 다룬 제16장은 완전히 새로운 내용이다.

제28장에서는 교류분석의 세 가지 '전통적 학파' 외에 **관계적 접근**을 다루는 내용을 추가하였다. 제29장의 교육 및 조직에서의 교류분석에서는 이 분야의 두 명의 탁월한 전문가들의 자료를 바탕으로 크게 손을 보았다. 제30장의 교류분석 발달사는 현재까지의 내용을 실었고 과거의 내용도 일부 재검토하였다. 부록, 주, 참고문헌 등도 업데이트하였다.

대명사, 성, 이름, 사례

우리 저자들(Ian Stewart와 Vann Joines)은 '우리'라고 표현했고, 독자는 '당신' 또는 '여러분', 일반 다른 사람은 '그' 또는 '그녀'라고 표현했다. 각 사례마다 나오는 이름은 가명이다. 사례에 나오는 이름이 자신과 같더라도 이는 순전히 우연이다.

감사의 말씀: 2판

우리는 2판에 고마운 조언을 해 준 동료들에게 심심한 사의를 표한다. '교육 및 조직에서의 교류분석'을 다룬 제29장의 원고에 대해 Julie Hay와 Trudi Newton의 광범위하고 통찰력 있는 논평으로 대거 수정할 수 있었다. 이들은 제28장의 주(註)와 부록 2의 교류분석에 관한 주요 저서의 목록을 개정하고 업데이트하는 데 도움을 주었다. 교류분석 전문가 훈련 및 자격 취득에 관한 정보를 제공하고, 네 가지 영역에서의 교류분석 적용에 관한 정보를 제공해 준 Trudi에게 감사드린다. Mark Widdowson은 제28장의 관계적 접근을 다루는 데 유용한 조언을 주고, 이 책 전반에 관해 유용한 제안을 해 주었다. Ken Fogleman은 1985년부터 현재까지의 ITAA 회원 자료를 제공해 주었다.

그리고 글로든 말로든 이 책을 읽고 논평과 제안을 해 준 많은 독자들에게 감사드린다. 독자들의 조언이 1판이 변화되는 데 큰 도움이 되었다. 우리는 독자들의 조언 하나하나에 감사드리고, 그것이 2판에 잘 반영되었기를 기대한다.

감사의 말씀: 1판

네덜란드 Utrecht 대학교 상담학과 Erika Stern 박사가 이 책을 꼼꼼하게 읽어 주었다. 이 책을 읽고 조언하는 데 Stern 박사만 한 적임자는 없었을 것이다. Stern 박사는 교류분석뿐만 아니라 다른 심리학적 접근에 있어서도 정확한 이해를 전달해 주었다. 또한 여러 나라 말에 능통하여, 이 책이 비영어권 독자들에게 줄 수 있는 문제점까지 지적해 주었다. Stern 박사는 이 책의 가장 큰 공헌자라 할 수 있을 것이다.

교류분석 전문가가 아닌 독자로서 Andrew Middleton 박사와 Christine Middleton 여사의 공로를 잊을 수 없다. 이 두 분은 교류분석을 처음 접하는 사람의 입장에서 우리의 원고를 읽으며 조언을 해 주었다. 길을 훤히 알고 있는 사람에게는 도로 표지판이 필요 없지만, 처음 길을 가는 사람에게는 어떤 지점에서 표지판이 필요한지 적절하게 지적해 줄 수 있었다. 이 두 분은 이 책이 최종 모습을 갖추는 데 큰 도움을 주었다.

Richard Erskine 박사와 사회복지사인 Marilyn Zalcman 박사는 라켓 체계에 대한 부분을 읽으면서 표현을 다듬는 데 많은 도움을 주었다.

그리고 *Transactional Analysis Journal*과 *Transactional Analysis Bulletin*에 실린 자료를 인용할 수 있도록 허락해 주신 다음의 분들께 감사드린다.

- John Dusay, MD: *Egogram: TAJ*, 2, 3, 1972.
- Franklin Ernst Jr, MD: *OK Corral: TAJ*, 1, 4, 1971.
- Richard Erskine, Ph.D & Marilyn Zalcman, MSW, ACSW: *Racket System:* TAJ, 9, 1, 1979.
- Stephen Karpman, MD: *Drama Triangle: TAB*, 7, 26, 1968.

- Jim McKenna, MSW: *Stroking Profile: TAJ*, 4, 4, 1974.
- Ken Mellor, Dip Soc Studs, & Eric Sigmund: *Discount Matrix: TAJ*, 5, 3, 1975.

여러분의 비평도 환영

이 책 1판 서문에서도 그랬듯이, 이 책에 대한 여러분의 아낌없는 비판과 피드백을 보내 주기를 기대한다. 좀 더 분명하게 표현했으면 하는 부분은 없는가? 이 책에 들어갔으면 하는 내용은 어떤 것인가? 이 책에서 뺐으면 하는 부분은 없는가? 이 책에 어떤 실수나 오기나 불일치된 것은 없는가? 그 어떤 것이든 듣기를 원한다.

여러분이 이 책에 대해 좋아하는 것도 듣기를 원한다. 영국 Melton Mowbray나 미국 Chapel Hill의 Lifespace 출판사로 연락 주기를 부탁드린다. 그동안 이 책을 유용하고도 즐겁게 사용하기를 바란다.

2012년 1월

Ian Stewart와 Vann Joines

차 례

제5부 세상을 자신의 각본에 맞추기: 수동성

제6부 각본 신념의 정당화: 라켓과 게임

제1부

교류분석 개관

제1장 교류분석이란 무엇인가

제1장

교류분석이란 무엇인가

'교류분석은 성격이론인 동시에 개인의 성장과 변화를 위한 체계적인 심리치료다.' 이 정의는 **국제교류분석협회**(International Transactional Analysis Association, 이하 ITAA)의 정의다.[1] 현대의 교류분석이 바로 이러한 것이지만, 교류분석은 훨씬 그 이상의 의미를 담고 있다. 교류분석은 그 이론의 깊이나 활용 범위에 있어서 그 어떤 심리학적 접근방법들보다 뛰어나다.

교류분석은 '하나의 성격이론'으로서 인간의 성격이 심리적으로 어떻게 구조화되어 있는지 잘 보여 준다. 교류분석은 세 가지 **자아상태 모델**(ego-state model)을 통해 인간의 성격을 기술한다. 또한 이 모델은 성격의 기능—성격이 행동으로 표현되는 방법—을 이해하는 데 도움을 준다.

교류분석은 '커뮤니케이션 이론'을 제공해 준다. 이 이론은 개인의 삶이나 조직 내에서의 체계와 관계를 분석하는 데에도 활용할 수 있다.

교류분석은 '아동발달'의 이론을 제공해 준다. **인생각본**(life-script) 개념은 어린 시절의 경험이 어떻게 현재 삶의 유형에 영향을 미치고 있는지 잘 설명해 준다. 교류분석은 인생각본의 관점에서 자라고 난 뒤에도 아동기의 전략을 재연하는 이유, 심지어 자기패배적이고 고통스러운 결과를 초대함에도 불구하고 이를 재연하는 이유를 밝혀 준다. 따라서 어떻게 보면 교류분석을 '정신병리학 이론'이라고도 할 수 있다.

구체적인 임상 측면에서 교류분석은 심리치료 체계를 제공해 준다. 교류분석은 일상적인 생활 문제에서부터 심각한 정신장애에 이르기까지 어떤 유형의 심리적 장애라도 다 치료할 수 있다. 교류분석은 개인 · 집단 · 부부 · 가족 치료에도 적용할 수 있다.

교류분석은 임상 분야 외에 교육 영역에서도 활용할 수 있다. 교사와 학생들로 하여금 분명하게 커뮤니케이션을 하고 비생산적인 직면을 피할 수 있는 방안을 제시해 준다. 특히 교류분석은 상담에 활용하기에 적합하다.

교류분석은 경영과 커뮤니케이션 훈련 및 조직 분석에 그야말로 탁월한 도구다. 그 외에 사회복지사, 경찰, 보호관찰자, 종교 지도자들도 교류분석을 유용하게 사용할 수 있다. 교류분석은 개인, 관계, 커뮤니케이션에 대한 이해가 필요한 곳이라면 어디에든 활용할 수 있다.

교류분석의 주요 개념

교류분석 이론의 토대를 이루는 핵심 개념들이 아주 많다. 이것이 다른 심리학적 체계와 구별되는 점이다. 앞으로 각 장마다 이러한 개념들을 상세하게 검토하고 사례를 제시하게 될 것이다. 여기서는 먼저 주요 개념들을 간략하게 요약하고자 한다. 여기서는 단지 죽 읽어 내려가면서 기본 용어와 일반적인 개념을 접하는 기회로 삼기 바란다.

자아상태 모델 (PAC 모델)

가장 기본이 **자아상태 모델**(ego-state model)이다. **자아상태**란 일단의 관련된 행동, 사고, 감정을 말한다. 자아상태는 특정 순간에 우리 성격의 일부를 드러내는 방법을 말한다. 이 모델에서는 서로 뚜렷이 구별되는 3가지 자아상태 유형을 제시한다.

내가 지금 여기서 일어나고 있는 일에 대해 성장한 사람으로서의 자원을 활용하여 반응하고 있다면, 나는 '어른 자아상태(Adult ego-state, 이하 **A 자아상태**)' 에 놓여 있다.

때로는 부모나 부모와 같은 권위적 인물들의 생각이나 감정이나 행동을 그대로 본보고 따라할 때가 있다. 이때는 '어버이 자아상태(Parent ego-state, 이하 **P 자아상태**)' 에 놓여 있다.

이따금 어릴 때 자주 하던 행동이나 사고나 감정으로 되돌아갈 때도 있다. 이때에는 '어린이 자아상태(Child ego-state, 이하 **C 자아상태**)' 에 놓여 있는 것이다.

자아상태 모델을 영어 단어의 앞 글자를 따서 P-A-C 모델이라 부르기도 한다. 자아상태 모델을 이용하여 성격의 다양한 측면을 이해하는 것을 **구조분석**(structural analysis)이라 부른다.

교류, 스트로크, 시간구조화

내가 다른 사람과 커뮤니케이션할 때, 세 자아상태—A 자아상태, C 자아상태, P 자아상태—중 어느 한 상태에서 말을 건다. 그러면 상대방도 자신의 세 자아상태 중 어느 한 상태에서 반응한다. 이와 같이 정보를 주고받는 것을 **교류**(transaction)라고 하는데, 이것이 사회적 담화의 기본 단위를 이룬다.

자아상태 모델을 사용하여 연속적으로 일어나는 교류를 분석하는 것을 '엄밀한 의미의 교류분석(transactional analysis proper)' 이라 한다. 'proper' 라는 명칭을 붙인 이유는 전체 교류분석 이론과 구별하기 위해서다.

내가 당신과 교류할 때, 나는 당신을 **인정**(recognition)한다는 신호를 보내고 당신 또한 이러한 신호를 보낸다, 교류분석 언어로 이렇게 인정하는 행위를 **스트로크**(stroke)라 부른다. 우리가 신체적 · 심리적 웰빙을 누리기 위해서는 스트로크가 필요하다.

두 사람이나 집단 내에서 교류할 때 시간을 보내는 방법은 각양각색이다. 시간 보내는 방법을 열거하고 분석할 수 있는데, 이것을 **시간구조화**(time structuring) 분석이라 한다.

인생각본

우리는 어릴 때 누구나 일생 동안 살아갈 인생 이야기(life-story)를 쓴다. 이 이야기에는 시작이 있고 중간이 있고 끝이 있다. 우리는 제대로 말도 하지 못하는 유아 시절에 이미 기본 줄거리를 다 쓴다. 아동기에 가서 이 줄거리에 상세한 내용을 보탠다. 대부분 7세 무렵에 완성된다. 그리고 청년기 동안 수정해 나간다.

어른이 되어서는 자신이 쓴 인생 이야기를 대부분 알지 못한다. 그러나 그 이야기에 따라 살아간다. 자신이 의식하지 못하지만, 유아기에 결정한 마지막 장면을 향해 삶을 꾸려 나간다. 본인이 의식하지 못하는 이러한 인생 이야기를 교류분석에서는 **인생각본**(life-script)이라 부른다.

인생각본 개념은 자아상태 모델과 더불어 교류분석의 중심적인 토대가 되고 있다. 심리치료를 할 때 인생각본은 특히 중요한 비중을 차지한다. **각본분석**(script analysis)을 할 때, 인생각본 개념을 사용하여 사람들이 왜 자신도 모르게 문제를 유발하게 되는지, 또 이러한 문제를 어떻게 해결하려고 하는지 이해하게 해 준다.

디스카운트, 재정의, 공생

어린 시절에 사람마다 특정 인생각본을 선택하는 것은 그것이 이 세상에서 생존해 나가고 때로는 적대적인 세상처럼 여겨지는 이 세상에서 살아나가는 데 자기 나름대로 최상의 전략이라고 믿기 때문이다. 자라고 난 뒤에도 'C 자아상태'에서 유아기의 세상관이 위협을 받으면 자신의 욕구충족에, 심지어 자신의 생존에 위협이 되는 것처럼 믿는다. 이와 같이 자신의 각본에 맞추기 위해 현실에 대한 지각을 흔히 왜곡하게 되는데, 이것을 **재정의**(redefining)라 한다.

세상을 기존의 자기 각본에 맞출 수 있는 확실한 방법 중 하나가 자신에게 들어오는 정보 중 특정 정보를 선택적으로 무시하는 것이다. 물론 의식적으로 의도하는 것은 아니지만, 상황의 특정 측면 중 자신의 각본과 어긋나는 것은 지워 버린다. 이것을 **디스카운트**(discount)라고 부른다.

각본을 유지해 나가는 또 한 가지 방법은 자라고 난 뒤 다른 사람들과 관계를 맺을 때 과거 부모와 맺었던 관계를 재연하는 것이다. 물론 자신도 모르게 그렇게 한다. 이러한 상황에 놓일 때, 관계를 맺고 있는 두 사람 중 한 사람은 **P 자아상태**와 **A 자아상태**에서만 반응하고, 상대방은 **C 자아상태**에서만 반응한다. 이와 같이 두 사람 사이에 여섯 가지 자아상태가 기능하지 않고 세 가지 자아상태만 기능한다. 이러한 관계를 **공생**(symbiosis)이라 한다.

라켓, 스탬프, 게임

어릴 때 가정에서 어떤 감정을 표현할 때는 허용해도 어떤 감정은 억누르는 경우가 있다. 아이는 인정(스트로크)을 받기 위해 허용하는 감정만 드러내려고 한다. 물론 이러한 결정은 자기도 모르게 내린다. 자란 뒤 자신의 각본에 따라 행동할 때, 진정한 감정은 숨기고 어릴 때 허용되었던 감정을 나타낸다. 이와 같이 대치된 감정을 **라켓 감정**(racket feeling)이라 한다. 라켓 감정을 느낄 때, 이를 드러내지 않고 저장하는 것을 **스탬프**(stamp)를 모은다고 말한다.

게임(game)이란 두 사람 모두 라켓 감정으로 끝을 맺는 반복적 교류를 말한다. 게임에는 반드시 **전환**(switch)이 따르는데, 전환이란 게임을 하는 사람이 예기치 못한 불편한 감정을 느끼는 순간을 가리킨다. 사람들은 자신이 게임하고 있다는 사실을 모른 채 게임을 한다.

자율성

우리가 성장한 사람으로서 자신의 가능성을 충분히 실현하려면, 삶에 대처하기 위해 어릴 때 내렸던 전략들을 변화시켜 나가야 한다. 이러한 전략들이 더 이상 효과가 없다는 사실을 발견한다면, 더욱 효율적인 새로운 전략들로 대치시켜 나가야 한다. 교류분석에서는 이를 각본에서 벗어나 **자율성**(autonomy)을 획득하는 것이라고 말한다.

교류분석의 많은 도구들은 자율성을 찾도록 돕는다. 자율성은 순수한 지각, 자발성, 친밀감으로 구성된다. 자율성 획득이란 성장한 사람으로서의 자원을 충분히 활용하여 문제를 해결하는 능력을 의미하기도 한다.

교류분석의 철학

교류분석은 특정 철학적 가정, 다시 말해 인간과 삶과 변화의 가능성에 대한 철학적 가정에 근거하고 있다.[2)] 교류분석의 철학적 가정은 다음과 같다.

- 인간은 누구나 OK다.
- 인간은 누구나 사고할 능력을 가지고 있다.
- 인간은 자신의 운명을 자기 스스로 결정하며, 또한 이러한 결정을 얼마든지 변화시킬 수 있다.

이러한 가정을 토대로 교류분석은 다음 두 가지 기본적 원리를 바탕으로 실천에 옮긴다.

- 이것은 계약 방법이다.
- 개방적인 커뮤니케이션을 한다.

인간은 누구나 OK다

교류분석의 가장 근본적인 가정은 **인간은 누구나** OK라는 사실이다. 이 말은 당신이나 나나 누구나 가치있고 소중하고 존엄하다는 뜻이다. 나는 나를 수용하고, 당신을 수용한다. 이것은 행동보다 존재를 말한다.

때로는 당신이 한 행동을 좋아하지 않고 수용하지 않을 수도 있다. 그러나 나는 항상 당신을 있는 그대로 수용한다. 비록 당신의 행동은 그렇지 않더라도 인간으로서의 당신 본질은 나에게 OK다.

내가 당신 위에 있지 않고, 당신도 나의 위에 있지 않다. 우리는 동일한 수준의 인간이다. 우리가 이룬 일은 다르더라도 동일한 수준에 놓여 있다는 것은 변함이 없다. 민족이 다르고 나이가 다르고 종교가 다르더라도 마찬가지다.

누구나 사고할 능력을 가지고 있다

뇌에 심각한 손상을 가진 사람 외에는 누구나 사고할 능력을 가지고 있다. 따라서 삶에서 자신이 원하는 것을 결정하는 것은 우리 각자의 책임이다. 각 개인은 자신이 한 결정에 따라 세상을 살아간다.

결정 모델

당신이나 나나 누구나 OK다. 그러나 우리는 이따금 적절치 못한(not-OK) 행동을 하곤 한다. 우리가 그렇게 할 때, 이것은 어릴 때 **결정**한 전략을 따르고 있는 것이다.

이러한 전략은 어릴 때 이 세상에서 살아남고 때로는 적대적으로 보이는 이 세상에서 우리가 원하는 것을 얻기 위한 최상의 방법이었던 것이다. 우리는 자란 뒤에도 여전히 동일한 유형의 전략을 쓰려고 한다. 그 결과가 비생산적이거나 고통스러워도 여간해서 버리지 않으려고 한다.

비록 어리더라도 부모는 특정 결정을 내리도록 강요할 수 없다. 부모가 강한 압력을 행사할 수는 있다. 그러나 이러한 압력에 동조할 것인가 아니면 반항할 것인가 아니면 무시할 것인가 결정하는 것은 본인 자신의 결정에 달려 있다.

자라고 난 뒤에도 마찬가지다. 우리의 특정 감정이나 행동이 타인이나 '환경'에 의해 결정되는 것은 아니다. 타인이나 우리가 처한 환경이 강한 압력을 행사할 수도 있다. 그러나 이러한 압력에 대한 동조 여부는 우리의 결정에 달려 있다. 따라서 우리의 감정과 행동에 대한 책임은 우리에게 있다.

어떤 결정을 내리더라도 나중에 바꿀 수 있다. 우리 자신과 세상에 대한 어릴 때의 초기결정도 마찬가지다. 유아기의 결정이 커서 바람직하지 못한 결과를 낸다면, 이러한 결정을 찾아 더욱 새롭고 적절한 결정으로 변화시킬 수 있다.

이와 같이 사람은 얼마든지 변화할 수 있다. 과거의 행동유형에 대한 단순한 통찰을 통해서가 아니라, 이러한 유형을 변화시키기로 적극적으로 결정함으로써 변화를 이룰 수 있다.

계약 방법

당신이 상담자이고 내가 내담자라면, 우리는 내가 원하는 변화를 이루는 데 '공동 책임'을 가지고 있다. 그것은 당신과 내가 동등한 조건에 놓여 있다는 근본적 가정 때문이다. 변화에는 각자의 몫이 있기 때문에, 각자 어떤 몫을 차지하고 있는지 분명히 알고 넘어가야 할 필요가 있다. 이것이 바로 '계약'이다. 계약이란 각자 맡을 책임을 말한다. 나는 내담자로서 무엇을 변화시키고 싶은지, 그러한 변화를 일으키기 위해 기꺼이 무엇을 할 것인지 말한다. 당신은 상담자로서 이러한 과업을 달성하는 데 최선을 다하겠다는 확신을 보여 주어야 한다. 이렇게 하는 데 당신은 최상의 전문적인 기술을 사용하겠다고 약속하고, 그 노력의 대가로 원하는 보상을 말한다.

개방적 커뮤니케이션

Berne은 상담자와 마찬가지로 내담자도 함께하는 작업이 어떻게 진행되고 있는지 충분한 정보를 가질 필요가 있다고 강조했다. 그것은 인간이라면 누구나 OK이고, 누구나 사고할 능력을 가지고 있다는 기본 가정 때문이다.

교류분석으로 상담을 할 때 사례 기록은 내담자에게도 공개된다. 상담자는 내담자에게 교류분석의 기본 내용들을 학습하도록 북돋운다. 이와 같이 내담자도 변화 과정에서 동일한 역할을 맡는다.

커뮤니케이션을 촉진하기 위해 교류분석의 기본 이론은 아주 단순한 언어로 표현된다. 일부 심리학적 접근방법에서와 같이 라틴어나 희랍어에서 파생된 어려운 단어 대신에 '어버이' '어른' '어린이' '게임' '각본' '스트로크'와 같은 친숙한 어휘를 사용한다. 어떤 사람은 이러한 어휘 때문에 교류분석이 피상적인 사고를 반영하는 것이 아닌가 하고 의혹을 나타내기도 한다. 그러나 이것은 크게 잘못된 생각이다. 교류분석에서 사용하는 어휘가 단순하다고 하더라도 그 이론은 깊고 심오하다.

현대의 교류분석

TA Today

제2부

성격의 이해: 자아상태 모델

제2장

자아상태 모델

지난 24시간 동안의 생활을 돌이켜 보자. 어릴 때 했던 것처럼 행동하고 생각하고 감정을 느낀 적은 없는가? 옛날 부모나 부모와 같은 권위적 인물들을 본보고 그들과 똑같이 행동하고 사고하고 감정을 느끼고 있는 자신을 발견한 일은 없는가?

이와는 달리, 여러분 주위에서 일어난 일에 대한 '지금-여기'서의 직접적인 반응으로 행동하고 사고하고 감정을 느낀 일은 없는가? 다시 말해, 과거 어린 시절의 영향에서 벗어나 지금 성장한 사람으로서 반응했다면 여기에 해당된다.

> 지난 24시간 동안의 생활을 돌이켜 보고, 이 세 가지 종류의 행동이나 생각이나 감정의 사례를 적어도 하나씩 적는다.

자아상태 모델을 사용하여 첫 연습을 하였다. 여러분이 방금 한 것을 다시 살펴보기로 한다. 이 세상에서 살고 있는 세 가지 서로 다른 존재 양식을 검토해 보았다. 각 양식마다 일단의 '행동' '사고' '감정'으로 구성되어 있다.

내가 어렸을 때 했던 것처럼 행동하거나 사고하거나 감정을 느낀다면, 나는 '어린이 자아상태(Child ego-state, 이하 **C 자아상태**)'에 놓여 있다.

내가 부모나 부모와 같은 권위적 인물의 행동이나 사고나 감정을 본받아 따라하고 있다면, 나는 '어버이 자아상태(Parent ego-state, 이하 **P 자아상태**)' 에 놓여 있다.

그리고 내가 성장한 사람으로서의 능력을 활용하여 내 주위에서 일어나고 있는 사건에 대해 지금-여기서의 직접적인 반응으로서 행동하고 생각하고 감정을 느낀다면 '어른 자아상태(Adult ego-state, 이하 **A 자아상태**)' 에 놓여 있는 것이다.

교류분석 실제에서는 일상적으로 'C 자아상태' 'P 자아상태' 'A 자아상태' 에 놓여 있다고 말한다. 이 세 가지 자아상태가 합쳐져 성격의 '자아상태 모델' 이 되는데, 이것이 교류분석 이론의 핵심을 이룬다. 자아상태 모델은 [그림 2-1]과 같이 세 개의 원을 그려서 P, A, C라는 앞글자를 넣고, PAC 모델이라고도 부르기도 한다.

각 원 속의 내용을 세분화하지 않고 단순히 세 개의 원만 그린 것을 **일차 구조 모델**(first-order structural diagram)이라 부른다. 각 원 속의 자아상태를 더욱 세분화시킨 것을 이차 구조모델이라고 하는데, 다음 장에서 다루게 될 것이다. 자아상태를 통해 성격을 분석하는 과정을 **구조분석**(structural analysis)이라 한다.[1)]

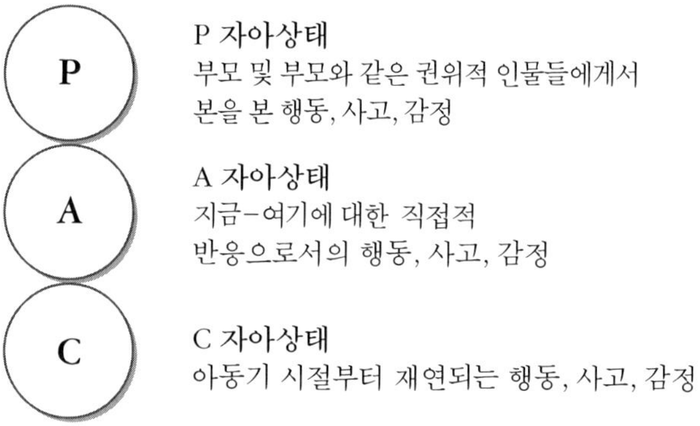

[그림 2-1] 자아상태 모델

자아상태의 변화

J 양이 교통이 복잡한 도로에서 차를 몰고 있다. J 양은 도로 표지판을 보면서 시시각각 주변 차들의 위치와 속도를 주시한다. 지금 여기서 주변 상황에 맞추어가며 운전을 하고 있다. 이때 J 양은 A 자아상태에 놓여 있다.

그때 차가 갑자기 끼어든다. 그 순간 두 차가 부딪칠 것 같은 위협을 느낀다. J 양은 얼른 백미러를 통해 뒤에 차가 없는 것을 보고 브레이크를 밟아 간신히 충돌을 면한다. 이때에도 J 양은 A 자아상태에 놓여 있는 것이다. J 양이 놀란 것은 지금 여기서의 위험에 대한 적절한 반응으로서, 충돌을 피하기 위해 신속하게 반응하는 데 도움을 준 것이다.

끼어들었던 차가 사라지자, J 양은 고개를 저으며 입을 삐쭉거린다. 그리고 옆 사람에게 고개를 돌리며, "저런 운전자는 도로에 나오지도 못하게 해야 해!" 하고 말한다. 이때 J 양은 P 자아상태로 바뀐 것이다. 왜냐하면 옛날 어릴 때 아버지가 운전하면서 버릇없는 운전자들을 보고 고개를 저으며 입을 삐쭉거리는 모습을 곁에서 자주 보았기 때문이다.

잠시 후 J 양은 도로에서 벗어나 회사 앞에 차를 댄다. 시계를 보면서 교통이 막혀 상사와의 중요한 미팅에 늦었다는 사실을 깨닫고 당황한다. 이제 J 양은 C 자아상태로 이동한 것이다. 왜냐하면 학교 다닐 때 지각하여 선생님에게 벌을 받을까 봐 겁을 먹었던 옛 기억이 되살아난 것이다. J 양이 겁을 먹은 것은 현재 일어날 상황에 대한 반응이 아니라, 옛 기억에 대한 반응인 것이다.

이 순간 J 양은 아동기의 감정을 재연하고 있다는 사실을 의식하지 못한다. "이러한 상황이 아동기의 경험을 상기시켰느냐?" 고 묻는다면, 그제서야 옛날 학교 다닐 때의 경험을 떠올릴지 모른다. 그렇지 않으면 과거 고통스러웠던 기억을 묻어 버리고 떠올리려고 하지 않았을 것이다.

J 양은 아동기의 감정과 사고를 재연하면서, 동시에 학교 다니던 시절의 행동을 드러내기도 한다. 예를 들어, 심장박동이 빨라지고, 손을 올려 입술을 만지면서 눈을 크게 뜬다. 자세히 관찰하면 살짝 땀을 흘리고 있다는 것을 볼 수도 있을 것이다.

잠시 후 J 양은 혼자 생각한다. '잠깐, 내가 무엇 때문에 두려워하고 있지? 상사는 아주 합리적인 분이니까, 왜 늦었는지 이해해 주시겠지. 휴식 시간을 조금 줄이면 놓친 시간을 만회할 수 있을 거야.' 이제 J 양은 A 자아상태로 바뀌었다. 옆에서 보면 J 양이 마음의 평정을 되찾고 입술에서 손을 떼는 것을 볼 수 있을 것이다. J 양의 얼굴에 미소가 번진다. 이러한 웃음은 현재 성장한 사람으로서의 웃음이다. 과거 겁먹은 아이의 피식 웃는 모습과는 다른 것이다.

여기서 잠시 멈추어 지난 24시간 P, A, C 등 세 가지 자아상태에 놓였던 사례를 찾아보기로 한다.

C 자아상태

C 자아상태에 놓였던 시간을 생각해 보라. 그리고 이때 느낀 감정을 적는다. 그때의 상황에 대해 역할연기를 해 보면 도움이 될 것이다.

그다음, 무엇을 생각했는지 적는다. '내 머릿속에서 나에게 무슨 말을 하고 있었지?' 하고 생각해 보면, 아동기의 사고를 보다 쉽게 찾을 수 있을 것이다. 당신 자신에 대해, 다른 사람이나 이 세상에 대해 머릿속으로 무슨 말을 하고 있었는지 탐색해 보라.

마지막으로, C 자아상태에 놓여 있을 때 어떻게 행동했는지 적는다. 좋은 방법은 거울 앞에서 C 자아상태에서 한 행동을 역할연기로 해 보는 것이다.

이러한 감정과 생각과 행동이 어릴 때 느끼고 생각하고 행동했던 것의 재연인지 검토하라. 과거 어떤 기회에 이러한 감정이나 사고나 행동을 했는지 찾을 수 있을지도 모른다. 이러한 감정이나 사고나 행동을 주로 몇 살 때 한 것으로 기억하는가?

P 자아상태

마찬가지로, P 자아상태에 놓였을 때의 감정과 사고와 행동을 기록해 보라. 이때에도 역할연기를 해 보면 도움이 된다.

혼자 '머릿속에서 어머니나 아버지가 무슨 말씀을 하고 계시지?' 하고 생각해 보면, P 사고에 쉽게 접근할 수 있다. 또는 머릿속으로 들리는 말이 삼촌, 숙모, 조부모, 교사의 것일 수도 있다.

P 자아상태에서 실제 부모나 부모와 같은 권위적 인물의 행동이나 사고나 감정을 본받아 한 것이 어떤 것이 있는지 검토해 보라. P 자아상태에 놓일 때마다, 구체적 인물을 떠올리면 쉽게 찾을 수 있을 것이다.

A 자아상태

끝으로, A 자아상태에 놓여있을 때의 행동, 사고, 감정을 기록한다.

A를 C나 P와 구별하려면, '이러한 행동, 사고 또는 감정이 현재 일어나고 있는 일에 대처하는 데 성장한 사람으로서 적절한 것인가?' 하고 자문해 보면 좋다. 만일 그렇다고 여겨지면, A의 반응으로 기록한다.

A 자아상태에 놓여 있을 때의 행동과 사고는 기록하지만 감정을 기록하지 않을 가능성이 많다. 감정을 느끼지 않고도 지금 여기서의 상황에 효율적으로 대처할 수 있는 경우가 많다. 그러나 A 자아상태에서도 정서를 느낄 수 있다.

C 자아상태에서의 감정과 A 자아상태에서의 감정을 어떻게 구별할 수 있겠는가? 'A 자아상태에서 느끼는 감정은 현재의 상황에 대처하는 데 적절한 감정'을 말한다. J 양은 앞으로 차가 끼어들 때 깜짝 놀랐다. 그녀의 이러한 정서적 반응은 사고를 예방하는 데 도움을 주었다.

자아상태 이론에 처음 접하는 사람은 일부 사고나 감정이나 행동이 과연 A 자아상태에 속하는 것인지 의심스러울 때가 있을 것이다. 그래도 염려할 필요가 없다. 이 책을 읽으면서 연습을 하다 보면 자아상태를 구별하는 기술을 충분히 발달시킬 수 있을 것이다.

건강하고 균형 잡힌 성격이 되려면 세 가지 자아상태를 모두 필요로 한다. 우리가 부딪치는 문제를 해결하여 보다 유능하고 효율적인 삶을 살기 위해서는 A 자아상태를 필요로 한다. 사회에 적응하기 위해서는 P 자아상태에서 가지고 있는 일단의 규칙을 필요로 한다. 그리고 C 자아상태에서는 어린 시절에 잘 보였던 자발성, 창조성, 직관적 능력을 발휘할 수 있다.

자아상태 정의

Berne은 자아상태란 '일관된 유형의 감정과 경험으로서, 이와 상응하는 일관된 유형의 행동과 직접적으로 관련된 것'이라고 정의했다.[2)]

Berne은 정확한 어휘를 선택했다. 이러한 정의를 통해 전달하고자 하는 의미를 정확하게 파악할 필요가 있다.

첫째, Berne은 자아상태를 '일관되게' 함께 일어나는 감정과 경험의 결합이라고 정의했다. 예를 들어, J 양은 약속 시간에 늦어지자 벌을 받지 않을까 두려워했던 아동기의 기억을 '경험'하기 시작했다. 그렇게 하면서 두려움을 '느꼈다.' J 양에게 당시 상황을 물었다면, 그때 일을 재경험하면서 그때의 정서도 느꼈다는 사실을 확인해 주었을 것이다. 아동기 경험에 대한 J 양의 모든 기억과 더불어 함께 느꼈던 감정도 C 자아상태에 속하는 것이다.

둘째, Berne은 각 자아상태마다 전형적인 '행동'도 일관되게 함께 나타난다고 말했다. 시간을 두고 J 양의 행동을 관찰했더라면, 서로 구별되는 세 가지의 일단의 행동적 단서들을 볼 수 있었을 것이다. 하나는 A 자아상태의 행동, 하나는 P 자아상태의 행동, 또 하나는 C 자아상태의 행동이었을 것이다. 이 세 자아상태 간의 행동들은 분명하고 일관성 있는 차이가 있다.

예를 들어, J 양은 심장박동이 빨라지면서 눈을 크게 뜨고 땀을 흘리기 시작할 때, 손을 입가에 갖다 대는 행동을 나타냈을지 모른다. 이러한 신호들은 J 양이 C 자아상태에 놓여 있다는 것을 가리킨다. J 양을 계속 지켜보았다면 C 자아상태에 속한 행동들을 더욱 많이 관찰할 수 있었을 것이다. 예를 들면, 고개를 한 쪽으로 돌리고 다리를 흔들고, 말할 때 목소리가 높고 떨렸을지도 모른다.

J 양이 P 자아상태와 A 자아상태에 놓여 있을 때에도 일관되게 일어나는 일단의 다른 행동들을 관찰할 수 있을 것이다.

이제 Berne의 정의로 다시 돌아가서 '직접적으로 관련되어 있다.'는 말을 살펴보기로 하자. 특정 자아상태의 감정이나 경험을 할 때, 동시에 이 자아상태에 속한 행동들을 드러낸다. 예를 들어, J 양이 옛날 지각했던 아동기의 기억을 떠올리면서 그때의 두려움을 '느낄' 때, 그 당시에 했던 일단의 '행동들'도 나타냈을 것이다. 이러한 행동들은 감정 및 경험과 직접적으로 관련을 맺고 있는 것으로서 모두 J 양의 C 자아상태를 가리킨다.

자아상태 모델에서는 어느 자아상태에서나 행동, 경험, 감정이 서로 관련을 맺고 있다는 것을 강조한다. 내가 C 자아상태에서의 행동을 나타낼 때, 동시에 아동기의 경험과 감정을 재연하고 있다는 것을 가정할 수 있을 것이다. 내가 행동을 바꾸어 A 자아상태를 가리키는 신호를 보낼 때, 동시에 나의 경험과 감정은 성장한 사람으로서 지금-여기에 적절한 것이라고 추정할 수 있을 것이다. 내가 부모로부터 본받은 행동을 보인다면, 내가 속으로 부모로부터 본받은 감정과 경험을 재연하고 있다는 사실을 예측할 수 있을 것이다.

앞에서 지난 24시간 동안 P, A, C 등 세 가지 자아상태에 놓여 있을 때의 사고, 행동, 감정에 대해 적어 놓은 노트로 되돌아가자.

- C 자아상태에서 일어난 사고와 감정이 서로 관련을 가진 일관성 있는 단위인지 검토하라.
- C 자아상태에서 일어난 행동이 일관성 있는 단위로 구성되는지 검토하라.
- C 자아상태에서의 행동이 C 자아상태의 사고 및 감정과 일관성 있게 관련되어 있는지 검토하라.
- 이러한 과정을 P 및 A 자아상태의 행동, 사고, 감정에도 적용해 보라.
- 행동, 사고, 감정으로 구성된 세 가지 자아상태를 비교해 보라. 그리고 이 세 가지 자아상태가 서로 분명하게 구별되는지 검토해 보라.

세 가지 자아상태는 실제로 구별되는가

이 장의 연습문제를 통해 자신의 행동, 감정 및 경험들이 자아상태 모델에서 제시하는 것과 일치하는지 검토할 수 있었다. 이 모델을 모든 사람에게 다 적용시킬 수 있다는 증거가 있는가?

이러한 증거를 수집하기 위해, 가능한 한 선입견을 가지지 않은 관찰자들이 사람들을 관찰하는 방법을 사용해 볼 필요가 있다. 이러한 결과들이 단순한 우연에 의한 것은 아닌지 분석할 필요가 있다. 적절한 관찰 및 분석 방법을 선택한 후, 다음 두 가지 질문을 탐색하는 데 사용해 본다.

첫째, 사람들은 세 가지 자아상태의 정의에 부합하는 일관성 있고 분명히 구별되는 일단의 행동들을 보여 주는가?

둘째, 사람들이 보고한 경험과 감정이 이 모델에서 말하는 방식대로 일단의 행동적 단서들과 관련이 있는가?

이 두 가지 질문에 그렇다고 말할 수 있는 관찰 자료들이 아주 많다. 그러나 이 책에서 이러한 연구들을 상세하게 제시할 수는 없다. 세 가지 자아상태마다 사고, 행동, 감정이 다르다는 사실에 대해서는 참고문헌을 보기 바란다.[3)]

자아상태와 초자아, 자아, 이드

자아상태 모델에서 성격을 세 가지 방식으로 구분한 것은 **초자아**(superego), **자아**(ego), **이드**(id)로 구분한 Freud의 유명한 이론을 연상시킨다.

이 두 가지 모델에 비슷한 면이 있다는 것은 분명하다. 언뜻 보기에 P 자아상태는 '관찰하고 명령하고 수정하고 위협하는' 초자아와 유사하고, A 자아상태는 현실 검증의 기능을 하는 자아와 유사하고, C 자아상태는 본능과 충동의 저장소인 이드와 유사한 점이 있다.

Berne은 원래 Freud 학파의 정신분석가로 훈련을 받았다는 점을 감안할 때, 두 모델이 유사하다고 놀라운 일은 아니다. 일부 비평가들은 Berne이 Freud 성격이론의 세 구성요소를 단순히 베꼈다는 말까지 하였다. 그러나 이는 오해다. Berne은 초기 저서에서부터 두 모델 간에 서로 차이가 있다는 사실을 지적하였다.

첫째 그리고 가장 중요한 점은 P, A, C 세 자아상태는 각각 '관찰 가능한' 행동적 단서들을 통해 정의하고 있다. 반면에 초자아, 자아, 이드는 순수 이론적 개념이자 정신내적 개념이다. (여기서 '정신내적'이라는 말은 오직 마음 속에서 경험된다는 의미다.) 내가 초자아 상태에 놓여 있는지 아무도 볼 수도 들을 수도 판단할 수도 없다. 그러나 내가 P 자아상태에 놓여 있는지 관찰을 통해 판단할 수 있다.

둘째, Freud가 말하는 세 가지 구성요소는 일반화된 것이지만, 교류분석의 세 가지 자아상태는 개인마다 다르다. 한 사람이 P 자아상태에 놓여 있다는 것은 일반적으로 '부모다운' 행동을 한다는 것이 아니라, '자신의' 부모나 부모와 같은 권위적 인물들에게서 배운 행동이나 감정이나 사고를 드러낸다는 뜻이다. 한 사람이 C 자아상태에 놓여 있다는 것은 단순히 '아이 같이' 행동하는 것이 아니라, 그가 어릴 때 자주 했던 행동과 여기에 수반된 감정 및 경험을 재연한다는 것을 말한다.

P, A, C 자아상태는 각각 초자아, 자아, 이드의 영향을 다 '포함'하고 있다. Berne은 P 자아

상태에 놓여 있다고 할 때 자기 '부모의 억압, 사고, 충동 등을 포함한 부모의 전체 행동'을 재현하고 있다는 사실을 강조하였다.

Berne은 Freud의 모델을 기반으로 하여 주어진 시간마다 자아의 드러나는 상태가 다르다는 Paul Federn의 아이디어를 접목시켰다. 나아가, 행동적으로 관찰 가능한 세 가지 자아상태로 분류하여 P, A, C 자아상태라는 명칭을 붙였다.

Freud 모델과 자아상태 모델은 동일한 것이 아니다. 그렇다고 해서 서로 모순되는 것도 아니다. Berne은 초자아와 자아와 이드가 자아상태에 영향을 미치는 정신내적 구성요소라고 말했다. P 자아상태는 초자아의 영향을 가장 많이 받지만, 자아와 이드 기능의 요소도 가지고 있다. C 자아상태는 이드의 영향을 많이 받지만, 역시 초자아와 자아 기능의 요소도 내포하고 있다. A 자아상태는 순수 자아 기능과 제법 흡사하다. 따라서 Berne은 자아상태를 정의할 때, 정신내적 측면뿐만 아니라 관찰 가능한 사회적 측면까지 포함시켰다. 두 모델은 어느 것이 다른 어느 것보다 더 맞다고 볼 것이 아니라, 단순히 성격을 다르게 묘사한 것일 뿐이다.[4)]

자아상태는 사물이 아니라 명칭이다

자아상태를 손수레에 담을 수 없다. 무게를 잴 수도 없고 만질 수도 없다. 우리 몸이나 뇌 어느 곳에서도 발견할 수 없다. 그것은 자아상태가 '사물'이 아니기 때문이다. 자아상태는 관련된 감정, 사고, 행동과 같은 일단의 현상을 기술하는 명칭이다. 이와 마찬가지로 P, A, C 자아상태도 사물이 아니다. 서로 다른 일단의 사고-감정-행동을 구별하기 위한 명칭이다.

자아상태란 '실제 어떤 사람'이 현재나 과거의 특정 순간에 드러내는 행동과 사고와 감정을 말한다. 내가 C 자아상태에 놓이면, 나는 내가 어릴 때 했던 행동과 사고와 감정을 재연한다. 내가 P 자아상태에 놓이면, 과거 부모나 나에게 부모와 같은 인물의 행동과 사고와 감정을 재현한다. 내가 A 자아상태에 놓이면, 바로 지금 성장한 사람으로서의 행동과 사고와 감정을 보여 주는 것이다.

그러나 일상적인 교류분석 실제에서는 자아상태가 마치 우리가 '가지고 있는 사물'인 것처럼 말하는 경우가 많다. 아마 이러한 말을 들어보았을 것이다.

"내 C 자아상태는 재미있는 것을 원해."
"너는 강한 A 자아상태를 가지고 있어."

이런 식으로 말하면 자아상태가 말하고 있는 사람과 분리되어 마치 고유한 존재인 것처럼 믿기 쉽다. C 자아상태가 재미있는 것을 원하는 것이 아니라, '내'가 재미있는 것을 원하고, 내가 C 자아상태에 놓여 있는 것이다. 그리고 '내가 강한 A 자아상태를 가지고 있는 것'이 아니라, '내'가 현실을 검증하고 가능성을 탐색하는 등의 보통 A 자아상태와 관련된 좋은 능력을 가지고 있는 것이다.

이 책 전체에서 자아상태가 마치 '사물'인 듯이 기술해 오던 습관을 피하려고 한다. 여러분도 자아상태를 사물로 여기지 않아야 할 것이다.

자아상태는 세 가지만 있는가

우리가 놓일 수 있는 자아상태는 얼마나 되는가? 세 개의 원으로 된 P-A-C 그림을 보면 자아상태가 '세 개' 뿐인 것 같다. 이와 비슷하게 '나의 C 자아상태'나 '나의 A 자아상태'라는 말을 생각하면 자아상태가 세 가지뿐인 것 같다. 사실 이 책에서도 '세 가지 자아상태'라는 말을 여러 번 사용하였다. 그렇다면 세 가지만 있는가?

이미 자아상태에 대해 알고 있는 내용을 토대로 생각해 보면, 자아상태가 세 개만 있는 것이 아니라 그보다 많다는 것을 깨달을 수 있을 것이다. 왜 그런가? 그 이유는 세 가지 자아상태 유형마다 다르다.

먼저 **P 자아상태**를 살펴보기로 하자. 여러분이 P 자아상태에 놓여 있다고 할 때, 여러분은 부모나 부모와 같은 권위적인 인물들 중의 어느 한 사람에게서 본을 본 사고나 감정이나 행동을 재현한다. 부모나 권위적 인물 중 오직 한 사람만의 영향을 받고 있는 사람은 거의 없을 것이다. 비록 한부모 가정에서 자란 사람이라 하더라도, 부모와 같은 역할을 하는 사람들—예를 들어, 조부모, 형이나 누나, 학교 교사—을 경험했을 것이다. 그리고 이러한 사람들 각자의 사고, 감정, 행동들을 본받았을 것이다. 그러므로 여러분은 P 자아상태 내에 다양한 사람들에게서 본을 본 서로 다른 일단의 사고, 행동, 감정들을 나타낼 것이다.

C 자아상태를 볼 때 중요한 점은 어떤 사람이든 자라고 난 뒤에 재연하게 되는 아동기 시절의 경험도 '연령대'마다 다르다는 점이다. 이 장의 앞부분에서 자아상태의 변화에 대해 연습을 할 때 이 말이 사실이라는 것을 발견했을 것이다. 예를 들어, 나는 때로는 열두 살 때의 자아로 '되돌아간다.' 어떤 때에는 여섯 살 시절의 경험으로 되돌아가기도 한다. 또 어떤 때에는 두 살 때의 상황을 재연하기도 한다. 이와 같이 C 자아상태에서도 각 연령대마다 서로 다른 자아상태의 행동을 보이고 각 연령대마다 내가 경험했던 사고와 감정과 행동을 수반하게 된다.

A 자아상태는 어떤가? 'A 자아상태에 놓여 있다는 것'은 지금-여기에 대한 직접적인 반응으로서의 사고와 감정과 행동을 드러낸다는 것을 의미한다. 따라서 어떤 순간이든 오직 하나의 A 자아상태만 경험할 수 있다. 그러나 시간 내에는 여러 순간들이 있다. 사실 '지금'이라는 것은 어느 때를 말하는가? 시간 속의 어느 한순간은 아직 일어나지 않았기 때문에 미래의 것이다. 그 순간이 다가왔다면 이것은 과거의 것이다. 여기에 대해 끊임없는 철학적 논쟁을 피하기 위해 Berne은 간단한 해결책을 제시했다. 즉, 지금이란 오늘 아침에 일어나서 내일 아침에 일어날 때까지의 '현재 24시간'을 지금으로 보자는 것이다.[5)] 이렇게 보면 여러분은 오늘 하나의 A 자아상태에 놓이게 된다. 내일은 또 내일의 A 자아상태에 놓이게 될 것이다. 이러한 의미에서 볼 때 '하나 이상의' A 자아상태를 보이고 경험하게 될 것이다.

'세 가지 자아상태' : 약칭

앞에서 말한 바를 토대로 하여 일부 교류분석 저자들은 자아상태의 '세 가지 유형'(또는 범주)이라고 표현하자는 제안을 했다. 나아가 '세 가지 자아상태'에 대해 말하거나 '그의 C 자아상태'와 같은 말을 사용하지 말자고 제안했다.

이러한 저자들은 자기들 나름대로의 정확성을 띠고 있다. 그러나 이 책에서는 이러한 제안을 따르지 않는다. 여러분도 알다시피, 우리는 이미 그들의 제안을 어겼다. '세 가지 자아상태'라고 편안하게 사용하려는 이유는 두 가지다. 첫째, 교류분석에서는 이미 오래전부터 '세 가지 자아상태'라는 말을 써 왔다. 둘째, '자아상태의 범주들'이란 용어를 사용하게 되면, 장황한 설명이 이어져 불편해진다. 예를 들어, 이 장 앞에서 나온 J 양의 자아상태 변화에 대해 이야기할 때, "J 양은 C 자아상태에 놓여 있다."고 말하는 대신, 매번 "J 양은 C 자아상태의 범주 중 어느 한 범주로 이동했다."고 표현해야 한다.

요약하자면, 우리가 놓일 수 있는 자아상태는 '세 가지 자아상태'보다 더 많다. 그러나 세 가지 자아상태로 사용하는 것이 유용하다. 그리고 나의 'P 자아상태'와 같이 약칭으로 많이 사용한다. 이 책에서도 모두 약칭으로 사용할 것이다.

제4장에서 제1차 구조모델을 더욱 상세히 나누어 '자아상태의 다양성'을 어떻게 나타낼 수 있는지 다루게 될 것이다.

지나치게 단순화된 모델

1960년대 중반에 베스트셀러가 된 『심리게임(Games People Play)』이 출판된 이후 교류분석은 일종의 **대중 심리학**(pop psychology)이 되었다. 이때 일부 저술가들이 상업적 분위기에 편승하여 교류분석을 시장성 있는 상품으로 만들다 보니 Berne의 핵심 이론을 변질시키게 되었다. 그들은 교류분석의 특징적인 면만 부각시키고, 깊은 사고나 주도면밀한 관찰이 요구되는 부분은 아예 제외시켜 버렸다.

현재까지 세 가지 자아상태 모델을 지나치게 단순화시킨 것도 바로 이 시기부터다. 이렇게 졸속으로 만들어진 모델이 지금도 여전히 통용되고 있다. 이것이 교류분석을 사용하는 사람이나 타 분야의 심리치료 전문가들에게도 끊임없이 오해의 원천이 되고 있다.

여기서는 단순화시켜 온 모델을 살펴보기로 하자. '우리는 결코 이러한 모델을 사용하기를 권하지 않는다.' 이 책에서도 결코 이렇게 사용하는 일이 없을 것이다. 여러분이 다른 교류분석 문헌에서 보았을 가능성이 많기 때문에 제시한다. 또한 교류분석을 공부한 사람들 사이에 정설처럼 여기고 있는 사람들이 많기 때문에 제시한다.

이처럼 단순화된 모델에서는 자아상태를 어떻게 설명하고 있는가?

단순화된 모델에서는 "사고할 때는 A 자아상태, 감정을 느낄 때는 C 자아상태, 가치판단을 할 때는 P 자아상태"에 놓여 있다고 말한다. 교류분석 외의 다른 분야 전문가들이 교류분석의 주요 토대가 되는 모델을 이렇게 설명하는 것을 듣고는 기가 차서 "기껏 '이' 세 가지뿐인가?" 하고 묻는 것은 놀라운 일이 아니다.[6)]

이 장에서 자아상태 모델에 대한 설명을 읽은 사람은 이렇게 단순화시킨 모델이 실제 교류분석과 유사한 점이 없는가 하고 생각할 것이다. 물론 유사한 점이 전혀 없는 것은 아니다. 단순화시켜 놓은 모델에서도 세 가지 자아상태의 '일부' 특징적인 면을 뽑아 제시하고 있지만, 본질적인 중요한 다른 특징들을 모두 배제하였다.

먼저 **단순화시킨 모델**에서 맞는 부분을 보기로 하자. 내가 A 자아상태에 놓여 있다면, 성장한 사람으로서 자원을 총동원하여 지금-여기의 상황에 반응하고 있다. 보통 A 자아상태에서는 일종의 문제해결이 수반된다. 따라서 '사고'하고 있는 나를 경험한다. 나의 행동을 보고 있는 사람은 내가 '사고'하고 있다고 해석할 것이다.

내가 C 자아상태로 들어가면, 어린 시절부터 해 왔던 행동이나 감정이나 사고를 재연하기 시작한다. 특히 어릴수록 주로 감정으로 이 세상에 대처한다. 따라서 내가 C 상태에 놓여 있을 때에는 '감정'을 표현하는 나를 경험하는 경우가 많다. 이때 나를 보고 있는 사람은 내가 '감정을 표현'하고 있는 것으로 확신할 것이다.

내가 P 자아상태에 놓여 있을 때에는 부모나 부모와 같은 권위적 인물을 본뜬 행동이나 사고나 감정을 드러낸다. 부모는 어린이에게 해야 하거나 하지 말아야 할 규칙을 가르치고 세상이 어떤지 판단하는 데 많은 시간을 보낸다. 따라서 내가 P 자아상태에 놓여 있을 때에는 상당한 시간을 부모가 했던 대로, 또 '해야 할 일'에 대해 가치판단하는 데 보낼 것이다.

이와 같이 단순화시킨 모델에서는 자아상태를 파악하는 데 첫 단서가 될 수 있는 것들을 제시하고 있다. A 자아상태에서는 '주로' 사고하고, C 자아상태에서는 '주로' 감정을 느끼고, P 자아상태에는 '주로' 가치판단을 하는 경우가 많다고 한다. 그러나 이러한 단서만 가지고는 세 자아상태를 제대로 설명할 수 없다. 이처럼 단순화시킨 모델에서는 P, A, C '어느' 자아상태든 다 같이 사고하고 '그리고' 감정을 느끼고 가치판단을 할 수 있다는 사실을 완전히 간과하고 있다.

단순화시킨 모델의 더욱 심각한 문제는 자아상태의 '시간' 차원을 전혀 고려하지 않고 있다는 점이다. Berne은 P와 C 자아상태가 어디까지나 '과거'의 반영이라는 사실을 누누이 강조하였다. C 상태에 놓여 있을 때에는 '나의 과거'—아동기 시절—에서부터 해 왔던 행동이나 사고나 감정을 재연하는 것이다. 내가 P 자아상태에 놓여 있다면, '과거' 부모나 부모와 같은 권위적 인물을 본뜬 행동이나 사고나 감정을 드러내는 것이다. 다만 A 자아상태에 놓여 있을 때에만 성장한 사람으로서 '현재'의 자원을 동원하여 상황에 대처하는 것이다.

이러한 간단한 고찰만으로도 지나치게 단순화된 모델에서 벗어나야 한다. 이러한 주장이 가벼운 책이나 식후 탁상토론의 주제로는 몰라도, 진정 교류분석이 무엇인가 탐구하는 데에는 아무런 단서가 되지 못한다. 지금부터 이 책에서는 Berne의 정통 자아상태 모델을 토대로 한다.

제3장

자아상태의 기능분석

이 장과 다음 장에서는 자아상태 모델을 더욱 상세하게 살펴보고자 한다. 여기서는 자아상태를 구조나 기능의 관점에서 본다.

구조모델이 각 자아상태 안에 '무엇'이 들어 있는가를 말한다면, 기능모델은 자아상태를 '어떻게' 사용하는가를 말한다. 좀 더 공식적인 용어를 통해 표현하자면 **구조적 자아상태 모델**이 자아상태 내의 '구성 요소(component part)'를 다룬다면, **기능모델**은 그 '기술(description)'을 다룬다.

- 구조 = '무엇' = 구성 요소
- 기능 = '어떻게' = 기술

[그림 3-1]에 제시되어 있듯이, 처음 볼 때 기능모델이 이해하기가 더 쉬울 것이다. 따라서 이것을 먼저 살펴보고자 한다.[1]

기능모델이 자신의 자아상태를 '어떻게' 사용하고 표현하는가를 말한다고 할 때, 이는 관찰할 수 있는 '행동'에 초점을 맞출 필요가 있다는 사실을 의미한다. [그림 3-1]에서와 같이 모델을 세분화시킨 것을 **행동적 기술**(behavioral description)이라고 부를 때도 있다.

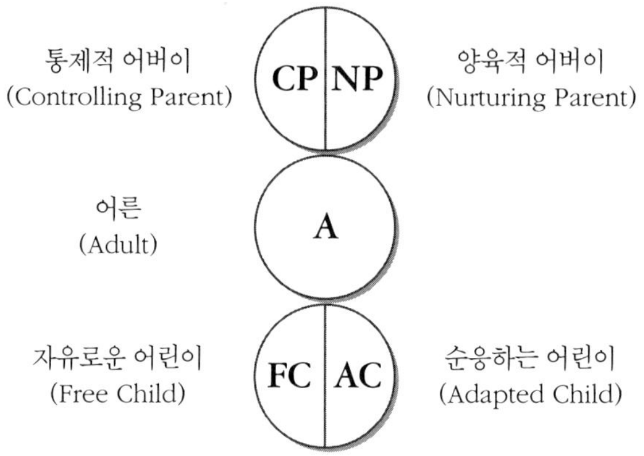

[그림 3-1] 자아상태의 기능 분석

순응하는 어린이와 자유로운 어린이

내가 C 자아상태에 놓여 있다고 가정해 보자. 이때 나의 행동과 사고와 감정은 어린 시절에 자주 했던 것들이다.

우리는 어릴 때 많은 시간을 부모나 부모와 같은 권위적인 분들의 요구에 순응하며 살았다. 그런대로 살아가기 위해서는 별로 좋아하지 않았던 이웃에게도 공손하게 대하는 것이 좋다는 것을 배웠다. 콧물이 흐를 때 소매로 닦는 것이 편함에도 불구하고 손수건으로 닦아야 했다. 아주 어릴 때부터 내가 조용하게 있는 것을 아버지가 더 좋아한다는 것을 깨닫고, 아버지가 곁에 있을 때에는 조용하게 지냈다. 어머니는 내가 울거나 화내는 것보다 웃을 때 더 좋아했다. 따라서 슬퍼서 울고 싶고 화나거나 소리치고 싶어도, 어머니와 있을 때에는 대부분 웃으며 보냈다.

자라고 난 뒤에도 어릴 때 부모의 기대에 맞추기 위해 결정했던 이러한 행동 양식들을 재연할 때가 많다. 내가 이렇게 할 때는 '순응하는 어린이(Adapted Child, 이하 AC) 상태에 놓여 있다고 말한다.

또 어릴 때 부모가 정해 놓은 규칙이나 기대에 반항했던 때도 있었다. 아버지 등 뒤에서 옆집 여자 아이에게 인상을 쓸 때도 있었다. 혼자 있을 때는 손수건을 꺼내기가 귀찮아 소매로

코를 쓱 닦기도 했다. 어머니가 있을 때 항상 웃어야 한다는 것이 싫어서 하루 종일 부루퉁하게 보낼 때도 있었다. 이와 같이 부모의 규칙이나 기대에 어긋나게 행동하기도 한 것이다.

자라고 난 뒤에도 이처럼 여전히 반항하는 일이 있다. 그렇지만 나의 행동이 반항적이라는 것을 모를 때가 많다. 직장 상사가 어려운 과제를 맡겼다. 마감 시간까지 마치기에 시간이 충분하지 않다는 생각이 들었다. 하루가 24시간이라는 것은 남이나 나나 똑같다. 상사에게 맡은 일을 마무리하지 못했다고 말할 때, "거 봐, 제시간에 할 수 있는지!" 하고 말하는 것처럼 묘한 만족감을 느꼈다. 네 살 때 어머니가 접시에 남은 감자 하나를 나에게 먹이려고 해도 뜻대로 될 수 없다는 것을 보여 주었을 때와 같이 반항적 만족감을 느꼈던 것이다.

내가 이러한 종류의 반항을 할 때, 나는 여전히 어린 시절의 규칙에 반응하고 있는 것이다. 따라서 여전히 AC에 놓여 있다고 말할 수 있다. 과거 일부 교류분석 학자들은 이러한 반항을 독립된 자아상태로 분리하여 '반항하는 어린이(Rebellious Child, 이하 **RC**)'로 불렀다. 요즈음 책에서도 이러한 명칭을 사용하기도 한다. 그러나 이 책에서는 현대의 시류에 따라 반항을 AC에 속한 행동 단위의 한 부분으로 간주한다.

또한 어린 시절, 부모의 요구나 압력으로부터 독립적인 행동을 할 때도 있었다. 그때 부모의 기대를 받아들이지도 않았고 반항하지도 않았다. 단순히 내가 하고 싶은 대로 했다. 애완견이 죽었을 때 슬퍼서 울었고, 동생이 나를 밀었을 때 화가 나서 동생의 등을 밀었다. 만화를 읽거나 퍼즐을 풀면서 재미있게 보냈다. 이것은 부모의 눈에 들기 위해서가 아니라 나를 위해 했던 것이다.

자라고 난 뒤에도 C 자아상태에서 어느 누구에게도 구애받지 않던 어린 시절의 방식대로 행동할 때가 있다. 이때는 C 자아상태의 '자유로운 어린이(Free Child, 이하 **FC**)' 상태에 놓여 있는 것이다. 때때로 FC 대신에 '자연스러운 어린이(Natural Child)'라는 용어를 쓰기도 한다.

기능모델에서는 [그림 3-1]에서와 같이 C 자아상태를 FC와 AC 둘로 나눈다.

긍정적 및 부정적 AC

어른이 되어서도 상당한 시간을 AC에서 보낸다. 이 세상에서 살고 수용받기 위해서는 우리가 따라야 할 수많은 규칙들이 있다. 그러나 일상생활 속에서 별로 의식하지 못하면서 이러한 규칙들을 따른다. 처음 학교에 갈 때 부모님과 선생님이 가르쳤듯이, 길을 건너기 전에 왼쪽과 오른쪽을 살펴보고 건너간다. 파티에 초대받아 식사를 할 때 채소가 더 필요하면 "죄송하지만…."이라는 말을 하면서 부탁을 한다. 우리는 어릴 때부터 자동적으로 이렇게 하도록 배웠다. 만일 이렇게 하지 않으면 사람들이 우리를 무례하다고 여길 것이라 배웠기 때문이다.

AC 행동들은 사회에 적응하는 데 도움을 준다. 우리는 규칙을 준수하는 행동들을 재연함으로써, 우리가 얻고자 하는 것을 자연스럽게 얻는다. 그리고 정신적 에너지도 절약하게 된다. 만일 식탁에 앉을 때마다 일일이 식사 예절을 생각해 내야 한다면 어떨지 상상해 보라. 이와 같이 AC에서의 생산적인 행동양식을 **긍정적 AC**라 부른다. 어떤 학자들은 'OK AC'라 부르기도 한다.

이와 대조적으로, 어른이 되어서 적절하지 못한 아동기의 행동유형을 재연할 때에는 **부정적 AC**(또는 not OK AC)에 놓여 있다고 한다. 어릴 때 부루퉁한 표정을 짓는 것이 부모의 관심을 끌 최상의 방법이라는 것을 배웠다. 어른이 되어서도 원하는 것이 있으면 부루퉁해진다. 내가 이렇게 행동하는 것은 내가 원하는 것을 솔직하게 털어놓는 어른스러운 방법을 모르고 있는 것이다.

또 어릴 때 사람들 앞에 함부로 나섰다가 다칠 수도 있다는 사실을 배웠다. 어머니 앞에서 너무 자랑하다가 뺨을 맞았을지도 모른다. 또 수업시간에 책을 읽을 때 친구들이 놀렸을지도 모른다. 자라고 난 뒤, 사람들 앞에 나서서 말을 해야 할 때 당황하면서 '나는 말을 제대로 못하는데….'하고 생각하면서 얼굴이 붉어지고 말을 더듬게 된다. 지금-여기서의 상황에서는 말을 잘할 수 있고, 또 잘못하더라도 아무 위험이 없음에도 불구하고 어릴 때의 감정이 재연되는 것이다.

우리는 누구나 부정적인 AC 행동유형들을 드러낼 때가 있다. 이 책 뒷부분에 가서 왜 그렇게 하는지 공부하게 될 것이다. 교류분석에서 개인적 변화의 목적은 이와 같은 낡은 행동유형들을 성장한 사람으로서의 자원을 충분히 사용하여 새로운 행동유형으로 대치하는 것이다.

긍정적 및 부정적 FC

FC 행동 역시 긍정적(OK) 행동과 부정적(not-OK) 행동으로 나눌 수 있다. 내가 FC에 놓여 있다는 것은 어린 시절 부모가 부과한 규칙이나 제한에 구애받지 않고 행동한다는 것을 말한다. 이러한 행동들은 성장한 사람으로서의 나에게 아주 건설적이고 삶의 질을 높여 주기 때문에 건설적인 것이라고 말할 수 있다. 예를 들어, 내가 즐거운 파티에 참석하거나 또는 아이나 애완견과 놀 때, 어릴 때에 했던 것처럼 동심으로 돌아가 맘껏 즐기고 논다.

또 어릴 때 화를 드러내지 않고 부모에게 순종하기로 결정했다고 하자. 어른이 되어서도 자신도 모르게 이러한 전략을 따르기 쉽다. 화를 억압하다 보면 우울해지거나 신체적으로 긴장을 느낀다. 치료를 받으면서 화가 날 때 표현하기로 결정한다. 화나면 쿠션을 두들기며 그동안 억압해 왔던 FC 에너지를 발산한다. 그러면 기분이 나아지고 신체적으로 이완된다는 것을 느낀다. 우리는 이와 비슷하게 슬픔, 두려움, 신체적 접촉의 욕망 등 표현하지 못한 C 감정을 지닌 채 성인기에 도달한다. 안전한 상황에서 이러한 감정들을 표현하면 **긍정적인 FC** 행동이 될 수 있다.

FC 행동이 부정적일 때도 있다. 공식 만찬에서 크게 트림을 한다면, 이는 검열받지 않은 C 자아상태의 충동을 충족시키는 행위다. 그러나 이러한 행동은 트림을 참았을 때보다 좋지 못한 결과를 낳는다.

지난 24시간을 한번 돌이켜 보자. 긍정적인 AC에 놓여 있었던 때를 상기해 보라. 그러한 때마다 어떤 행동을 했는가? 여러분이 재연하고 있는 아동기의 상황을 회상해 보라.

그리고 부정적인 AC, 긍정적인 FC, **부정적인 FC**에 놓였던 때에 대해서도 동일한 방법으로 한다.

1분 동안 긍정적인 AC에 놓여 있는 사람에 대해 기술할 수 있는 단어를 모두 적어보라. (집단활동을 하고 있다면, 1분 동안 브레인스토밍을 통해 긍정적인 AC에서 일어날 수 있는 행동들을 적어보라.) 동일한 방법으로 부정적 AC, 긍정적 FC, 부정적인 FC에도 적용해 보라.

통제적인 어버이와 양육적인 어버이

우리가 어릴 때 부모는 무엇을 해야 하는지 가르치고 통제하고 비판하는 데 상당한 시간을 보냈다. "어서 자거라, 도로에는 함부로 뛰어들지 마, 코 풀어, 영리하구나, 바보 같은 짓 하지 마라, 아유 착해, 버릇없이 굴지 마, 아주 잘했어…." 하고 말하곤 했다. 우리가 부모의 이러한 역할을 본보고 따라 하고 있다면 '통제적 어버이(Conrolling Parent, 이하 CP, 또는 비판적 어버이 [Critical Parent])' 에 놓여 있다.

또한 부모는 우리를 따뜻하게 배려하고 돌보아 주었다. 어머니는 안아 주고, 아버지는 침대에서 동화를 읽어 주었다. 넘어져 무릎에 피가 날 때에는 달래고 상처에 밴드를 붙여 주었다. 부모가 우리를 돌봐 주었듯이, 우리도 남을 돌봐 줄 때는 '양육적 어버이(Nurturing Parent, 이하 NP)' 에 놓여 있는 것이다.

자아상태도 C 자아상태와 마찬가지로 기능적으로 두 가지로 나누어진다([그림 3-1] 참조).

긍정적 및 부정적 CP와 NP

일부 교류분석 학자들은 P 자아상태를 CP와 NP로 나눈 다음, 다시 긍정적인 부분과 부정적인 부분으로 나누기도 한다. (역시 때로는 'OK' 와 'not-OK' 로 부르기도 한다.) 타인의 복지를 보호하거나 증진하기 위해 부모와 같은 지시를 할 때 '긍정적 통제적 어버이(positive Controlling Parent)' 또는 '긍정적 비판적 어버이(positive Critical Parent)' 에 놓여 있다. 의사가 환자에게 "담배를 끊으세요. 건강에 좋지 않아요." 하고 말할 때, 그는 어린 시절 "차가 다니는 도로에 뛰어들어서는 안 돼!" 와 같은 과거 부모의 명령을 재연하고 있는 것이다.

'부정적인 통제적' 또는 '비판적 CP' 는 타인을 억압(디스카운트)하는 P 자아상태의 행동을 말한다. "또 이런 실수했군!" 하고 비난하는 상사는 어릴 때 야단을 쳤던 교사의 음조나 제스처를 따라 하는 것이지 모른다.

긍정적인 NP는 상대방을 진지하게 돌보려는 입장에서 보여 주는 배려를 말한다. '부정적인 NP' 는 우위의 입장에서 상대방을 디스카운트하면서 주는 '도움' 을 말한다. 직장 동료에게 "도와줄 것은 없어? 필요하면 말해." 라고 말하는 것은 긍정적인 NP 행동이다. "자, 그 일은 내가 도와줄게." 하며 상대방이 미덥지 못해 그가 하던 일을 뺏어가 마무리 짓는 것은 부정적 NP다. 자녀를 지나치게 도와 '질식시키는 어머니' 도 **부정적 NP** 행동의 전형적 예다.

지난 24시간을 한번 돌이켜 보고, 타인에게 CP를 사용한 예를 적어 보라. 그때 드러낸 행동이 긍정적 CP인가? 부정적 CP인가? 부모나 부모와 같은 권위적 인물 중 누구의 본을 본 것인지 회상해 보라.

지난 24시간 동안 긍정적인 NP나 부정적인 NP를 사용한 예에 대해서도 생각해 보라.

1분 동안 긍정적 CP 상태에 놓인 사람이 쓸 수 있는 말을 모두 적어 보라. (집단활동을 하고 1분 동안 브레인스토밍을 통해 최대한 적어 보라.)

이번에는 순서를 바꾸어 부정적 CP, 긍정적 NP, 부정적 NP에도 적용해 보라.

어른 자아상태

기능적 모델에서도 A **자아상태**는 분리하지 않는다. 성장한 사람으로서의 자원을 총 동원하여 '지금-여기'에서의 상황에 반응할 때 모두 A 자아상태에 분류된다.

기능 모델의 전체를 살펴보았다. [그림 3-1]에 기능 모델이 제시되어 있다.

에고그램

여러분의 성격에서 이러한 각 기능적 자아상태가 얼마나 중요한가? Jack Dusay는 이러한 기능을 직관적으로 보여 줄 수 있는 방법을 제안했는데, 이것을 **에고그램**(egogram)이라 부른다.[2)]

에고그램을 그리려면 먼저 [그림 3-2]와 같이 옆으로 다섯 개의 칸을 만든다. 그런 다음 다섯 가지 주요 기능적 자아상태를 기술하는 명칭을 적어 넣는다. 이때 통제적 어버이는 CP, 자유로운 어린이는 FC와 같이 앞 글자를 적는다.

CP	NP	A	FC	AC

[그림 3-2] 에고그램 그리기-1

그다음 [그림 3-3]에서와 같이 각 기능적 자아상태마다 수직으로 막대그림을 그린다. 막대의 높이는 기능적 자아상태를 얼마나 많이 사용하는가를 가리킨다. 가장 많이 사용되는 것부터 그린다. 그다음 가장 적게 사용하는 기능적 자아상태를 가장 낮게 그린다. 그러고 나서 각 기능적 자아상태에서 보내는 시간의 양을 직관적으로 판단하여 막대 그림을 그린다.

예를 들어, A에서 보내는 시간이 가장 많고 NP에서 보내는 시간이 가장 적으면, [그림 3-3]과 같이 두 개의 막대그림을 그린다.

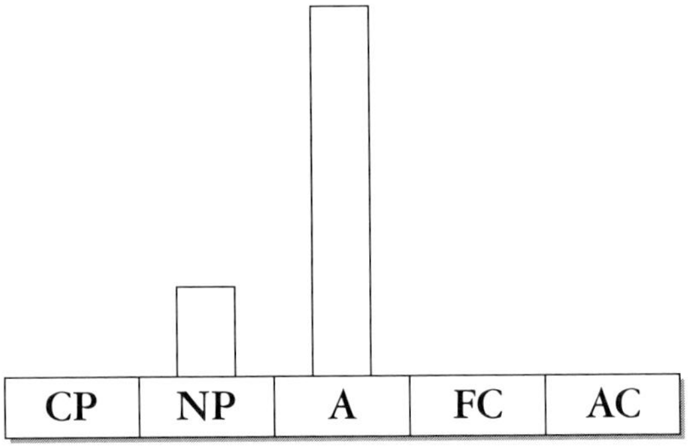

[그림 3-3] 에고그램 그리기-2

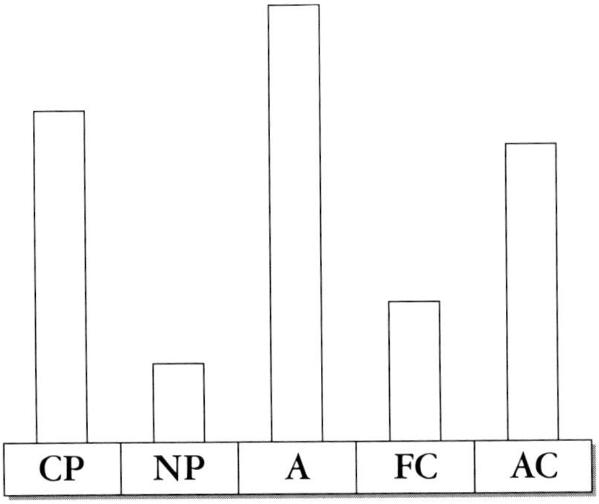

[그림 3-4] 에고그램 그리기-3

이제 세 개의 막대그림을 그리면 [그림 3-4]와 같이 에고그램이 완성된다. 각 기능적 자아상태의 막대 높이는 그 기능적 자아상태에서 보내는 시간의 양을 가리킨다.

막대의 정확한 높이에는 그리 신경쓰지 않아도 된다. 중요한 것은 각 기능적 자아상태를 상대적으로 비교하여 어느 것이 더 높은가를 보는 것이다.

Dusay는 막대에서 긍정적인 부분과 부정적인 부분을 나누지 않았지만, 그렇게 해 보면 좋을 것이다. CP, NP, FC, AC 중 부정적으로 사용한 것을 나타내기 위해 검은색을 칠하면 된다. 그러면 나머지 흰색은 긍정적으로 사용했다는 뜻이 된다. 예를 들어, 나는 AC에서 보내는 대부분의 시간을 규칙을 준수하는 데 보낸다고 생각한다. 그리고 FC에서 행동할 때 대부분의 행동이 편안하고 생산적인 결과를 가져다준다. 나는 NP에 놓이는 일이 많지는 않지만, 사람들을 '질식'시킬 정도로 부정적으로 사용한 일은 거의 없다. 나는 CP에 놓이는 경우가 많지만, 대부분의 시간을 남을 지도하는 긍정적인 방법으로 사용한다. 이렇게 하여 [그림 3-5]와 같은 최종 에고그램이 작성되었다.

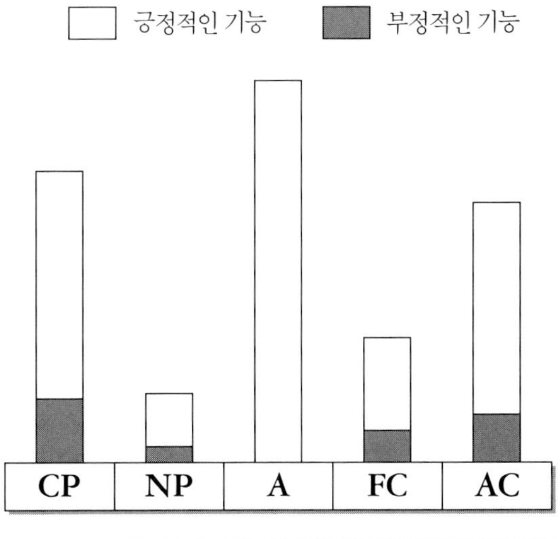

[그림 3-5] 긍정적인 기능과 부정적인 기능

각자 자신의 에고그램을 작성해 보라. 집단으로 활동하고 있다면 자신의 에고그램을 집단성원과 토의해 보라. 에고그램을 그릴 때는 직관적으로 빠르게 작성해야 한다.

자신에게서 어떤 특징을 발견하였는가?

어떤 사람은 자신이 작성한 에고그램이 어떤 상황에서든 다 동일하다는 사실을 발견할 것이다. 그러나 어떤 사람은 상황에 따라 모양이 다른 두세 개의 에고그램이 필요할지 모른다. 다시 말해, 직장과 가정에서 사용하는 기능이 다를 것이다. 이것이 사실이라면 각 상황에서의 에고그램을 작성해 보라. 여기서 무엇을 배우겠는가?

여러분을 잘 아는 사람에게 자신의 에고그램을 설명해 보라. 그리고 상대방으로 하여금 여러분에 대한 에고그램을 작성해 달라고 부탁해 보라. 두 에고그램을 비교할 때 어떤 점을 배울 수 있는가?

항상성 가설

Dusay는 **항상성 가설**(constancy hypothesis)을 제시했다.

> 한 자아상태의 강도가 증가하면, 이를 보상하기 위해 다른 자아상태의 강도가 낮아질 수밖에 없다. 정신 에너지에서 이동이 일어나 전체 에너지의 양을 일정하게 유지하려 한다.

Dusay은 자신의 에고그램을 변화시킬 최상의 방법은 자신이 높이고자 원하는 기능적 자아상태를 높이는 것이라고 말했다. 이렇게 하면 다른 기능적 자아상태에서 에너지가 자동적으로 이동되어 나온다.

나의 에고그램에서 CP를 낮추고 NP를 높이려고 결정했다고 하자. 그리고 NP 행동들을 많이 사용하기 시작했다. 매일 사람들의 등을 쳐 주거나 직장에서 사람들에게 명령을 하는 대신 따뜻하게 지도해 주려고 했다. 따라서 CP를 줄이기 위해 애쓸 필요가 없다. 항상성 가설에 따라, NP에 더 많은 에너지를 쏟으면 자동적으로 CP가 내려가기 때문이다.

자신의 에고그램에서 변화시키고 싶은 것이 있는가?

만일 있다면 이러한 변화를 초래하기 위해 어떤 막대를 높여야 할지 결정하라.

이러한 자아상태를 발달시키기 위해 사용할 행동을 적어도 다섯 가지 이상 적어 보라. 일주일 동안 이러한 행동을 반드시 실천에 옮긴다.

그런 다음 다시 에고그램을 작성하라. 가능하면 잘 아는 사람에게 자신에 대한 에고그램을 작성해 달라고 하면 좋을 것이다. (자신의 에고그램에서 무엇을 변화시키려고 했는지 말해서는 안 된다.) 새로 작성된 에고그램이 항상성 가설에 맞는가?

기능모델이 사고와 감정을 배제하고 행동만 기술하는가

각 자아상태를 '일관된 일단의 사고와 감정과 행동'으로 정의하고 있는 제1장과 제2장을 상기해 보라. 이 장을 읽으면서 기능모델은 세 가지 측면 중 오로지 행동만 기술하는 것으로 생각했을 것이다. 따라서 기능모델은 자아상태에 대한 설명 중 1/3만 다루고 있다고 말할 수 있을 것이다. 그러나 이 1/3이 중요하다. 자아상태에 대한 설명 중 오직 행동만이 직접 관찰할 수 있기 때문이다.

기능모델은 사람들이 '왜' 그렇게 행동하는가에 대한 관심보다 '어떻게' 행동하는가를 나타내기 위해 고안된 것이다. 기능모델에서는 사람들이 하는 것을 바깥에서 보고 들을 수 있는 것을 다루지, 그들의 마음속에서 일어나는 일을 판단하려고 하지 않는다. 사람들 간의 커뮤니케이션 유형을 공부할 때 특히 더 그렇다. 기능모델은 '한 사람이 무엇을 하고 말하는가?' '상대방이 무엇을 하고 말하는가?'에 대해 객관적으로 관찰하고자 할 때 도움을 준다.

그러나 행동으로 초점을 좁히면 위험이 따를 수 있다. 이 모델을 접하는 사람이면 누구나 'CP'나 'FC'와 같은 명칭이 무엇을 뜻하는지 직관적으로 안다. 따라서 행동이 자아상태를 '정의'한다고 가정하면 단견이다. 예를 들어, 그녀는 즐기고 있는 아이처럼 보인다고 말하면, '그렇다면' FC에 놓여 있고, 그는 따뜻한 배려를 보인다고 말하면 NP에 놓여 있다는 것을 '의미한다'.

여러분도 깨달았겠지만, 이러한 가정은 부정확하다. 어느 자아상태에 놓여 있는지 '전모'를 밝히려면, 행동만 보아서는 안 된다. 자아상태를 제대로 파악하려면 그 행동에 수반되는 사고와 감정도 고려하지 않으면 안 된다.

기능적 자아상태에 대해서만 이야기해야 하는가

최근에 와서 일부 교류분석 학자들은 기능모델은 감정과 사고를 고려하지 않기 때문에, 기능분석을 할 때에는 '자아상태'라는 말을 사용하지 않을 것을 제안했다. 또한 기능모델을 그릴 때 그 동안 친숙했던 세 가지 원을 사용하지 않는 것이 좋겠다고 제안했다. 왜냐하면 세 가지 원은 자아상태를 나타내는 것으로 고착되었기 때문이다.

여러 학자들이 세 개의 원 속에 세 자아상태를 기입하는 방법 대신에 다른 방법들을 제시하고 있다. 저자 중 한 사람(Ian Stewart)도 다섯 개의 직사각형 표를 만들어 통제(Controlling), 양육(Nurturing), 정보처리(Information Processing), 순응(Adapting), 자유로운 표현(Free Expression)이라는 명칭을 기입한 '다섯 가지 행동모델(Five Behaviors Model)'을 제시했다. Susannah Temple 역시 직사각형 모델을 사용하여 '아홉 가지 행동양식(Nine Modes of Behaviors)'을 제시했는데, 여기서는 앞에서 기술한 전통적인 기능 모델에 '긍정적' 측면과 '부정적' 측면을 나타냈다.[3)]

그러나 이러한 새로운 그림과 명칭에 대한 제안은 교류분석 이론의 주류로 들어오지 못했다. 아마도 이 책의 다음 판에서는 등장할지 모른다. 그동안 오로지 행동에 초점을 맞추고 있는 기능 모델에서는 자아상태에 대한 전체 '내용'을 다 담을 수는 없다는 사실을 유념했으면 한다. 앞으로의 두 장에서 그 '내용'을 채우고, 행동뿐 아니라 사고와 감정까지 포함한 세 가지 자아상태 특징의 정의에 대해 증거를 찾을 방법을 기술할 것이다.

제4장

제2차 구조모델

앞 장의 기능모델에서는 자아상태를 구분하여 행동에 '어떻게' 반영되는지—그 '기술'—살펴보았다. 이제 2차 구조모델(second-order structural model)을 통해, 자아상태에 '무엇'이 들어 있는지—그 '구성 요소들'—살펴보고자 한다.

우리는 태어나는 순간부터 세상을 경험하고, 이러한 경험을 기억에 저장한다. 우리가 경험하는 매 순간순간의 경험이 과연 기억에 기록되는 것인가? 그리고 이러한 기억을 모두 회상해 낼 가능성을 가지고 있는 것인가? 무의식에 담겨 있다는 것 외에는 아무도 모른다. 그리고 어떻게 저장되는 것인지에 대해서도 분명하게 알지 못한다. 그러나 누구나 과거에 대한 기억을 가지고 있다는 것은 안다. 이러한 기억 중 어떤 것은 쉽게 떠올릴 수 있지만, 어떤 것은 떠올리기가 쉽지 않다. 특히 어린 시절의 기억은 오직 꿈이나 환상 그리고 최면술과 같은 무의식 탐색이나 (에너지 심리학에서 나온) 근력검사를 통해 드러날 수 있을 뿐이다.

이 장 전체에서 통상적 의미보다 넓은 의미의 '기억'이라는 용어를 사용하게 될 것이다. 일상생활에서 말하는 '기억'이란 단순히 과거로부터 회상할 수 있는 사건이나 경험을 말한다. 여기서 말하는 기억은 단순한 회상 그 이상을 의미한다. 회상이란 확실히 과정의 한 부분이다. 그러나 우리가 저장해 둔 것에는 과거 특정 시점에 일어난 정서, 사고 또한 회상된 행동 역시 포함되어 있다. 우리가 특정 사건을 떠올릴 때는 실제 사건이 일어났을 때 우리가 경험했던 감정과 사고와 행동도 다시 체험하게 되는 것이다. 다시 말해, 이러한 이차적 자아상태는 경험적 현실이다. 우리는 부모가 했듯이, 또 어릴 때 우리가 직접 했듯이, 느끼고 생각하고 행동할 수 있는 것이다.

우리 각자는 기억으로서 저장되어 있는 수많은 사고, 감정, 행동의 경험들을 가지고 있다. 제2차 구조모델의 목적은 이러한 기억들을 자아상태 모델이라는 틀 속에서 유용한 방법으로 '분류'하는 데 있다.

제2차 구조모델을 '서류철(filing system)'이라고 생각해도 좋다. 영업사원이 책상 앞에 앉아 있다고 가정해 보라. 매일 다양한 종류의 서류들—편지, 답신, 계산서, 인사기록부 등—을 다룬다. 하루 일이 끝난 뒤 이러한 서류들을 아무 곳에나 내팽개치지 않는다. 그는 서류철에다 하나하나 체계적으로 저장한다.

왜 그렇게 하는지 이유가 자명하다. 체계적으로 분류해서 철해 놓음으로써 영업에 유용하게 사용할 수 있도록 기록들을 '조직화'할 수 있는 것이다. 예를 들어 회계보고서를 작성해야 한다고 하자. 그러면 서류철 속의 계산서라는 파일을 찾으면, 그 안에 이와 관련된 각종 기록들이 모여 있는 것이다.

이와 마찬가지로, 교류분석에서도 제2차 구조모델을 사용하여, 구조분석을 통해 성격을 이해하는 데 도움이 되도록, 사고나 감정이나 행동에 대한 기억의 흔적들을 정리한다.[1]

제2차 구조모델은 [그림 4-1]에 제시되어 있다. 이 서류철은 어떻게 작용하겠는가?

우리는 어릴 때 부모로부터 많은 메시지들을 받는다. 우리가 메시지를 받을 때마다, 그 메시지에 대해 특정 방법으로 사고하고 또 그 메시지에 관련된 상상(fantasy)을 한다. 또한 그 메시지를 받고 어떤 감정을 느끼게 되고, 어떻게 반응할지 결정하게 된다. 게다가 부모는 이 메시지가 왜 중요한지 그 이유를 제시한다. 부모는 우리에게 전달하는 메시지 속에 숨겨진 메시지인 감정을 전달할 수도 있다.

제2차 구조모델에서 부모나 부모와 같은 권위적 인물에게서 받는 메시지는 P_3에 저장된다. 그 메시지가 얼마나 중요한지 설명하는 이유는 A_3에 저장되고, 그 메시지 속에 비밀 또는 함축되어 있는 내용은 C_3에 저장된다.

그리고 이러한 메시지에 대한 우리 자신의 생각은 A_2의 내용으로 저장된다.

이러한 메시지를 따르든가 따르지 않을 때 발생하게 될 일에 대한 상상은 P_1을 이룬다. 이러한 상상에 따라 발생하는 감정은 C_1에 저장되고, 우리가 어떻게 할 것인가 하는 초기결정은

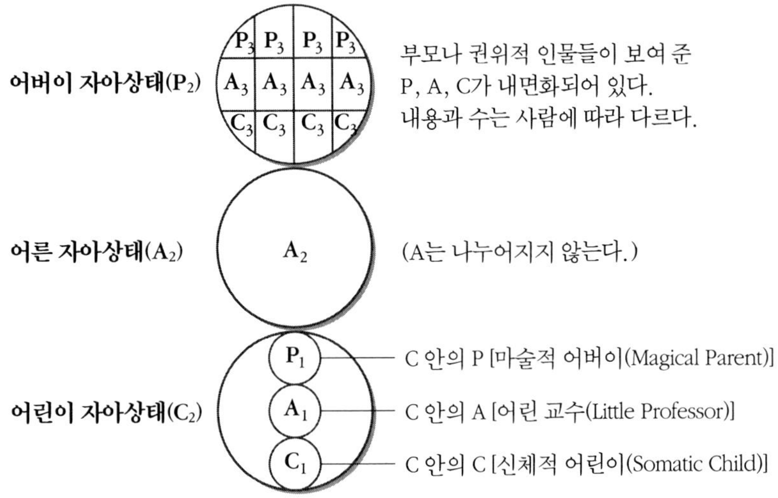

[그림 4-1] 제2차 구조모델

A_1에서 이루어진다.

이제 P, A, C 세 자아상태 속의 각 파일에 대해 상세하게 살펴보고자 한다.

제2차 구조: P 자아상태

이미 살펴본 바와 같이, P 자아상태는 부모나 부모와 같은 권위적 인물로부터 내면화한 사고, 감정, 및 행동을 나타낸다. 이와 같이 구조모델에서 P 자아상태의 '내용'은 부모와 권위적 인물들이 보여 준 사고, 감정, 행동에 대한 일단의 기억 흔적이라 정의할 수 있다.

P 자아상태는 부모나 부모와 같은 권위적 인물들이 보여 준 사고나 감정이나 행동을 그대로 '받아들인(introject)' 것이다. 받아들였다는 것은 씹거나 소화시킨 것이 아니라, 통째로 삼켰다는 것을 의미한다. P 자아상태의 내용은 부모나 부모와 같은 권위적 인물의 사고나 감정이나 행동을 본받은 것이다.

어린이가 자랄 때 부모로부터 명령을 받거나 세상에 대한 정의를 듣는 데 상당한 시간을 보낸다. 따라서 P 자아상태의 내용은 주로 이러한 명령이나 정의로 구성된다. "불 가까이 손대지 마라." "훔치는 것은 나쁜 일이야." "세상은 좋기도 하고, 나쁘기도 하고, 아름답기도 하고, 무서운 곳이다."라는 말들과 이때 함께 주어지는 제스처, 음조, 정서적 표현에 대한 기억을 가지고 있다.

제2차 구조모델에서는 기억하고 있는 각 메시지가 누구로부터 왔는가에 따라 P 자아상태 내용을 구분한다. 대부분의 경우 아버지나 어머니로부터 메시지를 받는다. 조부모도 주요 인물이 될 수 있고 학교 교사도 주요한 부분을 차지할 수 있다. P 자아상태 내용을 제공한 사람들의 수와 특성은 사람마다 다르다.

우리에게 영향을 준 부모와 같은 인물들도 P, A, C 세 가지 자아상태를 가지고 있다. 이것이 [그림 4-1]에 제시된 제2차 구조모델을 이룬다.

이 그림에서 전체 P 자아상태에 인습적으로 P_2라는 명칭을 붙이고 있음을 유의해야 한다. 어떤 교류분석 학자들은 P_2 안에 P, A, C를 넣기도 하지만, 이 책에서는 P_3, A_3, C_3라 부르기로 한다.

P 안의 P(P_3)

아버지는 조부모로부터 받은 일단의 슬로건이나 명령들을 가지고 있다. 그 중 어떤 것은 우리에게 전달했고, 우리는 어머니에게서 받은 것과 함께 이를 우리의 P 자아상태에 저장해 두고 있다. 이렇게 하여 P 속의 P는 대대로 전승되어 오는 저장소가 된다. 예를 들어, 스코틀랜드의 부모들은 아이들에게 "포리지(오트밀에 우유나 물을 넣어 끓인 음식)는 몸을 튼튼하게 하니까 매일 아침 꼭 먹어야 해."고 말한다. 먼 조상들이 가죽 옷을 걸치고 매일 아침 동굴에서 냄비를 저어가면서 '그들의' 자녀들에게 이런 말을 해 왔을 것으로 추측할 수 있다.

P 안의 A(A_3)

P 안의 A는 부모나 부모와 같은 권위적인 인물들에게서 듣거나 본을 본 현실에 대한 진술을 수집해 놓은 것이다. 이러한 진술들 중 많은 것들이 객관적 사실에 입각한 진실이다. 그러

나 일부 진술은 이 세상에 대한 부모의 오해나 공상을 반영하기도 한다. 또 일부 진술은 당시에는 사실로 여겨졌어도 지금은 그렇지 못한 것도 있다. 예를 들어, "달 위를 걸을 수 없다."는 말은 이제 현실이 아니다.

P 안의 C(C_3)

아버지, 어머니, 교사들도 각자 C 자아상태를 가지고 있다. 그들이 C 자아상태에서 보여준 것을 우리의 P 자아상태에 저장할 때, 그들의 C 자아상태에 대한 지각과 경험도 동시에 저장한다. 내게 저장된 그들에 대한 기억을 탐색할 때, 그들이 C 자아상태에서 느낀 감정과 사고나 행동에 접할 수 있다. 내가 어릴 때 그들이 보여 준 감정이나 반응을 경험할 수 있다.

어머니는 어렸을 때, 갖고 싶은 것이 있으면 샐쭉하거나 떫은 표정을 지었다. 내가 어릴 때 어머니는 나에게 원하는 것이 있으면 똑같이 샐쭉하거나 떫은 표정을 지었다. 지금 나의 P 자아상태 안에서 어머니가 C 자아상태에서 보인 행동을 본받아, 샐쭉하거나 떫은 표정을 지음으로써 내가 원하는 것이 있다는 메시지를 보낸다.

제2차 구조: A 자아상태

A 자아상태의 내용은 우리가 지금-여기에 대한 반응으로서 드러내는 사고, 감정, 행동으로 정의할 수 있다. 이러한 정의는 A 자아상태란 우리가 지금 성장한 사람으로서의 자원을 동원한 현실검증(reality-testing) 및 문제해결(problem-solving) 전략들을 배치해 놓은 분류 파일이라는 사실을 뜻한다.

우리는 A 자아상태에서 바깥 세계에 적용하는 현실검증을 할 뿐만 아니라, P와 C 자아상태의 내용이 적절한지 성장한 사람으로서 평가를 한다. 예를 들어, 우리는 P_2에서 "길을 건널 때 좌우를 잘 살펴라."는 P 명령을 따른다. 우리가 자란 뒤에 이러한 메시지가 옳은 것인지 평가하고, 여전히 옳다고 여겨지면 이러한 결론을 A_2에 저장한다.

우리가 A 자아상태에 놓여 있을 때에는 누가 보나 대부분 '사고'하고 있는 것으로 보인다.

그러나 제2장에서 보았듯이, A 자아상태는 지금-여기에 대한 사고뿐 아니라 지금-여기에 대한 '감정' 반응까지도 포함한다. 감정이 어떻게 문제해결의 방법이 될 수 있느냐 하는 의문이 들 것이다. 서커스를 탈출한 호랑이 한 마리가 창문으로 뛰어들었다고 가정해 보자. 이때 누구나 느끼는 지금-여기에서의 감정(here-and-now feeling)은 겁일 것이다. 이러한 정서가 호랑이를 피해 도망가는 데 가장 큰 도움이 될 것이다.

또 사람들이 꽉 차 있는 버스에 가까스로 탔는데, 옆 사람이 팔꿈치로 미는 바람에 문 밖으로 떨어질 위험에 처했다고 하자. 지금-여기서 느끼는 화는 상대방을 밀어내 위험으로부터 자신을 안전하게 보호할 수 있는 자극이 된다. 그리고 지금-여기서 우리가 느끼는 슬픔은 우리에게 중요한 물건이나 사람을 잃었을 때 따르는 문제를 해결할 수 있는 방법이 된다.

제2차 구조모델에서는 A 자아상태를 나누지 않는다. 따라서 원 안에 A_2만 표시해 둔다.

제2차 구조: C 자아상태

어린 시절부터 자신이 직접 경험한 것은 모두 C **자아상태**의 내용을 이룬다.

이러한 수많은 경험들을 분류하는 방법은 아주 다양하다. 한 가지 분명한 방법은 이러한 일을 경험한 연령에 따라 분류하는 방법이다. 일부 교류분석 학자들, 특히 Fanita English가 이렇게 분류했다.[2)]

그러나 저자들은 [그림 4-1]에서와 같이 구조적인 C 자아상태를 나눈다. 그 이유는 단순하다. 내가 어렸을 때에도 이미 P, A, C 세 가지 자아상태를 가지고 있다.

어떤 어린이든지 기본적인 욕구와 소망을 가지고 있고, 그것을 얻기 위한 최상의 방법에 대한 상상이 있고, 직관적인 문제해결 기술들을 가지고 있다.

이러한 특징을 드러내기 위해 C 자아상태라는 큰 원 안에 작은 원을 그려 P, A, C를 넣는다.

C 자아상태 속의 작은 원 안에 있는 P, A, C를 인습적으로 P_1, A_1, C_1이라 부른다. 제2차 구조모델에서 전체 C 자아상태를 C_2라 부른다.

C 안의 P(P_1)

어떤 어린이든 어려서부터 따라야 할 규칙이 있다는 것을 배운다. 이러한 규칙들은 아버지와 어머니로부터 주어진다.

어린이는 어른과 달리 이러한 규칙들을 검토하고 따를 필요가 있는지 없는지 체크할 추리 능력이 없어 단지 따라야만 한다고 생각한다. 그러나 때로는 이러한 규칙을 따르기 싫을 때가 있다. 따라서 어린이는 자기 스스로 이러한 규칙을 따르지 않을 수 없도록 자신에게 겁을 주거나 유혹할 방법들을 찾는다.

> "밤에 기도하지 않으면 악마가 불 속에서 나와 나를 데려갈지도 몰라."
> "밥을 다 먹지 않으면, 어머니가 나를 버리고 가서 돌아오지 않을 거야."
> "내가 착하게 굴면 모두가 나를 사랑해 줄 거야."

이와 같이 어린이는 부모에게서 받은 메시지를 자기 나름대로의 '마술적 형태'로 번역하여 저장한다. 이러한 인상들은 부모가 준 메시지가 암시하는 바에 대한 어린이의 상상이기 때문에, C 자아상태 안의 P 내용으로 분류된다. 자라고 난 뒤에 C 자아상태에 놓일 때 C 안의 P를 이루는 마술적 메시지(P_1)로 떠오르기도 한다.

부모가 준 메시지보다 이러한 마술적 사고(P_1)가 훨씬 위협적인 것이 될 수 있다. 부모가 자녀를 사랑하고 최대한 배려하더라도, 자녀는 다음과 같이 파괴적인 메시지로 지각할 수 있다.

> "쓰러져 죽어 버려라."
> "아무것도 즐겨서는 안 돼."
> "생각을 하지 말아라."

초기 교류분석 학자들은 P_1의 가혹한 특징을 드러내기 위해 '마녀 같은 P' '괴물 같은 P' '돼지 같은 P'라는 등 여러 가지 무서운 별명을 붙이기도 했다.

그러나 어린이의 이러한 과장된 상상은 부정적일 때도 있지만 긍정적일 때도 있다. C 자아상태 속의 P는 '주인공을 돕는 요정(Fairy Godmother)', 좋은 요정, 산타클로스와 연관될 수도 있다. 이러한 이유 때문에 P_1을 **마술적 어버이**(magical Parent)라고 부르기를 더 선호한다.

Berne은 P_1을 '전극'이라고 불렀다. 왜냐하면 보상이든 벌이든 이러한 마술적 이미지에 거의 충동적으로 반응하기 때문이다.

C 안의 A 또는 어린 교수(A_1)

C 자아상태 안의 A인 A_1은 어린이가 문제해결을 위해 사용하는 전체 전략들에 대해 붙인 명칭이다. 이러한 전략들은 어린이가 자라면서 변화하고 발달한다. 아동발달을 연구하는 학자들은 이러한 변화에 대해 면밀하게 연구했는데, C 속의 A를 철저하게 이해하려면 읽어 볼 필요가 있을 것이다.[3)]

어린이는 주변 세계를 탐색하는 데 관심이 많다. 그러나 어린이가 환경을 탐색하는 방법은 어른이 말하는 '논리적' 방법과 다르다. 어린이는 주로 직관이나 즉각적인 인상에 의존한다. 따라서 어른보다 학습이 빠르다. 이렇게 저장된 능력으로 A_1, 또 다른 이름으로 '어린 교수(Little Professor)'가 발달된다.

자라고 난 뒤 C 자아상태에 놓일 때, A_1에 보유되어 있는 직관이나 창조성을 접할 수 있다.

C 안의 C(C_1)

J 양은 여섯 살 때 마룻바닥에 누워 학교에서 읽으라고 한 책을 열심히 읽고 있었다. 고양이가 들어오자 책에서 눈을 떼고 고양이를 쓰다듬으려고 했다. 이때 고양이가 J 양의 팔을 할퀴자 상처에 피가 맺혔다.

바로 그 순간 J 양은 여섯 살 나이를 잊고 비명을 지르며 뒹굴자 옆방에서 어머니가 달려 왔다. 어머니가 상처에 밴드를 붙이고 달랠 때까지 J 양은 아기처럼 굴었다. 여섯 살이면서도 한 살짜리의 C 자아상태로 돌아갔던 것이다.

J 양은 어른이 되어서도 이 장면에 대한 기억을 저장하고 있다. 과거 장면을 회상해 볼 때

책을 읽고 있는 여섯 살짜리 C 자아상태 속의 A를 회상할 수 있다. 그다음 고양이가 할퀴었을 때의 두려움과 고통을 되살리면서 C 자아상태 속의 더 어린 시절의 C를 회상할 수 있다.

아주 어린아이들은 주로 신체적 감각을 통해 세상을 경험한다. 이러한 경험들이 C 안의 C라는 어마어마한 기억으로 저장되어 있다. 이러한 이유 때문에 C_1을 **신체적 어린이**(Somatic Child) 또는 '유아'라 부르기도 한다.

러시아 인형 세트를 본 적이 있는가? 인형 속에 또 인형이 들어 있고, 그 속에 더 작은 인형이 들어 있다. C 자아상태의 제2차 구조모델도 바로 이와 같다. 여섯 살짜리 C 자아상태 속에는 또 그 전의 C 자아상태가 들어 있다. 이것을 그림으로 다 나타낼 수는 없다. 그러나 상담자라면 이러한 특징을 염두에 두어야 한다. 상담할 때 내담자의 연령에 따라 C 자아상태를 추적하는 것이 중요할 때가 많다.

제2차 구조의 발달

(저자 주: 이 부분에서 다루는 것은 TA 101 수준의 내용이다. 제2차 구조모델은 자아상태가 유아기에서 성인기에 이르기까지 어떻게 발달되는가를 깊이 이해하는 데 도움을 주기 때문에 다룰 가치가 있다고 믿는다. 교류분석을 처음 접하는 사람이라면 이 부분을 먼저 죽 읽은 다음 상세히 살펴보기 바란다.)

어린이가 태어날 때는 자아상태가 오직 C_1밖에 없다. C_1을 들여다보면 그 이전의 구조인 P_0, A_0, C_0을 볼 수 있다. 이것이 출생 시의 성격 구조를 나타낸다. 이 구조는 태내에서부터의 타고난 기능과 적응으로 구성된다. C_0라는 자아상태 명칭은 우리의 본능적 충동과 기아를 나타낸다. P_0은 욕구를 충족하려는 유아의 본능적 프로그램을 의미하고, A_0은 본능적인 문제해결 기제를 뜻한다. 예를 들어, C_0는 배고픔을 등록하고, P_0은 울음으로 환경에 신호를 보내고, A_0은 아무도 반응하지 않을 때 더 크게 운다. 가슴에 안아 주면 P_0은 본능적으로 젖을 빨려고 하고, A_0은 젖꼭지를 찾는다. 이러한 본능적 기능의 예가 수없이 많다. 아기는 A_1(어린 교수)이 발달되기 시작하는 6개월 무렵까지 이러한 자아상태로 작용한다.

A_1은 세상에 대해 그리고 일이 어떻게 진행되는지 감정과 직관을 토대(우뇌의 처리)로 무한한 호기심을 가진 C 자아상태 내에서의 직관적이고 창조적이고 재간 있는 부분을 나타낸다.

어린이는 일어서고 걷고 기어오르고 자기 스스로 먹는 것을 학습하면서 자기 주변 세상에 숙달하는 데 큰 즐거움을 느낀다. 이러한 일은 A_2가 발달되기 시작하는 18개월 무렵까지 이어진다.

A_2는 성격에서 논리적이고 합리적인 사고(좌뇌의 처리) 부분을 가리킨다. 이러한 사고 유형은 언어를 기반으로 하기 때문에, 언어를 배우기 시작하는 18개월에서 2년 전이 지나야 일어난다. 어린이는 자기 의지를 주장하고, 자율성을 드러내기 위해 '노'라고 말하기 시작한다. 이렇게 하려다 부모의 의지와 부딪치는 일이 자주 발생한다. 부모가 원하는 것과 자신이 원하는 것을 조화시키는 법을 찾아내기 위해 사고가 요구된다. 어린이에게 사고를 발달시키기 위해 적절한 수준의 좌절은 필요하다. 좌절이 너무 심하면 어린이는 반항한다. 좌절이 너무 없거나 수동적일 때는 부모가 하라는 대로 따른다. 어린이가 사고를 학습하도록 돕기 위해서는 부모의 분명한 기대와 적절한 제한이 필요하다. 3세 무렵 P_1(마술적 어버이)이 발달되기 시작한다.

P_1은 당시까지의 A_1의 직관적인 지각과 경험과 해설을 토대로 하여 세상이 어떻게 돌아가는가에 대한 어린이의 상상을 가리킨다. 어린이의 많은 해설들 (마녀, 괴물, 산타클로스, 요정 등)은 어린이의 마술적 세상에 근거하고 있다. 이때의 어린이의 신념은 긍정적 방향이든 부정적 방향이든 거창한 면을 띠고 있다. 내가 'x'를 하면 온 세상이 나를 사랑하고 좋아하는 것처럼 여기고, 내가 'y'를 하면 온 세상이 자기를 싫어하고 배척할 것처럼 여긴다. 3세에서 6세 사이에 이러한 마술적 사고를 바탕으로 각본을 형성하기 시작한다. 6세 무렵에 C(C_2) 자아상태가 충분히 발달되고, A_2의 사고(직관적이기보다 합리적)를 토대로 P_2가 발달되기 시작한다.

P_2는 어머니와 아버지의 C 자아상태에서 나온 비합리적이고 마술적인 사고도 내포되어 있지만, 마술적 어버이와 대조되는 합리적 어버이를 가리킨다. P_2의 내용은 주로 어머니 아버지 및 여러 권위적 인물들로부터 내면화한 것들이다. P_2 안에는 부모의 세 자아상태(P_3, A_3, C_3)가 다 포함되어 있다. 또한 여기에는 일을 최상으로 하는 방법과 왜 그렇게 해야 하는지에 대한 어린이의 A_2 결정도 내포되어 있다. 어린이는 특정 일이 왜 중요한지 또 왜 해야 하는지 의문시되거나 부모와 논쟁이 일 때, P 정보와 A 사고를 통합하는 법을 학습한다. P 자아상태에서 타인과의 관계에서 사용할 충분한 능력과 권위가 발달되는 8~10세 무렵까지 P_2 정보는 주로 어린이의 행동에 내적인 영향으로 작용한다. 12세 무렵에는 A_2와 P_2가 충분히 발달되어 완전

한 제2차 성격 구조를 이룬다. 사람들은 계속해서 새로운 경험을 하고, 새로운 정보를 학습하고, 새로운 가치를 발달시켜 나간다. 그러나 기본적인 구조와 가능성은 이미 자리 잡았다.

지금까지 제2차 구조의 발달을 개관하였다. 이 주제를 더욱 상세히 추구하고 싶으면, 이 장의 참고문헌, 특히 Pam Levin, Shiffs, Babcock 그리고 Keepers의 책을 참고하면 좋을 것이다.[4)]

구조와 기능의 구별

자아상태 모델을 잘 사용하려면 구조와 기능의 차이를 분명하게 이해해야 한다. 이 둘을 제대로 구별하지 못해 오랜 세월 동안 교류분석 이론의 발달에 걸림돌이 되어 왔다.

그렇지만 그 차이는 쉽게 이해할 수 있다. 구조모델이 저장되어 있는 기억과 전략을 분류해 놓은 것이라면, 기능모델은 관찰한 행동을 분류해 놓은 것이다. 이러한 사실만 잘 기억한다면 구조와 기능을 정확하게 구별할 수 있을 것이다.

저자 중 한 사람(Vann Joins)이 1976년 TA Journal에 실린 글에서 다음과 같이 설명했다. Berne은 구조적 모형과 기능적 모형을 구별하는 데 신중을 기하였다. 그것은 튼튼한 논리적 기초를 가지고 있었기 때문이라 믿는다. 지금도 이 두 가지를 동일하게 보려는 학자들도 많다. 이것은 '바퀴'와 '회전'을 동일하게 여기는 것과 같다. 구조와 기능은 서로 다른 측면을 나타낸다. 자아상태를 분석할 때, '구조적'이라는 말은 성격의 구성 요소들을 말하고, '기능적' 또는 '기술적'이라는 말은 특정 순간에 성격이 기능하는 방법을 말한다. 집안을 시원하게 하거나 따뜻하게 하는 보일러에 비유할 수 있다. 보일러를 구조적으로 보면 컴프레서, 통풍관, 자동온도 조절장치 등 다양한 구성 요소들이 있다. 그러나 보일러를 기능적으로 또는 기술적으로 볼 때, 전기를 사용하여 집안을 따뜻하게 덥히거나 시원하게 하는 것을 말한다. 이것은 특정 시간에 전체 시스템이 어떻게 기능하고 있는가를 기술하는 것이다.[5)]

구조와 기능의 차이를 밝히려면 바퀴와 보일러를 연상하면 좋을 것이다. 구조와 기능은 다음과 같은 말을 통해서도 구별할 수 있다.

- 구조 = '무엇' = 구성 요소
- 기능 = '어떻게' = 기술

구조와 기능의 구별이 왜 중요한가? 두 사람의 상호작용에 대해 말할 때는 '기능'의 측면에서 고려해야 한다. 그러나 개인의 마음속에 어떤 일이 일어나는지 고찰할 때에는 '구조적'으로 살펴보아야 한다. 교류분석을 사용할 때 '대인관계적' 측면에서는 기능적 접근이 요구되고, 개인의 '정신내적' 측면에서는 구조적 접근이 요구되는 것이다.

이 책의 제3부에서 커뮤니케이션을 다룰 때는 거의 전부 기능으로 설명하고, 제4부의 인생각본을 다룰 때에는 주로 구조와 관련된 내용을 설명한다.

내가 상대방을 쳐다보고 경청하면서 어느 자아상태에 놓여 있는지 판단할 때, 오직 기능모델을 통해서만 판단할 수 있다. 상대방이 머리를 숙이고 눈살을 찌푸리며 손가락을 입에 갖다댄다. 나는 이러한 관찰을 통해 상대방이 아마도 AC에 놓여 있다고 판단할 수 있다.

그러나 상대방이 '어린 교수'에 있는지, P 안의 P에 놓여 있는지 보고 판단할 방법은 없다. 왜냐하면 어린 교수나 P 안의 P는 일단의 행동을 말하는 것이 아니라 기억의 수집을 가리키기 때문이다. 오직 상대방이 말하고 있는 '내용'을 들음으로써 제2차 구조에 대한 증거를 수집할 수 있는 것이다.

어린 교수나 P 안의 P에 관한 내용—'어떻게' 보다 '무엇'—을 알고 싶다면, 이를 탐색해 나가는 작업이 필요하다. 이때 주로 사용하는 방법은 상당한 양의 질문이다. 그리고 성격이나 아동발달에 대한 다양한 지식을 사용할 수 있을 것이다.

다음 장에서 Berne이 자아상태를 진단하는 방법을 제시하고 구조와 기능을 식별하는 방법을 살펴볼 것이다.

구조와 기능 간의 관계

구조와 기능은 '다른' 것이다. 그러나 서로 '관련되어' 있다. 내가 특정 시간에 행동하는 방법은 내가 내면적으로 접촉하고 있는 일단의 나의 기억이나 전략에 의존하기 때문이다.

내가 전형적으로 부정적 AC에 속하는 행동들을 드러내고 있다고 가정하자. 예를 들어, 나는 팔짱을 끼고 다리를 꼬고 앉아 있다. 입을 악물고 얼굴이 붉어지고 이마에 땀이 맺혀 있다. 상대방이 나를 바라볼 때, 내가 내면적으로 어느 구조적 자아상태에 놓여 있다고 말하겠는가? 아마도 **신체적 어린이**(C_1)에 속하는 신체적 감각을 경험하고 있다고 추측할 수 있을 것이다. 내가 그럴 수도 있다. 그러나 아마도 나는 3세 무렵 P_1에 구성한 무서운 괴물이나 마녀 같은 인물의 내적 이미지와 접촉하고 있을지도 모른다.

또한 나는 어릴 때 아버지가 어떤 위협을 느끼면 입술을 깨물고 얼굴을 붉히곤 했던 모습을 본보고 이를 재연할 수도 있다. 그렇다면 나는 나의 P 자아상태 안의 부분, 즉 아버지 P 자아상태 안의 C(아버지의 C_3)와 접촉하고 있는 것이다. 내가 능숙한 배우로서 제스처 놀이를 하고 있다면, 나는 속으로 A(A_2)와 어린 교수(A_1) 사이로 전환했을 가능성이 있다.

반복해서 말하지만, 사람들이 나를 바라보며 경청할 때, 기능은 '관찰'할 수 있지만, 구조는 단지 '추론'할 수밖에 없는 것이다.

제1차 구조모델은 구조와 기능을 보여 준다

제2장에서 세 개의 원으로 그린 자아상태 모델을 살펴보았다. 세 개의 원 속을 나누지 않았기 때문에, 흔히 '제1차 모델'이라고 부른다. Berne은 이러한 도표를 '제1차 구조모델'이라고 불렀으며, 교류분석 문헌에 이러한 명칭이 사용되는 일이 많다. 이 세 개의 원으로 그려진 모델은 구조를 보여 주지 않는다. 즉, 각 원은 감정과 경험이라는 자아상태의 내용을 상징한다.

그러나 여러분은 세 개의 원으로 구성된 이 모델이 기능 '또한' 보여 준다는 것을 깨달았을 것이다. 이는 Berne이 자아상태를 '일관된 유형의 감정과 경험으로, 이에 상응하는 일관된 유형의 행동'이라고 정의를 내린 것에서도 알 수 있을 것이다. 다시 말해, 행동—기능—은 자아상태를 규정하는 데 본질적인 부분을 이룬다. 이와 같이 제1차 모델은 구조와 기능 양 측면을 드러낸다고 말할 수 있다.

이것은 세 개의 원 모형을 사용할 때 기능적으로도 생각할 수 있다는 사실을 의미한다. 따라서 다섯 가지 기능으로 나눈 제3장의 전체 '기능 모델'을 굳이 그릴 필요는 없다. Berne도 교류—사람들 간의 커뮤니케이션—를 분석할 때 각 원에서 기능을 세분화시키지 않은 제1차 모델을 사용하곤 했다. 제7장에서 교류를 다룰 때에도 이렇게 할 것이다.

제5장

자아상태 파악

Berne은 다음과 같이 자아상태를 파악할 수 있는 네 가지 방법을 다음과 같이 제시했다.

- 행동적 진단(behavioral diagnosis)
- 사회적 진단(social diagnosis)
- 역사적 진단(historical diagnosis)
- 현상학적 진단(phenomenological diagnosis)

Berne은 자아상태를 파악하려면 이와 같은 여러 방법 중 한 가지 이상을 사용하는 것이 가장 좋다고 강조했다. 완벽하게 진단하자면 앞서 제시한 순서대로 모든 방법이 다 동원되어야 한다. 그중에서 행동적 진단이 가장 중요하다. 나머지 세 방법은 이를 확인하는 수단으로 사용할 수 있다.[1)]

행동적 진단

행동적 진단을 할 때에는 상대방의 행동을 관찰하여 어느 자아상태에 놓여 있는지 판단할 수 있다. 이렇게 하면 다음과 같은 것들을 보고 들을 수 있다.

- 말(words)
- 어조(tones)
- 제스처(gestures)
- 자세(postures)
- 얼굴 표정(facial expressions)

이러한 단서들을 함께 관찰하여 상대방의 기능적 자아상태를 진단할 수 있다. 각 방법마다 서로 일관된 여러 단서들이 있는가?

예를 들어, 내가 의자에 똑바로 앉아 있다고 가정해 보라. 몸을 곧게 펴고 양 발을 바닥에 붙이고 단정하게 앉아 있다. 이러한 신체적 단서를 보면 나의 행동이 A 자아상태에 놓여 있다고 판단할 것이다.

내 얼굴을 보면 차분하게 바라보고 있고 편안한 얼굴을 하고 있다. 내가 말하기 시작할 때 내 목소리의 톤을 들을 것이다. 그러면 내가 A 자아상태에 놓여 있다고 행동적 진단을 할 수 있는 표현이나 목소리로부터 일관된 단서를 볼 수 있을 것이다.

한 가지의 단서만으로는 충분하지 못할 때가 있다. 내가 자아상태의 철학에 대해 토의하고 있다. 당신이 내가 하는 말을 받아 적고 있을 때, 나는 A 자아상태에 놓인 것으로 비칠 것이다. 그런데 발을 바꾸어서 한 발을 다른 발 위에 올리고, 머리는 한쪽으로 기울이고, 왼손으로 의자 팔걸이를 톡톡 치고 있는 나를 보게 된다. 내가 말하고 있는 것을 보면 A 자아상태처럼 보여도, 이러한 제스처와 자세에서 나오는 단서를 보면 AC 상태로 전환되어 있음을 알게 될 것이다.

자아상태에 '표준 단서'가 있는가

전통적으로 교류분석 책들을 보면 행동적 진단을 위한 **표준 단서**들을 제시하고 있다. 예를 들어, 손가락질을 할 때는 CP, 우는 소리를 할 때는 AC, "와우! 만세!" 하고 소리칠 때는 FC를 가리키는 단서라고 말한다. 그러나 자아상태 모델의 근본적인 특징을 고려할 때, 이러한 '표준 단서들'을 사용하는 데 주의를 요한다.

표준 단서들을 제시해 놓은 표를 보면 '아이처럼' 부모의 요구에 따를 때에는 AC, 자녀를 돌보아 주는 '부모처럼' 행동할 때에는 NP라고 설명한다. 그러나 이것은 자아상태 모델이 설명하는 것과 다르다.

내가 C 자아상태에 놓여 있다고 말할 때에는 단지 아이처럼 행동한다는 뜻이 아니라, '내'가 과거 한때 했던 것처럼 행동하거나 사고하거나 감정을 느끼는 것을 말한다. 내가 NP에 놓여 있다는 것은 '그냥 일반 부모들처럼' 행동하는 것이 아니라, 바로 '나'의 부모 중 한 분이 했던 것처럼 행동하고 사고하고 감정을 느끼는 것을 말한다.

따라서 나의 AC에 대한 행동적 진단을 제대로 하려면, '내'가 어릴 때 부모에게 순종할 때 어떻게 했는지 알아야 한다. 그리고 나의 NP를 정확하게 진단하려면, 나의 아버지와 어머니가 나를 어떻게 돌봐 주었는지 관찰한 일이 있어야 한다.

AC나 FC라고 말할 수 있는 일단의 행동적 단서는 사람마다 다 다르다. 왜냐하면 어릴 때의 경험이 서로 다르기 때문이다. 그리고 사람마다 부모도 다르기 때문에, 사람마다 CP와 NP를 가리키는 행동들이 다를 수밖에 없다.

그렇다면 표준 단서로 제시되어 있는 것들이 아무 소용도 없다는 뜻인가? 다행히 소용없는 것은 아니다. 부모에게 순종하거나 자발적으로 행동할 때 어린이들이 대체적으로 드러내는 '전형적 행동들'이 있다. 또한 자녀를 통제하거나 돌볼 때 어떤 부모든 공통적으로 드러내는 전형적 행동들이 있다. 따라서 이러한 전형적인 행동들을 찾는다면, 기능적 자아상태를 진단하는 데 유용한 단서들을 발견할 수 있을 것이다.

그러나 이러한 방법은 오직 출발점이라는 사실을 명심해야 한다. 정확하게 진단하기 위해서는 무엇보다 사람을 알아야 한다. 시간이 흐르면서 자아상태의 변화를 알려 주는 각자의 독특한 일단의 행동 목록을 작성할 수 있다.

큰 종이 위에 다음 표와 같이 가로 세로 여섯 개의 줄과 여섯 개의 칸을 그리고 세로 줄에는 CP, NP, A, FC, AC 기능을 적고, 가로로 각 칸에 말, 어조, 제스처, 자세, 얼굴표정이라는 단서를 적은 뒤, 각 기능마다 행동적 단서들을 적어 넣는다.

단서 / 기능	말	어조	제스처	자세	얼굴표정
CP					
NP					
A					
FC					
AC					

먼저 CP 칸을 보기로 한다. 부모가 통제하거나 명령하던 방법을 본보고 따라 할 때의 행동적 단서들을 기입한다. 전형적으로 CP에 놓였던 상황을 생각하면 도움이 될 것이다. 직장에서 부하 직원을 통솔할 때가 그럴 것이다. 그리고 여러분이 부모라면 자녀들에게 무엇을 명령할 때 보이는 행동들을 고려해 보라. CP에 놓일 때의 사례를 들면 다음과 같다.

- 말: "하지 마!" "그만해!" "잘했어!" "그렇게 하면 안 돼!" "꼭 ~해야 해!"
- 어조: 목소리가 굵고 높고 신랄하다.
- 제스처: 오른팔로 내리친다. 손가락질한다. 주먹을 치켜든다.
- 자세: 의자를 뒤로 젖히고 앉는다. 상대방을 깔보는 투로 고개를 뒤로 젖힌다.
- 얼굴표정: 입을 꽉 다문다. 눈살을 찌푸린다.

이러한 단서들 중 여러분이 나타내는 것도 있을 것이다. 중요한 것은 자신이 사용하는 목록을 만드는 것이다. 이제 작성해 보도록 한다.

목록을 작성할 때 반드시 사람들이 보고 들을 수 있는 것만 적어야 한다. 해설을 해서는 안 된다. '겸손하다' 혹은 '오만하다' '거드름피우다'와 같은 말은 적으면 안 된다. 이러한 말은 해설에 속하기 때문이다. 상대방이 나의 말이나 목소리를 듣고 으스댄다고 느낄 수 있을 것이다. 그러나 으스대는 것은 관찰 가능한 행동이 아니다. 이것은 머릿속에서 하는 해설이므로, 항상 관찰 가능한 것을 적어야 한다.

CP 칸을 다 채워 넣었으면 동일한 방법으로 다른 칸을 채워 넣는다. NP 칸에는 부모가 다른 사람들을 돌보던 방법을 본받아 자신이 남을 돌볼 때 드러내는 행동을 적는다. 자신이 부모라면 자녀를 배려하고 돌볼 때 이렇게 할 가능성이 높다.

AC 칸에는 어렸을 때 다른 사람들의 규칙을 따를 때 취했던 행동을 재연할 때의 행동적 단서들을 적는다. 회사의 규칙에 순응하고, 직장 상사에게 말할 때 이러한 행동을 할 가능성이 높다.

FC 칸을 채울 때에는 최근 다른 사람의 요구에 동조하지도 않고 반항하지도 않았던, 그리고 어린이처럼 행동했던 때를 생각해 보라. 롤러코스터를 타고 내려갈 때 얼굴을 가리고 비명을 질렀을 것이다. 또 어릴 때 친구들과 수영장에서 물장난을 할 때 소리도 치고 킥킥거리기도 했을 것이다.

P와 C 자아상태를 기능적으로 나눌 때 긍정적인 면뿐 아니라 부정적인 면도 있다는 것을 명심해야 한다. 부정적인 CP에서 상대방을 억누르려고 할 때 어떤 행동을 보였는가? 여러분이 부모라면, 자녀가 질식할 정도로 간섭하지 않았는가? 만일 그랬다면 자녀는 부정적인 NP에 놓인 여러분에게서 어떤 말들을 듣고 어떤 행동들을 보았겠는가? 상사와 이야기할 때 마음속과는 달리 비위를 맞추려고 하지 않았는가? 만일 그렇다면 이 부정적인 AC 장면을 비디오 필름에 담았다면 어떤 말과 행동을 볼 수 있겠는가?

A 칸을 채울 때는 지금-여기서 성장한 사람으로서 반응한 행동을 적어 넣는다. 직장에서 동료와 정보를 주고받는 장면이나 쇼핑할 목록을 만들어 물건을 고르고 있는 장면이 여기에 해당될 것이다. 또 이 책을 읽으면서 자아상태에 관해서 공부하고 있는 상황도 A 자아상태에 해당될 수 있다. A 자아상태는 지금-여기의 사고뿐 아니라 감정도 해당된다는 것을 명심할 필요가 있다. 따라서 A 자아상태의 행동에는 현재의 상황에 적절하게 반응한 정서도 포함된다.

FC 칸에는 성장하고 난 뒤의 자발적인 모습보다 자발적인 어린이로서 한 행동들을 적어 넣는다.

여러분이 나의 행동적 단서들을 관찰하고 있을 때, 내가 드러내는 행동이 나의 어느 자아상태와 어울리는지 추가 질문이 필요할 때도 있을 것이다. 한 사람이 풀이 죽은 채 앉아 있다고 가정해 보자. 손으로 머리를 감싸고 고개를 숙인 채 한숨을 쉬며, 눈에는 눈물이 고여 있다.

이러한 단서들을 보면 슬퍼하고 있다고 여겨진다. 이때 어느 자아상태에 놓여 있는가? 가까운 인척이 죽었다는 소식을 들었는가? 그렇다면 그가 느끼는 슬픔은 지금-여기서의 상황에 대한 적절한 반응이기 때문에 A 자아상태다. 아니면 어릴 때 가까운 사람이 죽었을 때의 기억이 떠올랐는가? 그렇다면 이러한 감정은 FC의 표현이다. 또 슬픈 표정을 지음으로써 주위 사람을 조종하기 위해 부정적 AC 유형을 재연하고 있을 수도 있다.

나의 행동적 단서를 보고 여러분이 판단한 것을 확인하기 위해, 다른 사람들은 어떻게 보았는지 질문해 볼 수 있다. 내가 과거에 어떻게 했는지 그리고 부모가 나를 지켜본 것에 대해 질문해 볼 수도 있다. 그리고 여러분은 내가 아동기로부터 무엇을 재경험할 수 있는지 탐색해 볼 수 있다.

Berne이 제시한 나머지 세 가지 진단 방법을 살펴보면서, 여러분이 기록한 행동 목록을 검토하는 데 이용할 수 있다. 나머지 진단방법을 통해 여러분이 작성한 목록을 수정하든가 더 추가할 수 있다.

사회적 진단

사회적 진단이란 상대방이 놓이게 되는 자아상태는 내가 놓여 있는 자아상태에 대한 반응일 경우가 많다는 전제하에 이루어지는 진단이다. 따라서 상대방이 나를 보고 반응하는 자아상태를 보면, 내가 어느 자아상태에서 대했는지 점검할 수 있다. 예를 들어, 내가 P 자아상태에서 대하면, 상대방은 C 자아상태에서 반응할 가능성이 높다. 그리고 내가 A 자아상태에서 대화를 하면 상대방도 A 자아상태로 돌아갈 것이다. 또한 내가 AC 자아상태에서 상대방을 대한다면, 상대방은 P 자아상태에서 반응할 것이다.

이와 같이 사람들이 C 자아상태에서 나에게 반응한다는 것을 알면, 내가 P 자아상태에서 대했을 가능성이 높다고 볼 수 있다. 내가 관리자라고 할 때 우리 팀의 구성원들이 나의 비위를 맞추거나 아니면 내 등 뒤에서 태업을 한다고 하자. 이 두 가지의 행동들은 AC 반응으로 볼 수 있다. 그러면 나는 더욱 CP를 사용하게 될 것이다. 이러한 상황을 변화시키려면, 내가 직장에서 사용한 CP 행동 목록을 작성한다. 그런 다음 CP 행동 대신에, A 자아상태에서 대하는 실험을 해본다. 나에게 반응하는 팀 구성원들의 자아상태 반응들을 보면 나의 P 접근을 얼마나 변화시켰는지 사회적 진단을 할 수 있다.

상대방이 나에게 C 자아상태에서 반응한 예를 생각해 보라. 그가 C 자아상태에 놓여 있었다고 생각할 수 있는 행동적 단서들은 무엇인가?

이러한 반응은 당신의 CP 또는 NP 행동들 때문은 아닌가? 만일 그렇다면 행동 단서 목록을 살펴보고 당신이 P 자아상태에 있을 때 상대방이 어떤 모습을 보고 어떤 말을 들었겠는지 찾아보라. 상대방이 다른 자아상태에서 반응하게 하려면 어떤 행동들을 변화시켜야 되겠는가?

최근 상대방이 A 자아상태에서 반응한 사례를 생각하며 똑같이 연습해 보라.

역사적 진단

어릴 때 어떻게 했는지 질문함으로써 역사적 진단을 할 수 있다. 자랄 때의 모습을 지켜본 부모나 주위 사람에게 질문한다. 이러한 질문을 통해 그 사람의 기능적 자아상태에 대한 우리의 인상을 이중 점검할 수 있고, 자아상태 구조에 대해서도 파악할 수 있다. '역사적 진단은 과정과 내용을 모두 다룬다.'

당신은 집단 활동을 할 때 머리를 숙이고 얼굴을 찌푸린 채 손으로 눈을 가리고 앉아 있다. 내게는 "머리가 복잡해. 아무 생각도 할 수 없어."라고 말하는 것처럼 들린다. 행동적으로 AC에 놓인 것으로 진단한다.

역사적 진단을 하기 위해 "어릴 때 누가 생각해 보라고 했을 때 어떤 감정을 느꼈는가?" 또는 "당신은 나에게 여섯 살 때처럼 보이는데, 그때와 관련된 것이 없는가?"라고 질문할 수 있다. 당신은 "예, 아버지가 하도 책을 읽어 보라고 해서 읽었더니 제대로 읽지 못한다고 웃었습니다. 그래서 아버지에게 분풀이를 하고 싶을 때에는 일부러 멍청한 짓을 했습니다."라고 회상할지 모른다.

또 어떤 때에는 당신이 의자를 젖히며 옆 사람을 얕잡아보듯 쳐다보며 말한다. "방금 한 말은 틀렸어요. 사실은…."이라고 말한다. 그러면 상대방은 기가 죽어 AC 스타일로 어깨를 움츠리며 눈썹을 치켜 올릴 것이다. 이제 당신은 CP에 놓여 있다는 행동적 · 사회적 단서를 찾게 된 것이다. 역사적 진단을 하기 위해서 "부모님이 말할 때 당신과 같은 모습으로 한 일이 없는가?" 하고 질문할 수 있다. 그때 당신은 웃으면서 "그래요. 아버지를 그대로 닮았어요." 하고 대답할지 모른다.

당신의 대답은 행동적 진단에 대한 확신을 심어 준다. AC에 부합한 행동들을 보면서 나는 당신이 어릴 때 부모의 압박에 반응할 때의 행동을 재연하고 있다는 것을 확인한다. 당신이 행동으로 P 자아상태 단서들을 보여 주면서 부모의 행동을 본받은 것이라고 말한다.

처음 작성한 행동 단서 목록을 놓고 각 자아상태에 대한 역사적 진단이 가능한지 살펴보라.

CP와 NP에 대한 행동 단서들을 보면서, 부모나 부모와 같은 권위적 인물들의 행동을 본받아 따라 하는 것은 없는지 회상해 보라. 이러한 행동에 따른 사고나 감정을 본받은 것은 없는가?

AC와 FC에 대한 행동 단서들을 보면서, 어릴 때에도 동일하게 했던 상황이 없는지 회상해 보라. 그때 몇 살이었는가? 그때 어떤 생각을 하고 어떤 감정을 느꼈는가?

또 A에 대한 행동 단서들을 보면서, 이러한 행동들이 과거에 했던 행동의 재연인지 아니면 부모의 행동을 본받은 것인지 검토해 보라.

이렇게 하다 보면 행동 단서들 중 어떤 것은 다른 칸으로 옮기고 싶은 것도 있을 것이다. 예를 들어, 처음 A 자아상태에 속한다고 여겼던 단서가 AC에 해당되는 경우도 있을 것이다.

현상학적 진단

드물기는 하지만, 과거 지나간 상황을 마치 지금 일어나고 있는 것처럼 재경험하는 경우도 있을 것이다. Berne은 과거 상황이 거의 변화되지 않고 전 자아상태를 충분히 재경험한다면 현상학적 진단이 가능하다고 말했다.

아버지가 책을 읽으라고 말해 놓고 제대로 읽지 못한다고 웃었다고 하자. 상담을 하면서 내가 당신에게 과거의 그 장면으로 돌아가 보라고 한다. 그러면 당신은 상상으로 아버지를 앞에 두고, 그때 하지 못했던 말을 할지 모른다. 아버지에게 투덜대는 모습을 발견할지 모른다. 그리고 그 당시 느꼈던 분노를 느끼며, 아버지를 치듯이 쿠션을 치며 "그런 법이 어딨어요." 하고 소리치기 시작할지 모른다. 이때 당신과 나는 당신의 C 자아상태 내용을 부분적으로나마 현상학적으로 진단할 수 있다.

Berne이 사용한 '현상학적'이라는 말은 일반 사전적 의미와 다르다. 그러나 왜 이러한 말을 사용했는지 설명하지 않았다. 단지 앞서 설명한 대로 Berne이 사용한 용어를 따를 뿐이다.

실제 상황에서의 자아상태 진단

자아상태를 진단하는 데에는 네 가지 방법이 있지만, 실제로는 모두 다 사용하기가 불가능하다. 따라서 사용 가능한 방법만 사용하면 된다. 교류분석을 조직, 교육, 커뮤니케이션 훈련, 일상생활의 대인관계에 사용할 때에는 주로 행동적 진단에 의존한다. 사회적 진단은 행동적 진단을 확인하는 데 도움이 된다. 교류분석으로 치료를 할 때에도 행동적 진단이 자아상태를 파악할 수 있는 가장 첫 번째요 가장 중요한 방법이다.

교류분석을 효율적으로 활용하는 법을 개발하려면, 행동적 진단 방법을 끊임없이 개선해 나가야 한다. 자신의 자아상태 파악을 위한 단서들을 적어 놓은 목록을 가지고, 자신의 자아상태 변화에 대한 이해가 깊어짐에 따라 이를 수정해 나간다.

자신의 모습을 녹음하거나 비디오로 촬영하여, 자아상태 단서들을 분석해도 좋다. 비디오가 있다면 자신의 목소리, 어조, 몸짓 및 내면적으로 경험하게 되는 내용이 변화되어 가는 것을 비교해 보면 좋을 것이다.

다른 사람들과 커뮤니케이션할 때 행동적 진단을 하는 습관을 들이면 좋다. 모임이나 수업 시간에도 이러한 진단 연습을 한다. 그리고 배우자, 직장 상사, 부하 직원과 말할 때에도 수시로 행동적 진단을 해 본다. 자신과 다른 사람의 자아상태 변화를 잘 관찰해 볼 필요가 있다. 처음에는 어색할지 모르지만, 습관이 될 때까지 꾸준히 해 보도록 한다. 상대방이 원한다는 것을 알기 전에는 이러한 분석에 대해 말하지 않는 것이 좋다.

역사적·현상학적 증거를 찾기 전에 가능한 한 행동적 진단의 기회를 갖는 것이 좋다. 그러나 상대방이 동의를 할 때에는 역사적 진단이나 현상학적 진단을 해도 좋다. 이러한 연습을 많이 할수록 더욱 정확하게 행동적 진단을 할 수 있을 것이다.

집행 자아와 실제 자아

지금까지 단순하게 자아상태를 설명해 왔기 때문에, 특정 순간에 한 자아상태에만 놓여 있다고 생각하기 쉽다. 그러나 실제로는 그렇지 않다. 한 사람이 어느 한 자아상태에서 '행동'하는 것 같지만, 내적으로 다른 자아상태에 '놓여 있을' 수도 있다. 예를 들어, 직장에서 동료와 사업 계획에 대해 논의하고 있다고 하자. 처음 얼마 동안은 계획에 대해 집중하고 있다. 다른 사람이 나의 행동적 단서들을 보면 A 자아상태에 놓여 있다고 정확하게 평가할 수 있을 것이다. 나 자신의 내적 경험 또한 A 자아상태에 놓여 있다. 왜냐하면 정보를 교환하면서 탐색하는 지금-여기에 반응하고 있기 때문이다.

그러나 대화가 길어지면서 점차 권태를 느꼈다. 속으로 '여기서 벗어났으면… 오늘은 날씨도 참 좋은데…. 신선한 공기를 마시며 걸었으면 좋겠다. 그렇지만 그렇게 할 수가 없지…' 하고 생각했다. 이제 C 자아상태로 들어간 것이다. 학교 다닐 때 수업에 권태를 느끼고 밖에 나가 놀았으면 했던 때를 재연하고 있기 때문이다.

나는 권태를 느끼면서도 일을 계속 하고 있다. 상대방이 볼 때에는 내가 계속해서 정보를 주고받고 있다. 겉으로는 여전히 A 자아상태에서 행동하고 있지만, 이러한 행동은 내면적으로 경험하고 있는 자아상태와 일치를 이루지 못한다.

Berne은 이러한 상황을 기술하기 위해, **집행 자아**(executive Self)와 **실제 자아**(real Self)로 구별하였다.[2)] 한 자아상태가 그 사람의 행동을 좌우할 때 "집행 능력(executive power)을 가지고 있다."고 말한다. 또, 한 사람이 특정 자아상태에 놓여 있다는 경험을 할 때, 그 자아상태를 '실제의 자아'로 경험하고 있다고 말한다. 대부분의 경우 집행 능력을 가진 자아상태가 실제 자아로 경험하게 된다. 앞의 사례에서 보았듯이, 내가 회사에서 업무에 대해 토의할 때, A에서 집행 능력을 행사하고 있고, A가 실제 자아임을 느끼고 있다.

그러나 권태를 느끼기 시작하면서 실제 자아가 C 자아상태로 바뀌었다. 그럼에도 불구하고 A 자아상태에 부합되는 행동을 계속한다. 그러나 동료가 이야기를 계속 이어 간다고 가정하자. 나는 하품을 하면서 그가 하는 말의 요지를 알아듣지 못하게 되었다. 그때 동료가 나의 대답을 기다리자, 나는 얼굴이 붉어지면서 "어이구 참, 미안해. 제대로 알아듣지 못했어." 하고 대답한다. 이때 "바깥으로 나가 신선한 공기를 쐬고 싶어."라고 말했을 수도 있다. 나는 이제 C 자아상태를 실제 자아로 느끼면서, C 자아상태가 집행 능력을 가지고 있다는 사실을 깨닫는다.

특정 자아상태가 집행 능력을 가지고 있지만 다른 자아상태를 실제 자아로 경험한 사례 세 가지를 제시해 보라. 지난 일주일 동안 이러한 경험을 한 사례가 있는지 회상해 보라.

부조화

집행 자아와 실제 자아를 구별하다 보면 자아상태를 진단할 때 문제가 생긴다. 집행 능력을 가지고 있는 자아상태가 바로 행동을 결정하기 때문에, 한 사람이 드러내는 행동적 단서를 보면 그가 놓인 자아상태를 알 수 있다고 생각할 수 있다. 현재 놓여 있는 자아상태가 실제 자아라면, 행동적 진단만으로 그의 내적 경험을 정확하게 내다볼 수 있을 것이다.

그러나 처음 놓인 특정 자아상태가 여전히 집행 능력을 행사하고 있지만, 실제의 자아가 다른 자아상태로 이동해 있을 때에는 어떻게 되는가? 행동적 진단을 통해 이를 탐색해낼 수 있겠는가? 때로는 탐색이 불가능할 때도 있다. 상대방이 특별한 행동을 드러내지 않을 때에는 더욱 그렇다. 예를 들어, 여러분은 강의를 듣고 있는 내 모습을 본다. 나는 바로 앉아서 움직이지도 않고 아무 말도 하지 않는다. 주위 사람은 이러한 행동적 단서들을 보고 내가 A 자아상태에 놓여 있다고 짐작할 것이다. 그러나 나는 내면적으로 C 자아상태에서 백일몽에 빠져 있다. 따라서 물어보지 않고는 알 방법이 없는 것이다.

그렇지만 내적으로 다른 자아상태로 이동할 때 여러 가지 행동적 단서를 드러내는 일이 많다. 한 사람이 자신이 경험하는 실제의 자아와 집행 능력을 행사하는 자아상태가 다를 때, 그의 행동과 내적 경험 사이에 균열이 일어나는 것을 감지할 수 있다. 예를 들어, 겉으로는 집행 능력을 가지고 있는 자아상태를 가리키는 분명한 행동적 단서들을 보여 준다. 그러나 이러한 집행 자아와 맞지 않은 신호들을 드러내게 된다. 이때 행동이 **부조화**(incongruity)를 보인다고 말한다.

내가 직장 동료와 의논하고 있을 때 가장 분명하게 드러내는 나의 행동들은 내가 집행 능력을 행사하고 있는 자아상태(예: A 자아상태)와 일치한다. 그러나 여러분이 나를 유심히 쳐다보고 귀를 기울이며, 내가 지루해져서 실제 자아가 C 자아상태로 옮길 때 어떤 변화가 일어나고 있다는 것을 감지하게 될 것이다. 예를 들어, 조금 전까지와는 달리 말이 단조로워지고, 서류와 동료의 얼굴을 번갈아 가며 쳐다보다 이제는 바로 보지도 않고 책상 어느 한 지점을 응시하고 있는 모습을 발견하게 될 것이다. 이러한 부조화가 나의 실제 자아의 경험이 A 자아상태에서 C 자아상태로 이동되었다고 판단하는 데 도움이 될 것이다. C 자아상태가 집행 능력을 행사하게 되면 다시 일치를 드러낼 것이다. 부조화를 깨닫는 것은 교류분석을 사용하는 사람으로서 발달시켜야 할 가장 중요한 기술 중의 하나다. 제7장에서 교류를 논할 때 다시 살펴볼 것이다.

Berne의 에너지 이론

Berne은 우리가 한 자아상태와 다른 자아상태 간에 집행 능력과 실제의 자아에 대한 우리의 감각이 이동될 때 어떤 일이 일어나는가에 대해 이론적 설명을 제시하였다. 이 책에서는 이에 대한 이론을 상세하게 다룰 수는 없다. 여기서는 개략적인 설명만 한다. 자세히 공부하고 싶으면 참고문헌 목록을 참조하기 바란다.

Berne은 Freud의 정신 에너지 또는 **카섹시스**(cathexis) 개념을 따랐다. Berne은 이러한 에너지가 세 가지 형태로 존재한다고 제안했다. 즉, 에너지가 묶여 있거나(bound), 풀리거나(unbound), 자유로운(free) 상태에 있다는 것이다.

카섹시스의 이러한 세 가지 형태 간의 차이를 드러내기 위해 나무 위에 있는 원숭이에 비유했다. 원숭이가 높은 나뭇가지 위에 앉아 있을 때, 원숭이는 '잠재적(potential)' 에너지—원숭이가 나뭇가지에서 땅으로 떨어질 때 방출될 에너지—를 가지고 있다. 이러한 잠재적 에너지를 '묶인 정신에너지'에 비유할 수 있다.

원숭이가 나뭇가지에서 떨어지면, 잠재적 에너지는 '운동' 에너지로 방출된다. 이것이 묶인 카섹시스의 특징을 잘 보여 준다.

그러나 원숭이는 살아있는 유기체다. 그저 나무에서 떨어지기보다는 땅으로 뛰어내리기를 선택할 수 있다. Berne은 이러한 에너지의 자발적인 사용을 '자유로운 정신에너지'에 비유했다.

각 자아상태에는 경계가 있다. 자유로운 정신에너지는 이러한 경계를 너머 한 자아상태에서 다른 자아상태로 쉽게 이동할 수 있다. 게다가 각 자아상태는 경계 내에서의 특정 양의 에너지를 가지고 있다. 특정 순간 에너지가 사용되지 않을 때, 이것은 묶인 정신에너지에 해당한다. 자아상태 안에 머물고 있는 묶인 에너지는 **풀린 에너지**(unbound energy)로 전환된다.

예를 들어, 내가 직장에서 대화를 시작할 때, 나의 A 자아상태에 들어있는 에너지를 적극적으로 사용한다. 이 자아상태 안의 정신에너지가 풀리는 것이다. 내 앞에 놓인 현안 문제에 집중할 때, 자유로운 정신에너지 또한 A 자아상태로 이동된다.

이러한 상황에서 나는 P 자아상태 내에 있는 에너지도 일부 사용 '했을 수도' 있다. 예를 들어, 내 머릿속으로 내가 정말 열심히 하고 있는지에 대한 부모의 판단을 재연했을 수도 있다. 그러나 그렇게 하지 않았다. 그렇다면 P 자아상태의 경계 내에 있는 에너지는 묶인 상태에 놓인 것이다.

Berne은 특정 순간에 한 자아상태가 풀린 정신에너지와 자유로운 정신에너지가 합(적극적 정신에너지)을 이루어 최대의 양을 이룰 때 집행 능력을 띠게 된다는 가설을 세웠다. 특정 순간에 실제 자아로 경험되고 있는 자아상태가 최대한의 자유로운 정신에너지를 차지하는 것이다.

직장에서 토의를 시작할 때, 나는 A 자아상태에서 집행 능력을 행사했고, 이때의 실제 자아도 A 자아상태였다. 따라서 나는 이때 A 자아상태에서 가장 많은 양의 자유로운 에너지를 가지고 있었다고 추론할 수 있다.

내가 지루하다는 감정에 주의를 기울이기 시작할 때, 나는 일부 자유로운 정신에너지가 C 자아상태로 이동했다. C 자아상태가 나의 A 자아상태나 P 자아상태보다 더 많은 자유로운 에너지를 차지할 때까지 나는 그렇게 하기를 계속했다. 그 시점에 나는 C 자아상태를 실제의 자아로 경험하기 시작했다. 그러나 나의 A 자아상태에서 가장 많은 적극적 정신에너지를 가지고 있다는 사실을 보여 줌으로써 나는 계속해서 A 자아상태에서 집행 능력을 행사하고 있었다.

그러나 토의가 자꾸 길어져서 C 자아상태 안에 묶여 있던 정신에너지가 점점 더 풀려 C 자아상태에 A 자아상태보다 더 많은 적극적 정신에너지가 몰려들자, 결국은 C 자아상태가 집행 능력을 행사하게 되었다.

한 사람이 때로는 한꺼번에 '세 자아상태 모두'에서 적극적 정신에너지를 골고루 사용하는 일도 있을 수 있다는 사실을 깨달았을 것이다. 예를 들어, 나는 계속 A 자아상태에서 집행 능력을 행사하여 동료들과 기술적 정보들을 주고받았다. 이렇게 하면서 동시에 P 자아상태 안에 있는 정신에너지를 풀어 마음속으로 과제를 제대로 이해하지 못한 나를 탓하기 시작했다. 동시에 C 자아상태 안의 정신에너지도 일부 풀어 P 자아상태의 명령을 제대로 따르지 못한 데 대해 수치심을 느끼기 시작했다.

정신에너지에 대한 이론적 설명을 이해하기가 난해했다고 하더라도 염려할 필요는 없다. 다른 사람들도 대부분 그렇기 때문이다. 자아상태의 이동에 대한 문제에 좀 더 친숙하고 싶다면 이 부분의 설명을 계속해서 읽으면 좋을 것이다. 그리고 이 이론을 마음에 담아 좀 더 자세하게 공부하고 싶다면, 이 주제에 대해 상세하게 다룬 Berne이나 다른 학자들의 책들을 읽으면 좋을 것이다.

제6장

구조적 병리

여러분은 한 가지 자아상태의 내용을 다른 자아상태의 내용과 분명하게 구별하여 설명할 수 있는 것으로 추정해 왔다. 또한 누구나 자기 뜻대로 하나의 자아상태에서 다른 자아상태로 이동할 수 있다고 추정해 왔다.

그러나 두 가지 자아상태의 내용이 서로 뒤섞인다면 어떻게 되겠는가? 아니면 특정 자아상태로 들어가지 못하거나 특정 자아상태에서 벗어나지 못한다면 어떻게 되겠는가? Berne은 이러한 두 가지 문제에 대해 **오염**(contamination)과 **배제**(exclusion)라는 명칭을 붙였다. 그리고 두 가지 통틀어 **구조적 병리**(structural pathology)라는 명칭을 붙였다.[1)]

오 염

우리는 이따금 C 자아상태 내용과 P 자아상태 내용을 A 자아상태 내용으로 착각하기도 한다. 이러한 일이 일어날 때 우리의 A가 '오염' 되었다고 말한다.

오염이란 한 자아상태가 다른 자아상태의 경계를 침범한 것과 같다. 자아상태 그림에서는 두 자아상태가 겹쳐진 부분을 회색으로 칠한다.

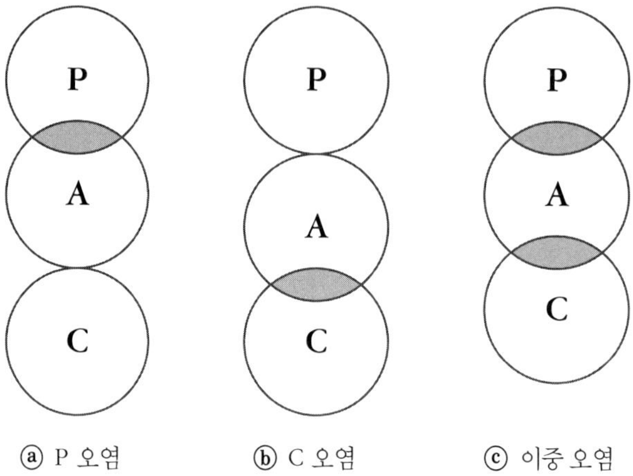

[그림 6-1] 오염

[그림 6-1 ⓐ]는 P 자아상태가 A 자아상태를 침범한 모습, 즉 'P 오염(Parent contamination)'을 보여 준다. [그림 6-1 ⓑ]는 'C 오염(Child contamination)'을, [그림 6-1 ⓒ]는 P 및 C의 '이중 오염(double contamination)'을 나타낸다.

P 오염

P 자아상태 안의 슬로건을 마치 A 자아상태의 내용인 양 착각할 때 P에 의해 오염되었다고 말한다. 외부로부터 주입된 신념을 마치 사실인 것처럼 믿고 있는 것을 말한다. Berne은 **편견**(prejudice)이라고 불렀다. 예를 들면 다음과 같다.

"모든 스코틀랜드 사람은 야비하다."
"흑인은 게으르다."
"백인은 착취한다."
"세상은 나쁜 곳이다."
"사람을 믿어서는 안 된다."
"첫 번에 성공하지 못해도 계속해서 도전하라."

이러한 말들을 현실의 반영이라고 믿으면 나는 오염되어 있는 것이다. 한 사람이 자신에 대해서 말하면서, '나'라는 말 대신에 '너'라는 말을 쓰면, 그 뒤에 따르는 내용이 P에 의해 오염되었을 가능성이 많다. 예를 들어, M 부인이 자신의 삶에 대해 말하면서, "당신은 다른 사람 앞에 함부로 감정을 드러내서는 안 됩니다." 하고 말한다. M 부인은 이러한 슬로건을 부모로부터 배웠을 것이다. 아마 부모도 이러한 말이 사실에 입각한 진술이라 생각했을 것이다.

A가 P에 오염되어 일어나는 사고 유형을 **정당화**(justification)라고 부른다. 이와 같이 P에 의해 오염되어 있는 A를 사용하게 되면 자신의 편견을 정당화시켜 줄 수 있는 정보만 받아들인다.

C 오염

내가 C에 오염된 상태에 놓여 있다면, 과거 아동기부터 가져온 신념이 현재 성숙한 사람으로서의 사고를 흐리게 한다. 이러한 신념들은 사실에 근거한 것이 아니라 감정에 의해 발생한 상상이다. 내가 파티에 갔다가 나올 때 사람들이 뒤에서 웃는 소리가 들린다. 이때 '저 사람들이 등 뒤에서 비웃는구나.' 하고 생각한다.

이때 나는 아동기의 경험을 재연하고 있다. 어릴 때 나는 '나에게 어딘가 문제가 있어. 나 외에는 다 알고 있어. 하지만 나에게 말해 주는 사람이 없어.' 하고 생각하곤 했다.

나는 이것이 아동기 경험의 재연이라는 사실을 깨닫지 못한다. 나는 C에 오염되어 현재의 상황을 아동기의 것으로 오인하고 있는 것이다.

방으로 다시 들어가 사람들이 실제 나를 보고 웃었는지 확인했다고 하자. 사람들이 나를 보고 웃은 것이 아니라는 사실을 발견하게 되면, 나는 C 오염에서 벗어날 수 있다. 이렇게 하면 현 상황에 대한 A의 평가를 이 세상에 대한 과거의 낡은 C의 해설로부터 분리할 수 있다. 방 안의 사람들이 나와 아무 상관도 없는 농담을 하여 웃은 것이라는 사실을 깨닫게 된 것이다. 사람들로부터 놀림을 받았던 과거의 기억이 떠올랐지만, 현재의 상황과 과거를 구별할 수 있게 된 것이다.

방 안의 사람들이 실제 나 때문에 웃었다고 가정해 보자. '그렇다고 뭐 어쩔거야. 나 보고 웃었다고 해도 자기네들끼리 웃으라지, 난 신경 안 써!' 하고 생각해도 오염에서 벗어날 수 있다.

그러나 나는 C 오염에서 벗어날 준비가 되어 있지 않을 수도 있다. 사람들이 "당신을 보고 웃은 것이 아니야."라고 말해도, 나는 속으로 '흥! 내 기분 맞추려고 거짓말하고 있군.' 하고 생각할 수 있는 것이다.

Berne은 전형적으로 C 오염에서 발생한 신념에 **망상**(delusion)이라는 말을 사용할 때도 있었다. 몇 가지 공통적인 망상의 예를 들면 다음과 같다.

"나는 철자법, 수학, 어학은 엉망이야."
"사람들은 나를 싫어해."
"나에게는 무언가 문제가 있어."
"담배는 끊을 수 없어."

C 오염의 내용이 아주 어린 시절에 기인한다면 더욱 특이한 망상을 하기 쉽다. 어릴 때 정신외상적 경험을 많이 한 경우에는 특히 더 그렇다.

"내 주변 사람들을 죽일 수 있어."
"내가 죽어야 어머니가 관심을 보일 거야."
"사람들이 우주 광선으로 나를 죽이려고 해."

A가 C에 오염되어 일어나는 사고 유형을 '합리화(rationalization)'라 부른다. 이와 같이 C에 의해 오염되어 있는 A를 사용하게 되면 나의 망상을 합리화시켜 줄 수 있는 정보만 받아들인다.

이중 오염

사람들이 P 자아상태의 슬로건을 재연하는 동시에 C 자아상태의 신념으로 동의하여 현실을 왜곡할 때 '이중 오염(Double contamination)'이 일어난다. 예를 들어 다음과 같은 경우다.

(P) "사람들을 믿을 수 없다."는 P의 내용에 따라,

(C) "나는 아무도 믿지 않을 거야."하고 C에서 동의한다.

현대의 일부 교류분석 학자들은 모든 오염은 이중적으로 발생한다고 말한다. 그들이 보기에는, 이중 오염의 내용은 자신과 타인과 세상에 대한 낡고 왜곡된 신념으로 가득 차 있다고 말한다. 교류분석적 용어로 이를 **각본 신념**(script belief)이라고 한다.[2)]

종이 위에 "나는 OOO한 종류의 사람이다."라고 적어 놓고, 한 2분 동안 문장을 완성시키기 위해 빈칸에 채워 넣을 말을 생각한 뒤 적어 넣는다.

2분 후 편안한 마음으로 숨을 쉬면서 주위를 둘러본다. 그러고 나서 양 발을 바닥에 붙이고 책상에 바로 앉아 A 자아상태로 들어가서, 자신에 대해 기술한 내용이 사실인지 아니면 C 오염에서 나온 것인지 검토한다.

자신에 대한 진술이 C 오염에 의한 것이라고 여겨지면, 실제의 자신은 어떤 사람인지 생각해 본다. 그리고 C 오염에 의해 나온 진술 밑에 줄을 긋고, A 자아상태에서 업데이트시킨 내용을 적는다. 예를 들면 다음과 같이 할 수 있다.

"나는 남들과 잘 지내지 못할 사람이다."라는 말 대신에,
"나는 총명하고 우호적이고 남들과 잘 지낼 수 있는 사람이다."라고 적는다.

그다음에 또 다른 종이를 준비하여, 한 2분 동안 부모나 부모와 같은 권위적 인물에게서 들었던 슬로건이나 신념들을 적는다. 그러고 나서 앞에서와 같이 A 자아상태로 들어가 조금 전에 진술한 내용이 사실인지 아니면 P 오염에 의한 것인지 검토한다. 진술한 내용이 P 오염에 의한 것이라 여겨지면, 그 밑에 줄을 긋고, 성장한 사람으로서의 현실에 맞게 업데이트시킨 내용을 적는다. 예를 들면, 다음과 같이 할 수 있다.

"첫 번째에 성공하지 못해도 계속해서 도전하라."라는 말 대신에,
"첫 번째에 성공하지 못하면, 성공할 수 있는 더 좋은 방법으로 바꾸어라." 하고 적는다.

이러한 연습은 아주 유용하고 재미있다. 시간이 나면 언제든지 할 수 있다.

배 제

Berne은 어떤 사람은 때때로 하나 또는 그 이상의 자아상태를 차단한다고 말했는데, 이것을 '배제(exclusion)'라고 한다.

[그림 6-2]에서 한 자아상태를 배제시킬 세 가지 가능성을 보여 준다. 그림에서 배제된 자아상태는 원 안에 X표를 하고, 다른 자아상태 간의 경계에 줄을 그어 놓았다.

'P 자아상태를 배제시킨' 사람은 이미 교육을 통해 형성해 온 규칙도 없이 살아간다. 그 대신 처하는 상황마다 규칙들을 만들어 나가야 한다. 이들은 주위에서 일어나는 일을 감지하는 데 '어린 교수'의 직관을 잘 사용한다. P가 배제된 사람들 중에는 정치가, 성공한 경영인, 마피아 보스 등 권모술수에 능한 사람이 많다.

'A 자아상태를 배제시킨' 사람은 성장한 사람으로서의 현실검증 능력이 없어서 자기 내면에서 일어나는 P-C 간의 대화만 듣는다. 이러한 사람의 행동, 감정, 사고에는 끊임없는 P-C 간의 갈등이 반영되어 나온다. A 자아상태의 현실검증 능력을 사용하지 못하기 때문에 사고나 행동이 이상하여 심지어는 정신장애로 진단이 나오기도 한다.

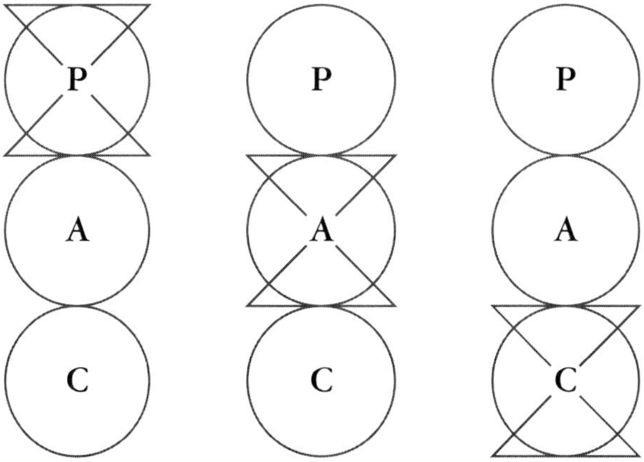

ⓐ P 배제 ⓑ A 배제 ⓒ C 배제

[그림 6-2] 배제

'C 자아상태가 배제된' 사람은 어린 시절의 경험을 회상하지 못한다. 또한 이러한 경험과 관련된 사고와 감정과 행동이 차단되어 있다, 어린 시절을 어떻게 보냈느냐고 물으면, 모른다거나 아무 기억도 없다고 말한다. 우리가 자란 후 감정을 표현할 때 보통 C 자아상태에서 하는 경우가 많다. 그러나 C가 배제된 사람은 냉담하거나 온통 머리로만 반응하기 쉽다.

세 자아상태 중 두 자아상태가 배제되면, 나머지 한 자아상태에서만 주로 반응한다. [그림 6-3]은 두 자아상태를 배제시킨 세 가지의 가능성을 보여 준다.

일관된 P(constant Parent) 자아상태에만 놓여 있는 사람(일관된 P)은 오로지 자신의 P 자아상태 안에 내재해 있는 규칙만 따른다. "이 계획을 어떻게 수립해 나갈 수 있을까?" 하고 물으면, "좋은 계획이야. 내가 말한 대로 계속해 나가."라고 대답할지 모른다. "기분이 어때?" 하고 물으면, "이런 때는 차분해야 되지 않겠어?"라고 대답할지 모른다.

Berne에 의하면 **일관된 A**(constant Adult) 자아상태에만 놓여 있는 사람은 즐길 줄 모른다고 한다. 그 대신 오로지 계획가, 정보 수집가, 자료 처리자 역할만 수행하려고 한다.[3]

여기서 한 가지 덧붙일 말이 있다. Berne의 저술들을 보면 그가 든 예시가 자아상태에 대한 정의와 맞지 않을 때가 있다. '일관된 A'에 놓인 사람은 '즐길 줄 모른다.'고 했는데, 이 말은 A 자아상태 정의에 맞지 않다. 자아상태에 대한 Berne의 정의에 따르면, A 자아상태란 지

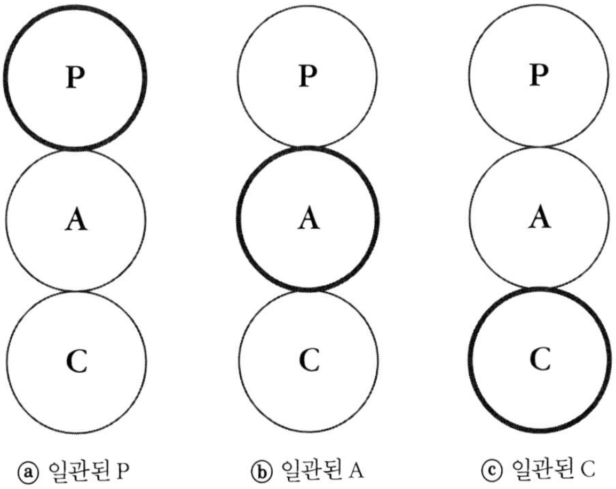

[그림 6-3] 일관된 자아상태

금-여기에 대한 직접적인 반응으로서의 일단의 행동, 사고, 감정이다. 그렇다면 A 자아상태에 놓여 있는가 C 자아상태에 놓여 있는가에 따라 즐기는 행동에 차이가 있겠지만, A 자아상태에서도 얼마든지 즐길 수 있다.

이러한 말을 당신에게는 어떻게 적용시킬 수 있겠는가? A 자아상태에서 즐기는 것과 C 자아상태에서 즐기는 것이 어떤 차이가 있겠는가? 어릴 때 누렸던 재밋거리와 성장한 후 지금 재밋거리를 찾는 데 어떤 방법이 있는가?

일관된 C(constant Child) 자아상태에만 놓여 있는 사람은 여전히 아동기에 놓여 있는 것처럼 행동하고 사고하고 감정을 느낀다. 문제에 봉착하면 감정적으로 대한다. 성장한 사람으로서의 현실검증 능력과 일단의 P 자아상태의 규칙과는 담을 쌓고 있기 때문에, 사람들 눈에 미성숙하거나 히스테리컬하게 비친다.

우리의 경험상, 특정 자아상태를 배제시켰다고 해도 모든 상황에서 다 그런 것이 아니다. 예를 들어, 'C 자아상태가 배제된 사람'이라고 말할 때, 특정 상황을 제외하고는 여간해서 C 자아상태로 들어가지 못한다는 뜻이다. 어느 정도 C 자아상태를 갖지 않고 기능할 수는 없다. 어느 정도 A 자아상태를 갖지 않고 순수 직관으로만 기능할 수도 없다. 그리고 어느 정도 P 자아상태를 갖지 않고는 사회에 적응할 수 없는 것이다.

제3부

커뮤니케이션 교류, 스트로크와 시간구조화

제7장

교류

당신이 책을 읽고 있는데 내가 방에 들어가면서 "안녕?" 하고 인사를 할 때, 당신도 나를 쳐다보며 "안녕?" 하고 대답한다. 우리는 **교류**(transaction)를 한 것이다. 내가 당신에게 어떤 커뮤니케이션을 보내고 당신이 대답할 때 교류가 이루어진다. 공식적 용어로 교류를 시작할 때 주어지는 커뮤니케이션을 '자극(stimulus)'이라 하고, 그 대답을 '반응(response)'이라 한다.

따라서 교류의 공식적 정의는 교류적 자극과 교류적 반응을 주고받는 것이라고 말할 수 있다. Berne은 교류를 사회적 담론의 기본 단위라고 말했다.

당신과 나는 대화를 계속한다. 당신의 "안녕?"이라는 대답에 나는 "좋은 하루 되십시오." 하고 말한다. 그러면 당신 또한 대답을 할 것이다. 이와 같이 우리는 일련의 교류를 하고 있다. 자극을 보냈을 때 반응이 왔지만, 반응 또한 자극의 구실을 한다. 사람들 간의 커뮤니케이션은 이렇게 연쇄적인 교류의 형태를 띤다.

교류분석(analysis of transactions)을 할 때, 커뮤니케이션이 어떻게 일어나는가—또는 일어나지 않는가—를 설명하기 위해 자아상태 모델을 사용한다. 또한 동일한 순간에 어떻게 한 가지 수준 이상에서 커뮤니케이션하게 되는가를 고려한다.[1)]

상보 교류

내가 "몇 시냐?" 고 물으면, 당신은 "한 시." 라고 대답한다. 우리는 지금-여기서의 정보를 주고받은 것이다. 우리가 주고받는 말은 A 자아상태에 속한다. 목소리나 신체적 단서를 보아도 A 자아상태다.

[그림 7-1]은 A-A 간의 교류를 보여 주고 있는데, 화살표는 커뮤니케이션의 방향을 가리키는 것으로서 교류분석 용어로 '벡터(vector)' 라고 한다. 그리고 S는 '자극', R은 '반응' 을 나타낸다.

내가 당신에게 정보를 물을 때 나는 A 자아상태에 놓여 있다. 이때 벡터 'S' 는 P, A, C 그림 중 A에서 나간다. 나는 정보를 물을 때 상대방이 A에서 대답해 주기를 기대한다. 따라서 백터(화살표)를 상대방의 A로 긋는다. 상대방이 사실에 입각해 대답할 때 역시 A 자아상태에서 반응이 나오며, 나의 A 자아상태에서의 정보를 원하기 때문에 백터를 나의 A 자아상태를 향해 긋는다.

이것이 '상보 교류(complementary transaction)' 의 한 종류를 나타낸다. 이러한 '상보교류는 교류 벡터가 평행을 이루고, 자극을 보낼 때 상대방에게서 기대했던 자아상태에서 반응이

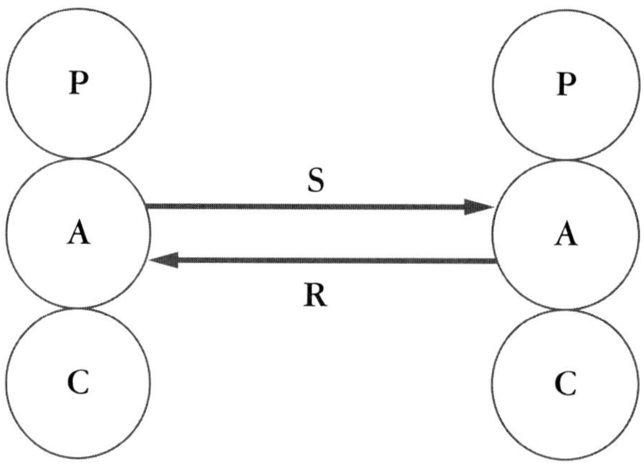

[그림 7-1] A-A 상보 교류

오는 교류'라고 정의할 수 있다. 이 정의를 앞의 사례의 A-A 교류에 어떻게 적용할 수 있는지 검토해 보자. 상보 교류에서는 항상 벡터가 평행을 이루기 때문에, 평행 교류라고 부르기도 한다.

[그림 7-2]는 또 하나의 상보 교류를 보여 준다. 여기서는 P 자아상태와 C 자아상태 간의 교류를 보여 준다.

상점 주인이 10분 늦게 들어오는 점원을 쳐다본다. 그는 P 자아상태로 이동하여 "또 늦었군! 제때 오라고 했잖아!" 하고 꾸짖는다. 점원은 C 자아상태에서 몸을 웅크리고 얼굴이 붉어지며 "죄송합니다. 다시는 이런 일이 없도록 하겠습니다."라고 중얼거린다.

주인은 P 자아상태에서 꾸짖으면서 점원이 C 자아상태에서 반응하기를 기대한다. 따라서 S 벡터는 주인의 P 자아상태에서 점원의 C 자아상태로 향한다. 점원은 C 자아상태에서 사과한다. 그러면 벡터 R은 점원의 C 자아상태에서 나와 주인의 P 자아상태로 향하게 된다. 이러한 사례도 상보 교류의 정의에 부합됨을 알 수 있을 것이다.

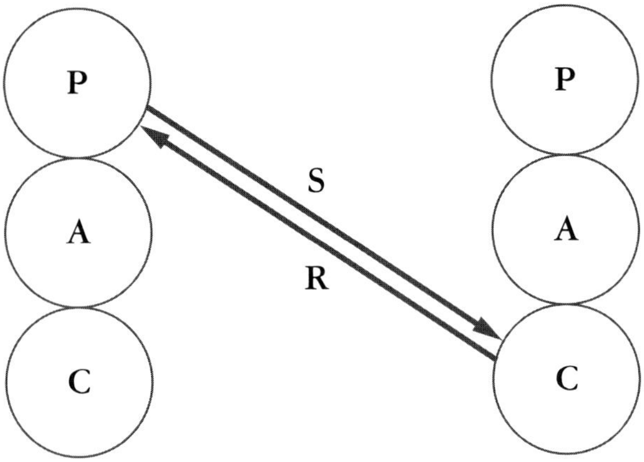

[그림 7-2] P→C, C→P 간의 상보 교류

상보 교류에서는 P-P 및 C-C 간의 교류도 있다. 각각 교류 그림을 그려 보라. 그리고 각 사례마다 자극과 반응에 들어갈 말을 적어 보라.

커뮤니케이션의 첫째 규칙

상보 교류는 상대방에게서 기대했던 반응이 올 때를 말한다. 내가 시간을 물었을 때, 상대방이 A에서 반응하기를 기대했고, 상대방은 A에서 대답했다. 주인이 점원을 꾸짖었을 때 점원이 C에서 사과하기를 기대했고 또 점원은 C에서 사과했다.

대화는 연쇄적인 상보 교류로 이루어질 수 있다. 그러면 어떻게 계속될지 예측 가능하다.

주인: 미안하다면 다야? 이번 주만 해도 세번째야!

점원: (우는 소리로) 죄송합니다. 길이 너무 막혀서요.

주인: 뭐라구? 핑계대지 마. 좀 더 일찍 나왔으면 되지.

이러한 교환은 화가 식거나 다른 조처를 취할 때까지 계속 이어지게 된다. '교류가 상호 보완적으로 이루어지는 한, 커뮤니케이션이 계속 이어질 수 있다.' 이것이 커뮤니케이션의 첫째 규칙이다. 주목할 점은 '계속될 것이다.'가 아니라, '계속될 수 있다.'는 사실이다. 왜냐하면 대화는 어느 시점에서든 끝나기 마련이기 때문이다. 그러나 교류가 상보적일 때 자극과 반응을 주고받는 흐름을 막을 수 없다.

머릿속으로 A-A 상보 교류를 연습해 본다. 마찬가지로 P-C, P-P, C-C 간의 상보 교류도 연습한다. 그리고 첫째 규칙에 맞는지 검토한다.

집단 내에서 연습하는 경우 두 사람씩 짝을 지어 연습한다. 이러한 평행 교류가 얼마나 계속되는지 살펴본다.

교차 교류

내가 당신에게 "몇 시야?" 하고 시간을 물었더니, 당신은 벌떡 일어나 얼굴을 붉히며 "뭐? 몇 시? 시간을 묻지 마. 너는 '또' 늦었어." 하고 소리친다.

이것은 내가 보낸 A 자아상태에서의 질문에 대한 A 자아상태에서의 반응이 아니다. 당신은 분노한 P 자아상태에서 반응했다. 당신은 나를 꾸중함으로써 나를 A 자아상태에서 C 자아상태로 가도록 만들었다. 이러한 교류는 [그림 7-3]에 제시되어 있다.

이것은 '교차 교류(crossed transaction)'의 한 예다. 이러한 유형의 교류에서는 백터가 교차를 이루고 있기 때문에 교차 교류라고 한다. 또한 교차라는 말은 이러한 종류의 교류를 했을 때 발생하는 감정에 대한 적절한 기술이기도 하다. 당신이 나에게 소리를 지르면서 교류를 교차시켰을 때, 나는 당신이 커뮤니케이션의 흐름을 교차시킨 것으로 느낀다.

공식적으로, '교차 교류란 교류적 벡터들이 평행을 이루지 못하거나 자극을 보낸 자아상태와 반응을 한 자아상태가 일치하지 못하는 것'을 말한다. 지각한 점원과 상점 주인과의 대화를 살펴보자. 점원이 들어올 때 주인이 P 자아상태에서 야단을 쳤다. 이때 점원이 움츠리거나 사과하지 않고 차분한 어조로, "화가 나신 모양이군요. 왜 그렇게 느끼는지 충분히 이해합니다. 제가 어떻게 했으면 좋을지 말씀해 주시지요." 하고 말한다.

주인이 P에서 C로 자극을 보냈는데, 점원은 C에서 반응하지 않고 A에서 반응을 했다([그림 7-4] 참조). 이러한 반응도 자극을 보낸 사람이 기대한 커뮤니케이션의 흐름을 교차시킨다.

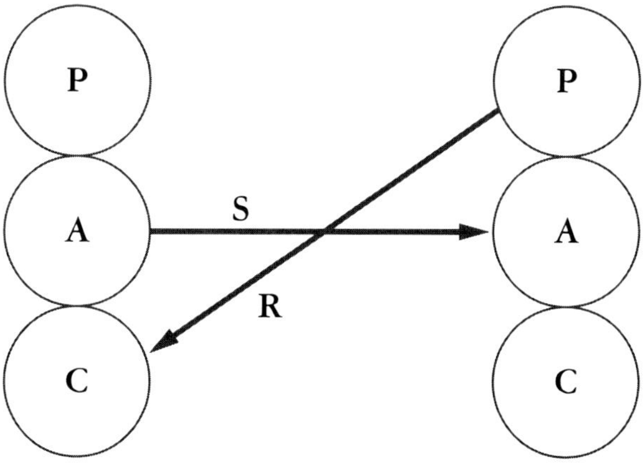

[그림 7-3] A→A, P→C 교차 교류

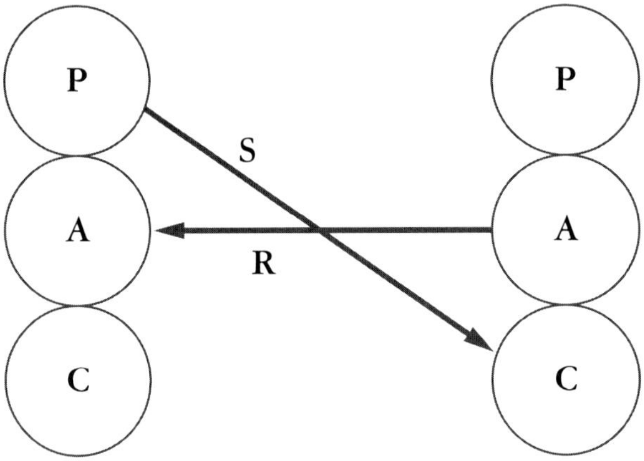

[그림 7-4] P→C, A→A 교차 교류

커뮤니케이션 둘째 규칙

교류가 교차될 때, 먼저 말을 건 사람이 상대방이 원하는 자아상태로 이동하는 경우도 있다. 그러면 새로운 자아상태에서 평행 교류를 할 수 있다.

내가 시간을 묻자, 당신은 대답 대신에 늦었다고 꾸중을 한다. 이때 나는 AC로 이동하여 사과를 한다. 아니면 같은 AC에서 반항적인 태도로 "어쩔 수 없었어요. 대수롭지 않은 일에 너무 하지 않습니까." 하고 반응할 수도 있다. 정보를 묻던 원래 A 자아상태에서의 요구를 잠시 잊고 있었던 것이다.

커뮤니케이션의 둘째 규칙은 '교류가 교차될 때 커뮤니케이션이 단절되고, 다시 회복하기 위해서는 한 사람 또는 두 사람 모두 자아상태를 바꾸어야 한다.'는 것이다. 교류가 단절되면 가벼운 동요가 일어난다. 심할 때에는 화를 내며 방을 나가거나 문을 쾅 닫고 나가거나 더 이상 말도 걸지 않을 것이다.

Berne은 이론상 교차 교류의 종류가 72가지 나올 수 있다고 했다. 그러나 다행스럽게도 실제로는 두 가지가 흔히 일어난다. 즉, A-A(A에서 A로 보내는) 자극에 C-P(C에서 P로 보내거나)나 P-C(P에서 C로 보내는) 반응이 주를 이룬다.

A-A(A에서 A로 보낸) 자극이 C-P(C에서 P로 보낸) 반응으로 인해 교차되는 사례를 들어 보라. 상대방의 반응을 받는 사람이 P 자아상태로 이동하여 평행 교류를 하게 되면 대화가 어떻게 지속되겠는가?

A-A 자극이 P-C 반응에 의해 교차되는 사례도 연습해 보라.

A-A 자극이 C-C 반응에 의해 교차되는 사례도 들어 보라. 교류 그림을 그려 보라. 이러한 사례에서 벡터가 평행을 이루어도 항상 평행 교류가 되는 것은 아니라는 점에 주목할 필요가 있다.

집단에서 연습하고 있다면 두 사람씩 짝을 지어 다양한 교차 교류를 연습해 보라. 상대방이 말을 할 때마다 상대방은 내가 어느 자아상태에서 반응하기를 기대하는지 생각해 보라. 그리고 상대방이 기대하지 않은 다른 자아상태에서 반응해 보라. 이때 상대방도 교차 교류를 하도록 한다. 평행 교류로 돌아가지 않고 얼마 동안 교차 교류를 할 수 있는지 살펴보라. 교류가 끝난 뒤 교차 교류를 할 때 느낀 감정을 토의하라. 상보 교류를 할 때와 어떤 차이가 있는지 토의하라.

이면 교류

'이면 교류(ulterior transaction)'에서는 두 가지 종류의 메시지가 동시에 전달된다. 이 중 하나는 겉으로 드러난 **사회적 수준**(social level)의 메시지이고, 나머지 하나는 속에 깔려 있는 **심리적 수준**(psychological level)의 메시지다. 이면 교류에서 사회적 수준의 내용은 대부분 A-A 간의 교류로 보이지만, 심리적 수준의 메시지는 대체적으로 P-C 또는 C-P 간의 메시지다.

아내: 내 자동차 열쇠 어디 두었어요?

남편: 당신 서랍에 넣어뒀지.

단순히 주고받는 말을 보면 A-A 간의 상보 교류로 보인다. 이것은 사회적 수준에서 주고받는 말이다. 그러나 목소리나 표정을 보면,

아내: (얼굴이 굳어지고 눈썹을 치켜뜨며 매몰차게) 내 자동차 열쇠 어디 두었어요?

남편: (목소리가 떨리고, 어깨를 구부리고, 머리를 떨구며) 당신 서랍에 넣어뒀지.

심리적 수준에서는 P−C, C−P의 평행 교류가 이루어지고 있다. 심리적 수준에서 전달되는 메시지를 말로 바꾸면 이렇게 표현할 수 있을 것이다.

아내: 항상 내 물건을 어질러 놓고 있어!

남편: 당신은 부당하게도 항상 비판만 늘어놓고 있어.

이러한 이면 교류는 [그림 7−5]에 나와 있다. Ss와 Rs는 사회적 수준에서 주고받는 자극과 반응이다. 점선으로 표시되어 있는 Sp와 Rp는 심리적 수준에서 주고받는 자극과 반응을 가리킨다.

어떤 이면 교류에서든 A−A 간의 사회적 수준의 메시지 속에 P와 C(드물게 C−C 또는 P−P) 간의 심리적 수준의 메시지가 깔려 있다. 이러한 교류를 **이중 교류**(duplex transaction)라고 부른다.

Berne은 또 하나의 이면 교류로 **각진 교류**(angular transaction)를 들고 있다. 나는 상대방에게 A에서 A로 가는 사회적 수준의 메시지를 보내면서 동시에 나의 A에서 상대방의 C로 가

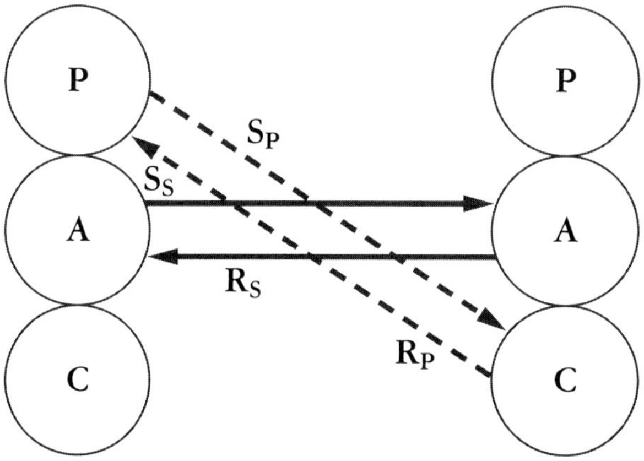

[그림 7−5] 이중 이면 교류: 사회적 수준 A→A, A→A; 심리적 수준 P→C, C→P

는 비밀 메시지를 보낼 때가 있다. 이때 나는 상대방이 C에서 반응하기를 기대한다. 다음 사례에서 점원은 손님에게 충동적 구매를 자극하기 위해 C로 비밀 메시지를 보낸다.

점원: 예, 손님. 이 카메라는 최상품입니다. 그런데 생각했던 것보다 비싸지요.
손님: (무시당한 듯한 기분으로) 포장해 주시오.

[그림 7-6]은 Ss와 Sp라는 두 벡터가 각진 모습을 보여 주기 때문에 이러한 명칭을 붙이게 되었다.

그러나 교류가 다르게 진행될 가능성도 얼마든지 있다.

점원: …그런데 생각했던 것보다 비싸지요.
손님: (한동안 생각하다가) 그렇군요. 당신 말이 맞군요. 생각보다 너무 비싸서…. 고마워요. 다음에 봐요.

이 사례에서 손님의 C 자아상태로 메시지를 보내 충동구매를 유도하려는 점원의 작전은 실패로 끝났다. 이 사례는 교류의 중요한 일반적 특징을 잘 드러내 준다. '내가 상대방에게 교

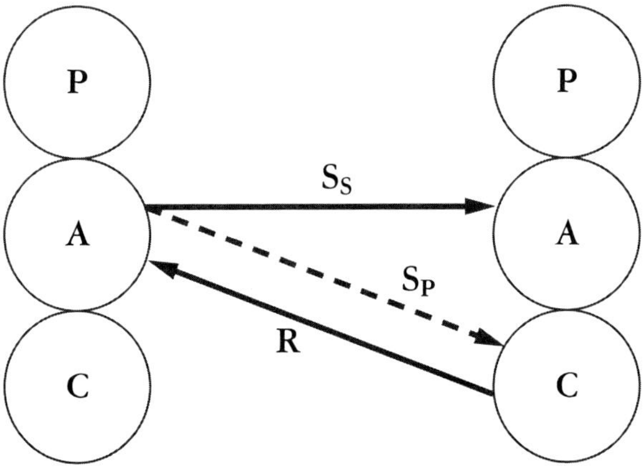

[그림 7-6] 각진 이면 교류

류 자극을 보낼 때, 나는 상대방으로 하여금 특정 자아상태에 놓이도록 '강제'할 수는 없다는 사실이다. 내가 할 수 있는 것은 기껏해야 상대방이 내가 기대하는 자아상태에서 반응하도록 '유도'할 따름이다.

커뮤니케이션의 셋째 규칙

Berne의 셋째 규칙은 '이면 교류에 의한 행동 결과가 사회적 수준이 아니라 심리적 수준에서 결정된다.'는 사실이다. Berne은 '결정될지 모른다'고 말하지 않고 '결정된다'고 말했다. 이는 사람들이 두 가지 수준에서 커뮤니케이션을 할 때, 항상 비밀 메시지가 결정적인 역할을 한다는 사실을 강조하고 있다. 따라서 행동을 제대로 이해하려면 커뮤니케이션의 심리적 수준에 주의를 기울여야 한다.

교류분석 용어로 이러한 것을 **생각하는 화성인**(thinking Martian)이라고 말한다. Berne은 화성에서 내려와 지구인을 관찰하는 작은 초록 인간을 비유로 들었다. 이 화성인은 우리의 커뮤니케이션이 의미하는 것에 대해 전혀 선입견을 갖지 않는다. 다만 우리가 어떻게 커뮤니케이션하는가를 관찰하고, 그에 따른 행동에만 주목한다.

화성인이 되어 연습해 보라. 사회적 수준뿐 아니라 심리적 수준까지 항상 깨달아야 한다. Berne의 주장을 검토해 보라. 행동 결과가 항상 심리적 수준에 의해 결정된다고 믿는 것이 옳은가?

교류와 비언어

이면 교류에서 사회적 수준의 메시지는 언어로 전달된다. 심리적 수준의 메시지를 파악하기 위해서는 어조, 몸짓, 자세 그리고 얼굴 표정 등의 비언어적 단서들을 살펴볼 필요가 있다. 나아가서 호흡이나 근육의 긴장, 맥박, 동공의 팽창, 땀나는 정도도 단서가 된다.

우리는 심리적 수준의 메시지를 '비밀 메시지'라고 말해 왔다. 그러나 비언어적 단서를 읽을 수 있어서 무엇을 뜻하는지 아는 이상 결코 비밀이 아니다.

어린이는 이러한 단서들을 직관적으로 읽을 줄 안다. 그러나 자라면서 "사람을 빤히 쳐다보면 안 돼." 하고 이러한 직관이 무디어지는 체계적인 훈련을 받는다. 교류분석을 효율적으로 사용하려면, 신체적 단서들을 읽는 법에 대해 재훈련을 받아야 한다. 자아상태의 행동적 진단을 연습함으로써 이미 중요한 출발을 하였다.

사실 어떤 종류의 교류든 사회적 수준의 메시지와 심리적 수준의 메시지를 다 내포하고 있다. 그러나 이면 교류에서는 이 두 가지 메시지가 일치되지 않는다. 다시 말해, 말로 전달하는 메시지와 비언어적 메시지가 모순되는 것이다.

제5장에서 살펴보았듯이, 이러한 불일치를 전문적인 용어로 '부조화'라고 한다. 따라서 어떤 교류든지 정확하게 이해하기 위해서는 말뿐만 아니라 비언어적 단서들을 고려해야 한다. 화성인의 입장에서 부조화를 찾는 연습을 해 볼 필요가 있다. '어떤 교류든 정확하게 분석하려면, 말과 함께 비언어적 단서들을 함께 고려해야 한다.'

아내가 남편에게 자동차 열쇠를 어디 두었는지 묻는 사례를 보자. 단순히 주고받는 말만 들으면 A-A 간의 교류처럼 들린다. 그러나 비언어적 단서를 보면 P-C 간의 교류임을 알 수 있다. 똑같은 말을 하면서도 다른 비언어적 단서들을 보내면 다른 종류의 교류가 일어날 수 있다.

> 아내와 남편 사이에 똑같은 말을 하면서도 다양한 비언어적 단서들을 통해 얼마나 많은 종류의 교류가 이루어질 수 있는지 연습해 본다. 집단 활동을 할 때 다양한 비언어적 단서들을 사용하여 교류하는 역할 연기를 해 보라.

선 택

어떤 교류든 그 자체가 좋거나 나쁘다고 말할 수 없다. 예측 가능한 원만한 커뮤니케이션을 하려면 평행 교류를 해야 한다. 어떤 사람과의 커뮤니케이션이 불편하거나 원만하지 못하다면, 두 사람이 교차 교류를 하고 있지 않은지 검토해 볼 필요가 있다. 만일 그렇다면 교차를 피하도록 한다.

그러나 직장에서 말을 많이 하여 지루한 사람이 당신과 계속 말을 이어 가려 한다고 가정해 보자. 아니면 이웃집 사람이 당신과 커피를 마시면서 일상적인 넋두리를 계속 늘어놓는다고 상상해 보자. 이때는 의도적으로 교차 교류를 선택함으로써 대화의 흐름을 막을 수 있다.

Karpman은 「**선택**(option)」이라는 논문에서 우리가 원하는 방법대로 교류를 선택할 수 있다는 사실을 제시했다.[2)] 특히 타인과 늘 해오던 불편했던 교류에서 벗어나기 위해서는 새로운 교류 방법을 선택할 수 있다.

직장에서 J 씨는 늘 사과하거나 자신을 합리화시킨다. 상사는 끊임없이 J 씨를 비판하기만 한다.

> 상사: 좀 더 큰 사이즈로 출력해야지, 작아서 어떻게 읽을 수 있겠어!
>
> J 씨: 죄송합니다. 잘못했습니다.
>
> 상사: 도대체 일을 어떻게 하는지…. 내가 어떻게 하라고 이메일을 다 돌렸잖아.
>
> J 씨: 앞으로는 잘 볼게요. 솔직히 말해서 요즘 너무 바빠서….

두 사람은 항상 CP-AC 간의 교류에 갇혀 있다. J 씨가 이러한 교류에서 벗어나려면 어떤 선택을 할 수 있겠는가?

Karpman은 "현재 진행되고 있는 교류를 변화시키고, 어떤 방법으로든 여기서 벗어나는 것이 목적"이라고 말했다. 이렇게 하려면 상대방으로 하여금 자아상태를 바꾸게 하거나, 자신이 자아상태를 바꾸거나, 두 사람 다 자아상태를 바꾸어야 한다. 이러한 전략을 실행하기 위해서 다음과 같은 네 가지 조건을 제시했다.

- 한 사람 또는 두 사람 모두 자아상태를 바꾸어야 한다.
- 교차 교류를 해야 한다.
- 주제를 바꾸어야 한다.
- 앞의 주제를 잊어야 한다.

이 네 가지 조건 중 첫째와 둘째 조건은 필수적인 것이다. 나머지 두 조건은 보통 사용하고 있는 것이지만 추가로 선택할 수 있는 사항이다.

상사: 좀 더 큰 사이즈로 출력해야지, 작아서 어떻게 읽을 수 있겠어!

J 씨: (의자에서 떨어지는 척하면서 바닥에 드러누워 팔과 다리를 저으며) 아유, 부장님! 저보고 다시 작성하라는 말씀입니까? 저한테 왜 이러십니까!

상사: (큰 소리로 웃어버림)

J 씨는 AC에서 해오던 변명 대신에 FC에서 반응한다. 그러면 상사는 J 씨가 FC로 초대한 것을 수용한다. J 씨가 FC에서 교류를 교차시킨 것은 여러 방법 중의 하나에 지나지 않는다. J 씨가 A 자아상태에서 교차 교류를 시도할 수도 있다.

J 씨: (메모지를 들고) 앞으로 보고서를 작성할 때 원하시는 사이즈를 미리 말씀해 주시면 안 되겠습니까?

불편한 교류 유형에 갇혀 있다는 생각이 들 때, 다섯 가지 기능적 자아상태 중 하나를 선택하여 교류를 교차시켜 볼 필요가 있다. 그리고 상대방의 다섯 가지 기능 중 다른 어느 하나로 메시지를 보낼 수 있다. Karpman은 긍정적인 기능뿐만 아니라 부정적인 기능을 사용할 수 있다고 말한다. 비난을 퍼붓는 부정적 CP에 대해 다음과 같이 부정적 CP로 대응할 수 있다.

상사: 좀 더 큰 사이즈로 출력해야지, 작아서 어떻게 읽을 수 있겠어!

J 씨: (이마를 찌푸리며 강한 어조로) 잠깐만요. 부장님 잘못입니다. 처음부터 사이즈를 알려 줬어야죠!

이러한 선택을 연습할 때, 처음에는 긍정적 자아상태를 사용하는 것이 좋다. 어떻든 A 자아상태를 통해 가장 적절하고 안전한 방법으로 원하는 결과를 얻기 위해 어떻게 교차교류를 하는 것이 좋을지 판단해야 한다. 교류를 교차시킨다고 해서 성공한다는 보장은 없다. 교차교류를 하더라도 아무 효과가 없다면 다른 교차 방법을 고려해 볼 필요가 있다.

어떤 사람과 불편하면서도 늘 같은 방법으로 상보 교류를 해온 장면을 생각해 보라. 직장에서의 상황도 좋고 가까운 사람과의 관계도 좋다. 기능모델을 사용하여 서로 어느 기능적 자아상태에서 메시지를 주고받는지 찾아보라.

자아상태의 선택을 통해 이러한 교류의 흐름을 교차시킬 수 있는 적어도 네 가지 방법을 찾아 보라. 이상하게 여겨지는 방법도 좋으니까 가능한 교차 교류를 할 수 있는 방법을 모두 찾아보라.

이러한 교차 교류 방법들 중에서 가장 안전하고 적절한 것이 무엇인지 선택하라. 그리고 적절하지 못한 것이라고 배제시킨 그 방법을 다시 한번 검토하라. 어느 자아상태든 사용할 능력이 있다는 사실을 명심하라. 때로는 별로 사용하지 않던 교차 교류도 효과가 좋을 때가 있다. A를 사용하여 얼마나 적절한 것인지 검토해 볼 필요가 있다.

여러분이 선택한 방법을 실제 상황에 적용해 보고, 그 결과를 검토하기 바란다.

집단에서 연습할 때에는 특정 사람과 불편한 상보 교류에서 벗어나고 싶은 사람을 놓고 집단 구성원들이 교차 교류를 할 수 있는 방법을 모두 찾아본다. 그리고 한 사람씩 교차 교류를 연습해 본다.

제8장

스트로크

길을 가다 앞쪽에서 걸어오는 이웃 사람을 만났다. 미소를 지으며 "안녕하세요." 하고 인사하자, 이웃 사람도 웃으면서 "예, 안녕하세요." 하고 대답했다. 우리는 서로 **스트로크**(stroke)를 주고받은 것이다. '스트로크'를 '인정의 한 단위(a unit of recognition)'로 정의한다.[1)]

우리는 이러한 종류의 대화는 늘 해 오던 것으로서 예사롭게 생각해 왔다. 그러나 다가오는 이웃 사람에게 "안녕하세요." 하고 인사했지만, 상대방이 아무 반응도 없이 지나쳤다고 하면, 어떤 기분이 들겠는가?

'무슨 문제 때문이지?' 하고 이웃 사람의 무반응에 놀랄 것이다. 우리는 스트로크를 필요로 하며, 스트로크를 받지 못했을 때 박탈감을 느끼게 된다.

자극-기아

Berne은 누구나 경험하고 있는 '기아(hungers)'에 대해 기술했다. 그중 하나가 신체적 및 정신적 자극이다. Berne은 이것을 **자극-기아**(stimulus-hunger)라 불렀다. 그는 인간과 동물 발달에 관한 연구를 언급했다. Spitz는 보육원 어린이들을 관찰했다.[2)] 보육원에서는 어린이들을 잘 먹이고 잘 입히고 생활환경이 쾌적했지만, 어머니가 직접 양육했던 어린이들보다 신체적으로나 정서적으로 더 많은 문제를 나타냈다. Spitz는 보육원에서 자란 어린이들은 바로 자극 결핍 때문이라고 결론을 내렸다. 보육원에서는 하루 종일 방의 흰 벽 외에는 쳐다볼 것이 거의 없었다. 무엇보다 보육원 어린이들은 돌보는 사람들과의 신체적 접촉이 거의 없었다. 일반 가정에서 자라는 어린이들처럼 안아 주고 귀여워해 주고 쓰다듬어 주는 일을 별로 경험하지 못했다.

Berne이 스트로크라는 말을 선택한 것도 바로 어린이들의 이러한 신체적 접촉의 욕구를 가리키기 위해서다. Berne은 성장한 사람도 여전히 신체적 접촉을 갈망한다고 말했다. 그러나 우리는 신체적 접촉 대신에 다른 인정으로 대치하는 법을 학습한다. 미소나 칭찬, 아니면 얼굴을 찌푸리거나 야단치는 것도 우리의 존재를 인정한다는 사실을 보여 준다. Berne은 다른 사람으로부터 인정을 받으려는 욕구를 **인정-기아**(recognition-hunger)라고 기술했다.

스트로크의 종류

스트로크는 다음과 같이 여러 가지 종류로 나눌 수 있다.

- 언어적 스트로크 또는 비언어적 스트로크
- 긍정적 스트로크 또는 부정적 스트로크
- 조건적 스트로크 또는 무조건적 스트로크

언어적 스트로크 VS. 비언어적 스트로크

이 장의 처음에 나온 사례에서 이웃 사람과 인사를 하면서 언어적 스트로크와 비언어적 스트로크를 주고받았다. 서로 말을 주고받으며 미소를 지었던 것이다. '안녕'이라는 말 외에도 다른 많은 말들을 나누었을 것이다. 그리고 미소 외에도 고개를 끄덕이거나 악수를 하거나 껴안는 등 여러 가지의 비언어적 스트로크를 주고받았을 수도 있다.

앞 장에서 말했듯이, '어떤 교류든 스트로크를 주고받는 것'을 말한다. 대부분의 교류에서는 언어적 스트로크와 비언어적 스트로크를 주고받는다. 어떤 교류는 전적으로 비언어적일 수도 있다. 전화를 통한 대화 외에는 비언어적인 내용을 뺀 순수 언어적 스트로크만 있는 교류는 상상하기 어렵다.[3)]

긍정적 스트로크 VS. 부정적 스트로크

'긍정적 스트로크'는 상대방을 즐겁게 하려는 의도가 깔려 있다. '부정적 스트로크'는 상대방을 고통스럽게 한다. 첫 사례에서 이웃 사람과 인사를 나눌 때 언어적으로나 비언어적으로나 긍정적인 스트로크를 주고받았다.

인사할 때 이웃 사람이 미소를 짓는 대신에 인상을 쓰며 지나갔다면, 그는 부정적인 비언어적 스트로크를 보낸 것이다. 만일 째려보며 지나갔다면, 더 심한 비언어적 스트로크가 될 것이다. 만나서 반갑다는 인사에 "흥!" 이라거나 "적어도 당신을 만나기 전까지는 그랬지…." 라며 지나갔다면, 부정적인 언어적 스트로크가 될 것이다.

일반적으로 긍정적인 스트로크는 기분을 좋게 하고, 부정적인 스트로크는 기분을 나쁘게 한다. 사람들은 항상 긍정적인 스트로크를 얻으려 하고, 부정적인 스트로크는 피하려 한다고 여길지 모른다. 그러나 현실은 그렇지 않다. '부정적이든 긍정적이든 스트로크를 받지 못하는 것보다 낫다.' 이러한 사실은 동물발달에 관한 연구에서도 드러났다. 그 한 예로, 어린 쥐들을 똑같은 두 개의 상자에 나누어 넣었다. 그리고 한 집단에게는 하루에 여러 번씩 전기 자극을 주었고, 또 한 집단에게는 아무 자극도 주지 않았다. 그런데 놀랍게도 비록 전기 자극이 고통스러웠지만, 이러한 자극을 받은 집단이 아무 자극도 받지 못한 집단보다 더 잘 자랐다.[4)]

인간도 마찬가지다. 자극-기아를 충족시키기 위해, 긍정적 스트로크를 받지 못하면 부정적 스트로크라도 받으려고 한다. 유아기부터 본능적으로 안다. 우리는 대부분 어릴 때 우리가 필요로 하는 긍정적 스트로크를 받지 못한 경험이 있다. 그럴 때는 부정적인 스트로크라도 얻는 방법을 알아낸다. 스트로크 없이 방치되는 두려움보다 부정적 스트로크라도 얻기를 원하기 때문이다.

자라고 난 뒤에도 이러한 유아기의 행동 유형을 재연한다. 자책하는 이유도 바로 여기에 있다. 더욱 상세한 것은 게임, 라켓, 각본을 다룰 때 다시 논의할 것이다.

조건적 스트로크 VS. 무조건적 스트로크

'조건적 스트로크'는 당신이 한 행동(what you do)에 달려 있다. '무조건적 스트로크'는 당신의 그 존재 자체(what you are)에 달려 있다.

- 긍정적인 조건적 스트로크: "일을 참 잘 처리했더군!"
- 긍정적인 무조건적 스트로크: "당신은 사랑스러운 존재야!"
- 부정적인 조건적 스트로크: "네 양말이 맘에 안 들어."
- 부정적인 무조건적 스트로크: "난 네가 싫어."

이 네 가지 스트로크—긍정적 조건적 및 무조건적 스트로크, 부정적 조건적 및 무조건적 스트로크—에 대해 각각 다섯 가지씩의 사례를 들어 보라. 또 언어적 사례뿐만 아니라 비언어적 사례도 제시해 보라.

집단활동을 하고 있다면, 옆 사람과 돌아가며 긍정적 조건적 스트로크를 준다. 이때 어떻게 주고 어떻게 받아들이는지 관찰한다. 그런 다음 서로 관찰한 것을 놓고 토의한다.

스트로크와 행동 강화

어릴 때 우리는 얻고 싶은 스트로크를 얻기 위해 온갖 행동을 시도해 본다. 특정 행동이 스트로크를 받으면, 그 행동을 반복하기 쉽다. 이러한 행동을 할 때마다 스트로크를 받으면, 앞으로도 스트로크를 얻기 위해 이러한 행동을 더욱 많이 사용하게 될 것이다. 이와 같이 스트로크는 행동을 '강화'한다. 어른도 어린이처럼 스트로크를 필요로 하기 때문에, 스트로크를 얻는 데 가장 효과적이었던 행동을 하게 된다.

'어떤 스트로크든 스트로크를 받지 못하는 것보다는 낫다.'는 원리에 따라 산다는 사실을 명심해 보라. 우리의 스트로크에 대한 욕구를 충족시키는 데 긍정적 스트로크가 충분하지 않다고 여기면, 부정적 스트로크라도 얻으려고 할 것이다. 우리가 어릴 때 스트로크를 받지 못하는 것보다 부정적 스트로크라도 받으려고 결정한 사실을 상기해 보라. 어른이 되어 부정적 스트로크를 받을 때, 이러한 '부정적 스트로크도 긍정적 스트로크와 마찬가지로 행동을 강화시키는' 역할을 한다. 이것은 사람들이 왜 자신에게 해로운 행동유형이라도 이를 반복하는지 이해할 수 있게 한다.

이러한 사실을 깨달으면, 부정적인 행동유형에서 벗어날 수 있는 길을 찾을 수 있다. 우리는 스트로크를 추구하던 방법을 바꿀 수 있다. 고통스러운 부정적 스트로크를 얻으려는 행동을 하기보다 즐거운 긍정적 스트로크를 받을 행동을 할 수 있는 것이다. 이러한 새로운 행동으로 긍정적 스트로크를 받게 되면, 앞으로도 이러한 새로운 행동을 반복하게 될 것이다.

스트로크의 '질(quality)'과 '강도(intensity)'가 중요한 의미를 띤다. 물론 질과 강도를 수량화할 수는 없다. 그러나 상식적으로 생각해도 스트로크를 누가 어떻게 주는가에 따라 주관적 가치가 다르다. 예를 들어, 어느 저명한 교류분석 전문가가 이 책을 면밀하게 검토한 후 이 책이 대단한 가치를 지녔다고 저자들에게 긍정적인 스트로크를 주었다고 하자. 이 스트로크는 교류분석에 별 관심도 없는 사람이 서문이나 차례 정도를 대충 보고 준 스트로크보다 훨씬 더 값진 것이다. 또, 부모가 좋아하지 않는 행동을 하다 아버지로부터 부정적 스트로크를 받는 어린이를 생각해 보자. 아버지가 단호한 목소리로 삿대질하며 야단치는 것보다 화가 치밀어 소리를 지르며 손찌검할 때 더 부정적이고 더 강한 스트로크로 받아들일 것이다.

스트로크 주고받기

어떤 사람은 언뜻 보기에 긍정적 스트로크 같지만 끝에 가서 뒤통수를 치는 버릇을 가지고 있다.

"네가 이해하고 있는 것 같기는 해. 눈곱만큼이지만…."

"그 코트 참 멋있군. 중고시장에서 샀어?"

이러한 스트로크를 **거짓 스트로크**(counterfeit stroke)라 한다. 마치 긍정적 스트로크를 주려다가 빼앗아 가는 것과 같다. 어떤 사람은 긍정적 스트로크를 퍼붓지만 진지함이 결여되어 있다. 한 사람이 당신을 발견하고는 쫓아와 숨이 막힐 정도로 껴안는다. 그러고는 싱글벙글 웃으며 말한다. "와! 당신을 여기서 보다니 감격적이군! 자네가 여기 있으니 방이 환하군! 참, 자네 글 잘 읽었어. 감동적이더군. 통찰력도 뛰어나고…."

Berne은 이러한 스트로크를 **마시멜로 던지기**(marshmallow-throwing)라 불렀다. 어떤 학자들은 **플라스틱 스트로크**(plastic stroke)라고 부르기도 한다.

이와 반대로, 여간해서 긍정적 스트로크를 주지 않는 사람도 있다. 이러한 사람들은 보통 긍정적 스트로크를 잘 주지 않은 가정에서 자랐다. 여기에는 문화적 배경도 작용한다. 영국이나 스칸디나비아에서는 긍정적 스트로크, 특히 신체적인 스트로크를 잘 주지 않는다. 자유분방하고 긍정적 스트로크를 잘 주는 라틴 또는 카리브 해 문화권의 사람들에게는 이러한 북반구 사람들이 냉담하고 과묵한 사람으로 보일 것이다.

스트로크를 받아들일 때 사람마다 특징이 다르다. 어떤 사람은 자신보다 자신이 한 일에 스트로크받는 것을 좋아한다. 어떤 사람은 무조건적인 스트로크를 받고 싶어 한다. 어떤 사람은 어지간한 부정적 스트로크를 받아도 끄떡없는 반면에, 어떤 사람은 조그마한 부정적 스트로크에도 밤잠을 이루지 못한다. 또 어떤 사람은 신체적 스트로크 주고받기를 즐기는 반면에, 어떤 사람은 악수 이상의 스트로크는 꺼린다.

우리가 얻는 데 익숙한 스트로크들이 있다. 이러한 스트로크에 익숙하여 가치를 제대로 평가하지 못하는 경우가 많다. 또한 우리가 거의 받지 못해 왔던 스트로크를 자기도 모르게 원하는 경우도 있다. 나는 나의 분명하게 사고하는 능력에 대해 긍정적 언어적 조건적 스트로크를 받는 데 익숙해 있다. 나는 이러한 스트로크를 좋아하기는 하지만 별 것 아니라고 느낀다. 내가 사람들에게서 진정으로 듣고 싶은 것은 "좋아 보여." 하며 포옹해 주는 것일지도 모른다.

나는 또 내가 가장 바라는 스트로크를 '나 스스로' 부정하는 경우도 있다. 어릴 때 어머니가 안아 주기를 바랐지만 그런 일이 없었다고 가정해 보자. 나는 이러한 고통을 없애기 위해 안아 주기를 바라는 갈망을 하지 않기로 결정했을지 모른다. 자라고 난 뒤 나도 모르게 이러한 전략을 계속 사용하고 있는지도 모른다. 나는 여전히 신체적 스트로크를 원하면서도 이처럼 충족되지 못한 욕구가 있다는 사실을 부정한다.

교류분석 용어로 말하자면, 어떤 사람이든지 선호하는 **스트로크 지수**(stroke quotient)가 있다. "사람마다 좋아하는 스트로크가 다르다."는 말이 있다. 스트로크의 질은 객관적으로 측정할 수 없다. 나에게 질이 높은 스트로크가 다른 사람에게는 그렇지 못할 수 있는 것이다.

스트로크 필터

어떤 사람은 스트로크를 받았을 때 자신이 선호하는 스트로크 지수에 맞지 않으면 이를 무시하거나 하찮게 여기게 된다. 이때 우리는 이러한 스트로크를 '디스카운트(discount)'하거나 '걸러 낸다(filter out)'고 말한다. 예를 들어, 내가 "이 보고서에 드러난 당신의 분명한 사고에 감탄했다."면서 진지하게 말했다. 그러나 당신은 어릴 때부터 '나는 멋있고 재미있는 사람이야. 그러나 사고하고는 거리가 멀어.' 하고 생각해 왔다면, 나의 말이 당신의 스트로크 지수에 맞지 않을 것이다. 그러면 당신은 나의 스트로크에 대해 "감사합니다." 하고 말하면서도 속으로 '흥!' 하고 코웃음을 칠 수 있다. 스트로크를 디스카운트하는 흔한 방법이 코웃음을 치거나 껄껄 웃고 넘어가 버리는 것이다.

우리가 받는 스트로크와 우리 자신 사이에는 '스트로크 필터(stroke filter)'가 있다. 우리는 선택적으로 스트로크를 걸러 낸다. 우리의 스트로크 지수에 맞는 스트로크는 받아들이고, 그렇지 않은 것은 걸러 낸다. 이렇게 함으로써 우리의 스트로크 지수는 우리의 기존 모습을 유지하려고 한다.

어떤 사람이 어릴 때 긍정적 스트로크는 얻기 힘들고 또 신뢰할 수 없다고 여기고 그 대신 부정적 스트로크를 추구하기로 결정했다. 이런 사람은 어른이 되어서도 긍정적인 스트로크는 걸러 내고 부정적 스트로크는 받아 들인다. 이러한 사람은 당근 대신 채찍을 선호한다. 칭찬을 해도 디스카운트하기 일쑤다. 고통스러운 아동기 경험을 가진 사람이 어떤 스트로크든 받지 않는 것이 안전하다고 결정을 내렸다고 하자. 성장한 뒤에도 여전히 아동기의 안정감을 유지하기 위해 어떤 스트로크든 받지 않으려고 한다. 스트로크 필터를 열지 않고 계속 막아 두면 고립과 우울을 경험하기 쉽다.

집단 내에서 연습하고 있다면 서로 주고받은 스트로크에 대해 생각해 보라.

자신이 타인에게 준 스트로크가 진정한 스트로크였는가? 거짓 스트로크였는가? 마시멜로 던지기를 한 사람은 없는가?

스트로크를 받을 때 고마워하면서 받은 사람은 누구인가? 주어진 스트로크를 디스카운트 한 사람은 누구인가? 디스카운트를 할 때 어떤 느낌이 들었는가? 자신이 원하지 않은 스트로크가 주어졌을 때, 이를 디스카운트하기보다 솔직하게 거절한 사람이 있었는가?

네 사람씩 짝을 지어 보라. 연습할 때 긍정적 스트로크만 줄 것인지, 긍정적 스트로크와 부정적 스트로크를 다 줄 것인지 결정하라. 네 사람 중의 한 사람이라도 긍정적 스트로크만 주고받기를 원한다면, 이를 따라야 한다.

돌아가며 스트로크받는 사람의 역할을 한다. 스트로크받는 사람은 3분 동안 나머지 세 사람이 전달하는 언어적 스트로크를 듣는다. 스트로크는 조건적 스트로크도 좋고 무조건적 스트로크도 좋다.

3분이 지나면, 스트로크를 받을 때의 경험을 나눈다. 이러한 질문을 참고하면 좋다.

- 내가 기대했던 스트로크는 어느 것인가?
- 내가 기대하지 않았던 스트로크는 어느 것인가?
- 내가 좋아했던 스트로크는 어느 것인가?
- 내가 좋아하지 않았던 스트로크는 어느 것인가?
- 내가 받고 싶었지만 받지 못했던 스트로크가 있었는가?

그다음 돌아가며 스트로크를 받고 경험을 나눈다.

스트로크 경제

Steiner는 우리가 어릴 때 부모를 통해 스트로크에 관해 다음과 같은 다섯 가지 제한적 규칙이 주입된다고 한다.

- 스트로크를 주어야 할 때 주지 마라.
- 스트로크가 필요해도 요구하지 마라.

• 원하는 스트로크를 주더라도 받아들이지 마라.
• 원하지 않는 스트로크라 하더라도 배척하지 마라.
• 자신에게 스트로크를 주지 마라.

이 다섯 가지 규칙이 Steiner가 말한 '스트로크 경제(stroke economy)'의 토대를 이룬다.[5] Steiner는 부모가 자녀에게 공급할 스트로크가 무제한임에도 공급을 줄이는 대신 가격을 높임으로써 자녀가 규칙들을 따르도록 훈련한다고 말한다.

Steiner는 부모가 이렇게 하는 것은 자녀를 통제하기 위해서라고 믿는다. 부모는 스트로크의 공급에 한계가 있다고 가르침으로써 스트로크를 독점하는 위치를 확보한다. 자녀는 스트로크 없이는 살 수 없다는 것을 알기 때문에 스트로크를 얻기 위해 어머니나 아버지가 요구하는 방법으로 행동하기를 배운다.

Steiner는 우리가 성인이 된 뒤에도 무의식 중에 이러한 다섯 가지 규칙을 따른다고 말한다. 그 결과, 우리는 부분적으로나마 스트로크 결핍 상태에 놓여 공급이 부족한 스트로크를 얻기 위해 많은 에너지를 소비한다. Steiner는 우리가 스트로크를 독점하고 있는 사람에게 조종받고 억압받기 쉽다고 말한다. 스트로크를 독점하는 것은 정부, 회사, 광고업자 또는 연예인일 수 있다. 상담자 역시 스트로크 조달자로서의 역할을 한다. Steiner는 순수하게 지각하고 자발성과 친밀감을 발달시키기 위해, 부모가 스트로크 교환에 관해 주입시킨 제한적인 이러한 '기본 훈련'을 배척할 필요가 있다는 사실을 강조한다. 스트로크는 무제한 공급이 가능하다는 것을 깨달아야 한다. 우리가 원할 때, 스트로크를 얼마든지 줄 수 있다. 아무리 많은 스트로크를 주어도 고갈되지 않는다. 스트로크를 원할 때 얼마든지 요구할 수 있고, 언제든지 공급받을 수 있다. 그리고 주어진 스트로크가 마음에 들지 않는다면 거부할 수 있다. 그리고 자기 자신에게 스트로크를 주면서 즐길 수 있다.

'스트로크 경제'가 상업적 정치적 압제의 바탕이 된다는 냉혹한 묘사에 교류분석을 하는 사람이 모두 공감하는 것은 아니다. 그러나 한 가지 확실한 것은 우리 대부분이 어릴 때 내린 결정에 따라 스트로크 주고받기를 제한하고 있다는 사실이다. 유아는 부모가 압박하는 것으로 지각하여 이러한 결정을 한다. 성장한 사람들은 어린 시절의 이러한 결정들을 재검토하여 자신이 원하는 방향으로 바꿀 수 있다.

집단 활동을 할 때, 앞에서 했던 스트로크 주고받는 연습을 다시 생각해 보라. 전체 집단이 다 모이거나 작은 집단으로 나누어 스트로크를 주고, 받고, 거부했을 때 어떤 느낌이 들었는지 토론해 보라. 어떤 스트로크를 주고받을 때 편안했는가? 어떤 스트로크를 주고받을 때 불편했는가? 특정 스트로크를 받고 불편함을 느꼈다면, 어릴 때 부모가 내세웠던 규칙을 기억해낼 수 있겠는가? 이 규칙들은 말로 전달받기보다 부모의 본을 보고 만들었을 가능성이 많다.

스트로크 청하기

스트로크 주고받는 것에 대해 하나의 불합리한 신념이 있는데, 대부분의 사람들이 이런 신념을 가지고 있을 것이다. 그것은 바로 '청해서 받는 스트로크는 가치가 없다.'는 신념일 것이다. 그러나 청해서 받는 스트로크도 청하지 않고 받는 스트로크만큼 가치가 있다. 안기고 싶으면 청해서 안기면 된다. 이러한 포옹도 가만히 기다리다 받는 포옹만큼 가치가 있다. '내가 청해서 받는 스트로크는 상대방이 마지못해 준 것이 아닌가?' 하고 의문을 던질 수 있다. A 자아상태에서 점검해 볼 때 그럴 가능성도 있다. 그렇지만 청해서 받는 스트로크도 진정한 스트로크일 수 있다. 상대방도 스트로크를 주고 싶은 마음이지만 '함부로 스트로크를 주지 마라.'는 자신의 P 자아상태에서 주저하고 있었을 수도 있는 것이다.

상대방이 주는 스트로크가 과연 진정한 것인지 그렇지 못한 것인지 확인해 볼 선택권이 항상 있다. 확인하지 않더라도 또 다른 선택권이 있다. 상대방의 스트로크를 그대로 받아들일 수도 있고, 진정하지 못한 스트로크를 거부하고 진정한 스트로크를 요청할 수도 있다.

집단 활동을 할 때 네 명으로 구성된 하위 집단으로 나눈다. 원한다면 앞에서 세 사람이 스트로크를 주고 한 사람이 듣고 스트로크를 받는 연습을 했던 집단이라도 좋다.

이번에는 스트로크를 청하는 연습을 한다. 돌아가면서 스트로크를 받는 자가 된다. 이번에는 3분 동안 다른 사람들에게 '진정으로 주고 싶은' 스트로크를 달라고 청한다. 그러면 나머지 세 사람은 그에게 스트로크를 보낸다. 진정으로 스트로크를 보낼 마음이 없다면, 청하는 사람에게 "지금 당장은 스트로크를 주고 싶지 않습니다." 하고 말한다. 이때 그 이유를 설명해서는 안 된다. 정해진 시간이 끝나면 스트로크를 받은 사람이 자기 경험을 나눈다.

혼자서 연습을 하고 있다면, 평소 청해 보지 못했던 적어도 다섯 가지의 긍정적 스트로크를 적는다. 언어적인 것도 좋고, 비언어적인 것도 좋고, 둘 다 포함되어도 좋다. 그리고 다음 주에 한 사람에게 하나씩 청한다. 스트로크를 받으면 고맙다고 인사를 한다. 스트로크를 받지 못하면, A 자아상태에서 왜 상대방이 스트로크를 주고 싶지 않았을까 하고 생각해 본다. 스트로크를 받았든 받지 못했든 스트로크를 청하는 것으로 연습이 끝난다. 목록에 작성한 스트로크를 모두 다 받았다면, 이러한 연습을 한 자신에게 스트로크를 보낸다.

스트로킹 프로파일

Mckenna는 **스트로킹 프로파일**(stroking profile)이라는 도표를 고안했다.[6] Dusay가 에고그램에서 막대 그림표를 통해 기능적 자아상태의 사용을 분석했듯이, 스트로킹 프로파일도 스트로크를 주고받는 유형을 분석한다.

[그림 8-1] 스트로킹 프로파일

스트로킹 프로파일을 작성할 때, [그림 8-1]에서 스트로크를 얼마나 주고, 받고, 청하고 주기를 거부하는지 직관적으로 각 칸에 막대를 그린다. 위쪽은 긍정적 스트로크를, 아래쪽은 부정적 스트로크를 나타낸다. 따라서 긍정적 스트로크는 위로 막대를 그리고, 부정적 스트로크는 아래로 막대를 그린다.

[그림 8-2]는 스트로킹 프로파일을 작성한 예다. 이 사람은 긍정적 스트로크를 많이 주지 않는 반면에 부정적 스트로크는 많이 주는 편이다. 남들로부터 긍정적인 스트로크를 많이 받고 또 자주 청하는 편이다. 그리고 부정적인 스트로크는 거의 받지 않고 또 청하지도 않는 것으로 지각한다. 타인이 원하는 긍정적 스트로크주기를 거부하는 일이 잦고, 부정적 스트로크주기를 자제하는 일도 드물다. 이러한 스트로킹 프로파일을 가진 사람을 대할 때 어떤 느낌을 갖게 되겠는가?

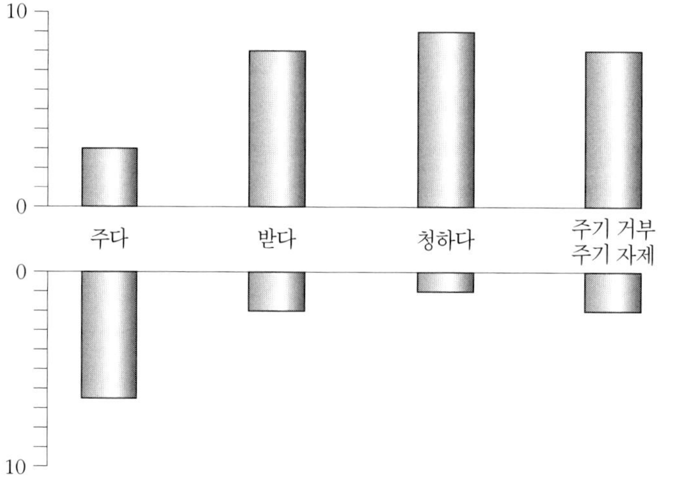

[그림 8-2] 스트로킹 프로파일 예시

자신의 스트로킹 프로파일을 작성한다. 직관적으로 빨리 그린다. '청하기'에서 '부정적 스트로크받을 일을 얼마나 하는가?' 칸에서는 당신에게 고통스럽거나 불편하게 했던 사람에게 간접적으로 관심을 끌려고 했던 시간도 포함시킨다. 이때 '부정적 스트로크라도 없는 것보다는 낫다.'는 C-신념을 재연했을지 모른다. 그리고 부정적 스트로크 주기를 얼마나 자제했는지 체크할 때에는 당신에게 간접적으로 부정적 스트로크를 얻으려고 할 때 이를 거부한 일까지 포함시킨다.

McKenna는 위쪽과 아래쪽이 부적 관계를 맺고 있다고 말한다. 예를 들어, 긍정적 스트로크를 많이 받지 못하는 사람은 부정적인 스트로크를 더 많이 받을 가능성이 높다. 자신의 스트로킹 프로파일도 그런지 확인해 보라.

자신이 작성한 프로파일에서 변화시키고 싶은 것이 무엇인지 찾아본다. 원하는 것이 있다면 그쪽 막대를 높일 방법을 찾아야 한다. McKenna에 따르면, 이러한 방법이 너무 높다고 여기는 막대를 낮추기보다 더 효율적이다. C 자아에서 스트로크를 주고받던 기존의 유형을 다른 것으로 대치하기 전까지는 포기할 마음이 잘 들지 않을 것이다.

자신의 스트로킹 프로파일을 변화시키고 싶다면, 더 높이고 싶은 기능을 높일 수 있는 행동을 다섯 가지 이상 적어 보라. 그리고 다음 주에 그 행동들을 실천에 옮긴다. 예를 들어, 타인에게 긍정적 스트로크를 더욱 많이 주기로 결정했다면, 다섯 명의 친구에게 진정으로 해 줄 수 있는 칭찬을 적는다. 그리고 한 주 동안 이러한 칭찬들을 실제로 한다.

그리고 원하는 막대를 높이면 줄이기 원하는 막대가 자동적으로 줄어드는지 McKenna의 가설을 확인해 본다.

자가 스트로크

우리 대부분에게는 어릴 때부터 '자신에게 스트로크를 주지 마라.'는 Steiner의 다섯 번째 규칙이 주입되어 있다. 부모는 늘 "너무 과시하지 마라. 자랑이 심하면 꼴불견이야."라고 가르쳤다. 학교에서도 여전히 이러한 규칙을 주입한다. 공부를 일등하거나 운동회에서 상을 탔을 때, 주위 사람이 칭찬하는 것은 괜찮아도, 우리가 나서서 자랑하는 것은 고운 눈으로 보지 않는다. "별것 아닌 것 가지고…."라고 반응하기가 보통이다.

자란 뒤에도 이러한 AC 행동들을 계속한다. 성인기에 이를 때 대부분은 우리 스스로 우리의 업적을 과소평가하는 데 익숙해 있다. 이렇게 함으로써 스트로크의 주요한 한 원천인 '자가 스트로크(self-stroking)'를 제한한다.

우리는 언제든지 자신에게 스트로크를 줄 수 있다. 이러한 즐거운 기술을 사용하는 방법을 제시하고자 한다.

집단활동을 할 때, 돌아가면서 자신이 가진 좋은 점을 자랑한다. 마음이 내키지 않는 사람은 '통과' 하고 지나가면 된다. 이러한 연습을 할 때 개방적이고 진실하게 임해야 한다.

각자 자신의 자랑거리를 말할 때, 나머지 사람들은 진지하게 경청하면서 어떤 자랑을 하든 함께 축하해 준다.

집단 구성원들에게 자신에 대한 자랑을 할 때 약간 과장해도 좋다. 집단 구성원들은 원을 지어 둘러앉고 자랑하는 사람은 복판에 나가 자랑을 한다. 주어진 시간 동안 계속 자랑을 한다. 자랑하는 사람은 원을 지어 앉아 있는 사람들을 둘러보며 모두가 다 들을 수 있도록 큰 소리로 자랑을 한다. 자랑거리가 바닥이 나면 반복해서 말한다. 주위 사람들은 "참 멋지군요. 더 말해 봐요." 하고 성원한다.

'회전목마식 자가 스트로킹'을 변형시킨 방법을 사용해도 좋다. 이때 집단 구성원들을 두 집단으로 나누어 원을 지어 앉는다. 한 집단은 바깥쪽으로 원을 지어 앉고, 한 집단은 안쪽으로 원을 지어 앉아, 안쪽 원의 사람과 바깥 원의 사람들이 서로 마주본다.

집단 중 한 사람이 시간을 잰다. 3분 동안 안쪽 원의 사람이 자신에 대한 자랑을 하면 바깥쪽 원의 사람은 이를 듣고 칭찬을 해 준다. 시간을 재는 사람이 '교대' 하고 말하면, 바깥쪽 원의 사람이 안쪽 원의 사람에게 자신에 대한 자랑을 하고 안쪽 원의 사람은 칭찬을 한다.

3분이 지난 후 시간을 재는 사람이 '이동' 하고 말하면, 안쪽에 있는 사람이 왼쪽으로 한 자리씩 이동하여, 새로운 파트너와 3분 동안 다시 자기자랑을 하고 그다음 바깥쪽 사람이 3분 동안 자랑을 한 뒤 다시 자리를 이동한다.

개인적으로 연습할 경우에는 큰 종이에 자신에 대한 좋은 점을 모두 적는다. 그리고 잘 볼 수 있는 곳에 붙이거나 쉽게 손이 닿는 곳에 놓고, 자신에 대한 좋은 점이 떠오를 때마다 추가한다. 만약 생활환경이 적당하다면 그 종이를 잘 볼 수 있는 곳에 핀으로 고정한다. 그렇지 않다면 언제라도 손이 갈 수 있는 곳에 둔다. 그리고 자신에 대해 좋은 것이 생각날 때마다 종이에 적어 넣는다.

그다음 자신에게 긍정적 스트로크를 줄 다섯 가지 방법을 적는다. 따뜻한 욕조에서 좋아하는 음악을 틀어 놓고 긴장을 풀어도 좋다. 자신에게 특별한 음식을 선사하거나 좋아하는 곳으로 여행을 떠나도 좋다. 이러한 스트로크들을 어떤 것에 대한 '보상'으로 여겨서는 안 된다. 단지 자신을 위해 선물하는 것이다.

A 자아상태를 통해 이러한 스트로크들이 실제 긍정적 스트로크인지 평가해 본다. 이러한 스트로크들이 적절하고 안전하고 건강하다고 여겨지면 자신에게 하나씩 주기로 한다.

스트로크 은행

자가 스트로크가 중요한 스트로크의 원천이라 하더라도, 타인으로부터 받는 스트로크와 완전히 대치할 수는 없다. 우리는 누구나 **스트로크 은행**(stroke bank)을 가지고 있는 것 같다.[7] 우리가 다른 사람으로부터 스트로크를 받을 때, 그 당시에만 받는 것이 아니라 그 기억을 스트로크 은행에 저장해 두었다가 나중에 은행에 가서 자가 스트로크를 위해 사용한다. 우리가 받은 스트로크가 특별할수록 세월을 두고 재사용하게 된다. 그러나 저축해 두었던 스트로크는 점차 효율성을 잃게 된다. 따라서 우리는 다른 사람들로부터 새로운 스트로크로 계속 채워 넣어야 한다.

스트로크에 '좋고' '나쁜' 것이 있는가

긍정적 스트로크는 '좋고' 부정적 스트로크는 '나쁘다'고 여기기 쉽다. 교류분석 책에서 이러한 가정을 하는 경우가 흔히 있다. 사람들은 긍정적 스트로크, 그것도 무조건적인 긍정적 스트로크를 주고받아야 한다고 촉구해 왔다. 부모에게도 자녀에게 긍정적 스트로크를 꾸준히 주면 자녀가 건설적으로 성장할 것이라고 가르쳐 왔다. 그러나 실제로는 그리 간단하지가 않다.

스트로크를 필요로 하는 것은 인정-기아에서 비롯한다는 사실을 기억하라. 인정 그 자체가 바로 스트로크다. 한 사람에게서 '부정적'으로 비치는 것을 모두 제하고 나면 인정할 수 있는 것은 부분적인 것밖에 없다. 극히 소량의 무조건 긍정적인 스트로크로는 그 사람의 기대에 미치지 못한다. 따라서 긍정적 스트로크로 둘러싸여 있어도 박탈감을 느낄 것이다.

긍정적이든 부정적이든 조건적 스트로크도 중요하다. 왜냐하면 세상에 대해 학습하는 한 방법이 되기 때문이다. 어린 시절에만 그런 것이 아니라 어른이 되어서도 마찬가지다. 나는 어릴 때 장난감 통을 마루로 집어던져 버렸다. 그러자 어머니가 고함을 질렀다. 나는 그것이 싫었다. 나는 어머니가 고함치지 않고 미소짓게 하려면, 장난감들을 통에 잘 보관해야 한다는 것을 배웠다. 나는 부정적인 조건적 스트로크를 통해 제한이 있다는 것을 알고, 그다음부터는 부적절한 행동을 하지 않게 되었다. 즉, 부정적 조건적 스트로크는 특정 범위에서 벗어나지 못하게 하는 가드레일 역할을 한다.

어른이 되어서도 조건적 스트로크는 여전히 동일한 신호 기능을 한다. 부정적인 조건적 스트로크는 어떤 사람이 나의 행동방식을 좋아하지 않다는 것을 알려 준다. 그러면 그 사람이 좋아하는 행동으로 변화시키든가 그대로 행동하든가 나의 선택에 달려 있다. 긍정적인 조건적 스트로크는 어떤 내가 특정 방식으로 행동하는 것을 좋아한다는 것을 알려 준다. 긍정적인 조건적 스트로크를 받으면 유능감을 느끼게 한다. 부정적인 조건적 스트로크가 없다면, 나의 잘못된 행동을 발견할 수 없고, 비생산적인 행동이라 하더라도 이를 변화시킬 동기를 갖지 못한다.

부정적인 무조건적 스트로크는 필요하지 않지만, 그래도 나를 위해 사용할 수 있다는 메시지를 전달해 준다. 어떤 사람이 나를 보고 "도저히 참을 수 없다."고 말할 때, 내가 어떤 행동을 해도 상대방의 관점을 바꿀 수 없다는 것을 안다. 이때 나 자신을 보호하기 위해 그와의 접촉을 피할 필요가 있는 것이다.

자녀가 항상 부정적 스트로크만 받고 자란다면, 결국은 긍정적 스트로크와 부정적 스트로크를 구별하지 못하게 된다는 증거들도 있다.[8] 이러한 자녀는 항상 부모로부터 거부되고 인정받지 못한다는 내적 경험을 안고 살게 된다. 이것이 나중에 많은 문제를 야기할 수 있다. 그러나 다행히 대부분의 부모는 긍정적 스트로크와 부정적 긍정적 스트로크를 섞어서 사용한다.

이와 같이 건강한 스트로크 지수에는 긍정적 부정적 또 조건적 무조건적 스트로크가 다 내포되어 있다. 전통적으로 교류분석에서 긍정적 스트로크 주고받기를 권장하는 데에는 그럴 만한 이유가 있다. 북미 문화권에서는 긍정적 스트로크를 주는 데 인색한 편이다. 회사에서 제때 오지 않으면 야단을 쳐도, 제때 오는 사람에게는 칭찬을 하지 않는다. 교사도 철자법 시험에서 틀린 한 개는 지적해도 맞게 쓴 아홉 개에 대해서는 아무 말도 하지 않는다. 회사의 상사와 교사는 잘못한 것에 대한 부정적 스트로크뿐 아니라 잘한 것에 대한 긍정적 스트로크도 효율성을 증대시킨다는 사실을 알아야 한다. 그리고 자신을 긍정적인 눈으로 바라보려면 부정적인 것보다 긍정적인 스트로크가 더 좋은 것이다.

스트로크와 디스카운트

부정적 스트로크와 '디스카운트(discount)'를 분명하게 구별해야 한다.[9] 디스카운트에는 항상 현실에 대한 왜곡이 수반된다. 내가 상대방을 과소평가하거나 왜곡하면서 비판을 할 때 상대방을 디스카운트하게 된다. 디스카운트는 부정적 스트로크와 달리, 상대방의 있는 그대로의 모습이나 상대방의 행동에서 특정 측면을 보지 못하는 것이다.

디스카운트는 나중에 상세히 살펴볼 것이다. 여기서는 다만 부정적 스트로크와 디스카운트의 몇 가지 사례만 들기로 한다.

- 부정적인 조건적 스트로크: "그 단어는 맞춤법이 틀렸잖아."
- 디스카운트: "맞춤법도 몰라!"

- 부정적인 조건적 스트로크: "네가 그렇게 할 때는 불편해."
- 디스카운트: "네가 그렇게 할 때는 나를 불편하게 만들어."

- 부정적인 무조건적 스트로크: "나는 네가 미워."
- 디스카운트: "너는 혐오스러운 존재야."

디스카운트는 부정적 스트로크와 달리, 건설적으로 행동할 신호를 주지 않는다. 디스카운트는 현실 자체를 왜곡하는 것이기 때문에 신호를 줄 수 없는 것이다.

제9장

시간구조화

사람들이 둘이서나 집단으로 함께할 때, 시간을 보내는 데에는 여섯 가지 방법이 있다. Berne은 다음과 같이 **시간구조화**(time structuring)의 여섯 가지 양식을 제시했다.

- 폐쇄(Withdrawal)
- 의례(Rituals)
- 소일(Pastimes)
- 활동(Activities)
- 게임(Games)
- 친밀(Intimacy)[1]

Berne은 이러한 방법들이 모두 **구조-기아**(structure-hunger)를 만족시키는 방법이라고 말했다. 사람들은 시간이 구조화되지 않은 상황에 놓이면 먼저 시간을 구조화시키려고 한다. 로빈슨 크루소는 무인도에 도착하자 먼저 거처를 찾아 마련하는 것으로 시간을 구조화시켰다. 독방에 갇힌 죄수도 하루를 보낼 일정을 짠다.

시간이 전혀 구조화되어 있지 않은 집단 역동 연습에 참여하게 되었다면, 이러한 상황에 놓인 것이 불편할 것이다. 사람들은 보통 "여기서 뭐 하는데?" 하고 물을 것이다. 이 집단에 참여한 사람들은 점차 여섯 가지의 시간구조화 방법 중 어느 하나에 놓임으로써 이러한 물음을 해결하게 될 것이다.

시간을 구조화시키는 여섯 가지 방법들을 살펴보면, 우리가 이미 알고 있는 자아상태나 스트로크와의 관련성을 알게 될 것이다. 폐쇄에서 친밀로 나아갈수록 스트로크의 강도가 높아진다.

어떤 교류분석 책에서는 위 목록에서 아래로 내려갈수록 '심리적 위험(psychological risk)' 또한 높아진다고 말한다. 확실히 아래로 내려갈수록 상대방의 반응을 예측하기가 어려워진다. 특히 상대방이 우리가 보낸 스트로크를 수용할지 배척할지 예측하기가 힘들어진다. 우리는 C 자아상태에서 이러한 불가예측성을 '위험'으로 지각할 수 있다. 우리가 어릴 때 우리 자신에 대한 OK 여부는 부모로부터 받는 스트로크에 달려 있었다. 우리가 받을지 모르는 배척은 생존에 대한 위협으로 지각하여, 진정하고 즉각적인 위험으로 여겼다.

성장하고 난 뒤에는 어떤 시간구조화 방법이든 이러한 위험은 없다. 아무도 우리의 감정을 강제할 수 없는 것이다. 상대방이 우리의 말을 배척한다면, 우리는 왜 그런지 물어보고 변화를 요청할 수 있다. 그래도 상대방이 거부한다면, 그와의 관계를 끊고 나를 수용할 다른 사람을 찾으면 된다.

폐 쇄

집단 역동 연습에 참여했다고 가정하자. 방안에 나를 포함하여 십여 명이 둘러앉아 있다. 별 안건도 없이 그냥 앉아 있다. 다들 입을 다물고 있다. 나 혼자 생각에 잠긴다. '뭣 하러 여기 모였지? 어디 아는 사람도 있을 텐데…. 그런데 이 의자는 왜 이렇게 불편하지…. 저 건너편에 있는 여자에게 물어보면, 이 연습이 어떤 것인지 알려 주지 않을까?"

나는 바깥으로 나가는 상상을 한다. 몸은 여기 앉아 있지만, 마음속으로는 내년 휴가나 어제 상사와 다툰 일을 생각하고 있다. 현재 나는 '폐쇄' 상태에 놓여 있는 것이다. 폐쇄란 몸은 함께 있어도 집단 구성원과 교류를 하지 않는 상태를 말한다. 폐쇄는 어느 자아상태에서든 일어날 수 있다. 그러나 다른 사람들이 내가 어느 자아상태에 놓여 있는지 행동적으로 진단하기가 쉽지 않다. 왜냐하면 외부로 드러나는 단서가 거의 없기 때문이다. 폐쇄 상태에서 주고받을 수 있는 스트로크는 자가 스트로크(self-stroke)뿐이다. 다른 사람과 관계하지 않기 때문에, 배척받지 않을까 하는 심리적 위험도 없다. 집단 내에서 습관적으로 폐쇄 상태에 놓이는 사람도 있다. 이러한 사람은 어릴 때, 사람들과 스트로크를 주고받는 것을 위험하다고 결정했기 때문이다. 이러한 사람은 마음속에 용량이 큰 스트로크 은행을 가지고 있을 수 있다. 사막의 낙타처럼 외부로부터 스트로크를 받지 않아도 혼자 상당 기간 즐길 수 있는 스트로크를 저장해 둔 것이다. 그러나 오랫동안의 폐쇄로 인해 스트로크 은행이 고갈되어 스트로크 박탈 상태에 놓일 수 있다.

의 례

방에 앉아 있는데 한 사람이 말을 꺼내 침묵을 깬다. "자 먼저 자기소개를 하면 어떨까요? 저는 S입니다. 만나서 반갑습니다." 하고 손을 내민다. S 씨는 '의례'로 시간을 구조화하기로 선택했다. 이러한 시간구조화는 친숙한 사회적 상호작용이다.

어떤 어린이든 자라면서 가정 내에서 적절한 의례들을 배운다. 상대방이 악수를 하려고 손을 내밀면, 의례히 손을 내밀고 악수를 해야 한다는 사실을 안다. 인도의 어린이는 합장하면서 살짝 고개를 숙이는 법을 배운다. 영국의 소년 소녀들은 상대방이 "안녕하세요?"라고 인사할 때, 동일한 의례적인 말로 대답하기를 배운다. 의례는 아주 다양하다. 가장 단순한 예가 서로 "안녕" "안녕" 하고 스트로크를 주고받는 것이다. 그 반대의 예가 종교적 의례다. 여기에는 절차가 정해져 있고, 사제와 신자들이 여러 시간에 걸쳐 진행되는 의식 중에 상세한 규정을 따른다.

의례는 구조적으로 볼 때 P 자아상태에 속한다. 의례를 수행할 때 C 자아상태에서 P 자아상태의 지시를 듣는 것이다. 기능적으로 볼 때 의례는 대체로 AC에서 수행된다. 의례는 규범을 따르는 것이기 때문에, 대부분 편안한 결과를 가져다주며 긍정적 AC 행동으로 분류된다. 의례에서는 정형화된 말, 억양 그리고 몸짓을 사용하기 때문에 행동적 진단으로 확인하기가 어려울 수도 있다.

의례는 C 자아상태에서 폐쇄보다 심리적 위험이 더 높은 것으로 자각된다. 상대방에게

"안녕하세요?" 하고 인사해도 상대방이 반응할 수도 있고 하지 않을 수도 있다. 그러나 의례에서는 친숙한 긍정적 스트로크들을 주고받는다. 의례를 통해 주고받는 스트로크는 강도가 그리 높지 않지만 스트로크 은행을 채우는 데 중요한 비중을 차지한다. 의심스럽다면, 악수하려고 손을 내밀었는데 상대방이 무시할 때 어떤 기분이 들지 상상해 보라. 의례적인 스트로크의 예측 가능성은 아동기에 가까운 사람끼리 스트로크를 주고받는 것을 위험하다고 여긴 사람에게 도움이 될 수 있다.

소 일

다시 집단 활동 장면으로 돌아가자. 이제 어색한 분위기가 가셨다. 여러 사람들이 서로 자신의 경험에 대해 담소를 나누고 있다.

> "고등학교 다닐 때에도 이런 모임을 가진 적이 있어요. 처음엔 무엇 때문에 모이는지도 모르고 갔었지요."
> "예, 무슨 말인지 알겠어요. 오랫동안 입을 다물고 있는 것이 참 싫어요."
> "이러한 일을 추진하는 사람은 쉽게 돈을 버는 것 같아요. 제가 여기에 등록할 때 기대한 것은…."

사람들은 이제 '소일'로 이동했다. 소일도 의례와 같이 친숙한 방식으로 진행된다. 그러나 소일에서의 대화 내용은 의례처럼 정형화되어 있지 않다. 소일에서는 일정한 틀에서 벗어나 좀 더 자유롭게 얘기를 주고받는다. 소일에서는 무엇에 대해 이야기는 해도, 실제 어떤 행동을 취하지는 않는다. 집단 활동에서 소일로 시간을 보내는 사람(pastimer)은 현재 집단에서 일어나고 있는 일에 대해 어떤 행동을 하겠다는 신호는 보이지 않는다.

'소일로 시간을 보낸다(pastiming)'는 단서는 '지나간 일(pastime=past time)' 에 대해 얘기한다는 것이다. 소일에서는 지금 여기에 대한 것이 아니라, 대부분 어제 어떤 곳에서 일어난 일에 대해 이야기한다. 소일에서는 칵테일 파티에서와 같이 피상적인 대화가 주류를 이룬다.

Berne은 소일에 대해 익살맞은 명칭을 붙이기도 했다. 남자들이 모이면 자동차 이야기, 여자들이 모이면 살림 이야기, 부모들이 모이면 자식 이야기가 주류를 이룬다.

> "우리 아이가 두 번째 치아를 뺐는데, 밤을 거의 새웠어요."
> "오, 예. 우리 둘째도 그 나이에…."

영국 사람들이 소일할 때 가장 많이 언급하는 것은 '날씨'다. 소일은 주로 P 자아상태나 C 자아상태에서 이루어진다. P 자아상태에서 시간을 구조화할 때에는 "요즘 젊은이들은 도대체…." 하고 기존의 가치 판단을 반영한다. 그리고 C 자아상태에서 시간을 구조화할 때에는 "이렇게 입을 다물고 있자니 참 불편해요."라는 등 어릴 때부터 하던 사고와 감정을 재연한다. 일부 사람은 마치 A 자아상태에 놓인 것처럼 사회적 수준에서 말하는 것처럼 보이지만, 화성인의 눈으로 볼 때 C 자아상태에 놓여 있음이 드러난다.

> "아시다시피 우리가 여기 앉아 있을 때, 저는 우리 모두 AC에 놓인 것 같아요. 안 그래요?"
> "저는 A에 놓여 있었던 것으로 생각해요. 가끔 C에 놓이긴 했지만."

이러한 대화를 두고 Berne은 'TA 정신의학'이라 했다. 사회적 수준에서 정보를 주고받는 것 같지만 실제 의제를 가리고 있는 것이다. 실제 의제란 바로 집단 구성원들 사이에 실제 진행되고 있는 것을 C에서 회피하려는 것이다. 따라서 음조나 비언어적 신호를 관찰하면서 이러한 사정을 검토할 필요가 있다.

소일에서는 부정적 스트로크를 주고받는 일이 없지는 않지만 주로 긍정적 스트로크를 주고받게 된다. 소일에서 주고받는 스트로크를 의례에서 주고받는 스트로크와 비교할 때, 스트로크가 좀 더 강하지만 어떤 반응이 올지 예측 가능성은 다소 떨어진다. 따라서 우리는 C 자아상태에서 소일에서의 스트로크가 조금 더 '위험'하다고 지각할 수 있다.

사람들과의 모임에서 소일은 또 하나의 기능을 한다. 즉, 사람들은 소일을 통해 게임과 친밀에서 주고받을 수 있는 것과 같은 좀 더 강한 스트로크 교환을 추구한다. 여기에 대해서는 뒤에 좀 더 살펴볼 것이다.

활 동

건너편에 앉아 있던 한 여자가 나서며 말한다. "지금까지 우리가 무엇 때문에 여기 모였는지 얘기하면서 시간을 보냈습니다. 그러나 이제 무엇을 해야 할지 생각해 보아야 하지 않을까 여겨집니다. 한 가지 제안을 하겠습니다. 한 2분 동안 우리가 할 수 있는 일을 최대한 생각해 본 후에 투표를 했으면 합니다." 옆에 있던 사람이 말한다. "참 좋은 생각입니다. 제가 칠판에 기록할게요." 둘러 앉아 있던 사람들이 모두 동의하면서, 각자 자기 생각을 말하기 시작한다.

이제 우리는 '활동'에 놓이게 된다. 집단 구성원들 간의 커뮤니케이션이 지나간 일들에 대한 것보다 어떤 목적을 달성하는 데 초점이 맞춰진 것이다. 이것이 활동과 소일의 차이다. 활동이란 어떤 결실을 얻기 위해 에너지를 투입하는 것이다. 우리는 직장에서 대부분의 시간을 활동으로 보낸다. 또는 가전제품을 수리하거나 아기 기저귀를 갈아 주거나 수표를 정리하기도 한다. 열심히 운동하는 사람, 좋은 연주가가 되기 위해 피아노 연습에 몰두하는 사람도 활동을 하고 있는 것이다.

활동을 할 때에는 주로 A 자아상태에 놓여 있다. 왜냐하면 활동은 지금-여기서의 목적을 달성하기 위해 일어나는 것이기 때문이다. 활동을 할 때에는 적절한 규칙을 따라야 할 때가 있다. 이때에는 긍정적 AC 또는 긍정적인 P 자아상태일 수도 있다.

활동을 통해 얻는 스트로크는 조건적인 긍정적 스트로크이거나 조건적인 부정적 스트로크일 수 있다. 어떤 일을 하고 난 뒤 잘잘못에 따라 주어진다. 활동에서 지각한 스트로크의 강도와 심리적 위험의 정도는 각 활동의 특징에 따라 소일보다 높거나 낮을 수 있다.

게 임

각자의 제안이 끝나고 칠판 위에는 십 여 개가 넘는 제안들이 적혀 있다. 이때 기록자가 "자, 이제 제안이 끝났으니 투표에 붙이겠습니다. 각 안을 제시할 때마다 손을 들어주시기 바랍니다." 하고 말했다. 투표 후 기록자가 헤아려 본 뒤, "이제 분명해졌습니다. 차례대로 돌아가면서 자신이 누구이며 여기서 무엇을 원하는지 말해 보겠습니다."

그때 한 사람이 "잠깐!" 하고 말했다. 모두 고개를 돌려 그를 쳐다보았다. 그는 자신을 J라고 말했다. 몸을 앞으로 내밀며 팔꿈치를 무릎 위에 올려놓고 눈썹을 치켜뜬 채 찡그린 얼굴을 하고 있었다. "참 이상하네요. 누군가가 말했듯이, 투표란 사람들을 구속시킵니다." 기록자는 억지 미소를 지으며, 머리를 뒤로 비스듬히 돌리며 J 씨를 경멸하는 투로 말한다. "글쎄, 투표로 결정하기로 하지 않았습니까. 소수는 다수의 의견을 따라야지요. 민주주의란 그런 것이 아닙니까. 이제 됐지요."

"아니요, 그렇지 않습니다." 하고 J 씨는 계속 말한다. "제 말을 잘못 알아들으셨군요. 이게 민주주의하고 무슨 상관이 있습니까?" 이마를 더욱 찌푸리며 방안을 둘러보았다. 기록자는 힘이 빠진 듯 한숨을 쉬었다. 그리고 어깨를 으쓱하더니 주위를 돌아보며 "그 말씀은 좀 심하신 게 아닙니까?" 하고 말했다.

그러자 J 씨는 얼른 입장을 바꾸었다. 몸을 바로 하더니 눈을 크게 뜨고 자기 머리를 톡톡 치면서, "아, 아닙니다. 제가 이렇다니까요. 제가 분위기를 망쳐 놓았네요. 어휴, 죄송합니다." 하고 말했다. 지금까지 두 사람은 '게임'을 하고 있었던 것이다.

게임분석은 교류분석 이론에서 아주 주요한 부분을 차지한다. 게임에 대해서 나중에 상세히 살펴보겠지만, 우선 두 사람 간에 주고받은 대화의 주된 특징을 살펴보기로 한다. 두 사람은 일련의 교류를 했다. 끝에 가서는 기분 나쁜 감정을 가지게 되었다. 그들은 이러한 기분 나쁜 감정을 가지기 직전에 갑자기 서로 역할을 바꾸었다. J 씨는 처음 화를 내며 시작했으나, 나중에는 자신을 탓하며 사과하였다. 한편 기록자는 의기양양하게 설득하다가 무력한 태도로 바뀌었다.

각자 전혀 예상하지 못한 방향으로 일이 전개된다는 느낌이 들어 전환을 한 직후 잠깐 동안의 분열이 발생했다. 이러한 느낌을 말로 표현하자면, "도대체 어떻게 해서 일이 이렇게…"라고 표현할 수 있을 것이다.

이러한 예상하지 못했던 감정에도 불구하고, 두 사람 다 전에도 이러한 일을 자주 겪었다. 물론 주변 환경과 사람에 따라 차이는 있었을 것이다. 그러나 처음 취했던 역할에서 전환이 이루어진다는 것과 끝에 가서 나쁜 감정을 가지게 된다는 것은 변함이 없다. 사실 J 씨와 기록자는 게임에 들어가기 전에 서로 신호를 보냈다. 사회적 수준의 메시지를 통해서는 정보를 주고받는 것 같지만, 심리적 수준의 메시지를 통해서는 J 씨가 게임에 초대하고 기록자가 여기에 응한 것이다.

어떤 게임이든 성인으로는 적절하지 못한 아동기 전략의 재연이다. 따라서 게임은 부정적 자아상태(부정적 AC 또는 부정적 NP)에서 발생한다. A 자아상태에서는 게임이 일어나지 않는다. 게임에서는 항상 '디스카운트'가 수반된다. 이러한 디스카운트는 심리적 수준에서 이루어진다. 게임을 하는 사람은 사회적 수준에서 강렬한 스트로크를 주고받는다. 게임 시작 단계에서는 이러한 스트로크가 긍정적인 경우도 있고 부정적인 경우도 있다. 그러나 끝에 가서는 강렬한 부정적인 감정을 가지게 된다. 심리적 위험의 수준이 활동이나 소일보다 훨씬 더 높다.

친 밀

J 씨가 대들다가 사과하는 것을 보고 나는 화가 났다. 나는 화를 참기보다 표현했다. 나는 J 씨를 향해 "당신이 말하는 것을 보니 화가 나는군요. 당신도 다른 사람들처럼 생각할 수 있지 않습니까. 그렇게 해 줬으면 합니다."라고 강하고 큰 목소리로 말했다. 내 얼굴이 상기되는 듯했다. 그리고 나의 목소리나 신체적 신호가 내가 표현하는 하는 것과 일치를 이루었다.

J 씨도 나처럼 얼굴이 붉어졌다. 나를 향해 의자에서 일어나 손짓을 해 가며 말을 했다. "나도 마찬가지로 화가 났어요. 처음 들어올 때부터 기분이 좋지 않았어요. 나도 생각할 줄 압니다. 나를 향해 소리치는 당신 같은 사람이 없는 곳에선 말입니다."

J 씨와 나는 '친밀'이라는 상태에 놓이게 되었다. 우리는 진정한 감정을 표현했고 상대방을 의식하지 않고 솔직해져 있었다. 친밀이라는 시간구조화에서는 속에 깔린 '비밀메시지'가 없다. 사회적 수준과 심리적 수준이 일치를 이룬다. 이것이 친밀과 게임의 중요한 차이다. 친밀이 중요한 것은 이때 표현한 진정한 감정이 상황을 종료시키기 때문이다. J 씨와 내가 서로 화를 낼 때, 말뿐만 아니라 정서를 통해서도 무엇을 원하는지 알릴 수 있었다. 우리 둘 다 상대방을 어떤 방식으로 행동하게 '만들' 수는 없다. 그러나 사고뿐 아니라 감정을 통해 각자 원하는 것이 무엇인지 가능한 한 분명하게 드러낼 수 있었던 것이다.

반면에 게임 말미에 느끼는 감정은 상황을 해결하는 데 아무 도움이 되지 않는다. 게임이 끊임없이 반복되는 것은 바로 이러한 이유 때문이다. 나중에 게임과 라켓에 대해 상세하게 다룰 때, 생산적인 감정과 비생산적 감정을 구별하는 법에 대해 살펴보기로 한다.

Berne이 선택한 '친밀'이라는 말은 특별한 전문 용어로 이해해야 한다. 시간구조화의 한 방법으로서의 친밀은 사전적 의미에서의 친밀과 관련이 있을 수도 있고 없을 수도 있다, 사람들이 성적으로나 개인적으로 친밀할 때, 감정과 바라는 것을 서로 개방적으로 나눈다. 이러한 경우에는 친밀로 시간을 구조화한다고 말할 수 있다. 그러나 이러한 강렬한 정서적 관계는 게임에서도 흔히 볼 수 있는 것이다. 때로는 게임이 친밀의 대용으로 사용되기도 한다. (게임을 통해 얻는 스트로크가 부정적이지만) 친밀에서 주어지는 스트로크와 강도가 비슷하다. 그러나 게임과 친밀에서 지각하는 위험의 정도는 다르다. 게임에서는 각자 결과에 대한 책임을 상대방에게 전가하지만, 친밀에서는 각자 자신의 책임을 인정한다.

친밀은 어느 자아상태에서 일어나는가? Berne은 친밀은 게임도 없고 서로 이용하려는 마음도 없는 순수 C–C 간의 관계라고 말했다. 그렇지만 '친밀은 두 사람 모두 A 자아상태에 의해 C–C 간의 교류가 이루어지는 것이다.' 이렇게 강조 표시를 한 것은 친밀에서 A 자아상태의 중요성을 강조하기 위해서다. Berne 이후의 교류분석 학자들은 단순화시킨 친밀이 '순수' C 자아상태에서의 교류라고 말했다. 그러나 Berne의 생각은 더욱 미묘하고 중요하다. 친밀로 나아가려면 먼저 A 자아상태에서의 사고 행동 감정의 능력을 총동원하여 관계를 맺지 않으면 안 된다. 물론 이러한 관계에서 어릴 때부터 추구해 온 욕구를 나누고 만족을 느끼기 위해 C 자아상태로 들어갈 수는 있다. 또한 일부 교류분석 학자는 친밀에 놓일 때, P 자아상태에서의 상호 배려나 보호도 수반될 수 있다고 말한다.[2)] 이러한 자아상태에서는 "나는 당신을 디스카운트하지 않을 것이며, 나 또한 당신에게서 디스카운트당하지 않을 것이다."라는 메시지가 나올 것이다.

친밀에서 얻는 스트로크의 강도는 그 어떤 시간구조화 방법보다 높다. 친밀에서는 긍정적이든 부정적이든 스트로크를 주고받지만 디스카운트가 수반되지 않는다. 왜냐하면 친밀에서는 서로 진정한 욕구와 감정을 주고받기 때문이다.

앞에서 친밀의 사례를 들면서 일부러 부정적 스트로크를 주고받는 사례를 들었다. 그 이유는 Berne 사후 일부 교류분석 학자들이 친밀에서는 '항상' 긍정적 스트로크를 주고받는다고 주장했기 때문이다.

친밀에 긍정적 스트로크가 수반될 때에는 즐겁고 만족스러움을 느낀다. 예를 들어 J 씨와의 대화가 계속 진전되었다고 하자. 나는 J 씨에게 화를 내고 난 뒤, 마음이 후련해져서 미소를 지으며 그를 쳐다보고 말했다. "당신을 더욱 잘 알게 된 것 같군요. 당신 생각을 솔직하게 털어놓아 반가워요." J 씨도 나를 돌아보며 미소를 머금은 채 말했다. "나도 기뻐요. 내 말에 귀를 기울여줘서." 우리는 다가가 악수를 했다.

친밀은 미리 계획하고 시작하는 것은 아니기 때문에 시간구조화 방법들 중에서 가장 예측하기 어렵다. 친밀에서는 솔직하게 털어놓기 때문에 C 자아상태에서 볼 때 타인과의 관계에서 '위험이 가장 높을 것'으로 예상된다. 나는 솔직하고 정직하게 털어놓았지만, 상대방은 그렇지 않을 수도 있기 때문이다. 그렇지만 상대방도 솔직하게 대한다면 '위험이 가장 적다'. 상대방과 내가 친밀 상태에 놓여 있을 때, 서로 디스카운트하지 않고 커뮤니케이션한다. 따라서 친밀의 결과는 항상 건설적이다. 당장은 마음이 편하지 않을지 몰라도 그것은 별개의 문제이다. 그것은 주고받는 스트로크가 긍정적인 것인가 부정적인 것인가에 달려 있다.

'시간구조화 파이 차트'를 그려 보라. 먼저 원을 그리고, 여섯 가지 시간구조화 방법 중 어느 것에 시간을 많이 보내는가에 따라 칸을 그린다.

그다음 시간구조화 파이 차트를 어떻게 변화시키고 싶은지 생각한 뒤, 자신이 원하는 이상적인 파이 차트를 그린다. 가장 늘리고 싶은 칸을 채울 적어도 다섯 가지 방법을 찾아본다. 앞으로 일주일 동안 이러한 행동을 실행에 옮긴 뒤 다시 파이 차트를 그린다.

매일 다른 사람들과 시간을 어떻게 구조화시키고 있는지 점검한다. 미팅에서나 직장에서 일하는 동안 시간구조화 방법을 분석한다. 그러나 상대방이 알고 싶어 하지 않는 한 자신이 하는 일을 알릴 필요는 없다.

집단 활동으로 여섯 명씩 짝을 지어 대화 주제를 선택한다. 한 사람이 3분씩 여섯 가지 시간구조화 방법에 따라 하나하나 역할 연기를 한다. 끝에 가서 각자의 경험을 발표한다. 그다음 다른 주제를 선택한 뒤 역할을 바꾸어 가며 연습한다.

대집단의 경우 방을 1호에서 6호까지 나누어, 1호에서는 폐쇄, 2호에서는 의례, 3호에서는 소일로 역할 연기를 한다. 그런 다음 다른 방의 사람들과 섞여서 각자 자신이 맡았던 역할로 5분 동안 대화를 한다. 마지막에 나머지 집단 구성원과 자기 경험을 나눈다.

제4부

인생각본:
각본의 형성

제10장

인생각본의 특징과 기원

누구나 자신이 살아갈 이야기를 써 나간다. 출생하면서부터 쓰기 시작하여 네 살 무렵 기본 줄거리를 결정짓고, 일곱 살쯤 되어 각 부분의 주요 내용을 완성시킨다. 그리고 열 두어 살쯤까지 다듬어 나가면서 이것저것 부수적인 것들을 추가한다. 청년기에 와서는 실생활에 맞도록 업데이트시켜 수정한다.

다른 모든 이야기와 마찬가지로, 우리 삶의 이야기도 시작이 있고 중간이 있고 끝이 있다. 이야기 속에는 주인공이 있고 악역도 있고 조연도 있고 단역도 있다. 또 주제가 있는가 하면 부수적인 주제도 있다. 우리 삶의 이야기는 희극일 수도 있고 비극일 수도 있고, 재미있을 수도 있고 재미가 없을 수도 있으며, 감동적일 수도 있고 부끄러울 수도 있다.

어른이 되고 나면 이야기의 처음 부분은 거의 기억에서 멀어진다. 비록 당시를 기억할 수는 없지만, 그때 쓴 이야기에 따라 삶을 살아간다. 이러한 이야기가 바로 '인생각본(life-script)' 이다.

여러분이 쓴 자신의 삶의 이야기를 돌이켜 보자.

연필과 종이를 가지고 다음 질문에 대답한다. 마음속에 처음 떠오르는 대로 빨리 그리고 직관적으로 적는다.

여러분 삶의 이야기에 제목을 붙인다면 어떤 제목을 붙이겠는가?

어떤 종류의 이야기인가? 행복한가, 슬픈가? 성공적인가, 비극적인가? 흥미로운가, 지루한가? 마음 속에 떠오르는 대로 적는다.

그리고 마지막 장면을 몇 가지 문장으로 써 보라. 이야기가 어떻게 끝맺을 것 같은가?

이것을 보관하고 있다가 인생각본의 특징에 대해 더욱 공부하면서 검토해 보라.

교류분석에서는 인생각본을 일상적으로 '각본(script)'이라 부르기도 한다.

인생각본의 특징과 정의

각본이론은 Berne이 처음 시작하였지만, 1960년대 중반 Berne과 제자들, 특히 Steiner가 발달시켰고, 그 후 많은 학자들이 각본에 관한 이론들을 발달시켜 왔다. 인생각본의 개념은 교류분석 이론에서 중요한 비중을 차지하고 있으며, 현재까지 자아상태 모델과 더불어 교류분석의 중심적 이론으로 자리 잡고 있다.[1)]

Berne은 『집단치료의 원리(The Principles of Group Treatment)』에서 인생각본을 '무의식적인 인생계획'이라고 정의하였고, 『안녕이라 말한 다음 무슨 말을 하는가?(What do you say after you say hello?)』라는 책에서 '각본이란 어린 시절에 작성되어, 부모에 의해 강화되고, 이어지는 사건들에 의해 정당화되어, 결국 삶의 한 방도로 선택된 인생 계획'이라고 정의하였다.

각본에 대한 이해를 돕기 위해 이러한 정의를 좀 더 자세하게 살펴볼 필요가 있다.

각본은 인생계획이다

성인기의 삶이 아동기 경험에 영향을 받고 있다는 것은 교류분석뿐만 아니라 다른 많은 심리학적 이론에서도 핵심을 이룬다. 그러나 교류분석의 각본 이론이 특별한 것은 어린이가 단순한 세상관이 아니라 일생 동안 살아갈 '구체적인 계획'을 수립한다고 보기 때문이다. 이러한 인생계획은 일반 드라마에서와 같이 분명한 발단과 전개와 결말로 구성된다.

각본은 결말을 향해 전개된다

각본이론의 또 하나의 특징은 인생각본이란 자신이 삶의 방도로 선택한 것이라는 점이다. 어린이가 자기 삶의 드라마를 쓸 때는 마지막 장면을 중요한 부분으로 포함시킨다. 나머지 모든 줄거리는 처음 장면에서 시작하여 이미 결정해 놓은 마지막 장면을 향해 나아간다.

각본이론의 마지막 장면을 전문적 용어로 각본의 **결말**(payoff)이라 부른다. 각본이론에 따르면, 자라고 난 뒤 각본에 따라 살 때, 자신도 모르게 각본의 결말로 이끌어 갈 행동들을 선택한다는 것이다.

각본은 결정이다

Berne은 각본을 '어린 시절에 작성한 인생 계획'이라고 정의하였다. 말하자면, 어린이가 자기 인생계획을 스스로 '결정(decision)'한다는 것이다. 각본이 부모나 환경과 같은 외부 세력에 의해서만 결정되는 것은 아니다. 교류분석 용어로 각본은 결정에 의해 이루어진다고 표현한다. 어린이들이 동일한 환경에서 성장한다 하더라도 각자가 결정한 인생계획은 다를 수 있다. Berne은 어머니로부터 "너희는 정신병동에 갇혀 살게 될 거야."라는 말을 듣고 자란 형제의 사례를 예로 들었다. 형제 중 한 사람은 정신병원에 입원하여 살았고, 한 사람은 정신과 의사로서 살았던 것이다.

각본이론에서 말하는 결정은 일반 사전적 의미와 다르다. 어린이의 각본 결정은 일반 사람이 의사 결정을 할 때처럼 '사고'를 통해 이루어지는 것이 아니다. 초기결정은 말을 배우기 전에 감정을 토대로 하여 이루어진다. 또한 어른들이 사용하는 것과는 다른 현실검증을 토대로 이루어진다.

각본은 부모가 강화시킨다

부모가 어린이의 각본 결정을 하는 것은 아니지만, 큰 영향을 미치는 것은 사실이다. 부모는 자녀가 어릴 때부터 여러 메시지들을 전달한다. 자녀는 이러한 메시지들을 토대로 하여 자기 자신과 타인과 세상에 대한 어떤 결론들을 내린다. 이러한 '각본 메시지(script message)'는 언어적일 수도 있고 비언어적일 수도 있다. 이러한 메시지들은 어린이가 주요 각본 결정을 하게 될 틀로 작용한다. 제13장과 제14장에서 여러 가지 각본 메시지를 살펴보고 이것이 각본 결정에 어떤 영향을 주는지 고찰하고자 한다.

각본은 무의식적인 것이다

어린 시절의 기억을 회상할 수 있는 방법은 기껏해야 꿈과 환상밖에 없다. 우리가 시간을 들여 가며 우리의 각본을 발견하지 않는 한, 우리가 각본에 따라 행동하고 있어도 우리가 내린 초기결정들을 의식하지 못한다.

각본을 '정당화' 하기 위해 현실을 재정의한다

Berne이 각본은 '이어지는 사건들에 의해 정당화된다.' 고 할 때, '정당화(justified)' 라는 말에 인용부호를 붙였으면 더 좋았을 것이다. 우리는 현실을 우리의 **준거 틀**(frame of reference)에 맞추어 해석함으로써 각본 결정들을 정당화시키려고 한다. 그렇게 하지 않으면 C 자아상태에서 우리의 각본을 토대로 한 세계관이나 욕구충족, 나아가 생존에 대한 위협으로 여기기 때문이다. 디스카운트, 재정의, 준거 틀을 다룰 때, 어떻게 왜곡이 일어나고, 삶의 문제들과 어떻게 관련되어 있는지 살펴보기로 한다.

각본의 기원

우리는 왜 유아기에 자기 자신과 타인과 세상에 대한 결정을 내리게 되는가? 이러한 결정들은 어떤 기능을 하는가? 그 대답은 각본을 형성하는 다음 두 가지의 중요한 특징 안에 들어 있다.

1) 각본 결정은 때때로 적대적인, 심지어는 생명까지도 위협하는 듯한 세상에서 생존하는

데 최상의 전략으로 여겨 내린 것이다.

2) 각본 결정은 유아의 정서와 현실검증을 토대로 이루어진다.

각본에 대해 지금부터 다루는 내용은 Woollams의 이론을 주로 참고하였음을 밝힌다.[2)]

적대적인 세상에 대한 반응

유아는 작고 신체적으로도 무력하다. 그에게 세상은 거인들로 가득 차 있고, 갑자기 큰 소리만 들려도 목숨을 위태롭게 할 것 같은 신호로 들린다. 말도 못하고 논리적인 사고도 하지 못하기 때문에, 부모가 나가면 살아남지 못할 것이라 여긴다. 유아는 어른처럼 시간을 제대로 이해하지 못한다. 춥거나 배고프면, 그리고 어머니가 오지 않으면, 어머니가 영원히 오지 않을지도 모른다고 여긴다. 이것은 바로 죽음을 의미한다. 유아에게 죽음보다 더 무서운 것은 홀로 남겨지는 것이다.

유아가 두세 살이 되면 동생이 생긴다. 이제 동생보다 몸집이 더 크고 이것 때문에 죽지는 않는다는 것을 안다. 그러나 어머니의 관심은 새로 태어난 아이가 다 차지한다. 이제 새로운 위협은 어머니의 사랑을 상실하는 것이다.

이와 같이 각본을 형성하는 기간 동안 어린이는 약자의 입장에 놓여 있다. 어린이는 부모가 모든 권력을 다 쥐고 있다고 지각한다. 권력이란 어린이에게 생사의 권력을 의미한다. 나중에 자신의 욕구를 충족하든가 충족시키지 못하고 말 수도 있다. 어린이의 반응은 살아남고 자기 욕구를 최대한 충족시킬 수 있는 전략인 것이다.

초기 현실검증과 정서

어린이는 어른과 같은 사고를 하지 못한다. 어린이가 경험하는 정서도 어른과 같지 않다. 여섯 살 무렵까지 주고받은 감정과 직관에 의해 세상을 이해하는 어린이의 특유한 방식에 따라 각본 결정이 이루어진다.

어린이가 주로 경험하는 정서는 분노, 비참, 공포 또는 도취다. 어린이는 이러한 감정들을 통해 초기결정을 내린다. 따라서 초기의 결정이 극단적인 성향을 띠는 것도 조금도 놀랍지 않다. 유아가 수술을 받기 위해 병원에 입원해야 한다고 생각하자. 어른에게도 이것은 유쾌한 경험이 아니다. 유아에게는 이것이 두려운 재앙일 수 있다. 유아는 두려움을 느낄 뿐만 아니라, 어머니가 곁에 없고 다시는 나타나지 않을지도 모른다는 극도의 슬픔을 느낀다. 유아는 이러한 상황에 방치된 데 대해 분노를 느껴 '사람들이 나를 죽이려 한다. 엄마는 이런 일을 방치하고 있어. 엄마도 내가 죽기를 원할지도 몰라. 사람들이 나를 죽이기 전에 내가 먼저 죽이는 것이 낫겠다.'라고 결정할 수 있다.

유아는 특정 경험을 일반화한다. 예를 들어, 어머니가 자신의 요구에 일관적인 태도를 취하지 않는다고 하자. 배가 고파서 울 때, 어떤 때는 급히 달려오지만 어떤 때는 방치한다고 하자. 이때 유아는 '엄마는 믿을 수 없다.'고 결론짓는 것이 아니라, '사람들은 믿을 수 없다.' 또는 '여자들은 믿을 수 없다.'고 결론 내린다. 걸음마를 뗄 때 그토록 바라던 관심을 보여 주지 않는 아버지에게 화가 난 여자아이는 아버지가 아니라 남자들이 밉다고 결정을 내리기 쉽다.

어린이는 또한 자신이 전능하거나 마술을 부릴 수 있다고 상상함으로써 무력감을 보상하려고 한다. 어머니와 아버지의 사이가 좋지 않다고 느낄 때, 특히 자기가 독자라면 이것이 자기 '잘못'이라고 결정을 내리기 쉽다. 부모가 서로 주먹다짐을 하면, 한 부모를 다른 부모로부터 보호하거나 갈등을 해소시키는 것이 자신의 임무라고 여긴다. 그리고 어린이가 부모로부터 배척을 당하면, 자기 탓으로 돌려 '내게 무슨 잘못이 있다.'고 결정을 내리기 쉽다.

어린이는 충동과 행동을 구별할 줄 모른다. 걸음마를 하는 시기의 유아는 '모든 관심을 빼앗아 가는 아기를 죽이고 싶다.'고 느낄 것이다. 이러한 충동을 느낀 유아는 실제 자기가 아기를 죽인 것처럼 믿고, '나는 사람을 죽였다. 나는 악하고 끔찍한 인간이다.'라고 결론을 내릴 수 있다. 이러한 결론을 내린 유아는 성장하고 난 뒤에 자기가 범하지도 않은 범죄에 막연하게나마 죄의식을 가질 수 있는 것이다.

교류분석에서의 중심적 기술은 이러한 유아의 논리나 마술적 사고를 터득하는 것이다. 언어학자들은 언어 감정(Sprachgefüehl)에 대해 이야기한다. 특히 교류분석으로 치료하려면, 각본에 대한 어린이의 언어에 대한 감정을 익힐 필요가 있다. 이러한 언어에 대한 이해를 넓히려면, Erikson이나 Piaget와 같은 아동발달 이론을 공부해 보는 것이 좋을 것이다.[3] 그것이

'당신' 에게 무엇을 뜻하는지 느껴 보고 싶다면, 자신의 꿈에 관심을 둘 필요가 있다. 어른이 되어 유아 때 적대적 세상으로 비친 기억에 다가갈 수 있는 첩경이 바로 꿈이다.

연습: 자신의 각본 발견

꿈, 환상, 동화, 어린 시절의 이야기는 우리의 각본에 대한 단서를 제공한다. 이러한 것들을 이용하여 각본을 이해하는 연습을 해 보자. 연습할 때 자유롭게 상상한다. 그것이 무엇이며, 무슨 의미인지 생각해선 안 된다. 그것에 대해 무엇이라 말할까 하고 궁리해서도 안 된다. 단지 상상할 때 처음 떠오르는 이미지나 감정을 있는 그대로 수용하면 된다. 해석이나 판독은 나중에 하면 된다.

여러 사람이 함께하거나 파트너와 함께하면 더욱 좋다. 여럿이 하거나 혼자 할 때 자신의 반응을 녹음해 두면 좋다. 연습하면서 녹음 내용을 들어 본다. 그런 다음 반복하여 녹음 테이프를 틀어 직관적으로 그 의미를 떠올려 본다. 이때 자신과 자신의 각본에 대해 놀라울 정도의 정보를 얻을 수 있을 것이다.

이러한 연습을 할 때 강한 정서를 느낄 수 있을지 모른다. 이러한 정서들은 각본 기억과 함께 표면으로 드러내고자 하는 아동기의 감정이다. 이러한 연습을 하다가 어느 시점에서든 계속할지 멈출지 결정할 수 있다. 멈추어야겠다고 생각하면, 연습을 중지하고 방안에서 가장 눈에 잘 띄는 대상에 주목한다. 그러고 나서 당신 자신이나 파트너에게 그 물건이 무엇인지, 어떤 색인지, 어디에 사용하는 것인지 말한다. 그리고 다음 식사 때 무엇을 먹을지, 직장에서 필요한 것이 무엇인지 현재의 일상적인 주제에 대해 생각한다. 이렇게 할 때, 몸과 머리를 수직으로 바로 세운다.

남자 주인공 또는 여자 주인공

가장 좋아하는 캐릭터가 무엇인가? 어쩌면 어린 시절의 이야기에 나오는 누구일지 모른다. 아니면 자신이 기억하고 있는 연극이나 책이나 영화 속의 인물일 수도 있다. 아니면 실제 인물일 수도 있다.

제일 먼저 떠오르는 인물을 선택한다. 그런 다음 녹음기를 틀어놓고 파트너나 집단 구성원들의 시선을 모은다. 자신이 선택한 인물이 되어 말한다. 이때 "나는…."이라는 말을 써야 한다. 예를 들어 내가 선택한 인물이 슈퍼맨이라면, "나는 슈퍼맨입니다. 어려움에 처한 사람들을 돕는 것이 나의 일입니다. 나는 어디서든 날아와서, 어떤 기적 같은 일을 해 놓고 날아갑니다. 나는 대부분 변장을 하고 다니기 때문에 아무도 내가 슈퍼맨인 줄 모릅니다." 자신이 선택한 인물이 누구든 간에, 그 사람이 되어, 자신에 대해 말한다.

이야기 또는 우화

첫 번째 연습을 변형시켜 이야기나 우화로 말할 수 있다. 어느 것이든 자신이 좋아하는 것을 선택한다. 가장 먼저 떠오른 것이 가장 좋다. 어린 시절의 동화, 신화, 그 외의 어떤 것이든 좋다.

이렇게 시작할 수도 있다. "아주 먼 옛날, 악한 계모 때문에 오랜 세월 동안 잠에 빠진 예쁜 소녀가 있었습니다. 소녀는 성 안 깊은 방에 누워 있었습니다. 성은 가시나무 담장으로 둘러쳐져 있었습니다. 왕과 왕자들이 소녀를 찾아나섰지만, 그 울타리를 넘을 수가 없었습니다…."

이러한 이야기에서 더 많은 것을 얻기 위해, 이야기를 계속 하면서 그 이야기 속에 나오는 인물이나 사물 중의 하나가 되어 본다. 그리고 그것이 자신이라고 생각하고, 자신에 대한 이야기를 계속한다. 앞의 이야기에서 소녀, 계모, 방, 성, 왕자 중 한 사람 또는 성벽이 될 수도 있다.

자신을 성벽이라고 생각하면 이렇게 말할 수도 있다. "나는 성벽입니다. 단단하고 가시가 많습니다. 가시가 바깥쪽으로 향해 있어 아무도 접근할 수가 없습니다. 저 안에 잠들어 있는 소녀를 보호하는 것이 나의 임무입니다…."

꿈

자신이 꾼 꿈을 선택해도 좋다. 최근의 꿈이나 자주 꾸는 꿈에서 많은 정보를 얻을 수 있다. 그러나 어떤 꿈이든 좋다. 꿈에 대해 이야기한다. 과거가 아닌 현재 시제로 말한다. 꿈 이야기를 할 때 꿈속에 나타난 사람이나 사물이 되어 이야기한다.

꿈에서 깨어난 직후의 느낌을 상기한다. 유쾌한 기분이었는가? 불쾌한 기분이었는가? 꿈의 마지막 장면이 마음에 들었는가? 만일 그렇지 않았다면 꿈의 마지막 장면을 다시 작성하여 끝을 맺는다. 꿈의 마지막 장면을 다시 써서 이야기할 때에도 현재 시제로 말한다.

자신이 다시 작성한 꿈의 마지막 장면이 만족스러운지 검토해 보고, 그렇지 않으면 계속해서 다시 이야기한다.

방안의 물건

방 안을 한번 둘러보라. 보이는 사물이 무엇이든 선택한다. 가장 먼저 생각나는 것이 가장 좋다. 그런 다음 자신이 그 물건이 되어 자신에 대해 말한다.

예를 들어, "나는 문이다. 나는 단단하고 네모난 나무로 되어 있다. 이따금 사람들을 가로막기도 한다. 그때 나를 밀어버린다…."

이러한 연습을 통해 좀 더 많은 것을 얻으려면, 파트너를 정해 당신과 대화하도록 청한다. 이때 당신은 당신이 선택한 물건의 입장에서 대화한다. 파트너가 당신의 말을 해석하지는 않도록 한다. 당신이

선택한 문이나 난로 등 당신이 선택한 어떤 물건이든 그 물건과 대화하게 하는 것이다. 예를 들어,

"나는 문이야. 내가 가로막으면 그들은 나를 밀어버리지…."

"그래. 문아. 사람들이 너를 옆으로 밀어 버릴 때 어떤 느낌이 들지?"

"그땐 화가 나. 그렇지만 문이기 때문에 말을 할 수 없잖아. 그냥 있을 수밖에."

"아, 그렇구나. 그러면 기분을 바꾸기 위해 어떤 것이 되고 싶지?"

자신의 인생을 연극으로 삼는다

이 연습을 하려면 당신과 대화 상대가 되어 줄 가이드 역할을 할 사람이 필요하다. 아니면 당신이 하는 말을 녹음해 두었다가 듣는 형식을 취할 수도 있다. 아니면 한 사람의 가이드가 나서서 여러 집단 구성원들을 이끌어 나가게 할 수도 있다.

가이드는 여기에 적힌 그대로 따라 할 필요는 없다. 앞으로 진행해 나갈 몇 가지 메모를 적은 뒤, 상황에 맞추어 가며 즉흥적으로 말하는 것이 더 낫다. 가이드는 말을 할 때 중간 중간 멈출 필요가 있다. 그래야 참여자가 마음속으로 떠올리는 능력을 발달시킬 수 있다.

의자나 바닥에 편안하게 앉는다. 눈을 감으면 도움이 될 것이다. 그러면 가이드는 다음과 같이 말한다.

"자, 지금 극장 안에 있다고 생각해 보세요. 연극이 시작되기를 기다리고 있습니다. 이 연극에는 당신 자신의 인생 이야기가 펼쳐지고 있습니다.

어떤 종류의 연극이 펼쳐질 것 같습니까? 희극입니까? 비극입니까? 고상한 드라마입니까, 지저분한 드라마입니까? 재미있습니까? 지루합니까? 대단합니까? 평범하기 짝이 없는 내용입니까? 아니면?

극장이 꽉 찼습니까? 반쯤 찼습니까? 텅 비었습니까? 관객들이 열광합니까? 지루해합니까? 행복해합니까? 슬퍼합니까? 박수를 칩니까? 나가 버리고 맙니까? 그렇지 않으면…?

당신의 이야기를 무대에 올린 이 연극에 어떤 제목을 붙이겠습니까?

자, 이제 불이 꺼집니다. 커튼이 올라갑니다. 당신 자신의 연극이 막 시작됩니다.

당신은 첫 장면을 보고 있습니다. 당신 인생의 첫 번째 장면입니다. 이 장면에서 당신은 아주, 아주 어립니다. 주위에 무엇이 보입니까? 누가 있습니까? 누구의 얼굴이나 그 얼굴의 한 부분이 보입니까? 만일 얼굴이 보인다면 어떤 표정입니까? 무엇이 들립니까? 당신의 느낌을 잘 살펴보세요. 아마도 몸에서 어떤 감정이 일지도 모릅니다. 어떤 냄새나 맛을 느낄 수 있습니까? 당신 삶의 첫 장면을 생각할 시간을 가져 보십시오." (휴식)

"자, 이제 장면이 바뀝니다. 이제 서너 살에서 대여섯 살 때의 장면입니다. 지금 어디에 있습니까? 주변에 무엇이 보입니까? 거기에 다른 사람들도 있습니까? 있다면 어떤 사람들이 있습니까?

사람들이 당신에게 어떤 말을 하고 있습니까? 당신은 또 어떤 말을 하고 있습니까? 다른 소리들도 들립니까?

이 장면에서는 어떤 느낌이 듭니까? 몸에서 어떤 감각이나 느낌이 들지 않습니까? 또 어떤 감정이 듭니까? 어떤 냄새나 맛을 느낍니까?

두 번째 장면에서 보고, 듣고, 느끼고, 맛보고, 냄새 맡은 것들을 생각해 볼 시간을 가져 보세요." (휴식)

그다음에 가이드는 계속해서 10~16의 십대의 장면, 현재의 장면, 10년 후의 미래 장면 등을 차례로 연상시킨다.

연극의 마지막 장면은 죽는 장면이다. 가이드가 이 장면을 연상시킬 때에는 "이 연극의 마지막 장면에서 당신은 몇 살입니까?"라고 질문해야 한다.

마지막으로 가이드는 현재로 돌아오라고 말하고, 가이드나 집단 구성원끼리 경험을 나눈다.

제11장

각본과 삶

우리가 어른이 되고 난 뒤, 적어도 특정 시점에서라도 어린 시절에 쓴 인생 이야기(life story)에 따라 살 가능성이 있다. 이 장에서는 **승리자**(winner), **패배자**(loser) 또는 **비승리자**(non-winner)로서의 각본으로 살아가는 양식을 기술하려고 한다. 어떻게 각본에 따른 행동을 하다가 벗어나는지, 또 각본에 대한 이해가 사람들의 삶의 유형을 이해하는 데 왜 중요한지 설명하고자 한다.

각본에는 '내용(content)'과 '과정(process)'이 있다. 내용이 각본 속에 '무엇(what)'이 들어 있는가를 말한다면, 과정은 각본이 '어떻게(how)' 드러나는가를 말한다. 사람마다 지문이 다르듯이, 사람마다 각본의 내용도 다르다. 그렇지만 각본 과정은 비교적 소수의 몇 가지 유형으로 나뉜다. 각본 과정에 대해서는 다음 장에서 살펴보기로 한다.

승리자, 패배자, 비승리자 각본

각본의 내용을 볼 때 다음과 같이 세 가지로 분류할 수 있다.

- 승리자 각본

- 패배자 각본
- 비승리자 또는 평범한 각본[1)]

승리자 각본

Berne은 승리자를 '자신이 선언한 목표를 달성한 사람'으로 정의하였다. (Goulding은 목표 달성을 통해 세상을 더욱 나은 곳으로 만드는 사람을 승리자라고 덧붙였다.) '승리(winning)'란 '선언한 목표'를 편안하고 행복하고 무리 없이 달성하는 것을 말한다. 어린 시절에 훌륭한 지도자가 되기로 결정하고, 성공적이고 성취감을 느끼는 장군이나 대중의 찬사를 받는 정치가가 되었다면 승리자다. 백만장자가 되기로 결정하고, 부자가 되어 만족스럽고 행복한 삶을 영위한다면 승리자다. 청빈한 수도자가 되겠다고 결심하여, 행복한 수도생활을 한다면 승리자다. 이와 같이 '승리'란 항상 자신이 정한 목표와 관련이 있다.

패배자 각본

이와 대조적으로, '패배자'란 '자신이 선언한 목표를 달성하지 못한 사람'을 의미한다. 목표를 달성했더라도 만족의 정도를 봐야 한다. 훌륭한 지도자가 되겠다고 결정하여 군에 입대하였지만 불명예제대를 했다면 패배자다. 정치가가 되었지만 부정을 저질러 쫓겨났다면 패배자다. 또한 백만장자가 되려고 결심하고 부자가 되었지만, 사업상의 압박감 때문에 비참한 감정을 느낀다면 패배자다. 수도자가 되겠다고 생각하여 수도자가 되었지만, 가난과 고독에 대한 불평을 일삼는다면 패배자다.

Berne은 '승리자'와 '패배자'를 정의할 때, 자신이 선언한 목표의 달성 여부를 중시하였다. 왜냐하면 재산을 축적했다고 해서 다 승리자라 할 수 없고, 재산이 없다고 해서 다 패배자가 아니기 때문이다. 어떤 사람은 어릴 때 고통과 자기 제한과 심지어 신체적 가해를 겪지 않고는 이룰 수 없는 목표를 설정하는 경우도 있다. 예를 들어, 유아는 아직 말은 못하지만 '나는 어떤 일을 하든지 실패할 것'이라고 가정했다고 하자. 그는 이러한 각본결정에 따라 살아간다. 그는 어릴 때 선언한 목표를 달성하기 위해 하는 일마다 실패한다. 어떤 어린이는 '아버지와 어머니의 사랑을 받으려면 죽어야 해.' 하고 결정하고, 이러한 비극적 목표를 달성하기 위해 자살을 시도한다. 이러한 비극적 결말을 가진 각본은 Berne의 정의에 부합되지 않지만 패배자다.

패배자 각본은 그 결말의 심각성에 따라 1급, 2급, 3급으로 나눌 수 있다. 1급 패배자 각본은 사람들 입에 오르내릴 정도의 경미한 실패나 상실을 경험한다. 예를 들어, 직장에서 끊임없이 사람들과 다투거나, 경미한 우울증으로 통원치료를 받거나, 대학 시험에서 실패하는 정도의 문제를 드러낸다.

2급 패배자 각본은 사람들에게 드러내기가 부끄러울 정도의 불유쾌한 각본 결과를 드러낸다. 예를 들어 직장에서 해고되거나, 심각한 우울증으로 입원하거나, 불법 행위로 학교에서 제적을 당하는 경우가 여기에 속한다. 3급 패배자 각본은 사망, 심한 부상이나 병, 법적 소송에 이를 정도로 문제를 드러낸다. 3급의 결말은 회사 돈을 횡령하여 구속되거나, 정신장애로 평생 입원하거나, 시험 실패로 자살을 기도하는 등의 문제를 드러낸다.

우리는 흔히 3급의 패배자 각본과 그 결말을 기술하기 위해 '비극적 결함'이라는 용어를 사용하기도 한다. 이 말은 '근본적 결함'을 의미하는 고대 그리스어 'hamartia'에서 유래되었다. 패배자 각본이란 고대 그리스 비극에서와 같이 초기의 판단 착오로 어쩔 수 없이 비극적인 마지막 장면으로 나아간다는 것을 말한다.

비승리자 각본

비승리자 각본을 가진 사람은 승리자와 패배자의 중간에 놓인 사람이다. 그는 하루하루를 그럭저럭 살아가면서 큰 승리도 큰 패배도 겪지 않는다. 그리고 위기도 겪지 않는다. 이러한 각본 유형을 보통 '평범한' 각본이라 부른다. 비승리자 각본으로 사는 사람은 직장에서 높은 지위에 오르지 못한다. 그렇다고 해고되지도 않는다. 그럭저럭 살다가 은퇴를 맞는다. 그리고는 흔들의자에 앉아 '그때 내게 운이 따랐다면 승진할 수도 있었는데…. 그렇다고 해서 그렇게 나빴던 것은 아니야.' 하고 회고할 것이다.

승리자, 패배자, 비승리자

Berne은 실패했을 때 어떻게 할 것인지 물어보면 승리자와 패배자를 구별할 수 있다고 말했다. 승리자는 그것에 대해 알지만 말을 하지 않는다고 했다. 패배자는 알지 못하고, 또 그가 말할 수 있는 것은 승리에 대한 꿈 뿐이다. "내게 백만 달러가 들어온다면…." "내가 건 말이 일등을 한다면…." 하고 기대하며 산다. 패배자는 하나의 선택에 모든 것을 걸다가 실패한다.

승리자는 항상 또 다른 선택을 할 줄 안다. 이것이 승리하는 길이다. 즉, 하나의 선택이 효과가 없으면 성공할 때까지 다른 선택을 해 나간다.

비승리자는 승리하기도 하고 패배하기도 한다. 그러나 승리하든 패배하든 차이가 크지 않다. 왜냐하면 모험을 하지 않기 때문이다. 비승리자는 안전을 추구한다. 따라서 항상 비승리자로 머무는 것이다.

분류상 주의점

승리자, 비승리자, 패배자 각본의 분류는 개략적인 것에 지나지 않는다. 당신에게는 비승리자의 결말이라고 여겨져도 나에게는 비승리자의 결말이 될 수 있다. 내 주위 사람들에게는 수용될 수 없는 것이 당신 주위 사람들에게는 수용될 수도 있다. 사실 대부분의 사람들은 승리자, 비승리자, 패배자가 혼합된 각본결정을 한다. 나는 어릴 때 공부하는 데는 승리자, 운동은 비승리자이고, 대인관계는 1급의 패배자로 결정했을 수도 있다. 사람마다 이러한 결정들의 비율은 판이하게 다를 것이다.

무엇보다 중요한 것은 '어떤 각본이든 변화시킬 수 있다는 것'을 깨닫는 것이다. 나의 각본을 깨달음으로써, 패배자로서의 결정을 승리자로서의 결정으로 바꿀 수 있는 것이다. 승리자, 비승리자, 패배자라는 분류는 과거에 대한 유용한 정보를 제공해 준다. 그리고 현재의 변화를 위한 가치 있는 로드맵을 제공해 준다.

앞 장에서 연습할 때 자신의 각본에 대해 어떤 점을 발견했는지 검토해 보라. 자신의 각본이 대체적으로 승리자인가, 패배자인가, 평범한가? 그리고 승리자, 비승리자, 패배자로 살도록 결정한 영역은 어떤 영역인가?

지금까지 패배자나 비승리자로 살아왔지만 앞으로 승리자로 살고 싶은 영역이 있는가? 그렇다면 각 영역마다 어떻게 살면 승리자로 살 수 있겠는지 적어 보라. 그리고 승리자로서 살 때 어떤 변화가 일어나겠는가?

그리고 각 영역마다 승리자로 살기 위해 취할 수 있는 행동을 적어도 다섯 가지 이상 적어 보라. 매일 한 가지씩 실행에 옮겨 보라. 그리고 집단활동을 하고 있다면, 성공한 사례를 발표해 보라.

각본과 삶

성인이 된 후에 어린 시절에 결정한 전략을 재연하는 경우가 흔히 있다. 아동기의 전략을 재연할 때는 지금-여기에서의 현실을 마치 초기결정을 내릴 때의 세상처럼 여기며 반응하게 된다. 이때 우리는 "각본을 따른다."고 말한다. 달리 말하면, '각본 행동' 또는 '각본 감정'을 드러낸다고 말한다.

왜 이렇게 하는가? 왜 성인이 된 뒤에도 어린 시절의 결정에서 벗어나지 못하는가? 그 근본 이유는 '어떻게 하면 무조건적인 사랑과 관심을 받을 수 있을까?' 하는 유아기 시절의 해결하지 못한 근본 문제에 여전히 매달려 있기 때문이다. 따라서 자라고 난 뒤에도 여전히 유아처럼 반응하는 경우가 흔히 있다. 다른 상담이론에서도 그렇듯이, 교류분석에서도 이러한 현상을 대부분 인생 문제의 원인으로 간주한다.

각본에 빠져들 때, 유아기의 전략을 재연하고 있다는 사실을 의식하지 못한다. 자신의 각본을 깨닫고 어린 시절에 내린 결정을 발견함으로써 이러한 자각을 개발할 수 있다. 특정 순간 각본에 따라 행동하는 것인지 정확하게 예측할 방법은 없지만, 다음 두 가지 요인을 고려하면 도움이 된다.

1) 지금-여기에서의 상황을 스트레스로 지각할 때
2) 지금-여기에서의 상황과 아동기에 스트레스를 받던 상황이 비슷할 때

이 두 요인은 서로 영향을 미친다.

스트레스와 각본

Woollams는 스트레스 척도를 제안했다.[2] 스트레스가 심할수록 각본에 따를 가능성이 높다. 스트레스 수준을 1에서 10까지 나눌 때, 6 이상인 상황에 놓이면 각본에 따를 확률이 높다. 어떤 사람은 8 이상이어야 각본에 따라 행동하기도 한다. 예를 들어, 직장에서 작업반장과 의견 차이를 드러낸다. 이때는 스트레스 수준이 3 정도에 머물러 있기 때문에, 각본에 빠져들지 않고 A 자아상태에서 차이에 대해 논의를 한다. 작업반장과 타협을 할까 아니면 차이를 인정할까 하고 생각한다. 그러나 작업반장이 감독을 불러들여 논쟁이 심화되면 스트레스 척도가 6에 이르러 각본으로 빠져든다. 어릴 때 아버지가 거인처럼 다가와 이해할 수 없는 폭언을 퍼부어 화가 났던 어린 시절의 신체적 반응, 감정, 사고가 되살아난다. 이때 의식하지 못한 채, 감독이 아버지처럼 비쳐져서, 겁을 먹었던 어릴 때처럼 반응하게 된다.

'스트레스 척도'는 스트레스와 각본 반응 간의 관계를 알 수 있는 좋은 방법이다. 그렇다고 해서 스트레스가 무조건 각본으로 빠져들게 하는 것은 '아니다'. 비록 의식하지 못하지만 각본에 빠져드는 것도 어디까지나 결정에 의한 것이다. 각본을 배우고 나면 각본 행동으로 빠져들기 전에 더 심한 스트레스를 받을 수도 있다. 그러나 상담을 통해 각본에 따라 행동하기보다 효율적으로 문제해결 능력을 발달시킬 수 있다.

고무줄

감독과의 논쟁으로 각본에 빠져드는 것은 꼭 스트레스 상황 때문만은 아니다. 지금-여기에서의 장면이 아동기의 고통스러웠던 장면과 '비슷해도' 각본을 따르게 된다. 고무줄을 당겼다가 놓으면 원점으로 돌아가듯이, 교류분석 용어로 현재의 상황이 초기 상황으로 되돌아

가는 **고무줄**(rubberband)이라고 말한다. 이 말은 우리가 이따금 초기 아동기 장면으로 던져진 것처럼 반응하게 되는 이유를 설명해 준다. 세월을 죽 당기고 있는 거대한 고무줄이라고 생각해 보라. 잡아당기던 고무줄을 놓아 버리면 '윙' 하고 원점으로 돌아가듯이, 아동기의 고통을 연상시키는 현재의 특정 장면에 놓이면 즉각 과거로 되돌아간다.

우리는 대부분 아동기의 장면들을 의식하지 못한다. 따라서 현재의 상황이 과거와 닮았다는 점을 잘 깨닫지 못한다. 감독이 화를 내는 모습을 보자 고무줄이 옛날 화를 내던 아버지에게로 되돌아갔다. 그러나 화를 내는 감독 앞에서 움찔하면서도 그 뒤에 있는 아버지를 의식하지 못한다.

아버지와 어머니는 초기의 삶에서 이토록 중요한 존재이기 때문에, 당기고 있던 고무줄이 되돌아가는 고무줄의 원점이 되는 경우가 많다. 또한 형제자매, 조부모, 삼촌 등의 부모와 같은 인물들도 비슷한 영향을 미칠 수 있다. 우리가 사람들 모임에 참여할 때마다, 집단 내의 특정 사람을 우리 부모나 형제로 캐스팅한다. 우리가 중요하게 여기는 사람과 대화할 때, 일정 시간이나마 그들을 과거의 인물들로 여기게 된다. 물론 우리가 의식하지 못한 채 그렇게 한다.

이것은 Freud가 말한 **전이**(transference)와 같은 현상이다. 교류분석 이론에서 볼 때, 현재 대하고 있는 사람에게 과거 인물의 얼굴을 '덮어씌우는' 것과 같다. 직장 감독과 논쟁하면서 각본에 빠져들 때, 아버지의 얼굴을 보듯 한다. 항상 과거의 사람에게로만 돌아가는 것은 아니다. 소리, 냄새, 특정 환경 등 자신이 의식하지 못하지만 어린 시절의 스트레스 상황을 상기시키는 것이라면 어느 것이든 동일한 반응을 한다.

교류분석에서 추구하는 변화의 목표 중 하나가 이러한 '고무줄을 끊는 것'이다. 각본에 대한 이해나 상담을 통해 원래의 정신외상적 사건을 해결함으로써, 과거 아동기에서부터 당겨지고 있는 고무줄에서 자유로워질 수 있다. 그러면 과거에 얽매이지 않고 성장한 사람으로 지금-여기에서의 상황에 대처할 수 있는 것이다.

최근 스트레스를 받고 불쾌하거나 실패로 끝난 상황을 생각해 보라. 특히 그 상황에서 느낀 좋지 못한 감정에 주목해 보라. 이 연습을 할 때 그 당시의 감정을 다시 느낄 필요는 없다.

지난해에 이와 비슷한 경험을 하고 비슷한 감정을 느끼게 했던 상황이 있었는지 회상해 보라.

또, 한 5년 전에도 비슷한 감정을 느끼게 했던 일이 있었는지 회상해 보라.

10대에 이와 비슷한 감정을 느끼게 한 불쾌한 상황은 없었는가?

더 거슬러 올라가 아동기에 이와 비슷한 감정을 느끼게 했던 상황은 없었는가? 그렇다면 몇 살쯤이었는가?

가능한 한 어린 시절로 거슬러 올라가 이와 비슷한 장면이 없었는지 회상해 보라. 있다면 몇 살쯤이었는가? 그때 누가 있었는가? 어떤 일이 벌어졌는가?

이러한 연습을 하는 목적은 고무줄의 맨 끝을 찾아보자는 데 있다. 현재 느끼는 감정과 아동기에 느꼈던 감정이 비슷한가? 만일 요즘 그런 일이 있었다면 과거의 어떤 '얼굴'이 떠오르는가?

과거 상황을 재연하고 있다는 것을 깨닫게 되면 고무줄을 끊을 수 있다. A 자아상태를 통해 지금-여기에서의 인물과 얼굴이 겹쳐지는 과거 아버지나 어머니나 기타 사람들과 다르다는 사실을 깨달아야 한다. 그때와 비슷한 기분 나쁜 감정을 느끼면 현재의 상황이 과거와 다르다는 것을 깨달아야 한다. 이제 성장한 사람으로서의 자원과 선택권을 가지고 있는 것이다.

각본과 신체

마음뿐 아니라 몸으로도 초기결정을 하는 것 같다. 유아는 어머니에게 다가가기를 원한다. 그러나 어머니는 떼어 놓으려고 할 때가 많다는 것을 안다. 유아는 이러한 배척의 아픔을 억누르기 위해 신체적 충동을 억압한다. 유아는 어머니에게 다가가기를 멈추기 위해 팔과 어깨의 긴장을 느낀다.

세월이 흘러서 자란 뒤에도 여전히 이러한 긴장을 갖게 된다. 그러나 사실을 깨닫지 못하고 긴장을 경험한다. 어른이 되고 난 뒤에도 어깨나 목이 저리거나 아픔을 경험할 것이다. 마사지나 치료를 통해 이러한 긴장을 느꼈다가 풀릴 것이다. 그리고 이러한 이완을 통해 유아기부터 억압해 왔던 감정도 해소할 수 있을 것이다.

Berne은 **각본 신호**(script signal)라는 말을 사용했다. 이것은 각본으로 이동할 때의 신체적 단서다. 깊은 한숨, 자세 변화, 몸의 긴장 등을 그 예로 들 수 있다. 특히 Berne은 우리 몸의 괄약근 긴장에 주의를 기울였다. 일부 교류분석 치료사들은 '신체 각본(body script)'이라는 영역을 전문적으로 다루고 있다.[3)]

각본 이해의 중요성

교류분석에서는 인생각본을 왜 이토록 중시하는가? 그것은 바로 사람들이 왜 특정 방식으로 행동하는지 이해할 수 있는 길을 열어 주기 때문이다. 고통스럽거나 자기패배적인 행동을 하는 이유를 밝히려고 할 때 특히 더 그러하다.

뒷장에서 **게임**(game)을 다룰 때, 서로 고통스러운 교류를 반복적으로 수행하는 현상을 살펴보게 될 것이다. 고통을 당하면서도 왜 이러한 행동을 반복하게 되는가?

각본이론이 그 해답을 제시한다. 사람들이 그렇게 행동하는 것은 바로 각본을 강화시키기 위해서다. 각본을 따를 때 유아기의 결정에 집착한다. 우리는 유아기 때 이러한 결정들이 생존과 욕구충족에 최상의 방법이라고 여겼다. 성인이 된 뒤에도 우리는 여전히 C 자아상태에서 이러한 신념을 고수하고 있다. 그리고 우리는 자신도 모르게 초기의 결정들을 정당화시키는 방향으로 세상을 대한다. 각본을 따를 때 현재의 문제를 유아기의 전략으로 해결하려고 한다. 그러면 유아기에 얻었던 결과와 동일한 결과를 낳기 마련이다. 이러한 불만족스러운 결과를 낳았을 때, 우리는 C 자아상태에서 '맞아! 내가 결정했던 그대로야.' 하고 생각한다.

이러한 방식으로 우리의 각본 신념을 '확인' 할 때마다, 각본결말로 한 걸음 더 가까이 나아가는 것이다. 예를 들어, 어릴 때 '내게 무슨 문제가 있어. 사람들이 나를 배척해. 내 이야기의 결말은 슬프고 고독한 죽음일 거야.' 하고 결정했다고 하자. 그러면 성인이 되어서도 사람들에게 배척당할 일만 골라 가며 함으로써, 이러한 인생계획을 실현시켜 나간다. 또한 배척을 받을 때마다 자신의 마지막 장면이 고독한 죽음이라는 확증을 덧보탠다. 그리고 자신도 모르게 이러한 죽음으로 끝맺는다면 어머니와 아버지도 결국 변화되어 자신을 사랑하게 될 것이라는 마술적 신념을 견지해 나갈 것이다.

'마술적 해결책' 으로서의 각본

각본은 어떻게 하면 무조건적인 사랑과 수용을 받을 수 있겠는가 하는 아동기의 해결되지 못한 근본적 문제를 해결할 마술적 해결책을 제공한다. 자라고 난 뒤에도 이러한 마술적 해결

책에서 벗어나기 힘들다. 왜냐하면 어릴 때 우리는 동화 속 주인공과 동일시하는 일이 많았고, 우리도 동화 속 주인공처럼 살아가면 행복한 삶으로 끝날 것이라는 환상을 가졌다. 문제는 동화가 어린이에게 환상을 영속화시킨다는 데 있다. 자신에게 좋은 일을 일어나게 하려면 먼저 그만한 희생을 치러야 한다는 사실을 가르친다. 예를 들어, 왕자와 결혼하려면 몇 가지 선택을 해야 한다. 열심히 일하고, 고통을 겪고, 잿더미 위에 앉아서 울고, 무도회장으로 데려다 줄 요정을 기다려야 한다. 또는 독이 든 사과를 먹거나, 독이 든 물레에 손가락이 찔려 죽은 여자에게 키스해 줄 남자를 기다려야 한다. 아니면 탑에 갇히고, 머리카락을 길게 기르고 갇혀 있는 여인을 구하러 오는 누군가를 기다려야 한다. 아니면 두꺼비에게 키스하든가 야수를 왕자로 바꾸는 시도를 해야 한다. 공주와 결혼하려고 해도 마찬가지로 여러 가지 일을 해야 한다. 죽은 여인에게 키스하러 돌아다니거나, 갇혀 있는 여인을 찾아야 한다. 도망간 여자를 찾아 나서거나, 야수나 두꺼비처럼 행동해야 한다. 만일 성공적인 결실을 맺으려면 먼저 못생기고 놀림 받는 존재가 되어야 한다.

동화의 긍정적인 면은 어린이가 무력감을 느낄 때, 자신의 삶에 대한 능력감과 통제력을 제공한다는 것이다. 그러나 문제는 마술적인 해결책을 추구하고, 현실과 전혀 관련이 없다는 점이다. 물론 아무 희망이 없는 상황에서 생존할 수 있도록 돕는다는 장점은 있다.

나중에 성인이 되어서도 C 자아상태에서 이러한 마술적 신념을 견지할 수 있다. 각본에서 벗어나는 길은 이러한 신념을 버리는 것이다. 그 대신 A 자아상태에서 문제를 해결하고, 완벽하지는 않지만 아름답고 즐거운 세상에서 자신의 욕구를 충족시키는 것이다.

'재앙에 대한 보호' 로서의 각본

사람들이 자신의 각본 신념을 끈질기게 고수하는 이유는 또 있다. 내가 나의 각본에 맞지 않는 방법으로 행동하고, 생각하고, 느낄 가능성에 놓였다고 하자. 나는 C 자아상태에서 '마술적 해결책' 을 포기하는 것을 의미하기 때문에, 기분이 좋을 리 없다. 그리고 내가 희망해 왔던 마술적 결과 대신에, 내가 일어날까봐 두려워했던 것에 직면해야 한다는 것을 의미한다.

내가 유아기 각본결정을 내릴 때, 이러한 결정을 따르지 않으면 이루 말할 수 없는 무슨 재앙을 겪게 될 것이라고 여겼다. 그 재앙이 어떤 것인지 뚜렷한 개념은 없었다. 따라서 어떤 대가를 치르더라도 이것만은 피해야 했다. 이러한 재앙을 피할 유일한 길은 나 자신과 타인과 세상에 대해 내가 내린 결정을 따르는 길밖에 없었다. 이러한 결정을 '확인'할 때마다 재앙을 피해 갈 수 있을 것 같았다.

성인이 되어 각본을 따를 때에도 여전히 유아기의 동기를 따르게 된다. 기존의 행동 방식을 고수하는 것이 자신에게 해롭다는 것을 알면서도 하지 않을 수 없는 이유는 '마음이 더 편하기' 때문이다. 사람들은 자신도 모르게 '내가 지금 행동하는 방식이 고통스럽다. 그러나 이렇게 하지 않았다가 겪게 될 미지의 재앙보다는 낫다.'는 신념을 따르는 것이다.

이러한 사실을 보면 개인적인 변화 과정에서 각본에 대한 이해가 얼마나 중요한지 알 수 있을 것이다. 각본으로부터 벗어나기 위해서는 어릴 때 충족시키지 못했던 욕구를 찾아내야 한다. 그리고 각본의 '마술적 해결책'에 매달리지 않고 성인으로서의 자원을 활용하여 욕구를 충족시킬 방법을 찾아야 한다. 그리고 각본 유형에서 벗어나도 어릴 때 일어날까 봐 두려워했던 재앙이 일어나지 않는다는 사실을 자신에게 확인시켜야 한다.

각본과 인생행로

Berne은 '각본이란 초기 아동기에 어떻게 하기로 계획한 것으로서 실제 일어나는 인생행로'라고 말했다. 인생행로는 다음과 같은 네 가지 요인의 상호작용 결과다.

- 유전
- 외부 사건
- 각본
- 자율적 결정

신체적 특징은 주로 유전인자가 결정한다. 아직 '천성'과 '양육'의 논쟁에서 일치된 견해가 없지만, 유전이 성격적 특징을 결정하는 데 영향을 미칠 수 있다. 어릴 때 유명한 운동선수가 되기로 결정했다고 하자. 유전적으로 그러한 체력을 타고나지 않았다면 다른 방법으로 실현시키는 것이 나을 것이다.

어릴 때의 나의 초기결정이 건강한 노년을 보내는 것이었다고 하자. 그러나 불행하게도 내 의도와는 상관없이 화재, 지진, 비행기 사고를 겪을 수도 있다. 이와 같이 우연에 의한 외부 사건이 어릴 때의 결정을 가로막을 수 있다.

때로는 외부의 영향이 부정적인 각본 유형을 바꿀 수도 있다. 예를 들어, 전쟁이 발발하여 온 나라가 일치단결할 때, 평상시보다 신경증적 불만을 덜 겪을 수 있다. (그렇다고 해서 전쟁을 지지한다는 것은 아니다. 심리적 장애를 치료하는 데 더 좋은 방법들도 얼마든지 있다.)

상담을 통해서든 다른 방법으로든 성장한 사람으로서의 자원을 활용하여 얼마든지 나의 인생에 대한 결정을 내릴 수 있다. 이러한 결정들을 '각본으로부터 자유로운' 또는 '자율적'인 결정이라 부른다. 내가 자율적인 결정을 내린다면, 성장한 사람으로서 지금-여기에서의 현실에 대처하는 것이다.

각본에 따른 행동과 자율적인 행동을 어떻게 구별할 수 있겠는가? 이 책을 계속 읽고 연습문제를 풀다 보면 판단 방법을 찾게 될 것이다. 의심스럽다면, 각본에 따라 행동하고 있다고 가정해 보라. 특히 반복적으로 '좋지 않은' 상황에 놓이게 된다면, 자신도 모르게 이러한 상황에 빠지도록 시도했다고 추정하라. 그런 다음 좋지 못한 상황으로 빠져들지 않고 좋은 상황으로 나아갈 방법을 찾아보라.

제12장

생활자세

Berne에 따르면, 어린 시절 각본을 형성할 때 이미 자신과 사람들과 세상에 대한 어떤 확신을 가지고 있다. 이러한 확신들은 일생 동안 머물지 모른다. 이러한 확신들을 요약하면 다음과 같다.

- I'm OK 또는
- I'm not-OK
- You're OK 또는
- You're not-OK

이러한 확신들을 조합하면 자신과 타인에 대한 다음과 같은 네 가지의 진술이 있을 수 있다.

- I'm OK, You're OK
- I'm not-OK, You're OK
- I'm OK, you're not-OK
- I'm not-OK, you're not-OK

이러한 네 가지 관점을 '생활자세(life position)'라고 부른다.[1] 어떤 학자들은 '기본자세' '실존적 자세' 또는 그냥 '자세'라고 부르기도 한다. 이러한 자세는 자신과 타인을 지각하는 데 본질적인 가치를 부여하는 근본 자세를 가리킨다. 이것은 자신이나 타인의 행동에 대한 단순한 견해 그 이상의 것이다. 어린이가 이러한 자세 중 어느 하나를 택하게 되면, 나머지 각본을 여기에 맞추어 작성할 가능성이 높다. Berne은 모든 게임과 각본과 운명이 이러한 네 가지 자세 중 하나에 바탕을 두고 있다고 말했다.

I'm OK, you're OK를 선택한 어린이는 승리자 각본을 형성할 가능성이 높다. 자신을 사랑스럽고 좋게 여긴다. 또한 부모도 사랑스럽고 진실한 분으로 보게 되고, 이러한 관점이 다른 사람들에게도 확대되어 나간다.

어린이가 I'm not-OK, you're OK 자세를 택한다면, 평범하거나 패배적인 각본을 형성하기 쉽다. 그리고 자신의 이러한 기본자세에 맞추어, 자신이 타인에게 희생당하고 밀려나는 주제의 각본을 구성한다.

I'm OK, you're not-OK는 겉으로 보기에는 승리자 각본을 형성할 것 같다. 그러나 이러한 어린이는 자신을 내세우고 타인을 눌러야 한다는 확신을 가질 것이다. 이를 이루기 위해 끊임없는 투쟁을 통해 자신의 욕구를 달성하려고 할 것이다. 그러면 항상 억압을 당하는 주위 사람들은 그를 배척하게 되어, 결국 승리자에서 심한 패배자로 전락하게 될 것이다.

I'm not-OK, you're not-OK 자세는 패배자 각본을 형성할 확률이 가장 높다. 이러한 생활자세를 가진 어린이는 그야말로 삶이 쓸모없고 절망적인 것으로 지각할 것이다. 자신을 낮추고 사랑스럽지 못한 존재로 지각하고, 타인에 대해서도 not-OK로 보기 때문에 아무도 자신을 도와줄 수 없다고 여길 것이다. 따라서 자신이 배척받고 타인도 배척하는 장면으로 각본을 형성하게 될 것이다.

생활자세의 기원

생활자세가 형성되는 기원과 연령에 있어서는 교류분석 권위자들 사이에 의견이 분분하다. Berne은 초기 경험을 토대로 내린 결정을 정당화시키기 위해 초기 아동기(3~7세)에 생활자세를 취한다고 생각했다. 다시 말해, 초기결정을 먼저 하고 나서 자신의 결정을 정당화하기 위해 여기에 걸맞는 생활자세를 취한다는 것이다. 예를 들어, 유아는 아직 말을 하지 못하지만 '나는 어머니에게 사랑받지 못한 존재이기 때문에, 다시는 누구를 사랑하지 않을 거야.' 하고 결정한다. 나중에 이러한 결정을 합리화시키기 위해, '나는 사랑받지 못할 것이다.'라는 확신, 다시 말해 'I'm not-OK'라는 생활자세를 취하게 된다. 여자 어린이가 아버지로부터 신체적 학대를 당했다면, '아버지가 나를 못되게 다루었기 때문에 다시는 남자를 믿지 않겠다.'하고 초기결정을 한다. 그런 다음 이러한 확신을 일반화시켜 '모든 남자는 다 믿을 수 없다.' 또는 'You're not-OK'라는 생활자세를 가지게 된다.

그러나 Steiner는 훨씬 먼저 생활자세를 취하게 된다고 한다. 그는 생활자세가 태어난 지 몇 달 내의 양육을 통해 형성된다고 본다. 그는 'I'm OK, You're OK' 생활자세는 젖을 먹는 아기와 어머니 간의 편안한 상호 의존성을 반영한다고 말한다. 그는 이러한 자세가 바로 아동발달의 권위자인 Erikson이 말한 '기본적 신뢰'의 자세와 동일하다고 보았다.

Steiner는 모든 어린이가 'I'm OK, you're OK' 자세로 출발한다고 한다. 그러다가 어머니와 아기 사이에 상호의존성을 무너뜨리는 사건을 경험하면 다른 생활자세로 바뀐다고 말한다. 아기는 어머니가 처음 제공해 주던 보호와 수용이 사라졌다고 지각할 수 있다. 어떤 아기는 출생 그 자체를 위협으로 느낄 수 있다. 아기가 이러한 경험을 하면 자신이나 타인을 not-OK라고 여기게 된다. 아기는 Erikson이 말한 '기본적 신뢰'에서 '기본적 불신' 상태로 전환되는 것이다. 그런 다음 아기는 자신과 타인에 대한 근본적 관점을 바탕으로 하여 각본을 형성하기 시작한다.

Steiner는 생활자세가 각본결정을 정당화시킨다는 Berne의 말에 동의한다. 그러나 Steiner는 시간상 생활자세를 먼저 취한 다음, 이를 바탕으로 초기결정들이 이루어진다고 본다. 생활자세는 자신과 타인에 대한 기본적 신념으로서, 결정과 행동을 정당화하기 위해 사용된다.

성인기의 생활자세: OK 목장

누구나 네 가지 생활자세 중 하나를 토대로 하여 각본을 형성하고 성인기로 나아간다. 그러나 항상 그 생활자세에만 머무는 것은 아니다. 생활자세가 시시각각 바뀌기도 한다. Ernst는 이러한 변화를 분석하는 방법을 개발하여 'OK 목장(OK Corral)'이라 불렀다([그림 12-1] 참조)[2].

Ernst는 'OK' 대신에 'OK-with-me'라는 용어를 사용한다. 그 이유는 OK란 '나'에 대한 '나의' 확신, 그리고 '너'에 대한 '나의' 확신에서 나온 것임을 강조하기 위해서다.

[그림 12-1]에서 수직 축에서 위쪽 칸은 'You're OK', 아래쪽 칸은 'You're not-OK'를 가리킨다. 수평 축에서 오른쪽 칸은 'I'm OK', 왼쪽 칸은 'I'm not-OK'를 가리킨다. 따라서 네 개의 칸은 네 가지 생활자세를 가리킨다. 어떤 학자들은 OK를 '+'로, not-OK를 '−'로 표현하기도 한다. 그리고 You를 'U'로 쓰기도 한다. 그러면 네 개의 생활자세를 간단하게 I+U+, I−U+, I+U−, I−U−로 표시할 수 있다. [그림 12-1]의 각 칸마다 명칭이 있는데, 원래 Ernst의 그림에는 없었지만 다른 학자들이 붙인 것이다.

Ernst는 아동기에 채택한 각 생활자세가 성인기의 사회적 상호작용에서도 반영된다고 말한다. 그는 이렇게 반영되는 것을 **작용**(operation)이라고 불렀다. 네 개의 작용에 대한 명칭은 그림 속에 제시되어 있다. 우리가 C 자아상태에서 우리도 모르게 이러한 작용 중 어느 하나를 택하게 되면, 이 생활자세에 맞는 각본 행동을 하게 된다. 그러나 A 자아상태에서 의도적으로

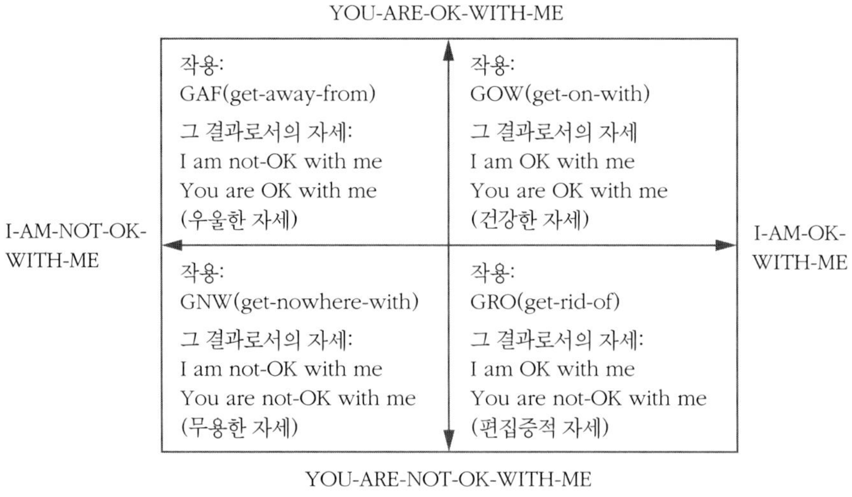

[그림 12-1] OK 목장: 각 칸에서의 작용

네 작용 중 어느 하나를 선택할 수 있다. 그러면 우리가 바라는 사회적 결과를 얻을 수 있게 된다.

I' m OK, You' re OK: Get-On-With

직장에 도착하자 상사가 한 뭉치의 서류를 들고 와서 "자, 우리가 기다리던 자료네. 자네가 할 일을 체크해 두었으니, 읽어 보고 보고해 주겠나?" 하고 말하자, 나는 "예, 그렇게 하겠습니다." 하고 대답했다.

나는 상사의 요구에 동의하면서, 상사가 요구한 것을 충분히 해낼 만큼 유능하게 생각했고, 이 일을 하는 것이 기분이 좋았다. 상사가 나에게 요청한 일이 공정하고 합리적이라고 생각했다. 나는 'I' m OK, you' re OK' 의 자세를 취한 것이다. 상사와 나는 사회적 상호작용에서 '함께 잘 해나갈 수 있다.' 고 여겼다. 타인과 이러한 상호작용을 할 때마다 나와 타인은 OK라는 신념을 강화시켜 나간다.

I' m not-OK, You' re OK: Get-Away-From

나는 자리에 앉아서 자료 첫 페이지를 열어 보는데, 누군가 나에게 다가오고 있었다. 나의 직장 동료였다. 그는 얼굴을 잔뜩 찡그리고 있었다. 전에도 그런 얼굴을 본 적이 있어서 무엇 때문에 오는지 쉽게 추측할 수 있었다. 그는 자기 일에 대해 장황하게 불평을 늘어놓으면서 조언을 구해 놓고도 받아들이지 않았다. 그가 옆에 와서 말을 걸 때, 각본에 빠져들거나 아니면 A 자아상태에서 반응하거나 이 두 가지 선택밖에 없다.

각본 작용: 내가 각본에 따라 'I' m not-OK, you' re OK' 자세를 취한다면, '저 친구의 불평을 감당할 수가 없어, 내가 어떻게 해도 불평을 늘어놓을 거야. 일단 여기서 피하고 보자.' 하고 생각한다. 속이 거북하고 진땀이 나기 시작한다. 동료가 하는 말을 귀담아듣지도 않고 혼자 중얼거린다. "미안해. 화장실에 좀 가야겠어." 하고 피해 버린다. 나는 밖에 나와서야 '휴우' 하고 안도의 한숨을 내쉰다. 나는 각본의 방식대로 그를 '피해 버린 것(get-away-from)' 이다. 이렇게 함으로써 타인은 OK지만 나는 OK가 아니라는 C 자아상태의 확신을 강화시킨다.

A 자아상태 작용: 내가 A 자아상태에서 반응하기로 선택한다면, '지금 그의 말을 듣고 싶지 않아. 그가 가진 문제는 내가 해결해 줄 수 있는 성질의 것이 아니야. 그가 입을 열면 멈추게 하기가 힘들어. 내가 할 수 있는 최선의 방법은 그에게서 벗어나는 것이야.' 하고 생각한다. 그가 와서 불평을 털어놓으려고 할 때, "참 안됐군. 지금 도서관에 가서 보고서 자료를 검토해야 해. 문제를 잘 해결하기 바래." 하고 말한다. 그리고 보고서를 들고 나간다. 나는 A 자아상태를 통해 의도적으로 '그를 피하는' 작용을 선택한 것이다.

I'm OK, You're Not-OK: Get-Rid-Of

나는 10분 후 커피 한 잔과 함께 보고서 자료를 들고 사무실로 들어왔다. 문이 열리더니 부하 직원이 풀죽은 모습으로 들어왔다. "죄송합니다. 어쩌지요? 인쇄하라고 준 자료 있지요. 제가 바빠서 잊어버렸는데 어떻게 하지요?" 하고 말한다.

각본 작용: 나는 각본에 따라 'I'm OK, you're not-OK' 자세에서 반응한다. 나는 얼굴을 붉히며 "뭐라고? 당장 해 와! 그 일을 다 할 때까지 한 마디도 듣고 싶지 않아. 알겠어?" 하고 소리를 지른다. 내가 이렇게 말할 때 심장박동이 빨라지고 화가 치민다. 부하직원이 문을 열고 나갈 때 혼자 중얼거린다. '도대체 내가 나서지 않으면 되는 일이 없어. 어느 하나 믿을 녀석이 있어야지!' 나는 OK이고 타인은 모두 not-OK라고 각본을 정당화하면서, 부하를 '내친다(got-rid-of)'.

A 자아상태 작용: 나는 부하 직원에게 "이 일은 자네가 할 일이야. 나는 당장 해야 할 일이 있어. 가서 가능한 한 제때 할 수 있는 방법은 없는지 찾아 봐. 4시쯤 돌아올 테니까 그때 보고해요." 하고 말하고 책상 위 서류를 보면서 대화가 끝났다는 신호를 보낸다. 이렇게 함으로써 나 자신이나 부하 직원 모두에게 OK로 끝나면서 부하 직원의 청을 물리친다.

I'm not-OK, You're not-OK: Get-Nowhere-With

전화벨 소리가 울린다. 아내가 다급하게 말한다. "여보, 큰일 났어요. 수도관이 터져 카펫이 다 젖었어요."

각본 작용: 이때 'I'm not-OK, You're not-OK' 자세를 취한다. 나는 혼자 '아유 지긋지긋해. 더 이상 못 견디겠어. 저 인간도 도움이 안 되고. 절망적이야.' 하고 중얼거린다. 나는 한숨을 내쉬며 전화에 대고 말한다. "이봐, 날더러 어쩌란 말이야! 나도 바빠 죽겠어." 하고 대답도 듣지 않고 전화를 끊어 버린다. 진이 빠지고 울적해진다. 그러면서 나도 타인도 다 not-OK라는 관점을 강화시킨다.

A 자아상태 작용: A 자아상태에서 반응하기로 결심하고 말한다. "여보, 이미 엎질러진 걸 어떻게 하겠어. 집에 갈 때까지 그대로 두었다가 좋은 방법을 찾아보지." 나는 나에게나 아내에게 영향을 주지 않으면서 불가피한 상황을 받아들인다.

개인적 변화와 OK 목장

우리는 목장의 네 가지 영역을 오가지만, 각본을 따를 때 대부분의 시간을 보내는 선호하는 칸이 있다. 이것이 어릴 때 기본적 자세로 결정된 것이다.

'I'm OK, you're OK'는 '건강한' 자세다. 나는 이 자세에서 잘 살아가고 문제도 잘 해결해 나간다. 그리고 바라는 결과를 얻기 위해 행동한다. 이 자세만이 현실에 기반을 둔 자세다. 내가 어릴 때 결정한 자세가 'I'm not-OK, you're OK'라면, 각본에 따라 타인에게 주눅이 든 우울한 자세를 취할 것이다. 그리고 자신도 모르게 이러한 자세가 옳다는 것을 '확인'하기 위해 좋지 않은 감정을 느끼게 할 행동을 반복적으로 선택할 것이다. 만일 정신과적 문제를 가지고 있는 사람이라면, 신경증이나 우울증이라는 진단이 나올 것이다. 만일 비극적 각본을 썼더라면 결말이 자해나 자살로 이어질지 모른다.

나의 초기의 자세가 'I'm OK, you're not-OK'라면, 각본에 따라 대부분의 시간을 남에게 군림하려는 방어적 자세로 살 것이다. 사람들은 나를 고압적이고 비정하고 공격적인 인물로 여길 것이다. 이러한 자세를 취한 사람에게서 흔히 편집증을 발견할 수 있고, 성격장애도 발견할 수 있다. 제3급의 패배자 각본을 가진 사람은 타인에게 해를 입히거나 죽일 수도 있다.

내가 어릴 때 'I'm not-OK, you're not OK' 자세를 기본적인 자세로 취했다면, 주로 '무용한(futility)' 자세를 통해 각본을 연출할 것이다. 이 자세에서는 세상과 타인들이 좋지 못하고 나도 좋지 못하다고 믿는다. 만일 평범한 각본을 썼다면, 살아가면서 아무것도 성취하지 못할 것이다. 심한 경우 미치거나 정신과적 진단을 받는 것으로 생을 마감할 것이다.

각본과 마찬가지로 생활자세도 변화될 수 있다. 자신의 각본을 통찰하거나 상담을 받거나 외부의 강력한 새로운 경험을 통해 변화될 수 있다. 변화 과정은 특정 순서로 이루어지는 경우가 많다. 대부분의 시간을 I−U−에서 보내다가 이동하자면 보통 I+U− 칸으로 넘어간다. 그다음에는 I−U+로 넘어간다. 마지막 목표는 I+U+가 가장 선호하는 자세로 자리 잡을 때까지 이 칸에서 보내는 시간을 증가시켜 나가야 한다.

I+U−에서 I+U+로 넘어갈 때, I−U+를 거친다는 것이 이상하게 들릴지 모른다. 그러나 임상 경험상 I+U−가 I−U+에 대한 방어일 때가 많다는 사실이 발견되었다. '나는 OK이고 남은 모두 not-OK'라고 결정한 유아는 부모 앞에서 무력하다는 현실을 방어하기 위해 이러한 자세를 취한다. 자라서 변화하기 위해서는 유아기의 고통을 직면하고 나아갈 필요가 있다.

OK 목장 연습

네 개의 칸으로 이루어진 OK 목장을 그리고 그 칸에 이름을 붙인다.

하루 중 각 칸마다 얼마나 많은 시간을 보내는지 생각해 보고 울타리를 그린다. 예를 들어, 대부분의 시간을 I−U+에서 보내고, 두 번째로 I+U+, 세 번째로 I+U−에서 보내고, 가장 적은 시간을 I−U−에서 보낸다면, [그림 12-2]처럼 될 것이다. Ernst는 이 그림을 'OK 목장(Corralogram)'이라고 불렀다.[3)]

각 칸에 들어갈 수 있는 상황은 어떤 상황이겠는가? 각 칸에 놓여 있을 때 전형적으로 어떤 행동, 어떤 말을 하며 어떤 감정을 느끼는가?

각 칸에서는 어떤 자아상태에 놓이게 되는가? (기능모델을 사용하여 제시한다.) 또 어떤 자아상태에서 다른 사람들을 대하는가? 각 칸에서는 어떤 스트로크를 주고받는가?

그리고 어떻게 변화되기를 바라는가? 변화되기를 원한다면 각본에 의한 반응을 버리고 A 자아상태 작용(Adult operation)을 사용할 방법을 찾아보라.

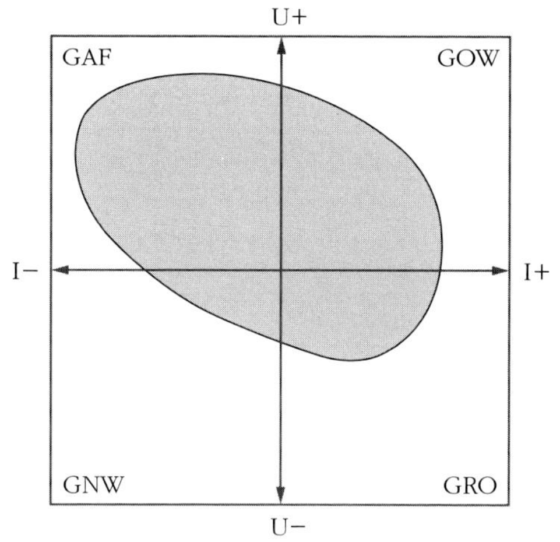

[그림 12-2] OK 목장 예

제13장

각본 메시지와 각본 매트릭스

인생각본은 일단의 **결정**(decision)들로 구성된다. 어린이는 자신과 주위 사람 및 세상에 대한 '각본 메시지(script message)'에 대한 반응으로 이러한 결정들을 한다. 각본 메시지는 주로 부모에게서 주어진다. 이 장에서는 각본 메시지의 특성과 각본 메시지가 전달되는 방식을 살펴보기로 한다. 그리고 '각본 매트릭스(script matrix)'라는 모델을 살펴볼 것인데, 이것은 각본의 토대가 되는 메시지를 분석하는 표준 방법이다.

각본 메시지와 유아의 지각

유아가 자기 주위에서 일어나는 일을 어떻게 '지각'하는가에 따라 각본결정이 이루어진다는 사실을 명심해야 한다. 이러한 지각은 유아의 감정 및 현실검증 방식에 달려 있다. 유아가 부모나 세상으로부터 전달되는 메시지를 지각하는 방법은 성인이 지각하는 방법과 판이하게 다르다. 큰 소리에 깜짝 놀란 유아는 '누가 나를 죽이려나 봐!' 하고 결론내릴 수 있다. 그 순간에 부모는 아기에게 따뜻한 환경을 제공하고 있다고 자만하고 있을지 모른다.

각본 메시지의 종류

각본 메시지는 '언어적으로' 또는 '비언어적으로' 전달될 수 있고, 이 두 가지가 함께 전달될 수도 있다[1]. 언어적 · 비언어적인 메시지는 모델링의 요소를 포함할 수 있다. 언어적 각본 메시지는 명령이나 속성의 형태로 전달되기도 한다.

언어적 메시지 VS. 비언어적 메시지

유아는 말을 사용하기 전에 다른 사람의 메시지를 비언어적 신호로 해석한다. 아기는 사람들의 표현, 신체적 긴장, 몸의 움직임, 목소리 톤, 냄새를 예리하게 지각한다. 어머니가 따뜻하게 꼭 껴안아 주면, '나는 너를 수용하고 사랑한다.'는 메시지로 받아들인다. 그러나 어머니가 긴장되어 있거나 확 잡아떼면 '너를 배척하고 가까이 하기 싫다.'는 메시지로 읽을 수 있다. 이때 어머니는 자신이 경직되거나 거리를 두려고 한다는 것을 의식하지 못할 수도 있다. 때로는 부모가 개입하지 않은 주변 사건들도 각본 메시지로 작용하기도 한다. 주위의 큰 소리, 갑작스러운 움직임, 병원 입원에 의한 부모와의 분리도 아기의 생존을 위협하는 메시지로 들릴 수 있다.

어린이가 말을 배우고 난 뒤에도 비언어적 커뮤니케이션은 여전히 각본 메시지의 한 구성요소로서 큰 영향을 미친다. 신체적 학대나 위협은 부모가 자기를 배척하거나 죽기를 원한다는 메시지로 작용할 수 있다. 부모가 어린이에게 말을 할 때 그 말 속에 담겨 있는 비언어적인 메시지도 각본 형성에 영향을 미친다. 이면교류를 할 때 그 속에 숨겨져 있는 심리적 수준의 메시지가 영향을 미친다는 Berne의 커뮤니케이션의 세 번째 규칙을 상기할 필요가 있다.

학교에 다니는 어린 딸이 선생님이 준 새 책을 가지고 집에 왔다고 가정해 보자. 딸은 부모 앞에서 읽기 시작하면서 처음 보는 단어를 보고는 더듬거린다. 이때 아버지가 "그 단어를 잘못 읽었잖아." 하고 말한다. 아버지가 이렇게 말할 때 다양한 비언어적 메시지들을 줄 수 있다. 이러한 비언어적 메시지들마다 어린이가 각본결정을 하는 데 미치는 영향이 다르다. 아버지가 입을 비죽거리고 얼굴을 찡그리며 소리를 지를 수 있다. 또 책을 낚아채거나 쥐어박을 수도 있다. 그러면 어린 딸은 '네가 눈에 안 보였으면 좋겠어. 차라리 죽어버렸으면 해.'라는 메시지로 읽을 수 있다. 또는 아버지가 신문에서 눈도 떼지 않고 덤덤하게 말한다면, 이러한 비언어적 신호를 읽고 '너는 내게 그리 중요하지 않아.'라는 메시지로 해석할 수 있다. 아버지가 윙크하면서 피식 웃으면서 말할 수 있다. 이때 어린 딸은 C 자아상태의 **어린 교수**(Little Professor)를 통해 아버지의 웃음을 시험해 본다. 아버지가 더욱 미소를 지으면, 딸은 '나를 기쁘게 하려면 어리석게 굴어야 해.'라는 메시지로 받아들인다. 또 아버지는 옆에 앉아 단어를 지적하면서 차분한 목소리로 말할 수 있다. 아버지는 단어를 다시 볼 기회를 준다. 이때 딸에게 '생각을 해야 OK.'라는 의미를 전달하게 된다.

모델링

어린이는 사람들이 행동하는 방식에 대한 예리한 관찰자다. 특히 아버지와 어머니가 서로 어떻게 대하는지, 또 가족에게 어떻게 대하는지 주목한다. '어린 교수'는 현실 검증 전략을 사용하여, '내가 원하는 것을 어떻게 해야 가장 잘 얻을 수 있을까?' 하는 물음에 대한 해결책을 끊임없이 추구한다. 어머니가 아버지에게 바라는 것이 있으면 흔히 싸움을 걸거나 눈물을 보인다는 사실에 주목한다. 어린이는 이때 '내가 갖고 싶은 게 있으면, 특히 남자에게 바라는 것이 있으면, 싸우거나 눈물을 보여야 해.' 하고 결론 내린다.

형이 사망한 어린 소년이 있다고 하자. 부모가 매주 꽃을 들고 무덤으로 가는 것에 주목한다. 부모는 항상 슬픔에 젖어 있었고, 산 아이보다 죽은 아이를 더 많이 생각한다. 따라서 어린이는 '죽어야 더 관심을 끌 수 있다.'고 결론을 내린다. 어린아이는 어른과 같이 죽음을 잘 이해하지 못한다. 따라서 '부모로부터 관심을 끌려면 나도 형처럼 죽을 필요가 있어.' 하고 결정할 수 있다.

명령 VS. 속성

각본 메시지는 직접적인 '명령(command)'을 통해 전달될 수 있다. "귀찮게 좀 굴지 마!" "네가 말한 대로 좀 해 봐!" "저리 꺼져!" "빨리 좀 해!" "버릇없이 굴지 마!" "한 번 실패해도 계속 노력해 봐!" 대부분의 부모들은 이와 같은 많은 명령들을 퍼붓는다. 얼마나 강력한 각본 메시지로 작용하는가 하는 것은 이러한 명령들이 얼마나 반복적으로 주어지는가, 또한 이때 수반되는 비언어적 메시지가 어떤가에 달려 있다.

때로는 부모가 '~해야 한다'가 아니라 '어떻다' 하고 기술하는 메시지를 전할 때가 있다. 이러한 종류의 메시지를 **속성**(attribution)이라고 한다.

"바보같이 구는 구나!"
"우리 예쁜 공주"
"감옥 가기 딱 알맞다."
"뭐 하나 제대로 하는 게 없군."
"참 잘 읽는구나."

이러한 말들이 부모가 자녀에게 직접 전달하는 속성의 예들이다. 그 내용은 긍정적일 수도 있고 부정적일 수도 있다. 각본 메시지로 얼마나 위력을 발휘하는가 못 하는가는 이때 수반되는 비언어적 메시지에 달려 있다. '바보 같이'라고 말하면서도 미소 띤 얼굴로 껴안으면서 말할 때와 주먹을 치켜들며 거칠게 말할 때 그 영향이 다르다.

이러한 속성들을 간접적으로 전달할 때도 있다. 부모가 다른 사람들과 이야기하면서 자기 아이에 대해 말할 때도 있다.

"얘는 평소 말이 없어요."
"얘는 예쁜 짓을 얼마나 많이 하는지 몰라요."
"보시다시피 몸이 약해서…"
"재는 버릇이 없어 걱정이에요."

이러한 간접적 속성들도 어린이에게 강력한 각본 메시지로 읽힐 수 있다. 어린이는 부모가 현실을 결정할 수 있는 존재로 여긴다. 어린이는 부모가 다른 사람들에게 자신에 대해 어떻다고 한 말을 기정사실로 받아들인다.

어떤 가정에서는 이러한 속성들이 심리적 수준의 메시지로 대를 이어 전달되기도 한다. 이러한 전달은 가정 내에서의 위치나 이름과 같은 특징에 토대를 두고 있다. 예를 들어, E 양은 미치지 않을까 겁을 내어 심리치료를 받게 되었다. 각본분석 결과 그녀의 가계에서 할머니와 고모와 이름이 같았다. 두 여자 모두 E 양의 나이 때 심리적 장애를 드러냈다. 이 가정에서는 말로 표현하지는 않았지만, '우리 가계에서 E 라는 이름을 가진 사람은 35세 쯤 병에 걸린다.'는 심리적 수준의 메시지가 전달되었던 것이다.

정신외상적 사건 VS. 반복

어린이는 한 번 겪은 사건이라도 심각한 위협을 느꼈다면 각본결정에 큰 영향을 미친다. 한 여자아이가 아버지로부터 성적 학대를 받았다. 이러한 사건은 한 번에 그쳤더라도 심각한 각본 메시지로 받아들여, '남자란 절대 믿지 않을 거야.' 하고 결정한다. 어릴 때 어머니와 강제로 떨어져 있을 때도 '사람들은 믿을 수가 없다.' 혹은 '사람들은 내가 죽기를 바란다.'와 같은 비언어적 결정을 할 수 있다. 일부 교류분석 치료사들은 출생이라는 사건 자체도 각본결정에 큰 영향을 미칠 수 있다고 생각한다.

결정은 어린이가 반복적으로 경험하는 각본 메시지에 대한 반응으로서 보통 상당한 시일에 걸쳐 이루어진다. 유아가 어머니에게 다가갈 때 어머니는 기피한다. 그 후 계속해서 다가가도 어머니가 반응을 보이지 않는다. 이런 일을 여러 번 겪은 다음에야 '어머니는 나를 가까이 하기를 좋아하지 않는다.' 하고 결론을 내리기 시작할 것이다. 남자아이가 어머니로부터 "얘는 수줍음이 많다."는 말을 여러 달 또는 여러 해 동안 반복해서 듣고 나서야 '나는 수줍음이 많다.'라고 결정 내린다.

Berne은 각본 메시지의 형성을 동전을 쌓아올리는 것에 비유했다. 동전을 쌓아올리다 보면 몇 개는 튀어나와 있다. 튀어나온 것이 많을수록 쓰러질 확률이 높다. 하나라도 툭 튀어나오면 쌓아올린 전체 더미가 넘어질 수 있다. 그리고 쌓아올린 줄이 한쪽으로 기울어 있으면 더욱 그러할 것이다. 정신적 외상사건이나 반복적으로 주어지는 메시지가 인생각본 형성에 토대를 이루는 것도 이와 마찬가지다.[2)]

각본 매트릭스

아버지와 어머니도 각자 P, A, C 세 가지 자아상태를 가지고 있다. 부모는 각자 자신의 세 가지 자아상태에서 각본 메시지를 전달한다. 자녀는 이러한 메시지들을 받아 자신의 세 자아상태에 정리한다. 이러한 견해를 바탕으로 하여 Steiner는 현재 교류분석의 중심적 모델 중 하나를 이루고 있는 '각본 매트릭스(script matrix)'를 개발하였다([그림 13-1] 참조).[3)]

어머니와 아버지의 P 자아상태에서 나오는 메시지를 **대항금지명령**(counterinjunction)이라 한다. 자녀는 이러한 메시지들을 자신의 P 자아상태의 내용 안에 정리한다. 모델링 또는 부모의 A 자아상태에서 나와 자녀의 A 자아상태로 전달되는 '지금-여기'의 메시지는 소위 말하는 **프로그램**(program)을 구성한다. 또한 부모의 '어린 교수'에서 나와 자녀의 '어린 교수'로 전달되기도 한다. 어머니와 아버지의 C 자아상태에서 나오는 메시지는 **금지명령**(injuction)과 **허용**(permission) 두 가지가 있다. 이러한 메시지는 자녀의 C 자아상태에 저장된다. 교류분석 학자마다 각본 매트릭스의 세세한 부분에서는 조금씩 차이가 나지만, 이 책에 제시한 것은 통합한 모델이다.

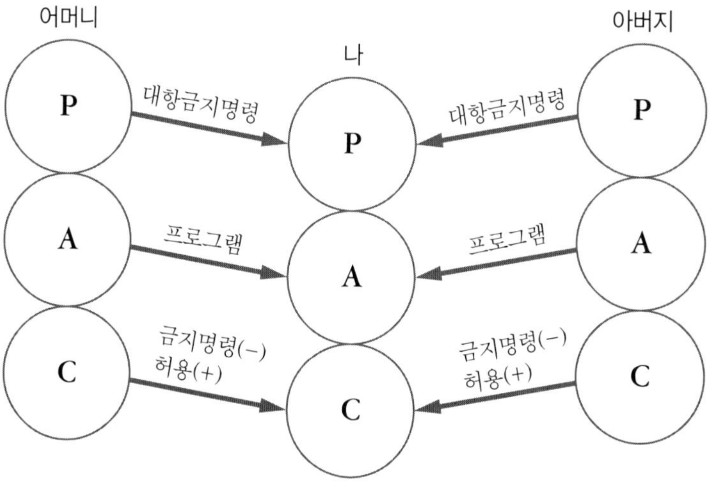

[그림 13-1] 각본 매트릭스

대항금지명령

부모의 P 자아상태에서 자녀의 P 자아상태로 전달되는 메시지를 원래 '대항금지명령'이라고 불렀다. 왜냐하면 금지명령과 '상반되다'고 여겨졌기 때문이다. 이러한 메시지가 금지명령과 때로는 모순된다는 사실을 알지만, 금지명령을 강화하거나 관련이 없는 경우도 많다. 그렇지만 여전히 대항금지명령이라고 부르고 있다. **대항각본**(counterscript)은 어린이가 대항금지명령에 따르기 위해 내린 일단의 결정들을 말한다.

대항금지명령은 무엇을 '하라' 또는 '하지 마라'는 명령과 사람이나 세상에 대한 정의들로 구성된다. 우리는 부모나 부모와 같은 권위적 인물들로부터 수 없이 이러한 명령들을 듣는다. 전형적인 명령의 예는 다음과 같다.

"착하게 굴어라."
"버릇없이 굴지 마라."
"나의 공주가 되어다오."
"열심히 하라."
"너희 반에서 일등 한 번 해 봐라."
"거짓말 하지 마라."

우리는 대부분 대항각본을 긍정적으로 사용하여, 우리 자신을 가꾸고 사회 규범에 잘 맞춘다. 어른이 되어 밥상머리에서 트림을 해도 되는지 안 되는지 생각해 볼 필요가 없다. 밥상머리에서 트림해서는 안 된다는 사실이 이미 우리의 긍정적인 대항각본 속에 들어 있기 때문이다. 마찬가지로, 차들이 질주하는 도로에 뛰어들지 말아야 하고, 불길에 손을 집어넣지 말아야 한다는 사실을 다 알고 있다.

그러나 대부분의 사람들은 부정적인 대항각본으로 사용하기로 결정한 몇 가지의 대항각본 메시지들도 가지고 있다. 내가 부모로부터 받은 "열심히 하라."는 명령을 따르고 있다고 가정해 보자. 나는 이 명령에 따라 학교에서 열심히 공부하고, 직장에서 열심히 일해 승진을 거듭한다. 그러나 나는 너무 열심히 일해 과도한 스트레스를 받을 수도 있다. 일에 묶여 여가도 휴식도 우정도 다 희생시킬 수 있다. 나의 각본이 비극적 각본이라면 위궤양, 고혈압, 심장마비에 걸릴 때까지 "열심히 하라."는 메시지에 매달릴 것이다. 대항각본에서 주요한 역할을 하는 다섯 가지 명령을 들자면 다음과 같다.

- 완벽하게 하라(Be perfect).
- 강해라(Be strong).
- 열심히 하라(Try hard).
- 남을 기쁘게 하라(Please people).
- 빨리 하라(Hurry up).

이러한 명령을 **드라이버 메시지**(driver message) 또는 그냥 **드라이버**(driver)라고 부른다. 드라이버라고 부르는 이유는 우리가 C 자아상태에서 이러한 명령을 따라야 할 충동을 느끼기 때문이다. 그리고 이러한 충동을 따라 OK 상태에 놓일 수 있다고 믿는다.

정도의 차이는 있겠지만, 어떤 사람이든 자신의 대항각본에 이 다섯 가지 메시지를 다 가지고 있다. 마음속으로 드라이버 메시지를 재연할 때, 전형적으로 이 드라이버에 수반되는 일련의 행동들을 드러낸다. 이러한 '드라이버 행동(driver behaviour)'들은 어떤 사람이든 동일하다. 따라서 한 사람의 드라이버 행동을 관찰해 보면, 그가 가진 각본의 주요한 특징들을 예측할 수 있다. 드라이버에 대해서는 다음 장에서 상세히 다루기로 한다.

프로그램

프로그램은 일을 어떻게 해야 되는가에 대한 메시지들로 구성된다. 우리는 각본 매트릭스를 편집하면서, '~하는 법(Here's how to~)'이라는 말로 시작되는 문장을 프로그램으로 표현하였다. 우리는 부모나 부모와 같은 권위적인 인물들로부터 수많은 프로그램 메시지들을 듣는다. 예를 들면, 다음과 같다.

- 열까지 헤아려라.

- 이름을 적어라.
- 죽을 끓여라.
- 신발끈을 바로 매라.
- 남자(여자)다워라.
- 일등이 되어라.
- 감정을 드러내지 말라.

우리는 대항각본과 마찬가지로 프로그램 메시지들을 대부분 생산적이고 긍정적인 방법으로 사용한다. 그러나 일부 부정적인 프로그램 메시지를 가지고 있다. 예를 들어, 남자아이는 '열심히 하다 스트레스가 심해 일찍 죽을 것이다.'라는 아버지를 본받을 수 있다. 여자아이는 '감정을 죽이고 살다가 우울증에 걸린다.'는 어머니를 본받을 수 있다.

이러한 부정적인 프로그램 메시지는 부모의 '오염된' **A 자아상태**로부터 나와서 어린이의 '오염된' A 자아상태에 저장되는 것으로서 매트릭스 그림에서 명확하게 나타난다. 또한 많은 프로그램 메시지들은 부모의 **어린 교수**(A_1)의 내용을 이루는 것으로서, 자녀의 A_2보다 A_1에 저장된다. 그러나 그림에서는 항상 이렇게 자세히 그려지지는 않는다.

금지명령과 허용

갓 태어난 아기를 가진 어머니가 있다고 하자. 어머니는 아기를 돌보면서 자신의 P 자아상태에서 '아기는 따뜻한 배려를 필요로 해. 아기의 욕구를 먼저 충족시켜 주어야 해.'라는 메시지를 따른다. 또한 대부분의 시간을 A 자아상태에서 육아책을 통해 배운 자녀양육 기법들을 사용한다. 그러면 어머니의 C 자아상태에서는 어떤 일이 일어나겠는가?

어머니는 옛날 어린 시절로 돌아가 자신의 유아기를 재연하면서 '참 좋군, 함께 놀 아기가 있구나!' 하는 감정을 느낄 수 있다. 그리고 어릴 때 스트로크를 주고받기를 즐겼듯이 지금 아기와 스트로크를 주고받기를 즐길 수 있다. 이때 아기는 어머니의 비언어적 메시지를 통해 '어머니는 나를 좋아하고 나와 함께 하기를 좋아한다.'고 결론 내린다. 각본 용어로 어머니가 아기에게 '허용'—존재하고 또 가까이 하기를 허용—을 제공한다.

그러나 어떤 어머니는 C 자아상태에서 '이것은 위험한 일이야. 아기가 모든 관심을 다 끌려고 해. 나는 언제 관심을 끌지?'라는 감정을 느낄 수 있다. 어머니는 자신의 유아 시절 감정과 충동을 재연하면서, 아기가 태어난 것에 대해 겁이 나거나 화가 날 수 있다. 어머니는 깊은 C 자아상태에서 아기를 배척하거나 죽이고 싶은 감정을 느낄 수도 있다.

물론 어머니는 이러한 감정을 조금도 의식하지 못할 수도 있다. 자기가 생각하기에나 남이 보기에 아이를 사랑하고 따뜻하게 돌보는 어머니로 비칠 수 있다. 그러나 아기는 안다. 어머니의 비언어적 단서들을 예리하게 의식하여 어머니의 두려움과 분노를 포착한다. 이렇게 하여 아기는 차츰 '어머니는 나를 가까이 하기를 원하지 않는다. 어머니는 내가 없어지기를 바라는지도 모른다.' 하고 결론 내린다. 부모의 **C 자아상태**에서 나오는 부정적 메시지가 바로 금지명령이다. 방금 든 사례에서는 '존재하지 마라.' '가까이 오지 마라.'는 금지명령을 받은 것이다.

우리는 자란 뒤에도 C 자아상태에 저장된 일단의 금지명령과 허용을 따르고 있다. 이러한 메시지들에 대한 반응으로 내린 결정들이 인생각본의 주요 토대를 이룬다. 금지명령과 허용, 여기에다 어린이가 내린 결정들이 합쳐진 것을 '고유한 각본(script proper)'이라 부른다.

대항금지명령과 금지명령/허용의 구별

부정적인 대항금지명령과 금지명령은 실제 어떻게 구별할 수 있는가? 또 긍정적인 대항금지명령과 허용은 어떻게 구별할 수 있는가? 이를 구별하는 방법은 두 가지가 있다.

첫째, '대항금지명령은 언어를 통해 주어지고, 금지명령과 허용은 어린이가 말을 배우기 이전에 주어지는 것이다'. 여러분이 내면의 소리에 귀를 기울여보면 언어로 주어진 대항금지명령들이 떠오를 것이다. 부모나 부모와 같은 권위적 인물들이 우리에게 자주 했던 말이 떠오를 것이다. 이러한 대항금지명령을 어겼을 때, 내면의 소리에 귀를 기울여 보면 옛날 이러한 명령을 내렸던 부모나 권위적 인물들이 꾸짖는 말이 들릴 것이다.

이와 대조적으로, 금지명령이나 허용은 언어로 들을 수 없다. 정서나 신체적 감각으로 느끼고 행동에 반영된다. 금지명령을 어기면 신체적 긴장이나 불편함을 느낄 수 있다. 심장이 뛰고, 머리가 아프고, 땀이 나기 시작하고, 속이 거북해질 것이다. 사람들은 금지명령을 어겼을 때 일어나는 행동에서 벗어나기 위해 온갖 방법을 다 찾을 것이다. 이런 방법들이 A 자아상태로 보일지 모르나 이것은 어디까지나 합리화에 지나지 않는다.

예를 들어, 내가 어머니로부터 '가까이 오지 마라.'는 금지명령을 받고, '누구든 가까이 하지 않는 것이 좋겠다.'고 초기결정을 했다고 가정하자. 자란 뒤에 참 만남 집단에 참여했다. 사회자가 눈을 감고 손으로 파트너를 찾아 손의 느낌을 통해 파트너가 어떤 사람인지 알아보라고 말했다. 이때 나는 땀이 나고 심장박동이 빨라질 것이다. 한 사람이 다가와 손을 잡을 때, 나는 눈을 뜨고 "왜 이런 연습을 하는지 모르겠습니다. 당신 생각은 어때요?" 하고 말한다.

때로는 금지명령이 언어로 들릴 때도 있다. 예를 들어 '존재하지 말라.'는 금지명령을 받은 사람은 "네가 태어나지 않았더라면…." 또는 "나가 죽어라."라는 부모의 말이 회상될 것이다.

둘째, '금지명령과 허용은 초기 아동기에 주어지지만 대항금지명령은 그 후에 주어진다.' 허용과 금지명령은 대항금지명령보다 먼저 주어진다. 즉, 대항금지명령은 어린이가 말을 배운 후에 전달되지만, 금지명령과 허용은 말을 배우기 전부터 전달된다. 대체로 어린이는 언어로 된 대항금지명령을 받기 전에 금지명령과 허용에 먼저 접한다. 몇 살 전후라고 분명한 시기는 제시할 수 없다. 우리의 경험상 어린이가 6~8세가 될 때까지 계속 주어진다고 볼 수 있다. 그리고 보통 3~12세에 주어진다.

제14장

금지명령과 결정

Bob Goulding과 Mary Goulding은 치료를 하면서 부정적인 초기결정을 토대로 계속해서 등장하는 열두 가지 주제를 발견하고, 앞으로 살펴보고자 하는 열두 가지 금지명령 목록을 제시했다.[1)]

각 **금지명령**마다 여기에 상응하는 **허용**이 있다. 전통적으로 각본분석을 할 때, 금지명령은 '하지 마라(Don't~)', 허용은 '~해도 좋다(It's OK to~)'라는 구로 시작한다. 그러나 '하지 마라'와 '해도 좋다'는 서로 정반대의 개념이라고 볼 수는 없다는 사실을 명심해야 한다. '하지 마라'는 말은 어떤 것을 하지 말라는 금지를 나타낸다. 그러나 '~해도 좋다'는 말은 무엇을 하라는 명령이 아니다. 이것은 메시지를 받는 사람이 무엇을 하던, 하지 않던 '선택'하라는 것이다. 또한 금지명령과 허용은 각본분석을 할 때 편리하도록 붙인 언어적 명칭에 지나지 않는다는 사실을 명심할 필요가 있다. 금지명령과 허용은 어린이에게 주로 비언어적으로 전달된다.

열두 가지 금지명령

존재하지 마라

당신이 자살을 생각해 보았다면, 당신 각본 메시지 안에 '존재하지 마라(Don't be, Don't exist).'는 금지명령이 들어 있을 가능성이 높다. 또한 자신을 가치 없고 쓸모없고 사랑받지 못할 존재라고 여기는 사람도 마찬가지다. 부모에게서 "그렇게 하면 죽여 버릴 거야." "너만 없었더라도 얼마나 좋았겠느냐."는 말을 들었는지 모른다. 물론 금지명령은 더 이른 시기에 비언어적으로 전달된 것이지만, 나중에 이런 말을 들었다면 이러한 금지명령이 주어졌을 가능성이 더 많다.

부모는 왜 자녀에게 존재하지 말라는 금지명령을 전달하게 되는가? 그것은 부모가 C 자아상태에서 자녀의 출생으로 박탈감이나 위협을 느끼기 때문일 것이다. 나이 어린 남자가 결혼해서 아버지가 된다. 아내가 오로지 아기에게만 관심과 애정을 보이자, 아버지는 당기고 있던 고무줄을 놓은 것처럼 자신의 아동기로 돌아간다. 아버지는 자신도 모르게 두 살 때 동생이 태어났던 시절의 경험을 재연한다. 아버지는 동생이 태어나자 다시는 관심을 끌 수 없을 것이라는 생각에 두려움을 느꼈다. 어떻게 해야 어머니의 사랑을 되찾을 수 있을까? 유일한 희망은 동생이 없어지는 것, 동생이 죽었으면 하는 것이다. 그는 다 자라 아버지가 되어서도 비언어적으로 이러한 충동을 아들에게 전달할 수 있다.

또는 자녀가 여럿인 어머니가 더 이상 자녀를 갖고 싶지 않을 수도 있다. 가족의 압력 때문에 아이를 낳았거나 '우연히' 원하지 않은 임신을 했을 경우, C 자아상태에서는 '안 돼. 더 이상은 안 돼. 이제 나도 살아야지.' 하고 소리친다. 물론 어머니는 C 자아상태에서 일어나는 이러한 분노를 억압하여 자신도 의식하지 못할지 모른다. 그러나 은연중에 이러한 배척을 아기에게 전달한다. 비록 아기를 돌보는 데 게을리하지 않는다 하더라도, 아기에게 미소를 짓거나 말을 거는 일이 거의 없다. 부모가 신체적으로 혹은 정신적으로 어린이를 학대한다면, 존재하지 말라는 메시지를 노골적으로 전달하는 것이다.

각본분석을 하다 보면 존재하지 말라는 금지명령이 흔히 드러난다. 이것이 죽음을 암시한다는 것을 고려할 때 놀라운 일이다. 그러나 어른이 보기에 대수롭지 않은 부모의 행동이나 외부 사건임에도 불구하고 어린이는 죽음에 대한 위협이라고 느끼기 쉽다는 것을 상기할 필요가 있다. 또한 어린아이는 행동과 충동을 혼동하기 쉽다는 사실을 상기해야 한다. 아마도 단지 동생이 죽기를 원했다는 사실만 가지고도 '나는 살인자다. 나는 죽어 마땅하다.'고 결정한다. 이 어린이는 자기 자신에게 존재하지 말라는 메시지를 보낸다.

어머니가 아이에게 "너를 낳다가 나는 죽을 뻔했다."고 말할 때에도 이러한 일이 발생할 수 있다. 그러면 어린이는 '내가 태어남으로써 어머니에게 해를 끼쳤거나 죽이게 되었을지도 모른다. 따라서 나는 위험한 존재이고 사람들을 해치거나 죽이게 될지도 모른다. 나는 해를 입거나 죽어도 마땅하다.'고 결정할 수 있다. 또한 부모는 "너만 없었더라도 대학에 갈 수 있었고, 외국으로 여행을 갈 수도 있었고, 결혼하지 않았을 수도 있었다."는 말을 할 수도 있다.

'존재하지 마라.'라는 금지명령이 흔히 볼 수 있는 것이라면, 왜 대부분의 사람들이 자살하지 않는가? 다행히 대부분 살아남을 수 있을 만큼 영특하기 때문이다. 어릴 때 존재하지 말라는 금지명령을 들은 어린이는 치명적 결과에서 벗어나기 위해, '~하는 한, 나는 살아남을 수 있을 거야.' 하고 **복합결정**(compound decision)을 한다. 이 문장 속의 공백은 '열심히 일을 하는 한' '가까이 가지 않는 한' 등 여러 가지 방법으로 채울 수 있다. 복합결정에 대해서는 나중에 상세히 다룰 것이다.

네가 아니었으면…

'네가 아니었으면(Don't be you)….' 이라는 금지명령은 딸을 원했는데 아들을 낳은 부모가 주기 쉽다. 또는 그 반대의 경우도 있다. 이러한 금지명령은 '네가 다른 성(性)이었으면….' 하는 비언어적 메시지를 전달한다. 이것은 아이에게 이름을 지어 줄 때에 잘 드러난다. 딸에게 남자 이름을, 아들에게 여자 이름을 붙이는 경우가 있다. 또 아들에게 예쁜 여자아이 옷을, 딸에게 사내아이 옷을 입히기도 한다. '네가 다른 성이었으면' 하는 금지명령을 받은 사람은 어른이 되어서도 자신과 반대의 성을 암시하는 옷차림이나 매너를 드러내기 쉽다.

'네가 아니었으면' 이라는 금지명령이 좀 더 일반화되어 '네가 아니고, 다른 아이였으면(Don't be you, be some other child)….' 하는 의미를 전달할 수 있다. 부모는 첫째 자녀보다는 아래 자녀를, 딸보다 아들을 더 좋아할 수도 있다. 자기 아들을 배척하고 싶은 감정을 느끼는 어머니는 "철수는 두 발 자전거도 잘 타더라. 참 기특하지 않니? 너보다 한 살이나 더 어리잖니." 하고 계속 다른 아이들과 비교하려 든다. 부모는 자신이 원하는 이상적인 아이의 이미지를 가지고 있다. 어머니는 이 이미지와 닮은 면에만 긍정적으로 반응하고 그렇지 않은 면은 모두 디스카운트한다. 또 부모는 "너는 못된 삼촌을 빼닮았어." 하고 말할 수도 있다. 아이가 삼촌과 같은 행동을 하면 할수록 더 많은 부정적 스트로크를 받게 된다.

아이처럼 굴지 마라

'아이처럼 굴지 마라(Don't be a child).'라는 금지명령 역시 부모가 C 자아상태에서 자녀의 출현에 위협을 느낄 때 주어진다. 부모는 당장 아이가 없어지기를 원한다기보다 자신의 C 자아상태에서 '여기 아이가 머물 방은 하나밖에 없어. 그게 바로 나야. 그렇지만 네가 아이처럼 굴지 않고 어른처럼 행동하면 참을 수 있다.'는 의미를 전달한다. 이것은 나중 "네가 ~하기에 나이가 너무 많아." 또는 "다 큰 아이는 울지 않아."라는 언어적 메시지에 반영되기도 한다.

또한 아이처럼 행동하지 못하도록 제재를 받았거나 아이처럼 행동할 때 위협을 느낀 부모가 이러한 금지명령을 잘 준다. 경제가 어려운 시기에 자랐거나 모든 가치를 행실에 두는 엄한 가정에서 자란 부모도 이러한 금지명령을 줄 수 있다. 때로는 장남이나 외동아이가 자기 스스로 이러한 금지명령을 주는 경우도 있다. 부모가 다투는 것을 보고 외동아이는 '여기 제삼자라고는 나밖에 없어. 내가 싸움의 발단인 것이 분명해. 내가 무슨 조치를 취해야 해. 얼른 자라서 책임을 져야 해.' 하고 결정 내린다. 장남이나 장녀도 동생에 대해 책임이 있다고 여겨 이와 비슷한 결정을 내릴 수 있다.

어린아이를 대하기가 거북한 사람은 이러한 금지명령을 받았을 가능성이 높다. 파티에 참석하거나 어른들이 모여 재미있게 노는 상황에서 잘 경직되는 사람도 이러한 금지명령을 받았을 수 있다. '즐기지 마라(Don't have fun, Don't enjoy).'는 '자라지 마라.'의 변형이다. 즐기기 위해 굳이 C 자아상태에 놓일 필요는 없다. 그러나 어릴 때 즐기는 것은 어린아이의 짓이기 때문에 어른스럽게 근엄해야 한다고 결정했다면, 현재 즐길 일이 생겨도 고무줄을 놓듯이 어린 시절의 결정으로 돌아간다.

어떤 가정에서는 너무 희희낙락거리면 게으르거나 죄스러운 것으로 낙인찍힌다. 따라서 이러한 결과를 초래하지 않으려면 좋은 감정을 가져서는 안 된다고 여기는 것이다.

자라지 마라

보통 막내가 '자라지 마라(Don't grow up).'라는 금지명령을 받기 쉽다. 부모는 C 자아상태에 놓여 아이가 슬하에서 벗어나는 것을 원하지 않을지 모른다. 좋은 아버지나 좋은 어머니가 되는 데 모든 가치를 두고 있는 부모는 아이가 자라고 나면 더 이상 가치를 느낄 수 없을 것이라 여긴다. 아니면 제대로 성장하지 못한 부모도 이러한 금지명령을 줄 수 있다. 이들이 자녀에게 던지는 메시지는 '항상 놀이 동무로 머물러 달라.'는 것이다.

이 금지명령은 '떠나지 마라(Don't leave me).'라는 메시지로 읽히기도 한다. 중년이 되도록 시집가지 못하고 나이든 부모를 봉양하는 딸도 이러한 메시지를 간직하고 있는지 모른다. 이 금지명령의 또 다른 변형이 '섹시하지 마라(Don't be sexy).'다. 이것은 보통 아버지가 여자 티가 나는 딸에게 주기 쉬운 명령이다. 아버지는 C 자아상태에서 딸에게 성적 충동이 일까봐 두렵다. 따라서 아버지는 신체적 거리를 둠으로써 이러한 비언어적 메시지를 전달한다. 그러면 딸은 아버지의 관심을 끌기 위해 자라지 말고 섹시한 여자가 되어서는 안 된다는 금지명령으로 받아들일 수 있다.

성공하지 마라

부모가 C 자아상태에서 아들이나 딸의 성공에 질투를 느낄 때 '성공하지 마라(Don't make it).'는 금지명령을 줄 수 있다. 가난한 집에서 태어난 아버지가 있다고 하자. 열다섯 살부터 일해야 했다. 대학은 꿈도 꾸지 못했다. 열심히 일한 대가로 자녀는 풍족한 삶을 산다. 딸이 좋은 학교에 다니도록 돈을 대고 있으며 언젠가 대학에 들어가게 될 것이다. 딸의 좋은 성적을 보고 부모로서 기쁠 것이다. 그러나 한편으로는 자신도 모르게 C 자아상태에 놓여 자신이 한번도 누리지 못했던 것을 딸이 누리는 것을 보고 질투도 인다. 딸이 공부에 성공을 하면 어떻게 되겠는가? 딸이 자신보다 낫다는 것이 입증되지 않겠는가? 아버지가 겉으로는 열심히 공부해서 성공하라고 부추기겠지만, 비언어적으로는 '성공하지 마라.'라는 금지명령을 보낼 수 있다.

성공하지 말라는 금지명령에 따르기로 각본결정을 한 학생은 보통 학교에서 공부도 열심히 하고 숙제도 완벽하게 잘한다. 그러나 시험 때가 다가오면 시험을 망칠 방법을 찾을지 모른다. 겁을 먹고 시험장에서 도망칠지 모른다. 중요한 리포트 제출을 잊어버릴지도 모른다. 어떤 사람은 정신신체적 증상을 나타내거나 갑자기 글자가 눈에 보이지 않는 경우도 있다.

하지 마라 (아무것도 하지 마라)

'하지 마라(Don't).'라는 금지명령은 '어떤 일을 해도 위험하여 아무것도 하지 않는 것이 안전하기 때문에 아무 것도 하지 마라(Don't do anything).'라는 의미를 지니고 있다. 어른이 되어서 어떤 일도 추진하지 못하고 안전부절못하면서도 이를 변화시킬 행동을 취하지 못하는 사람이라면 이러한 각본 메시지를 가지고 있을 가능성이 많다.

부모가 C 자아상태에 놓여 자녀를 자기 치마폭에서 벗어나 자유롭게 하도록 놔두면 위험에 처하지 않을까 두려워할 때 이러한 명령을 주기 쉽다. 이러한 두려움은 실제 상황에서 발생하는 것이 아니라 부모의 각본에 들어 있다. 이러한 두려움을 느끼는 부모는 "네 동생 방에 가서 뭐하는지 보고, 그렇게 하지 말라고 해." 하고 말하는 일이 많다.

중요한 인물이 되지 마라

'중요한 인물이 되지 마라(Don't be important).'라는 메시지를 따르는 사람은 어떤 종류든 리더 역할을 요구받으면 전전긍긍한다. 사람들 앞에 나서서 말하도록 요구받으면 입이 바싹 마른다. 이러한 금지명령을 따르는 사람은 부하 역할은 출중해도, 승진할 기회를 찾지 않거나 기회가 와도 피해 버린다. 이 금지명령이 변형된 형태가 '네가 원하는 것을 청하지 마라.'다. 이것은 자녀에 대한 배척 충동에서 발생하는 또 다른 각본 메시지다. 부모는 C 자아상태에서 '너 자신이나 네 욕구가 중요하지 않다는 것을 깨달을 때 네가 곁에 있어도 참고 지낼 수 있다.'는 사실을 비언어적으로 전달한다.

소속되지 마라

인도 수상 네루는 "내가 유럽 사람들과 있을 때는 인도인 같고, 인도 사람들과 있을 때는 유럽인 같았다."고 말했다. 네루는 부모에게서 '소속되지 마라(Don't belong).'라는 금지명령을 받았을 가능성이 높다. 이러한 금지명령을 따르는 사람은 집단 내에서 소외감을 잘 느껴, 사람들 눈에 '외톨이'나 '비사교적인' 인물로 비치기 쉽다.

이러한 메시지는 자녀에게 끊임없이 "다른 아이들과는 너무 다르다." "수줍음이 너무 많다." "까탈스럽다."고 말하는 부모에 의해 속성으로 전달된다. 또는 사회적 부적합감을 느끼는 부모의 본을 보고 그렇게 될 수 있다. 자녀를 속죄양으로 삼거나, 자녀가 다른 아이들과는 유별나게 다르다는 말을 많이 함으로써 이러한 메시지가 전달되기도 한다.

가까이 오지 마라

'가까이 오지 마라(Don't be close).'라는 금지명령은 신체적 접근을 금지하는 것이다. 부부간이나 자녀와 신체적 접촉을 잘 하지 않는 부모의 본을 보고 이러한 메시지를 형성하는 경우가 많다. 그렇지 않으면 '정서적으로 가까워져서는 안 된다(Don't be emotionally close)'는 의미일 수도 있다. 이러한 메시지는 서로 감정을 잘 드러내지 않는 가정에서 대를 이어 전달되기도 한다. 계속해서 신체적 거리를 두려는 부모에 대한 반응으로 어린이가 자기 스스로에게 이러한 명령을 내리는 경우도 있다. 어린이가 부모에게 다가갈 때마다 부모는 아무 반응을 보이지 않는다. 그러면 어린이는 결국 가까워지려고 하면 배척을 당하는 고통이 따른다고 결정하게 된다.

'믿지 마라(Don't Trust).'라는 금지명령은 '가까이 오지 마라.'가 변형된 것이다. 이러한 메시지는 부모가 갑자기 떠나거나 사망했을 때 가지기 쉽다. 유아는 부모가 사라진 이유를 알 수 없기 때문에, '내가 원할 때 내 곁에 있어 주리라고는 결코 믿지 않을 것'이라고 결정 내린다. 부모가 학대하거나 속이거나 이용하려고 해도 '믿지 않겠다.'고 결정한다. 이때 어린이는 '나를 보호하기 위해 거리를 둘 것'이라고 결정한다.

어른이 되고 난 뒤 이러한 결정에 따라 사는 사람은 주변 사람을 항상 의혹의 눈초리로 바라본다. 사람들이 따뜻하게 수용해 주어도 배척하는 기미를 찾으려 애쓴다. 만일 상대방이 배척하지 않더라도 관계가 단절될 때까지 시험을 해 놓고, “내가 그럴 줄 알았다.” 하고 말한다.

건강하지 마라 (제정신으로 살지 마라)

아버지와 어머니가 하루 종일 바깥에서 일하느라 바쁘다고 하자. 부모는 딸을 사랑하지만 저녁에 집에 들어와도 하루 종일 어린이집에 있다가 온 딸에게 관심을 기울일 틈이 없다. 그러나 딸이 병이 나자 어머니는 직장에도 나가지 않고 딸을 돌본다. 아버지는 딸이 잠들 때까지 동화책을 읽어 주는 등, 전에 하지 않던 행동들을 한다. 어린 여자아이는 ‘어린 교수’를 통해 ‘내가 관심을 끌려면 아파야 해!’ 하고 결정한다. 부모는 자신도 모르고 의도하지 않았지만 ‘건강하지 마라(Don’t be well).’라는 금지명령을 준 것이다. 이 여자아이가 자란 뒤에도 이러한 메시지를 따른다면, 다른 사람들과의 관계나 직장에서 문제가 발생하면 아파 드러눕는 각본 전략을 사용하게 될 것이다.

부모가 친척이나 이웃 사람들에게 “얘는 몸이 좋지 않아서….” 하고 끊임없이 말할 때, 이러한 속성을 통해서도 ‘건강하지 마라.’라는 금지명령이 전달되기도 한다. 어린이는 심리적 장애를 가진 부모나 친척을 모델링삼아 이와 유사한 형태인 ‘제정신으로 살지 마라(Don’t be sane).’라는 메시지를 받기도 한다. 이 어린이는 미친 듯이 행동할 때 관심을 끌게 된다.

생각하지 마라

자녀의 생각을 항상 얕잡아 보는 부모가 ‘생각하지 마라(Don’t think).’라는 금지명령을 주기 쉽다. 어린 J 군이 자기 이름을 처음 써 보고 아버지에게 자랑스럽게 보여 주자 아버지는 코웃음을 친다. 때로는 신경질적인 어머니의 본을 보고 ‘여자가 남자에게 바라는 것이 있으면 생각을 접고 감정을 앞세워야 한다.’고 결정한다. ‘만사에 집착하되 현안 문제만 빼놓고 집착하라.’라는 의미를 전달하기도 한다.

이러한 금지명령을 따르는 사람은 어른이 되어서도 문제 상황에 봉착하면 당황해하거나 문제를 해결할 생각은 하지 않고 단지 기분 나쁜 감정에만 사로잡힌다. 이 금지명령의 두 가지 변형된 형태가 'x에 대해서는 생각하지 마라.'(여기서 x는 아버지의 술주정 등 가족을 위협하는 것들을 가리킨다.)'와 '네가 생각하는 것은 생각하지 말고, 내가 생각하는 것을 생각하라.'다.

감정을 느끼지 마라

'감정을 느끼지 마라(Don't feel).'라는 금지명령은 자기 감정을 억압하는 부모의 본을 보고 갖게 되는 경우가 많다. 어떤 가정에서는 감정을 드러내는 것을 금지한다. 좀 더 흔한 경우가 어떤 감정을 허용해도 어떤 감정은 안 된다고 금지한다. 이러한 가정에서는 '분노를 느끼지 마라.' 또는 '공포를 느끼지 마라.'라고 해석될 수 있다.

때때로 이러한 메시지가 '감정을 느끼기는 해도 드러내지 마라.'라고 읽힐 수 있다. 어떤 어린이는 특정 감정을 느끼지 말라는 메시지로 받아들인다. 예를 들어, 아버지로부터 '남자는 결코 울어서는 안 돼.' '용감한 군인이 되어라.'라는 말을 수없이 듣는다. 이러한 말들은 '슬픔을 느껴서는 안 돼.' 또는 '두려움을 느껴서는 안 돼.'라는 말로 받아들여진다.

일부 가정에서는 '감정을 느끼지 마라.'라는 금지명령이 '신체적 감각을 느끼지 마라.'라는 명령으로 전달되기도 한다. 이러한 금지명령은 유아 초기에 흔히 전달된다. 이러한 명령이 강력하게 주어지면 성인기에 가서 심각한 문제의 원인이 될 수 있다. 예를 들어, 배가 고파도 내색하는 것을 금지당한 어린이는 성인기에 가서 섭식장애에 걸릴 수 있다. 교류분석 치료사들은 감정을 느끼지 말라는 금지명령이 특정 정신장애의 원인으로 작용할 가능성이 있다는 사실을 강조한다. 어떤 부모는 '네가 느끼는 대로 느끼지 말고, 내가 느끼는 대로 느껴라.'라는 메시지를 보낸다. 어머니는 어린 아들에게 "나는 배고파. 너는 무얼 먹고 싶니?" 또는 "나는 추워. 가서 스웨터를 입어라."라고 말하기도 한다.

에피스크립트

English는 **에피스크립트**(episcript)라고 부르는 악성 각본 메시지를 소개하고 있다.[2)] 부모는 금지명령을 전달하면서, '이런 일이 네게 일어나기를 바란다. 그렇지 않으면 내게 일어날 것이다.'라는 비언어적 메시지를 동시에 전달한다. 예를 들어, 어릴 때 '존재하지 마라.' 라는 금지명령을 듣고 각본결정을 한 어머니가 자기 아들이나 딸에게도 이러한 금지명령을 전달할 수 있다. 어머니의 **어린 교수**는 이렇게 함으로써 자신이 이러한 금지명령으로부터 풀려날 수 있다고 믿을지 모른다. 따라서 심리적 수준에서 '네가 죽으면, 나는 그렇게 되지 않을 수 있다.'는 메시지를 보낸다. 이와 같이 금지명령은 '뜨거운 감자' 처럼 세세대대로 전달되기도 한다.

때로는 에피스크립트가 가족 과업이나 가족 저주의 형태로 세세대대 전달되기도 한다. Englígh는 한때 환각성 물질을 복용한 젊은이의 사례를 제시했다. 이 젊은이는 나중에 심리학에 흥미를 느껴 환각제 복용을 중단하고 치료사가 되었다. 그러나 일부 내담자에게 '무너져서 정신병원에 가라.'라는 비밀 메시지를 전달하고 있다는 사실이 드러났다.

슈퍼바이저가 이러한 사실을 발견하고 치료를 받게 했다. 각본분석을 통해 이 젊은이는 어머니로부터 '정신병원에나 가라.'('제정신으로 살지 마라.')라는 명령을 뜨거운 감자로 전달받았다는 사실을 깨달았다. 그는 약물을 복용함으로써 어머니의 금지명령을 따르려고 했던 것이다. 그는 치료사가 되어서도 똑같은 뜨거운 감자를 내담자들에게 전달하려고 했다. 슈퍼바이저와 젊은이는 가족 역사를 탐색하면서 이러한 에피스크립트가 적어도 두 세대 전부터 전수되어 왔다는 사실을 발견했다. 그의 가계에서 실제 정신병원에 입원한 사람은 없었다. 이러한 뜨거운 감자를 다른 사람에게 전달함으로써 자신이 정신병원에 가지 않아도 된다고 믿었던 것이다.

금지명령과 결정

부모의 금지명령이 자녀로 하여금 특정 방식으로 각본을 쓰게 할 수는 없다는 사실을 강조하였다. 왜냐하면 금지명령을 받고 여기에 따를 것인가 말 것인가를 결정하는 것은 어린이 자신이기 때문이다. 어떤 어린이는 금지명령을 그대로 받아들이고, 어떤 어린이는 그 영향을 줄이기 위해 교묘하게 수정하기도 한다. 또 어떤 어린이는 금지명령을 수용하기를 거부한다.

예를 들어, 어떤 어린이가 어머니로부터 '존재하지 마라.'라는 금지명령을 받았다고 하자.

이러한 금지명령을 그대로 받아들여 어릴 때나 나중에 자라고 난 뒤 자살을 기도할 수 있다. 물론 직접 자살을 하거나 아니면 술에 취해 다른 사람에게 운전을 맡겨 사고를 일으킬 수도 있다. 또 하나의 가능성은 자기 대신 타인을 죽이기로 결정하여, 존재하지 말라는 금지명령의 영향을 바꿀 수도 있다. 이때 자살보다는 타살로 비극적 각본의 결말을 맞는다.

그렇지 않으면 '내가 정상적인 사람으로 살지 않는다면 죽지 않아도 될 것이다.'라는 마술적 신념의 형태를 취할 수도 있다. 그러면 그의 각본이 정신장애를 일으키는 비극적 결말로 끝맺게 된다. 이러한 비극적 결말의 또 하나 극단적인 예는, 유아가 이미 '이 메시지는 어머니의 문제이지 나의 문제가 아니다.'라는 것을 깨닫고, 존재하지 말라는 금지명령을 거부하는 것이다. Goulding의 말에 따르면, 이렇게 하는 어린이는 정신병리가 자신의 탓이 아님을 깨달음으로써 자신의 삶을 구하는 동시에 가족을 연구하고 치료함으로써 '어린 정신의학자나 성직자'가 된다. 그는 또한 이러한 '어린 정신의학자나 성직자' 중에서 위대한 정신의학자나 성직자 또는 선한 사람들이 많이 배출된다고 하였다.

어린이는 이와 같이 금지명령을 변화시켜 부정적인 결과보다 긍정적인 결과를 낳을 선택권을 가지고 있다. 예를 들어, '섹시하지 마라.'라는 금지명령을 받은 어린 소년은 '여성적'—감수성이 풍부하고 따뜻하고 감정에 개방적임—으로 묘사되는 긍정적 자질을 가진 남자로 성장할 수 있다.

금지명령의 영향을 피하는 또 하나의 방법은 **복합결정**(compound decision)을 하는 것이다. 복합결정이란 어린이가 C 자아상태의 '어린 교수'가 가진 재치로 살아남으면서 동시에 자기 욕구를 충족시켜야겠다는 서로 다른 각본 메시지를 결합시키는 것을 말한다. 각본 분석을 하다 보면 이러한 복합결정을 흔히 발견할 수 있으며, 각본이 어떻게 작용하는지 이해하는 데 중요하다.

다음에서는 다양한 복합결정의 종류들을 살펴보고, 해로운 금지명령을 방어하기 위해 어떻게 사용하는지 고찰하고자 한다. 임상 경험상 '존재하지 말라.'라는 금지명령이 가장 흔한 방어의 대상이 되는 메시지 중 하나이기 때문에, 이를 중심으로 한 복합결정들을 살펴보고자 한다.

금지명령을 덮어씌운 대항금지명령

[그림 14-1]의 각본 매트릭스를 살펴보자. J 군은 어머니로부터 '존재하지 말라.'라는 금지명령을 받았다. J 군은 자신의 '어린 교수'를 통해 살아남을 방법을 찾는 것이 우선이다. 어떻게 해야 살아남을 수 있겠는가? 한 가지 방법이 어느 한 대항금지명령을 택해 존재하지 말라는 금지명령을 '덮어씌우는(covering)' 것이다. J 군은 '열심히 하라.'라는 어머니의 대항금지명령을 택해, '열심히 하는 한, 살아남을 수 있을 것이다.' 하고 복합결정을 한다.

이러한 복합결정이 성장하는 J 군에 어떻게 영향을 미치겠는가? J 군은 어떤 일을 하든 열심히 하며 자랄 것이다. 직장에서 열심히 일하는 사람으로 비칠 것이고, 운동을 해도 열심히 하여 좋은 결과를 얻고, 대인관계에서도 열심히 하여 사람들과 좋은 관계를 맺고, 성관계에서도 열심히 노력하여 이성을 만족시키려 할 것이다.

이렇게 하다 J 군에게 고혈압, 위궤양 또는 여러 가지 스트레스 증후군이 나타나기 시작했다고 가정하자. 이제 일을 좀 덜 하기로 결정한다. 휴가를 얻고, 다른 사람에게 일을 위임하기도 한다. 처음 얼마 동안은 만사가 잘 풀리는 것 같았다. 그러나 이상하게도 J 군은 새로운 생활 패턴에 맞추기가 어렵다는 사실을 깨닫게 된다. 자신도 모르게 여가 시간이 할 일들로 가

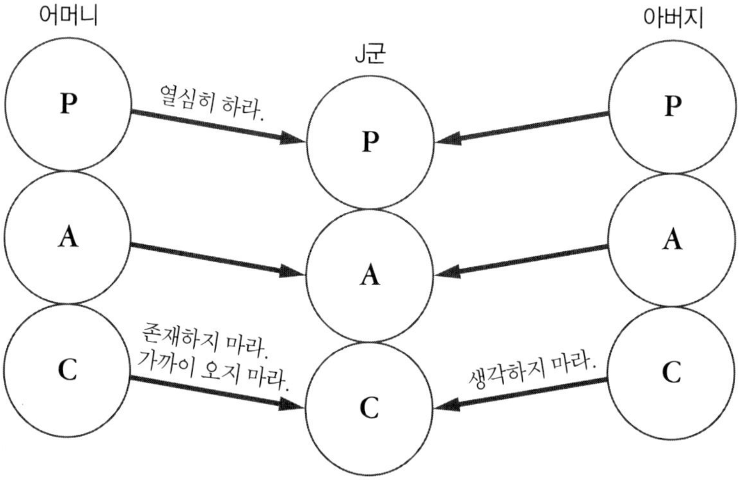

[그림 14-1] J 군의 부분적 각본 매트릭스

득 채워지고, 전보다 더 압박감에 시달리게 된다. 왜 이렇게 되는가?

그 단서는 J 군의 각본의 역동적 균형에 문제가 발생했기 때문이다. 그의 의식에서는 업무량을 어느 정도 줄여 긍정적 방향으로 나아간다고 여긴다. 그러나 자신도 모르게 C 자아상태의 '어린 교수'는 이러한 변화가 생명에 위협이 된다고 느낀다. J 군의 각본 신념은 '이제 열심히 일하기를 포기했기 때문에, 죽으라는 어머니의 말을 듣지 않을 수 없다.'는 것이다. 따라서 다시 과도하게 일에 빠져들기 시작하는 것은 놀라운 일이 아니다. J 군은 '열심히 하라.'라는 대항금지명령으로 '존재하지 마라.'라는 어머니의 금지명령을 덮어씌운 것이다. 그러나 일을 덜 하게 되자, 그 동안 덮어놓았던 금지명령이 드러나게 된 것이다.

이러한 각본 구성은 역설적이고 특히 불쾌한 결과를 초래할 때도 있다. J 군은 계속 열심히 일함으로써 살아남으려는 '어린 교수'의 전략을 따른다. 그러나 여러 해에 걸쳐 일에 시달리다 보니 심장마비나 위궤양 또는 고혈압으로 쓰러질지도 모른다. 죽으라는 금지명령을 피하려고 대항금지명령에 따라 열심히 일하다가 또 다시 죽음이라는 결과를 초래하게 되는 것이다.

J 군이 이러한 부정적 각본으로부터 진정으로 해방되기 위해 어떻게 변화되어야 하는가를 보려면 먼저 복합결정의 역동성을 이해할 필요가 있다. J 군이 일을 덜 하기로 하고선 그 저변의 '존재하지 말라.'를 메시지를 그대로 둔다면, 다시 일에 빠져들게 될 것이다. 따라서 J 군의 각본을 변화시키기 위해서는 먼저 존재하지 말라는 금지명령에서 벗어나야 한다. 존재하지 말라는 금지명령 대신에 계속 살아도 좋다는 '허용'을 자신에게 제공한다면, 부담 없이 일을 줄여나갈 수 있을 것이다. 그러면 편안하게 또 영속적으로 일의 압박에서 벗어날 수 있다.

한 금지명령으로 다른 금지명령 덮어씌우기

J 군은 어머니로부터 '존재하지 마라.'라는 금지명령만 받은 것이 아니다. 어머니는 '가까이 오지 마라.'라는 금지명령도 주었다. J 군은 가벼운 금지명령을 무거운 금지명령에 대한 방어로 삼을 수 있다. 따라서 어릴 때 '누구에게든 가까이 가지 않는 한, 살아남는 데 문제가 없을 것이다.' 하고 복합결정을 내렸을 수 있다. J 군이 어릴 때 이러한 복합결정을 했다면, 자기도 모르게 어릴 때의 결정을 재연할 것이다. 따라서 사람들에게 가까이 다가가지 않고 감정을 나누기 싫어하는 사람으로 비칠 것이다. 그리고 스트로크, 특히 신체적인 스트로크 주고받

기를 어려워할 것이다. J 군은 이러한 생활 패턴에 불편을 느낄 것이다. 그는 스트로크 박탈이나 고독을 느끼고, 타인과 친밀한 관계를 맺어 보려고 시도할 것이다. 그러나 얼마 지나지 않아 이러한 노력을 포기하기 쉽다. 다른 사람으로부터 멀어질 구실을 찾거나, 배척 또는 배척당할 일을 저지를 것이다.

J 군이 의식적으로는 슬픔을 느끼고 다시 외로워진 것에 대해 당황할 것이다. 그러나 자신도 모르게 C 자아상태의 '어린 교수'는 안도의 한숨을 쉴 것이다. 만일 계속해서 사람들과 친밀해지려고 노력하여 가까이 오지 말라는 어머니의 금지명령을 위반하면, 존재하지 말라는 명령에 직면하지 않을 수 없는 것이다. J 군이 각본에서 벗어나 친밀감을 즐기려면 먼저 존재하지 말라는 금지명령으로부터 벗어나야 한다. J 군은 어떤 일이 있더라도 살기로 결정함으로써 벗어날 수 있다.

부모 간의 차이 이용

아버지는 J 군에게 '존재하지 말라.'라는 금지명령을 주지 않았다. 대신 이보다는 조금 가벼운 '생각하지 마라.'라는 금지명령을 주었다. 그러면 J 군은 '아버지의 명령에 따라 멍청하게 살면, 존재하지 말라는 어머니의 명령을 따르지 않아도 된다.'고 결정함으로써, 살아남을 수 있는 다른 전략을 마련할 수 있다. 어릴 때 이렇게 결정했다면 J 군은 어른이 된 뒤에 이따금 생각을 '접고' 살 것이다. 이러한 순간에는 혼란을 느끼며, "도대체 생각이 정리가 안 돼." 하고 말할 것이다. 자신도 모르게 어머니의 치명적인 명령으로부터 자신을 보호하기 위해 아버지의 명령을 따르기 때문이다.

반각본

어떤 사람은 자신이 받은 각본 메시지 중 하나를 정반대로 바꾸기도 한다. 그러면 원래 받았던 메시지와 정반대의 행동을 드러내게 된다. 이렇게 행동할 때 우리는 **(反)반각본**(antiscript)을 따른다고 말한다.[3)]

반각본을 따르거나 또 여기서 벗어나려는 시기는 사람마다 다르다. 그러나 보통 십대에 반각본을 따르는 경우가 많다. 한 소녀는 어릴 때부터 '항상 얌전하고 부모 말을 잘 들어라.'라는 대항각본을 잘 따랐다. 그런데 열네 살쯤 되자 갑자기 변해서 문란해지고, 귀가 시간이 늦어지고, 부모가 보기에 '나쁜 친구'들과 어울리기 시작했다. 그 동안 잘 따르던 대항각본을 벗어던진 것처럼 보인다. 그러나 실제로는 전과 같이 잘 추종하고 있다. 컬러 슬라이드의 뒷면을 보려고 뒤집듯이, 단지 자신의 각본 메시지를 뒤집은 것이다.

반각본이란 각본과 대항각본을 충분히 가지고 있을 때, '반항적 어린이(rebellious child)'가 그렇게 하기로 결정한 것으로 생각할 수 있다. 이때 더 이상 초기결정을 따르지 않는다면, 어떤 일이 일어나든 신경 쓰지 않는다. 나중에 결혼하고 난 뒤, 반각본에서 벗어나 다시 자신의 각본과 대항각본으로 돌아온다. 옛날 조용하고 관례를 잘 따랐듯이, '좋은 아내'로 바뀐다.

자신의 각본 매트릭스 그리기

큰 종이를 준비한 뒤 [그림 13-1]과 같이 각본 매트릭스를 그린다. 여기에 부모로부터 받은 각본 메시지를 적어 넣는다.

자기분석은 정확한 연습이 된다고는 볼 수 없다. 또 돌에 새긴 듯한 변함없는 대답을 할 수도 없다. 각본 매트릭스란 '당신 과거에 대한 정보의 원천'이라고 생각하면 된다. 또한 '자신의 미래를 변화'시킬 수 있는 이정표를 제공해 준다. 지도와 마찬가지로 자신의 각본 매트릭스를 수정할 수 있고, 자신에 대한 과거 정보를 많이 수집할수록 더욱 완전하게 만들어 나갈 수 있다. 새 길이 뚫리고 도로가 확장되면 옛날 것이 사라지듯이, 각본 매트릭스도 바뀔 수 있다. 직관을 통해 떠오르는 대로 적어 넣는다.

금지명령

'열두 가지 금지명령'을 쭉 살펴본다. 각 금지명령을 살펴보면서 각 금지명령에 상응하는 생활상의 문제나 불편을 겪어 보지 않았는지 검토한다.

당신과 관련된다고 여겨지는 금지명령에 주목한다. 부모로부터 주어졌을 것이라고 여겨지는 금지명령을 매트릭스에 적는다. 어떤 것은 부모 양쪽에서 다 올 수도 있다. 부모가 모델링을 통해 준 것이 기억나는가? 부모가 금지명령이 담긴 명령이나 속성을 보여 준 일이 있는가?

금지명령을 적어 넣을 때 Goulding이 제시한 열두 가지 명칭을 적는다. 만일 변형된 명칭이 더 맞다고 여겨지면, '아이처럼 굴지 마라.'('즐기지 마라'.)처럼 표준 명칭 뒤에 괄호를 만들어 그 안에 적는다.

대항각본

부모가 어릴 때 자주 했던 '하라' 또는 '하지 마라'는 말이나 슬로건 또는 모토 등을 회상해 보라. 부모가 당신 때문에 즐거워했던 때는 언제인가? 화를 낸 때는 언제인가? 부모가 즐겁거나 화가 났을 때 어떤 말을 많이 사용했는가? 당신에게 성공하라고 부모는 어떤 조언을 주었는가?

이러한 증거들을 토대로 하여 대항각본 메시지들을 적어 넣는다. 부모가 어떤 명령을 하였는지 쉽게 기억할 수 있을 것이다. 마음속으로 그 소리를 들어 보라. 확실하지 않다면 그냥 추측하라. 어떤 대항각본은 친척이나 형제 또는 교사로부터 주어질 수 있다.

프로그램

각본 매트릭스를 작성할 때, 우리는 인습적으로 부정적인 프로그램의 부분들만 적는다. (부모로부터 배운 수많은 긍정적인 '~하는 법'들을 적어 넣을 공간이 없다.) 부정적인 프로그램은 매트릭스에서 A 자아상태에서 오는 것으로 보이지만, 부모의 오염된 A 자아상태에서 나온다는 사실을 명심할 필요가 있다.

각본에 의한 결과를 얻는 데 부모 중 누구의 본을 보았는가? 흔히, 부모 중 한 사람에게서 받은 금지명령이나 대항금지명령에 대해 다른 쪽 부모가 여기에 순종할 본을 보여 주는 경우가 많다. 예를 들어, 어머니가 '감정을 느끼지 마라.'라는 금지명령을 보내면, 아버지가 '감정을 부정하는 법'에 대한 모델이 되어 준다.

'~하는 법'에 대한 진술문으로 구성된 일단의 부정적 프로그램을 적는다. 어떤 사람에게는 분명하게 드러난 부정적 프로그램 메시지가 없는 경우도 있다. 이러한 부정적인 프로그램이 떠오르지 않는다면 빈칸으로 남겨 둔다.

환상, 이야기, 꿈

제10장에서 환상, 이야기와 꿈 연습을 할 때 수집한 자료를 다시 생각해 보라. 이것은 마음속에 떠오른 대로 적은 것이다.

이것을 공식적 각본 매트릭스에 맞추어 넣어 보라. 그리고 직관적으로 이미 매트릭스에 작성해 놓은 것과 어떤 관련이 있는지 검토해 보라. 그리고 매트릭스를 수정하든지 보완해 보라.

교류분석에서는 전통적으로 이 연습에서 발견된 각본 자료를 확인하기 위해 '각본 설문지'를 사용해 왔다. 공식적인 각본 설문지는 자기주도적 각본 탐색보다 개인 면담에 더 적절한 것이기 때문에 여기서는 제시하지 않았다. 공식적인 각본 설문지 내용을 보고 싶다면 참고문헌을 보기 바란다.[4)]

제15장

과정 각본과 드라이버

제4부에서는 제14장까지 인생각본 안에 무엇—그 '내용(content)'—이 들어 있는지 살펴보았다. 이 장에서는 각본의 '과정(process)', 즉 각본에 따라 어떻게 살아가고 있는지 살펴보고자 한다.

인생각본을 연구하면서 흥미로운 사실이 발견되었다. 그것은 주요 각본 과정 유형으로 오직 여섯 가지만 있는 것 같다는 사실이다. 중국인이든 아프리카인이든 미국인이든 누구나 여섯 가지 유형 중 하나 또는 그 이상의 유형에 따라 세상을 살아간다. 이는 나이, 성별, 교육, 문화가 어떻든 동일하다. 이러한 여섯 가지의 '과정 각본(process script)'이 이 장 앞부분의 주제다.

이 장 뒷부분에서는 '드라이버 행동(driver behaviour)'이라 부르는 다섯 가지 독특한 단기적인 행동 유형을 살펴볼 것이다. 이러한 행동 유형들은 과정 각본과 밀접한 관련을 맺고 있으며 과정 각본과 마찬가지로 문화, 민족, 종교, 나이를 초월하여 보편성을 띠고 있다. 또한 과정 각본과 공통적으로 드라이버 행동들은 사람들이 '어떻게' 말하고 행동하는가—행동 또는 커뮤니케이션 '과정'—를 보아야 발견할 수 있다. 사람들의 커뮤니케이션 내용이 어떻든 그들의 드라이버 행동들을 관찰할 수 있다. 그들과 함께 상담 회기에 굳이 참여할 필요는 없다. 그리고 자기 자신에게 대해 말해보라고 요구할 필요도 없다.

사람들의 드라이버 행동을 관찰하면, 그들의 과정 각본을 정확하게 예측할 수 있다. 사실 사람들의 드라이버 행동을 살펴보면, 성격의 또 다른 많은 측면들—예컨대, 개인적인 주요 특징, 대화를 주고받는 방법, 각본 신념, 전형적인 게임 및 라켓—을 예측할 수 있다. 이러한 일단의 개인적인 특징들이 개인의 '성격적응(personality adaptation)'을 구성한다. 성격적응에 대해서는 다음 장에서 상세히 고찰하게 될 것이다.

과정 각본

여섯 가지 과정 각본 유형은 원래 Berne이 제시한 것이다.[1] 그 후 많은 교류분석 학자들, 특히 Kahler에 의해 분류가 수정되었다.[2] Berne이 제시한 각본 과정의 여섯 가지 유형은 다음과 같다.

- 까지(Until)
- 그 후(After)
- 결코(Never)
- 항상(Always)
- 거의(Almost)
- 텅 빈 결말(Open-ended)

각 유형은 고유한 주제를 가지고 있으며, 사람들이 세월을 두고 각본에 따라 살아가는 방식을 기술한다. Berne은 고전을 선호하여, 각 각본 주제를 드러내기 위해 그리스 신화를 제시했다.

'까지' 각본

'까지'라는 유형에 따라 사는 사람은 '일이 끝날 때까지는 즐길 수 없다.'는 모토로 살아간다. 이 유형에도 여러 가지 변형이 있지만, 모두 '덜 좋은 일이 끝나기 전까지는 좋은 일이 일어날 수 없다.'는 공통적인 인식을 가지고 있다.

"나를 완전히 이해하기 전까지는 변화될 수 없어."
"인생은 마흔이 지나서부터야."
"은퇴를 해야 여행 다닐 수 있지."
"저승에 가서야 다리 뻗고 살겠지."

다른 모든 과정 주제와 마찬가지로 '까지' 유형도 단기적인 것도 있고 장기적인 것도 있다. J 씨는 '아이들을 다 키워 출가시키고 난 다음에라야, 편히 쉬고 하고 싶었던 일을 할 수 있겠지.' 하고 믿는다. 그는 그때가 오기를 평생 기다리지만, 이러한 유형이 단기간에 펼쳐지기도 한다. 그는 아내에게 말한다. "좋아, 오늘 당신과 한잔 하지. 그러나 설거지가 끝날 때까지 기다려."

J 씨는 그가 사용하는 문장 구조에서도 '까지' 유형을 드러낸다. 그는 말을 할 때에도 삽입구를 잘 집어넣는다. "나는 아내에게—근데, 바로 엊그제 딸에게도 똑같이 말했지만—우리 집구석을 이렇게 둬서는 안 되겠다고 말했지." J 씨는 말을 하다가 중간에 또 다른 추가적인 생각을 잘 집어넣는다. 이러한 문장 형태를 보면, '내가 말을 끝내기 전에, 하고 싶은 말을 모두 집어넣어야 한다.'는 '까지' 신념을 반영하고 있다.

그리스의 영웅 헤라클레스도 '까지' 각본에 따라 살았다. 그는 반신(半神)이 되기까지 고된 일—왕실 마구간의 엄청난 말똥을 치우는 일—을 감당해야 했다.

'그 후' 각본

'그 후' 유형은 '까지' 유형과 정반대다. '그 후' 각본을 가진 사람은 '오늘은 즐길 수 있지만, 내일은 그 대가를 치르게 될 것이다.'라는 모토로 살아간다.

"멋진 파티군, 아 그렇지만 내일 아침이면 머리가 빠개지겠지!"
"결혼하고 나면, 남는 것은 오로지 구속뿐이야."

"아침 일찍부터 시작하기를 좋아하지만, 저녁이면 지쳐 버릴 거야."

'그 후' 각본을 가진 사람은 이러한 사례 중 첫 번째와 세 번째 문장 유형을 잘 사용한다. 처음 문장이 긍정적으로 시작하지만, 어느 시점에 '그러나'가 나온다. 그 시점 이후에는 부정적으로 끝을 맺는다. 이와 같은 문장이 '그 후' 각본 재연의 축소판이다.

'그 후'라는 유형은 그리스의 다모클레스 신화에 잘 드러난다. 다모클레스는 먹고 마시고 즐기며 살았다. 그러나 머리 위에는 항상 한 오라기의 말총에 묶인 칼이 달려 있었는데, 고개를 들어 쳐다보고 나면 살맛이 나지 않았다. 그는 칼이 언제 떨어질지 모르는 공포 속에 살았다. '그 후' 각본을 가진 사람은 다모클레스와 같이 비록 오늘은 즐기지만, 이튿날 머리에 칼이 꽂히고 나면 만사가 끝나는 대가를 치러야 한다는 기분으로 살아간다.

'결코' 각본

'결코' 각본을 가진 사람은 '내가 가장 바라는 것은 결코 얻을 수 없다.'는 생각으로 산다. A 군은 한 여자와 지속적인 관계를 맺고 싶어 했지만, 그렇게 된 적이 없다. 실제로 그는 새로운 여성들을 만날 수 있는 곳에는 가지도 않는다. 대학에 들어가서 학위를 받고 싶다는 생각은 했지만, 원서를 제출한 일이 없었다.

A군은 영원히 호수 중앙에 서 있어야 하는 저주를 받은 탄탈루스와 같다. 왼쪽에는 음식이 놓여 있고 오른쪽에는 물이 담긴 항아리가 놓여 있다. 그 어느 것도 닿지 않아, 갈증과 기아에 시달렸다. 신화 속의 탄탈루스는 어느 쪽으로든 한 발만 뻗으면 다 잡을 수 있지만, 그것을 깨닫지 못하고 있다. '결코' 각본을 가진 사람은 노력만 하면 얼마든지 얻을 수 있음에도 불구하고, 결코 노력을 하지 않는다.

'결코' 각본에서는 특별한 문장 유형을 발견할 수 없다. 그러나 '결코' 각본을 가진 사람은 흔히 부정적인 각본 내용에 대해 반복해서 이야기한다. 어느 날 자기 고민을 이야기해 놓고, 다음 날에 처음 하는 양 또 이야기한다.

'항상' 각본

'항상' 각본을 가진 사람은 '왜 내겐 항상 이런 일이 일어나는지 모르겠다.'고 푸념한다. '항상' 각본을 가진 사람은 그리스 신화의 아라크네와 같다. 자수를 잘 놓는 아라크네는 무모하게도 미네르바 여신에게 도전했다. 분노한 미네르바는 아라크네를 거미로 만들어 영원토록 거미줄이나 치게 만들었다.

M 부인은 '항상' 유형을 따르고 있다. 부인은 세 번 결혼하고 두 번 이혼했다. 첫 번째 결혼한 남자는 조용하고 내성적이고 사람들을 잘 사귀지 않았다. 부인은 역동적인 사람을 원했기 때문에 이혼했다고 친구들에게 말했다. 그러나 첫 번째 남자와 판박이인 두 번째 남자와의 약혼 소식으로 주변 사람들을 놀라게 했다. 그 결혼도 오래 가지 못했다. 세 번째 남자 또한 조용하고 내성적이고 역동적이지 못해, M부인은 그 남자에 대한 불평을 늘어놓고 있다.

M부인과 같이 '항상' 유형으로 사는 사람은 사람, 직장, 장소를 바꾸어 나가면서 계속 불만을 토로한다. 이러한 사람은 더 나은 선택은 하지 않고 이전의 만족스럽지 못했던 종류의 선택만 계속 한다. '항상' 각본을 가진 사람은 "이 치료사에게서 별 도움도 받지 못했지만, 계속 하다 보면 진전이 있겠지." 하고 말할 것이다.

M 부인은 전형적으로 '항상' 각본을 동반하는 문장 유형을 사용한다. 부인은 말을 시작해 놓고는 곧 옆길로 샌다. "내가 왜 너한테 왔나하면 말이지…. 음, 내가 여기 오는 길에 친구를 봤는데,—오, 그런데, 내게 돈이 좀 있었거든…."

'거의' 각본

그리스 신화의 시지푸스는 과민한 그리스 신들에게 미운털이 박힌 또 다른 인물이다. 그는 영원히 바위를 산 위로 끌고 올라가야 하는 저주를 받았다. 산꼭대기까지 거의 다 올라가서는 항상 바위를 놓쳐 버려 바닥까지 굴러 내려갔다. 시지푸스와 같이 '거의' 각본을 가진 사람은 "이번에는 거의 다 됐는데…." 하고 말하기 일쑤다.

F 씨는 친구에게 책을 빌린 뒤 돌려주면서, "책 빌려줘서 고마워. 거의 다 읽었는데 마지막 장만 못 읽었어." 하고 말했다. F 씨는 세차를 하면서 거의 다 깨끗하게 닦았지만, 진흙이 묻

은 몇 곳만 닦지 못했다. F 씨는 직장에서도 열심히 일해 승진 대상이 되었지만 결국 그 자리에 오르지 못했다. 승진 후보 명단에 올라갈 때마다 번번이 인터뷰에서 떨어졌다. Berne은 원래 이 각본 유형에 '계속해서 되풀이되는(over and over)' 유형이라는 명칭을 붙였다. 그러나 모든 각본 유형이 반복해서 되풀이되기 때문에, 후기의 학자들이 '거의'라는 이름을 붙였다.

Kahler는 '거의' 각본에 두 가지 유형이 있다고 말했다. 앞서 제시한 사례가 '거의 유형 I'에 속한다. '거의 유형 II'는 실제 산 정상까지 도달한다. 그러나 산 정상의 바위에 올라 안도의 숨을 쉬지 못한다. 그는 정상에 올랐다는 사실을 거의 깨닫지 못한다. 그는 잠시도 멈추지 않고 바위를 밀고 올라갈 더 높은 곳을 찾는다. 정상에 올라가서도 여전히 더 높은 곳이 없는지 두리번거린다.

거의 유형 II를 가진 사람 중에는 높은 성취를 이룬 사람들이 많다. 예를 들어, J 양은 학교에서 순조롭게 시험에 통과하여 장학금을 받고 대학에 진학했다. 최우수 등급으로 대학을 졸업할 때, 이미 박사과정에 진학하기로 결정했다. 박사 과정에서는 학회 연구비를 따기 위해 열심히 공부했다. 동료들이 부러워해도 J 양은 '해냈다'는 느낌을 갖지 못했다. J 양은 연구비를 받는 대학원생일 때 벌써 교수가 되겠다는 꿈을 이야기했다. 물론 이 말은 할 일이 더욱 많다는 뜻이요, 사람들과 어울릴 시간이 없다는 뜻이다.

'거의' 각본을 암시하는 문장 유형이 두 가지 있다. 즉, 어떤 말을 시작해 놓고는 옆길로 새서 다른 말로 끝맺는다. "오늘 여러분에게 강의하려고 하는 것은—아, 그런데 여러분에게 줄 한 페이지 분량의 유인물이 있어." 또한 '거의' 각본을 가진 사람은 긍정적인 말을 늘어놓다가 부정적인 말로 끝맺는 경우도 있다. "이 가을의 나무들이 사랑스럽지 않니? 날씨가 따뜻하고 햇살은 눈부시고. 공기가 차갑다는 것은 잊지 마."

'텅 빈 결말' 각본

이 유형은 특정 시점 이후에 변화가 일어난다는 점에서는 '까지'나 '그 후' 각본과 비슷하다. 그러나 '텅 빈 결말' 각본으로 사는 사람은 특정 시점 이후에는 텅 비어 있다. 마치 연극을 하는데 대본 마지막 부분이 날아가고 없는 것과 흡사하다.

A 씨는 40여 년간 일해 왔던 직장에서 퇴직했다. 그는 선물로 받은 기념품들과 대리석 시계와 함께 집에서 지낸다. 이런 여가 시간을 동경해 오기도 했다. 그러나 여가를 즐기기커녕 왠지 편치 않았다. 무엇을 해야 할지, 시간을 어떻게 보내야 할지 막막했다. M 부인은 아들 넷 중 막내가 장성하여 집을 떠났다. 이제 안도의 한숨을 쉬었다. 오래간만에 아이들 뒷바라지에서 벗어났다. 그러나 하루 이틀 지나면서 기분이 착 가라앉았다. 설거지할 거리도 더 이상 없고 빨랫거리도 없어, 시간을 어떻게 보내야 할지 몰랐다.

'텅 빈 결말' 각본 유형은 단기적 유형도 있고 장기적 유형도 있다. 어떤 사람은 전형적으로 단기적인 목표만 설정한다. 이 목표를 달성한 뒤에는 다른 일이 생기기 전까지 무엇을 해야 할지 몰라 허우적거린다. 그러다 또 단기적 목표를 설정하고 달성한 다음에는 똑같은 과정을 반복한다.

텅 빈 결말 각본을 가지고 사는 사람은 '특정 시점에 도달한 다음에는 내가 무엇을 할지 알 수가 없다.'는 모토로 살아간다. 이 유형은 필레몬과 바우치스 신화를 연상시킨다. 이 노부부는 동네 사람들에게 냉대를 받던 지친 나그네 모습을 한 신들을 따뜻하게 맞아 주었다. 신들은 노부부의 친절에 대한 보상으로 서로 가지들을 휘감고 있는 두 그루의 나무로 변신시켜 줌으로써 생명을 연장시켜 주었다.

과정 각본의 결합

우리는 누구나 여섯 가지의 과정 각본 유형들을 가지고 있다. 그러나 대부분의 사람들에게 이 여섯 가지 중 어느 하나가 두드러지게 나타난다. J 씨는 주로 '까지' 각본을 나타내고, M 부인은 '항상' 각본을 분명하게 드러낸다. 어떤 사람에게는 두 가지가 결합되어 있는 경우도 있다. 이때는 둘 중 하나가 주를 이루지만 나머지 하나도 중요한 비중을 차지한다. 예를 들어, 어떤 사람은 '거의' 각본의 유형 II를 가지고 있으면서 동시에 '까지' 각본을 드러낸다. 앞에 예를 든 J 양의 경우 '나는 정상에 오를 때까지 쉴 수가 없어. 그러나 어디엔가 더 높은 곳이 있으니까, 정상에 오르지는 못할 거야.'라는 모토로 산다.

'까지' 각본과 '결코' 각본을 결합한 사람은 '내 일을 끝내기 전까지는 즐길 수 없다. 그러나 내겐 결코 일이 끝나는 법이 없을 것이기 때문에, 즐길 시간은 오지 않을 것이다.'라는 신념에 따라 산다. 그리고 흔히 볼 수 있는 것이 '그 후' 각본에다 '거의 유형 I'이 결합된 경우와 '항상' 각본에 '결코' 각본이 결합된 경우다. 매 경우마다 각각의 각본 모토로 살아갈 것이다.

당신의 과정 각본 유형

앞서 제시한 여섯 가지 과정 각본 유형에 대한 설명을 죽 살펴보고, 자신이 어떤 유형에 따라 살고 있다고 여겨지는지 찾아보라.

여러분의 파트너나 또는 여러분을 잘 알고 있는 친구와 함께 탐색하는 것이 좋을 것이다. 다양한 과정 각본 유형을 읽게 한 다음, 여러분이 지니고 있는 주요 과정 각본 유형(들)이 어떤 것이라 생각하는지 물어보라.

과정 각본의 기원

왜 여섯 가지 과정 각본만 있는가? 왜 어느 문화권에서나 존재하는가? 그것은 아무도 모른다. 그 대답을 찾는 것이 앞으로의 과제라고 할 수 있을 것이다. 과정 각본은 부모가 자녀에게 전수하는 것이 아닌가 하는 생각도 든다. 그렇다면 부모에 대한 모델링을 통해 대항각본의 한 부분으로 전달되는 것으로 보인다.

드라이버 행동

1970년대 초 임상심리학자로 활동한 Kahler는 아주 흥미로운 사실을 발견했다. 그는 짧은 시간 내에서도 각본이 반복해서 드러날 수 있다는 Berne의 생각에 따라 내담자가 하는 말, 어조, 제스처, 자세, 얼굴 표정들을 관찰하였다. 그 결과 사람들이 특정 각본 행동이나 감정에 빠져들기 직전에 일관성 있게 드러내는 일단의 독특한 행동들이 있다는 사실을 발견했다. Kahler와 그 동료들은 순간순간 드러나는 다섯 가지 행동을 **드라이버**(driver)라고 불렀다.[3)]

이러한 다섯 가지 행동 유형들은 여섯 가지 과정 각본 유형들과도 관련되어 있다는 사실이 밝혀졌다. 한 사람의 드라이버 유형을 관찰하면, 그의 과정 각본이 무엇인지 비교적 정확하게 예측할 수 있다. 또한 그의 인생각본과 성격 특징에 대한 다른 많은 특징들도 예측할 수 있다. 성격 특징에 대해서는 다음 장에서 다루기로 한다.

이와 같이 다섯 가지 드라이버 행동들을 탐지하는 방법을 학습함으로써, 짧은 순간에도 상대방에 대해 많은 것을 알 수 있을 것이다. 여기서는 이러한 행동을 관찰할 수 있는 방법을 기술한다.

드라이버 행동 탐지

다섯 가지 드라이버 행동은 다음과 같다.

- 완벽하게 하라(Be Perfect).
- 강해라(Be Strong).
- 열심히 하라(Try Hard).
- 남을 기쁘게 하라(Please others).
- 빨리 하라(Hurry Up).

이러한 드라이버 행동들은 일단의 특징적인 말, 어조, 제스처, 자세, 얼굴 표정을 드러낸다. 이러한 단서는 자아상태의 행동적 진단(제5장)에서 살펴보았다. 드라이버 행동은 전형적으로 0.5초에서 1초 내의 짧은 순간 동안 드러난다. 이렇게 짧은 순간에 드러나는 것을 관찰하려면 연습이 필요하다. 연습하다 보면 곧 몸에 밸 것이다.

주의할 점은 행동적 진단을 할 때 논의했듯이, 여기서도 해설을 해서는 안 된다. 실제 보고 들을 수 있는 행동에만 초점을 맞추어야 한다. 예를 들어, 당신이 나를 보고 "엄격해 보인다."고 말하기 쉽다. 그러나 나의 얼굴, 몸, 목소리에서 무엇을 보고 내가 엄격해 보인다고 여기는가?

내 근육이 긴장되어 있는가? 목소리가 낮은가, 높은가, 큰가, 거친가? 내 눈썹이 올라가 있는가, 내려가 있는가? 내가 어느 방향으로 보고 있는가? 내가 어떻게 손짓을 하고 있는가?

드라이버를 잘 찾으려면, 이러한 관찰가능한 단서들을 잘 살펴보아야 한다. 다음 각 드라이버의 단서들을 제시해 놓았다.

완벽하게 하라

- 말: '완벽하게 하라' 드라이버 행동을 드러낼 때는 삽입구를 많이 사용한다. 예를 들면 다음과 같다.

"나는 **이미 말했듯이**, 드라이버에 관해 설명하려고 합니다."
"교류분석은 **말하자면** 일종의 성격이론이다."

'완벽하게 하라' 드라이버 행동에서는 말할 때 이러한 예처럼 단어와 구를 잘 삽입해 넣는다. 이러한 수식어가 무슨 새로운 정보를 제공하는 것은 아니다. 주로 많이 사용되는 말로는 '말하자면' '아마도' '확실히' '완전히' '이미 보았듯이' '어쩌면' 등이다.

또 다른 단서로는 말할 때 숫자나 문자로 번호를 붙여 가며 요점을 말하려고 한다. "오늘 우리의 주제는 '첫째', 드라이버를 토론하는 것이고, '둘째', 각본과의 관계를 공부하는 것입니다."

- 어조: 보통 A 자아상태에서의 목소리다. 높지도 낮지도 않은 잘 조절된 목소리다.
- 제스처: 말할 때 요점을 나타내기 위해 손가락을 꼽아 가며 설명한다. 전통적으로 '생각하는 사람'처럼 손으로 턱을 쓰다듬는다. 교회의 첨탑처럼 양 손가락 끝을 맞닿게 하는 자세를 잘 취한다.
- 자세: 흔히 A 자아상태의 모습을 잘 보이는데, 허리를 펴고 균형 잡힌 자세로 똑바로 앉는다.
- 얼굴 표정: 보통 말하다가 잠시 쉴 때, 눈을 위로 (가끔은 아래로), 옆으로 잘 본다. 마치 천장이나 벽 어딘가에 '완벽한 답'이 적혀 있는 듯이 그 쪽을 잘 바라본다. 동시에 입을 꽉 다문 채 약간 긴장되어 있다.

강해라

- 말: '강해라' 드라이버 행동을 드러낼 때는 전형적으로 자신의 감정과 거리를 두려고 하며, '내 감정과 행동은 내 책임이 아니다. 모두 외부 요인 때문이다.'는 의미를 전달하는 말을 사용한다.

"넌 나를 화나게 만들어."
"이 책은 나를 지루하게 해."
"그 생각이 나로 하여금 ~하게 했어."
"그의 태도가 싸움을 불러일으켰어."
"도심 환경이 폭력을 낳는다."

자기 자신에 대해 말하면서도 '어떤 사람' '당신' '사람들' '그것' 등 3인칭을 흔히 사용한다.

"그것이 무섭게 하네." ('나는 무섭다.'라는 의미)
"그것이 기분 좋게 하네." ('나는 기분이 좋다.'라는 의미)
"감정을 드러내서는 안 돼." ('나는 감정을 드러내지 않아야 한다.'라는 의미)
"이러한 상황이 부담을 주는군."

- 어조: 목소리에 풀기가 없고, 단조롭고, 대체로 낮은 편이다.
- 제스처: 특별한 제스처가 없는 것이 특징이다.
- 자세: 흔히 폐쇄적 자세를 취한다. 팔짱을 잘 끼고, 다리를 꼬고 앉거나, 한 다리의 발목을 다른 다리의 무릎 위에 올려놓는 자세를 잘 취하고, 몸의 움직임이 별로 없다.
- 얼굴 표정: 얼굴은 표정이 없고, 움직이지도 않는다.

열심히 하라

- 말: '열심히 하라' 드라이버 행동을 드러낼 때의 전형적인 말투는 '어?' '뭐?'와 같이 질문하는 듯한 소리와 '할 수 없다' '뭐라고?' '다시 한번 말해 달라' '이해가 안 돼서' '~하기 어렵다'는 표현을 잘 사용한다. '열심히 하라' 드라이버 행동을 드러내는 사람은 이따금 '노력하겠다(try)'는 말을 사용한다.

"내가 당신에게 말하려고 하는 것은…."
"우리가 합의한 것을 하려고 애써 보겠다."

그러나 경험상 '노력하겠다'는 말은 '열심히 하라' 드라이버 행동을 진단하는 데 좋은 단서는 되지 못한다. 드라이버 행동으로 이 말을 사용할 때는 항상 '실제로 무엇을 하겠다는 뜻이 아니라, 노력해 보겠다.'는 것을 전달한다.

- 어조: 가끔 목 근육이 긴장되어 소리를 죽여 나직하게 들리거나 옥죄는 듯한 목소리를 낸다.
- 제스처: 무엇을 듣거나 보려고 애쓰는 것처럼 한 손을 눈가나 귓가에 잘 댄다. 그리고 주먹을 꽉 쥐기도 한다.
- 자세: '남을 기쁘게 하라' 드라이버 행동에서와 마찬가지로 '열심히 하라' 드라이버 행동에서도 몸을 앞으로 잘 구부린다. 그리고 손은 무릎 위에 잘 놓는다. 일반적인 인상은 어깨가 구부정한 자세다.
- 얼굴 표정: '열심히 하라' 드라이버 행동의 독특한 단서는 이맛살을 찌푸려 코 위에 두 줄의 가로선이 그어진다. 눈 그리고 이따금 전체 얼굴을 찡그려 주름이 잡힌다.

남을 기쁘게 하라

- 말: '남을 기쁘게 하라' 드라이버 행동을 드러내는 사람은 '그 후' 각본의 단서에서 보았듯이, 좋은 말로 시작하지만 뒤끝이 좋지 않은(high-but-low) 문장을 잘 사용한다.

"강의를 잘 들었습니다만, 말씀하신 것을 제대로 기억할지 모르겠군요."

"얼마나 멋진 파티냐! 그렇지만 내일 아침이면 후회하겠지"

'남을 기쁘게 하라' 드라이버 행동을 드러내는 사람은 '좋지?' '음?' '괜찮아?' '~한 종류의…'와 같은 질의어나 구를 사용하기 좋아한다.

- 어조: 목소리가 높고 좀 꽥꽥거리는 톤이며, 전형적으로 말끝이 올라간다.
- 제스처: 손을 잘 뻗고, 손바닥을 위로 하고, 고개를 잘 끄덕인다.
- 자세: 어깨를 앞으로 구부리고, 상대방을 향해 몸을 기울인다.
- 얼굴 표정: '남을 기쁘게 하라' 드라이버 행동을 드러내는 사람은 고개를 살짝 숙인 채 상대방을 쳐다보는 일이 많다. 눈썹을 치켜 올린 채 상대방을 쳐다보기 때문에 이마에 잔주름이 많이 생긴다. 동시에 입은 마치 미소 짓는 듯한 표정이다. 그러나 드라이버가 아닌 진정한 미소와 비교할 때, 이 드라이버 행동에서의 미소는 좀 긴장되어 있다. 윗니가 드러나고, 게다가 가끔 아랫니도 드러낸다.

빨리 하라

- 말: '빨리 하라' 드라이버 행동을 드러낼 때는 '어서…' '빨리' '자, 하자' '시간이 없어'라는 말을 많이 사용한다.
- 어조: 스타카토, 기관총처럼 말한다. '빨리 하라' 드라이버 행동을 드러내는 사람은 말을 급하게 쏟아내는 바람에 혼동하기도 한다.
- 제스처: 손가락으로 책상을 가볍게 톡톡 두드리고, 발로 바닥을 가볍게 툭툭 치거나 흔들고, 의자를 흔들고, 시계를 반복해서 본다.
- 자세: 특별한 자세는 없고 전체적인 인상은 초조한 듯하다.
- 얼굴 표정: 흔히 시선의 방향이 빠르게 자주 바뀐다.

우리의 경험상 한 사람이 특정 순간에 '빨리 하라' 단서를 여러 가지 보이는 일은 흔치 않다. '빨리 하라' 드라이버 행동 단서는 한 가지를 드러내면서, 동시에 다른 드라이버의 여러 단서를 드러내는 경우가 흔히 있다. 예를 들어, 내가 '강해라' 드라이버 행동을 드러낼 때, 나는 굳은 얼굴로 팔짱을 끼고 다리를 꼬고 앉은 자세에서 움직임을 보이지 않을 것이다. 그리고 쉴 새 없이 왼발을 흔들 것이다.

하나의 드라이버 단서로는 불충분하다

드라이버를 제대로 진단하려면 '함께 드러나는 여러 단서들'을 다 살펴볼 필요가 있다. 하나의 단서만으로는 충분하지 않다. 예를 들어, 내가 "노력하겠다."고 말할 때, 당신은 '아하! 그는 '열심히 하라' 드라이버 행동을 드러내고 있구나.' 하고 결론을 내릴 것이다. 그러나 꼭 그렇지는 않다. 나의 다른 행동 단서들을 보면 나의 입가는 긴장되어 있고, 눈은 천정을 향해 있고, 손가락을 꼽고 있다. 이러한 단서들을 보면 '완벽하게 하라' 드라이버에 더 가깝다. 그리고 내가 노력하겠다고 말할 때의 다른 단서들을 보면 내가 드라이버 행동을 드러내는 것이 아니라, A 자아상태에 놓여 있다는 신호일 수 있다. (앞에서 여러 단서들을 보라고 한 말은 '빨리 하라' 드라이버에서는 예외다.)

주의: 내용에 대한 관찰로는 드라이버를 탐지할 수 없다

드라이버를 효율적으로 탐지하려면 '과정'에 초점을 맞추어야 한다. 행동의 '내용'에 대한 관찰로는 드라이버를 탐지할 수 없다. 예를 들어, 당신의 친구 A 씨에게서 '어떤 일이든 완벽하게 처리하기를 원한다.'는 인상을 받았다고 가정하자. 그가 외출할 때 구두를 깨끗하게 닦지 않고는 못 배긴다는 것을 보았을 것이다. 아니면 문서도 완벽하게 작성하는 모습을 보았을 것이다. 당신은 이러한 특징들에 관심을 가졌을 수 있다. 그러나 이것만으로는 '완벽하게 하라' 드라이버라고 진단하기 어렵다. '완벽하게 하기를 원한다.'는 것은 특정 행동의 내용이지 과정은 아니다. A씨가 '완벽하게 하라' 드라이버를 드러낸다는 것을 알기 원한다면, 말을 할 때 삽입구를 잘 사용하는지, 말을 하다 잠시 중단하고 천정을 쳐다보는지, 손가락을 꼽으면서 말하는지 체크해야 한다.

이와 마찬가지로, J 양에게 "남을 기쁘게 하는 것이 중요하다는 사실을 아느냐?"라고 묻자,

J 양이 그렇다고 대답했다고 하자. 이러한 대답은 그녀의 성격에 대해 말하는 것이지, 그녀가 '남을 기쁘게 하라' 드라이버 행동을 나타내는지 나타내지 않는지 찾는 방법은 될 수 없다. 이 드라이버는 다른 드라이버와 마찬가지로 아주 분명하고 순식간에 나타나는 행동들을 봐야 알 수 있다. '남을 기쁘게 하라' 드라이버를 탐지하려면, 순간순간 눈썹을 치켜올리는지, 윗니를 드러내는지, 위쪽을 보다가 얼굴을 아래로 떨어뜨리는지, 어깨를 으쓱하는지, 말끝이 올라가는지 체크해야 한다.

불행하게도, 일부 교류분석 이론가들은 내용을 보고 드라이버를 탐지할 수 있다는 유혹에 빠져 왔다. 그러나 이것은 오해다. 여러분은 이러한 오해를 하지 않기를 간절히 바란다. 여러분이 드라이버를 잘 탐지하려면, 항상 '과정에 주목하라.'는 원리를 잊어서는 안 된다.

일차적 드라이버

누구나 다섯 가지 드라이버 행동을 다 드러낸다. 그러나 대부분의 사람은 가장 흔히 나타내는 한 가지의 드라이버를 가지고 있다. 이것은 상대방과 교류를 할 때 상대방이 보내는 자극에 대해 '가장 먼저' 드러내는 반응일 것이다. 이것을 **일차적 드라이버**(primary driver)라 한다. 어떤 사람은 드러내는 빈도가 비슷한 두 개의 주요 드라이버를 가지고 있다. 그리 흔한 일은 아니지만, 주요 드라이버를 세 개 또는 그 이상 가진 사람도 있다.

드라이버 행동 탐색 연습

TV를 가지고 있다면 인터뷰 프로그램을 주시해 보라. 이것을 사용하여 순간순간 드러나는 드라이버 행동을 탐지하는 연습을 할 수 있다. 녹음을 할 수 있다면, 이러한 연습을 하면서 이 프로그램을 녹화했다가, 느린 화면이나 정지 화면으로 다시 관찰하면 좋다.

프로그램에 등장하는 인물마다 서로 다른 일차적 드라이버를 드러내는지 검토해 보라. 자신이 좋아하는 코미디언이 자신이 싫어하는 정치인과 일차적 드라이버가 어떻게 다른지 관찰해 보라.

자신이 주로 드러내는 일차적 드라이버가 무엇인가? 그것을 적어 보라.

이제 객관적으로 검토하기로 하자. 드라이버 단서를 아는 사람에게 자신을 관찰하게 하거나 비디오로 자신을 녹화해서 틀어 보라. 처음 자신의 드라이버에 대해 추측했던 것과 일치하는가?

만일 집단 활동을 하고 있다면, 세 집단으로 나눈다. 그리고 누가 내담자가 되고, 누가 상담자가 되고, 누가 관찰자가 될지 결정한다. 내담자는 가벼운 주제를 가지고 상담자와 3분간 대화를 한다. 상담자는 자신이 원하는 대로 듣고 반응한다. 이때 시간을 꼭 지킨다. 관찰자는 내담자와 상담자의 행동에서 드러나는 드라이버를 적는다. (처음 연습할 때는 관찰자가 내담자의 드라이버 행동에만 초점을 맞추어도 된다.) 3분이 되면 어떤 드라이버를 찾았는지 피드백을 준다. 그런 다음 역할을 바꾸어 연습한다.

일상적으로 만나는 사람들에게서 드라이버 행동을 찾는다. 일을 할 때나 시장을 볼 때, 여행할 때, 친구들과의 일상적 대화를 할 때에도 드라이버를 탐지하는 연습을 해 본다. 상대방이 여기에 대해 관심이 있다면 몰라도 그렇지 않으면 드라이버를 탐지하고 있다는 말을 할 필요는 없다.

드라이버와 과정 각본 유형

일차적 드라이브를 알게 되면, 자신의 주요 과정 각본 유형을 알 수 있다.[4] 아래 목록에 드라이버와 과정 각본 유형의 관련성이 제시되어 있다.

과정 각본 '거의 I'를 가진 사람은 '남을 기쁘게 하라'와 '열심히 하라'는 드라이버를, '거의 II'를 가진 사람은 '남을 기쁘게 하라'와 '완벽하게 하라'는 드라이버를 각각 비슷하게 드

〈표 15-1〉 드라이버와 과정 각본 유형

주요 드라이버	과정 각본
완벽하게 하라	까지
완벽하게 하라 + 강해라	까지 + 결코
강해라	결코
열심히 하라	항상
남을 기쁘게 하라	그 후
남을 기쁘게 하라 + 열심히 하라	거의 I
남을 기쁘게 하라 + 완벽하게 하라	거의 II
남을 기쁘게 하라 + 완벽하게 하라	텅빈 결말

러낸다. '텅빈 결말 각본을 가진 사람은 '남을 기쁘게 하라'와 완벽하게 하라'는 드라이버를 드러내지만, 이 두 드라이버를 '거의 II'보다 더 강하게 드러낸다.

당신의 일차적 드라이버와 각본 과정

당신의 전형적인 과정 각본이 무엇인지 이미 찾아보았다. 또한 일차적 드라이버도 찾아보았다. 그러면 당신의 과정 각본과 일차적 드라이버 이 두 가지가 앞에서 설명한 것과 같이 서로 부합되는가?

만일 서로 부합되지 않는다면 무엇 때문인가? 앞에서 설명한 드라이버와 과정 각본 간의 연결은 일반화된 것이기 때문에, 당신에게 맞지 않을 수도 있다. 그러나 수천 가지의 사례에서 입증된 것이기 때문에 상당히 신뢰할 만하다. 만일 자신의 드라이버와 과정 각본이 맞지 않다면, 자신의 주요 드라이버와 과정 각본 유형을 다시 한번 검토해 보는 것이 좋을 것이다. 우리의 경험으로 볼 때, 이 두 가지가 맞지 않은 것은 자신의 주요 드라이버를 제대로 찾지 못했기 때문일 수도 있다.

드라이버 '행동'과 드라이버 '메시지'

이 책을 순서대로 읽어 왔다면, '나는 이미 다섯 가지 드라이버 명칭을 본 거구나.'라는 생각이 들었을 것이다. 드라이버 명칭은 제13장에서 언급하였다. 그곳에서 '대항각본 형성에 중요한 역할을 하는 다섯 가지 명령'으로 언급하였다. 우리가 '드라이버'에 대해 말할 때, 대항각본 메시지에 대해 말하거나 관찰 가능한 행동에 대해 말하는 것인가?

사실 두 가지 다 말하고 있는 것이다. 드라이버 메시지로는 다섯 가지가 있는데, 대항금지명령을 다룬 각본 매트릭스에 들어 있다. 그리고 제13장에서도 말했듯이, '드라이버가 내적으로 재연될 때, 이 드라이버에 전형적으로 수반되는 일단의 행동들을 나타낸다.' 바깥으로 드러난 이러한 '일단의 행동들'이 바로 드라이버 행동이다.

각본 메시지와 마찬가지로, 어린이가 순종하기로 결정한다면 이것이 바로 '각본 결정'이 되는 것이다. 드라이버 메시지에 따른 결정은 대항각본의 일부를 이룬다. 이러한 각 대항각본 결정의 내용은 〈표 15-2〉에 제시되어 있다.

〈표 15-2〉 다섯 가지 드라이버의 토대가 되는 대항각본 결정

드라이버 명칭	대항각본 결정
완벽하게 하라	모든 것을 제대로 해야 나는 OK다. (따라서 일을 마무리하기 전에 하나하나 꼼꼼히 챙겨야 한다.)
강해라	감정과 바라는 것이 없어야 나는 OK다.
열심히 하라	계속 열심히 해야 나는 OK다. (따라서 내가 해야 할 일을 실제로는 하지 않을 것이다. 내가 그렇게 한다면, 열심히 해야 할 일이 없어지기 때문이다.)
남을 기쁘게 하라	남의 눈에 들어야 나는 OK다.
빨리 하라	빨리 해야 나는 OK다.

드라이버와 생활자세

이 표를 보면서 대항각본 속의 드라이버 메시지가 생활자세에 특별한 의미를 띤다는 사실을 발견했을 것이다. 부모가 던지는 메시지가 '네가 완벽하게 한다면, 남을 기쁘게 한다면… 너는 OK다.'라고 하자.

우리가 각본을 따르면서 AC에서 부모가 던진 P 자아상태 메시지를 듣고 있다면, '내가 완벽하게 하면… 내가 남의 눈에 들면, 나는 OK일 것이다.'라는 자세를 취하게 된다. 우리는 드라이버가 '조건적 OK' 자세를 반영한다고 본다.

드라이버와 과정 각본의 관계

드라이버 행동과 과정 각본 유형은 왜 밀접한 관련을 맺고 있는가? 그것은 바로 드라이버 행동 자체가 과정 각본의 축소판이기 때문이다. 내가 드라이버 행동을 드러낼 때마다 나는 잠깐 동안 이에 상응하는 과정 각본 유형을 연출하는 것이다.

Kahler가 말했듯이, 다섯 가지 드라이버는 not-OK(구조적) 대항각본의 기능적 표현이다. 예를 들어, 내가 교류분석을 강의하고 있다고 하자. "교류분석은—1950년대 후반부터 Eric Berne에 의해 처음 개발되었는데—이것은 성격을 이해할 수 있는 체계 또는 모델이라고 보

아야 합니다. 적어도 이것이 교류분석에 대한 첫 정의입니다."라는 식으로 말한다. 이와 같이 삽입구를 넣어 가며 말하면서 마치 천정에 완벽한 정의를 적어 놓은 것처럼 천정을 쳐다본다. 그리고 가능한 한 정확하게 말하고 있는지 확인하려는 듯 '체계'와 '모델'이라는 두 개념을 손가락으로 짚어 가며 말한다.

내가 **완벽하게 하라**는 일단의 행동을 드러내는 순간에 '네가 모든 것을 제대로 해야 OK'라는 P 자아상태의 소리를 따르는 것이다. 나의 AC에서 이러한 소리를 들으면서, '충분히 검토하기까지는 끝낼 수 없다.'고 믿는다. 그렇지 않으면 나는 not-OK다 하고 C 자아상태의 신념이 말한다. 이와 같이 나는 몇 초라는 짧은 순간에 '까지'라는 각본 과정을 수행했다. 이렇게 함으로써 그 과정을 더욱 강화시켰다.

이러한 드라이버-각본 관계는 다른 세 가지 드라이버에서도 마찬가지다. 내가 '남을 기쁘게 하라' 드라이버를 보일 때마다, 나는 '그 후' 각본 유형을 따른다. 내 머리 속에서 P 자아상태가 '사람들을 기쁘게 해야, 너는 OK'라는 대항각본을 반복해서 들려준다. 따라서 눈썹을 치켜올리고 이를 드러낸 미소로 AC에서 남들을 충분히 기쁘게 하기를 바란다. 그러나 남의 눈에 드는 데 에너지를 다 소모하고 나면 다모클레스의 칼이 머리 위로 떨어지듯 우울감을 느끼게 된다.

강해라 드라이버를 드러낼 때, '자기감정이나 자기가 원하는 것을 숨겨야 OK다. 사람들에게 약한 모습을 보여서는 안 된다.'는 대항각본 메시지에 맞춘다. AC에서 이러한 메시지를 들으면서 바깥으로 내 감정이나 원하는 것에 대한 신호 보내는 것을 차단함으로써 순종한다. 따라서 얼굴은 무표정하고 움직임을 거의 보이지 않고 목소리도 담담하기 짝이 없다. '강해라' 드라이버 행동을 보일 때 '결코'라는 각본 과정 유형을 따르고 이를 강화하게 된다. 주위 사람들의 따뜻한 시선과 스트로크를 원하면서도 내색하지 않는다. 탄탈루스처럼 조금만 나가면 원하는 것을 얻을 수 있지만 나가기를 그만 둔다.

나의 일차적 드라이버가 '열심히 하라'라고 가정해 보자. 당신이 나에게 질문할 때, 몸을 앞으로 구부리고, 코 위에 두 줄의 가로선이 그어질 정도로 이맛살을 찌푸리고, 눈을 가늘게 뜨고 쳐다본다. 손을 머리에 대고, 상대방의 말이 잘 들리지 않는 것처럼 "어? 뭐라고? 무슨 말이지?" 하고 말한다. 그러나 실제로는 잘 들린다. 내가 '열심히 하라' 드라이버 행동을 드러내고 있다고 하자. 몇 초 동안 나는 과거로부터의 P 자아상태 목소리를 듣고 있는 것이다.

나의 P 자아상태에서는 '여기서 내가 OK로 머물려면, 계속해서 열심히 하지 않으면 안 된다.'고 말한다. 나는 AC에서 이 명령을 따르기 위해, 내가 어떤 일이든 하도록 내버려둘 수 없다는 것을 '안다'. 만일 제대로 한다면 '열심히 하라' 명령을 더 이상 지킬 수 없기 때문이다.

나는 열심히 하려고 하면서도, 실제로는 하지 않는다. 다람쥐 쳇바퀴 돌 듯 늘 '항상' 각본 유형을 따라 산다. 나는 내가 있는 곳을 그리 좋아하지 않을 수 있다. 다른 곳으로 떠나 보려고도 하지만, 실제로는 떠나는 데 필요한 조처를 취하지 않는다.

두 가지의 '거의' 각본과 '텅빈' 각본의 경우에는 각본과 드라이버의 관련이 분명하지 못하다. '빨리 하라' 드라이버에서는 드라이버와 각본 간에 직접적인 관련은 없다는 것을 알았을 것이다. '빨리 하라' 드라이버는 여러 드라이버 중에 예외적이다. 이것은 다른 드라이버를 일차적 드라이버로 삼고 잘 등장하며, 또 그 일차적 드라이버의 강화물로 작용한다.

드라이버 행동은 '각본에 이르는 문'

Kahler가 드라이버 행동에 대해 초기에 발견한 것들 중 하나가 사람들이 라켓 감정을 경험하거나 내적으로 금지명령을 '듣기' 직전에, '항상' 드라이버 행동을 나타낸다는 사실이다.[5)]사람들이 각본으로 들어가려면 반드시 드라이버라는 관문을 거쳐야 하는 것 같다.

이러한 발견은 유용한 것이 분명하다. 특정 행동이나 감정이 각본에 의한 것인지 그렇지 않은 것인지 알고 싶을 때가 많을 것이다. 예를 들어, 당신이 어떤 사람과 대화를 나누고 있는데 그 사람이 웃음을 짓는다고 가정해 보자. 그 웃음이 진정한 웃음인가 아니면 각본에 의해 일어나는 웃음인가? 한 사람이 분노를 표현한다고 할 때, 그것이 라켓 감정인가 아니면 진정한 감정인가?

드라이버 행동이라면 드러내는 단서가 있다. 상대방이 웃음을 보이기 '직전'에 드라이버 행동을 나타냈는가? 또 분노를 표현하기 직전에 드라이버 행동을 드러냈는가? 만일 그런 일이 없다면 상대방의 웃음이나 분노가 각본과 아무 관련이 없다. 이미 말했듯이, 각본으로 들어가기 전에 항상 드라이버 행동을 나타낸다. 그러나 드라이버 행동을 나타낸 뒤에 각본으로 들어가지 않을 수도 있다. 즉, 드라이버 행동에서 벗어나 각본을 따르지 않는 감정이나 행동을 드러낼 수도 있는 것이다. **각본에 이르는 문**(gateway into script)은 다른 문과 같다고 하겠다. 문 앞에 와놓고도 둘러보기만 했지 들어가지 않는 경우도 있다. 또 어떤 때에는 문 앞에 와서 문을 열고 안까지 들어가는 경우도 있다.

이러한 사실은 C 자아상태가 드라이버를 'OK의 조건'으로 본다는 것을 반영한다. 내가 '완벽하게 하라' 드라이버 행동을 드러내고 있다고 가정하자. 나는 머릿속으로 들려오는 '네가 일들을 완벽하게 처리하는 한 너는 OK'라는 P 자아상태 목소리를 듣는다. 이때 C 자아상태에서는 두 가지 일 중 하나가 먼저 일어나고 그다음 일이 따라 일어난다. 즉, 나는 내적인 P 목소리를 충족시키기 위해 일을 완벽하게 처리하는 행동을 경험한다. 이러한 사건을 통해 나는 OK 상태에 머물 수 있다. 당신이 밖에서 나를 보면, 내가 잠깐 동안 '완벽하게 하라' 드라이버 행동을 드러냈다가 드라이버와 관련이 없는 A 자아상태로 복귀하는 것을 볼 수 있을 것이다. 나는 잠깐 동안 드라이버 '문'을 열고 들여다본 뒤 다시 닫은 것이다.

그러나 '완벽하게 일을 하라'는 내적인 P 자아상태의 목소리를 따르지 않을 수도 있다. 그러면 나의 C 자아상태 신념은 '나는 더 이상 OK가 아니다.'가 된다. 그리고 드라이버 '문'을 통해 들어가 부정적인 각본을 따른다. 그러면 당신은 나의 외부적 행동을 통해 내가 라켓과 함께 드라이버 행동을 드러내고, 각본에 따른 웃음을 보이며 드라마 삼각형으로 이동하는 것을 보게 될 것이다.

요약하면, 드라이버 관찰을 통해 각본으로 빠져 드는지 그렇지 않은지 판단할 단서가 있다.

- 드라이버 행동을 보이지 않는다면, 그 후의 감정이나 행동이 각본과 관련이 없다.
- 드라이버 행동을 보인다면, 그 후에 따르는 감정이나 행동이 각본을 '따를 수도 있고 그렇지 않을 수도' 있다.

드라이버의 기원

왜 드라이버 행동은 오로지 다섯 가지밖에 없는가? 왜 문화, 연령, 교육을 초월하여 모든 사람에게 동일한가? 각 드라이버마다 일관되게 따르는 고유한 대항각본 메시지가 있는가? 그것은 아무도 모른다.

Kahler는 드라이버가 천성 및 양육의 결과라고 본다.[6] 이렇게 볼 때 드라이버는 '자동적'

으로 드러나는 성격을 띤다. 현대 신경과학에서 특정 얼굴 표정이나 제스처 등은 문화권을 초월하여 특정 사회적 메시지를 전달한다는 재미있는 발견도 있다.[7] 아마 드라이버 행동도 이러한 범주에 속할 것이다. 그러나 이러한 생각은 단지 추측에 불과하다. 현대의 교류분석이 해결해야 할 가장 중요한 과업 중 하나가 바로 드라이버 행동의 기원을 밝히는 일일 것이다.

드라이버와 과정 각본 치료

1970년 후반부터 십여 년 간 일선 교류분석가들은 과정 각본과 드라이버를 처음 인식한 후, 내담자를 치료할 '마법의 탄환'을 찾은 것처럼 생각했다. 드라이버가 '각본에 이르는 문'이기 때문에, 내담자로 하여금 자신의 드라이버 행동을 직면하게 하면 내담자가 그 '문'을 닫도록 도울 수 있다고 생각한 것이다. 그러면 처음부터 각본으로 빠져들지 않도록 도울 수 있다고 내다보았다.

과정 각본에서 벗어나는 것은 그리 어려운 일이 아니라고 생각한 것이다. 이것은 혼자서도 할 수 있다. 지금까지 어떤 과정 유형에 따라 살아왔는지 깨닫기만 하면 된다고 보았다. 당신이 과정 유형을 변화시키기 원한다면, A 자아상태에서 그 유형과 정반대의 행동을 하기로 결정하면 된다고 보았다. 예를 들어, '그 후' 각본에 따라 살아왔다면, 파티를 즐기고 또 그 후의 이튿날 아침에도 좋은 기분을 갖기로 자신과 계약한다. 이 책의 초판을 포함하여 그 당시의 교류분석 책들을 보면, A 자아상태에서의 사고와 행동을 통해 과정 유형을 변화시킬 상세한 방법들을 제시하고 있다.

그러나 각본을 변화시키려는 이러한 방법에는 큰 문제가 있음이 드러났다. 그것은 바로 이러한 방법들이 아무 소용없다는 사실이다. 아니면 변화가 일어난다 하더라도 이러한 변화가 지속되지 못한다는 것이다.[8]

경험상 첫 번째 잘못된 것은 드라이버 행동에 직면시키는 것이 치료적으로 유용하다는 생각이다. 물론 한 사람이 나타내는 드라이버 행동에 직면시키는 것은 가능한 일이다. 그러나 자신의 드라이버 행동을 직면하게 되면 즉각 나쁜 감정을 느끼기 시작한다. 그리고 드라이버 행동에 직면해도 각본으로부터 벗어나기는커녕 바로 빠져들게 된다는 것이다. 드라이버 행동은 '나는 고통 속으로 빠져들기 시작한다.'고 말하는 C 자아상태로부터의 사회적 신호일 수 있다는 점을 감안할 때, 계속 드라이버 행동에 직면하도록 고집하면 상대방에게 어떤 의미를 전달하게 되겠는가? 그들은 C 자아상태에서 '나는 당신이 무엇을 말해도 '듣지' 않을 것이다.'라는 메시지를 보내는 것으로 느끼게 될 것이다. 그렇다면 그들이 나쁜 감정을 느끼게 되는 것은 당연한 사실이다.

따라서 현대의 교류분석에서는 내담자로 하여금 자신의 드라이버 행동에서 벗어나도록 요구하지 않는다. 그 대신 우리는 내담자의 드라이버 행동을 관찰하고 이를 진단용으로 '사용'한다. 우리는 내담자의 드라이버 행동을 통해 내담자의 각본과 성격 유형에 대한 풍부한 정보를 얻고, 여기서부터 작업을 시작한다.

어떤 사람은 자신의 과정 각본과 의도적으로 반대되는 행동을 함으로써 과정 각본에서 벗어날 수 있다는 제안을 한다. 물론 이렇게 하면 일부 사람들에게는 영속적인 변화를 일으킬 수도 있다. 그러나 대부분의 사람에게는 일시적인 효과가 있을지 모르지만, 다시 기존의 과정 유형을 답습하게 된다. 예를 들어, '그 후' 각본을 가진 사람이 파티를 즐기고 또 다음 날도 좋은 감정을 갖기로 했다고 하자. 처음 얼마 동안은 그럴 수 있다. 그러나 다른 파티에 참석하고 즐긴 뒤, 다음 날 아침 끔찍한 감정을 느끼고 "그때 무슨 일이 있었지?" 하고 말하게 된다.

왜 그런가? 그 단서는 제14장에 처음 언급하였다. 즉, 인생각본 내에서 역동적인 균형을 유지하기 위해, 하나의 각본 결정을 다른 각본 결정에 대한 방어용으로 사용하는 경우가 많다. 특히 대항각본 결정은 원래 각본 내의 다른 결정에 대한 방어로 사용될 수 있다. 예를 들어, C 자아상태에서 '내가 남을 기쁘게 하는 한, 나는 존재할 수 있다.'는 '복합결정'을 할 수 있다.

이미 이 장에서 살펴보았듯이, 과정 각본 유형은 대항각본의 한 부분이다. J 씨는 주요 각본 유형이 '까지'다. J 씨는 '나의 일을 모두 마치기 전까지 즐기는 일을 미루는 한, 나는 살아남을 수 있다.'고 복합결정을 했을 수 있다. 그렇다면 J 씨는 '까지' 각본 유형을 '존재하지 마라.'라는 금지명령에 대한 방어로 사용할 수 있다.

이제 J 씨가 A 자아상태에서 '까지' 유형에서 벗어나기로 결정했다고 가정하자. 이것이 그의 C 자아상태에서 죽음에 대한 방어를 풀기로 했다는 것을 의미한다. 그러나 '까지' 유형을 '존재하지 마라.'라는 금지명령에 대한 방어로 사용해 왔기 때문에, 바로 자살을 기도하리라는 법은 거의 없다. 그 대신 그의 C 자아상태는 행동 변화를 '방해'할 방법을 찾을 것이다. 그래서 J 씨는 "나는 나의 '까지' 각본에서 벗어나기로 결정했다는 것을 안다. 그래서 일을 곧 해치울 것이다.—그러나 잠깐만, 이메일의 받은 메일함을 비울 필요가 있다."는 말을 들을 것이다.

요약하면, 한 사람이 과정 각본 유형을 더 해로운 각본에 대한 방어로 사용하고 있다면, A 자아상태에서 이러한 과정 각본 유형을 변화시키기로 어떤 결정을 해도 실패하기 쉽다. 최악의 경우에는 더 해로운 결과를 초래할 수도 있다.

당신이 원하지 않는 과정 각본을 가지고 있다면 어떻게 해야 하겠는가? 그럴 때에는 유능한 치료사나 상담사를 찾아가 당신의 과정 각본이 '더 무거운' 각본 결정에 대한 방어로 사용되는 것은 아닌지 당신의 각본을 탐색하기를 권고한다. 당신이 따르고 있는 과정 각본이 더 무거운 각본 결정에 대한 방어가 아니라는 사실이 드러나면, 당신이 원하지 않는 과정 각본과 반대되는 행동을 하기로 계약을 맺으면 된다. 그러나 당신의 과정 각본이 더 해로운 각본 결정에 대한 방어로 사용되고 있다는 사실을 깨닫게 되면, 더 무거운 결정부터 해결하는 방안을 찾아야 한다. 더 무겁거나 해로운 각본 결정을 해결하고 나면, 당신이 원하지 않는 과정 각본 유형을 더욱 쉽고 안전하게 변화시킬 수 있을 것이다.

제16장

성격적응

현대의 교류분석에서 가장 유용한 개념 중 하나가 '성격적응(personality adaptation)' 모델이다. **성격적응**이란 자랄 때 자기 가정에서 가장 효과가 있었던 경험을 토대로 하여 세상에 대처해 나가는 것을 말하는데, 여섯 가지 방식이 있다. 이 장에서는 여섯 가지 적응을 발견하는 방법을 살펴보고자 한다. 이 장 전체에 걸쳐 자신의 적응 유형을 발견하는 데 도움이 될 연습을 수록하였다.

성격적응을 알면 왜 유용한가

당신이 한 사람의 성격적응을 알게 되면, 그 사람에게 바로 적용할 수 있는 폭넓은 추가 정보들을 얻을 수 있다. 무엇보다 먼저— '어떤 사람인지'—그 사람의 성격에 대한 일반적 기술을 얻을 수 있다. 나아가 앞 장에서 보았듯이, 그 사람의 주요 '과정 각본'을 예측할 수 있다. 각 적응마다 자기 자신과 타인과 세상에 대한 일단의 전형적인 '각본 신념'을 가지고 있다. 또한 각 적응마다 각본을 따를 때 드러내기 쉬운 전형적인 정서와 행동 유형들—즉, 전형적인 '게임' '라켓' '라켓 감정'—을 가지고 있다. 이러한 정보는 치료(자가 치료 포함)와 상담에서 개인적 변화의 출발점으로서 매우 중요한 자료가 된다. 또한 일상생활에서도 자신과 타인을 이해하고 또 주위 사람들과 함께 지낼 수 있는 최상의 방법을 찾는 데에도 도움을 준다.

각 성격적응마다 건설적으로 사용할 수 있는 전형적인 긍정적 특성이 있다. 이러한 지식은 개인의 강점을 살리는 데 도움을 준다. 또한 성공적인 팀 빌딩에도 도움이 되기 때문에 조직 분야에서도 유용하게 쓰인다.

상대방의 성격적응을 알면, 그 사람과 접촉하고 관계를 유지할 수 있는 최상의 방법을 찾을 수 있다. 당신이 사람들을 대할 때 사고, 행동, 감정이라는 세 가지의 **접촉 영역**(contact area)이 있다. 최상의 관계를 맺기 위해서는 접촉해야 할 영역의 순서를 체계적으로 선택할 수 있어야 한다. 접촉할 영역의 순서를 다룬 **Ware 시퀀스**(Ware Sequence)에 대해서는 곧 살펴보게 될 것이다.

여섯 가지 성격적응

성격적응이라는 개념을 처음 제안한 사람은 정신의학자 Paul Ware와 임상심리학자 Taibi Kahler다.[1)] 그리고 이 영역의 이론과 실제에 크게 공헌한 사람은 이 책의 저자 중 한 사람인 Vann Joines다.[2)] 어떤 어린이든지 각본 형성 과정의 일환으로 자신의 생존을 위한 일단의 기본적 전략과 부모의 기대에 부응할 일단의 전략에 따라 결정을 한다. 사람들은 이러한 전략들을 자라고 난 뒤에도 재연한다. 스트레스를 받는 상황에서는 특히 더 그렇다. 이러한 전략들은 세상에 '적응'하는 다양한 방법들을 드러낸다. 조사 결과 여섯 가지의 주요 전략들이 있다는 것이 밝혀졌다.[3)] 이 여섯 가지 전략이 바로 여섯 가지의 핵심 성격적응에 해당한다.

'정상적'인 사람도 대부분 이 여섯 가지 적응을 어느 정도는 다 드러낸다. 왜냐하면 각각 특정 상황에 대처하는 데 최상의 선택이 되기 때문이다. 그러나 대부분의 사람들에게는 이 여섯 가지 중 어느 하나가 가장 두드러지게 나타난다. 어떤 사람에게는 두 가지 적응이 드러나는 경우도 있다.

정신의학자 Ware는 여섯 가지 성격적응이 공식적 진단 범주와 대체로 일치한다는 사실에 주목했다. 그가 낸 처음의 책에서는 정신질환을 분류할 때 사용한 진단 명칭을 사용했다. 그러나 Ware는 이러한 명칭을 사용해도 임상적 의미의 정신병리를 뜻하는 것은 아니라는 사실을 강조했다. 각 적응마다 일단의 특징과 행동들을 드러낸다. 그리고 각 적응마다 긍정적인 측면과 부정적인 측면이 다 있다. 따라서 한 사람이 어느 한 적응의 특징을 드러내더라도 임상적으로 '정상적'이다. 다시 말해, 각 적응마다 건강한 측면에서부터 역기능적 측면에 이르기까지의 스펙트럼을 가지고 있다는 사실을 살펴보게 될 것이다. 공식적인 임상적 진단은 일상적인 기능이 이루어지지 않을 만큼 심할 때에만 붙일 수 있다. 이때는 특정 적응 중에서 부정적인 행동을 두드러지게 나타낼 때를 말한다.

여섯 가지 적응마다 부정적인 측면과 긍정적인 측면을 다 가지고 있다는 사실을 강조하기 위해 우리는 Joines가 사용한 다른 명칭을 붙이고자 한다.[4] 새로운 명칭은 다음과 같다.

- Obsessive-compulsive(**책임감 강한 일중독자**[Responsible-Workaholic])
- Paranoid(**재기[才氣] 넘치는 회의자**[Brilliant-Skeptic])
- Schizoid(**창조적 몽상가**[Creative-Daydreamer])
- Passive-aggressive(**유희적 반항자**[Playful-Resister])
- Histrionic(**열성적 과잉반응자**[Enthusiastic-Overreactor])
- Antisocial(**매력적 조종자**[Charming-Manipulator])

Joines는 각 명칭에 붙인 형용사를 통해 각 적응이 가진 문제점과 더불어 강점을 강조하려고 하였다. 〈표 16-1〉은 각 성격적응을 정의하는 성격 특성을 제시하고 있다.

〈표 16-1〉 여섯 가지 성격적응 요약

적응	특징	기술
책임감 강한 일중독자	순응적, 양심적, 책임감, 신뢰성,	완벽 추구, 지나친 억압, 순종적, 긴장하는(쉬기를 어려워함), 미더운, 깔끔함
재기 넘치는 회의자	사고가 경직된, 과장이 심한, 투사적, 뛰어난 사고가, 아주 기민한, 매사에 환한, 세세한 것에 집착하는	과민한, 못 미더워하는, 시샘이 많은, 부러워하는, 유식한, 조심성이 많은
창조적 몽상가	내성적, 수동적, 공상적, 회피적, 거리를 두려는, 예술적, 사고가 창의적, 타인에게 관심 많은	수줍음, 과민, 괴벽스러운, 배려적, 지지적, 유쾌한, 친절한,

유희적 반항자	공격적 수동성, 분개를 잘 드러내는, 과잉 의존적, 자기결단을 중시하는, 문제의 양면을 고려하는	잘 가로막는, 잘 뿌루퉁하는, 고집스러운, 충실한, 정력적인, 장난기 많은, 집요한
열성적 과잉반응자	흥분하기 쉬운, 과잉반응적, 정서적으로 불안정한, 연극적으로 관심을 끌려는, 유혹적인, 에너지가 넘치는, 타인 감정에 관심 많은, 상상이 풍부한	미숙한, 자기중심적, 허영심 많은, 의존적, 유희적, 매력적, 재미있는
매력적 조종자	(사회규범과) 갈등적, 인내심이 적은, 극적인 흥분 추구, 에너지가 넘치는, 목표 지향적, 자기주도적으로 생각하기 좋아하는	이기적, 냉담한(터프한), 무책임한, 충동적, 매력적, 잘 휘어잡는, 공격적, 잘 표현하는, 촉진적, 조종을 잘하는

〈표 16-1〉에 제시된 성격 특징을 죽 훑어보라. 각 적응마다 '특징'과 '기술' 칸 속에 적힌 목록을 살펴보면서 자신에게 해당된다고 여겨지는 항목에 표시하라. 여섯 가지 적응 모두 '특징'과 '기술' 칸 속의 항목에 표시해야 한다.

예를 들어, 책임감 강한 일중독자의 특징에서 '내가 순응적인가?' 하고 자문해 보고, '그렇지 않다.' 싶으면 이 항목에 표시하지 않는다. 그다음 단어 '양심적, 책임감, 신뢰성'을 생각해 본다. '모두 나에게 해당된다.'고 여겨지면 세 단어 모두 표시한다. 그다음 책임감 강한 일중독자의 '기술' 칸의 '완벽추구, 순종적' 등의 단어도 자신에게 해당되면 모두 표시를 한다. 그러나 '지나친 억압'이나 '긴장하는'이라는 단어가 자신과 무관하면 표시를 하지 않고 넘어간다. 그리고 '깔끔함'이란 항목에서 그렇게 되기를 바라지만 실제로 그렇지 않다면 표시를 하지 않는다.

이러한 방식으로 여섯 가지 적응을 모두 다 검토한 뒤, 각 적응마다 표시한 수를 살펴본다. 표시된 것이 특별히 많은 것을 발견할 수 있는가? 그런 것이 있다면 어느 것인가? 표시한 숫자가 비슷한 적응이 두 가지인 경우도 있을 것이다. 흔하지는 않겠지만 똑같이 표시한 곳(적응)이 서너 개가 될 가능성도 있다.

다른 사람의 견해를 들어 보는 것도 유용하다. 이때는 목록을 복사하여 당신을 잘 아는 사람—배우자, 친구, 직장 동료—에게 당신이 했던 방법대로 표시해 달라고 부탁한다. 상대방이 다 하기 전에 자신이 한 것을 보여 주면 안 된다. 그런 다음 이 두 가지를 비교해 본다. 집단 활동을 통해 이 작업을 하고 있다면, 두 사람씩 짝을 지어 하거나 소집단을 만들어 자신이 먼저 표시한 다음, 다른 사람들에게 표시를 하도록 부탁한다.

이러한 연습에서 얻은 것은 어디까지나 당신이나 어떤 사람의 '주관적인 관점'이다. 이 장을 읽어 가면서 당신의 적응 유형에 대한 처음 '생각'을 다른 자료를 통해 대조해 가며 검토하게 될 것이다.

당신의 적응 유형에 대해 정확하고 객관적인 사정을 원한다면 '조인스 성격적응 검사지(Joines Personality Adaptation Questionnaire, JPAQ)'나 온라인용 검사지(www.seinstitute. com)를 이용할 수 있다. JPAQ의 실시방법, 채점, 해석을 온라인으로 구입할 수 있다.

생존형 VS. 실행형 적응

여섯 가지 적응 중 창조적 몽상가, 매력적 조종자, 재기 넘치는 회의자라는 세 가지 적응 유형은 어린이가 자신의 안전을 타인에게 맡길 수 없다고 여겨질 때 자신을 보호할 방법을 학습한 것이 포함되어 있기 때문에 **생존형 적응**(surviving adaptation)이라 부른다. 그리고 유희적 반항자, 책임감 강한 일중독자, 열성적 과잉반응자라는 세 가지 적응 유형은 부모의 기대에 부응하여 자신을 보호할 방법을 학습한 것이 포함되어 있기 때문에 **실행형 적응**(performing adaptation)이라 부른다. 어떤 사람이든 생존형과 실행형 중 적어도 하나씩의 적응 유형을 가지고 있다. 물론 어떤 사람은 각각 하나 이상을 가지고 있는 경우도 있다.

드라이버는 어떻게 성격적응을 드러내는가

당신이 어떤 사람을 만날 때 그가 살아온 삶을 광범위하게 살피지 않더라도 몇 분 내에 그의 성격적응을 발견할 수 있다. 그것은 그의 드라이버 행동을 관찰함으로써 가능하다.

앞 장에서 보았듯이, 상대방의 '일차 드라이버'에 주목하면, 주요 성격적응을 진단할 수 있다. 〈표 16-2〉는 드라이버와 성격적응의 관련성을 보여 준다. 각 적응마다 **일차 드라이버**는 이차 드라이버를 수반하는 경우가 흔히 있다. 그것은 괄호 속에 제시하여 놓았다.

〈표 16-2〉 주요 드라이버와 성격적응과의 관련성

주요 드라이버	성격적응
완벽하게 하라 (+ 강해라)	책임감 강한 일중독자
완벽하게 하라 = 강해라	재기 넘치는 회의자
강해라 (+ 열심히 하라 또는 남을 기쁘게 하라)	창조적 몽상가
열심히 하라 (+ 강해라)	유희적 반항자
남을 기쁘게 하라 (+ 열심히 하라 또는 빨리 하라)	열성적 과잉반응자
강해라 또는 남을 기쁘게 하라	매력적 조종자

재기 넘치는 회의자는 '완벽하게 하라'와 '강해라' 드라이버 행동들을 드러내는데, 그 강도가 비슷하다. 매력적 조종자는 C 자아상태가 상황을 어떻게 경험하는가에 따라 '강해라'와 '남을 기쁘게 하라' 드라이버 사이에서 왔다갔다 한다. 예를 들어, C 자아상태가 신나거나 상대방에게 잘 보이고 싶거나 얻고 싶은 것이 있다고 느끼면 '남을 기쁘게 하라' 드라이버를 드러낸다. 한편 C 자아상태가 상황을 재미없거나 지루하게 느끼면, 또 하나의 주요 드라이버인 '강해라'로 이동한다.

앞 장에서 한 연습에서 자신이 나타내는 일차적 드라이버와 이차적 드라이버를 살펴보았다. 〈표 16-1〉에 제시된 기술을 통해 자신의 성격적응을 살펴보았다. 이 모델은 〈표 16-2〉에 제시된 방법처럼 당신의 주요 적응이 당신의 주요 드라이버와 관련되어 있다는 것을 보여 준다.

당신의 주요 드라이버와 주요 적응이 정확하게 관련을 맺고 있다면, 당신이 발견한 주요 드라이버와 주요 적응이 정확하다는 추가 증거를 갖게 된 셈이다. 그러나 관련성이 없다면, 이 모델이 당신에게 부합되지 않는다고 추리할 수 있다. 그러나 이 모델은 많은 자료를 통해 입증된 것이라는 점에 비추어 볼 때, 당신의 드라이버와 적응 간에 관련을 발견하지 못하는 경우, 당신의 드라이버나 적응을 다시 한 번 검토해 보기를 권고한다. 당신의 주요 드라이버와 주요 적응에 대해 추가적인 견해를 얻고 싶은 경우도 있을 것이다. 이때 또 한 가지 고려할 점이 있다. 상황이 바뀔 때 당신은 한 적응에서 다른 적응으로 바뀌는가? 그런 사람도 있다. 당신도 그렇다면, 적응이 바뀔 때 당신이 드러내는 주요 드라이버도 바뀌는지 발견할 수 있을 것이다.

성격적응과 과정 각본

앞 장에서 과정 각본—즉, 사람들이 각본에 따라 사는 다양한 유형—에 대해 살펴보았다. 또한 상대방의 드라이버 행동들을 보면 그의 과정 각본을 예측할 수 있다는 사실을 알았다. 드라이버 행동들 역시 성격적응을 예측할 수 있기 때문에, 당신의 성격적응과 당신의 과정 각본 간의 관련성을 내다볼 수 있다. 이 둘 사이의 관련성은 〈표 16-3〉에 제시되어 있다.

〈표 16-3〉 성격적응에 따른 과정 각본 유형

적응	과정 각본	주요 드라이버
책임감 강한 일중독자	까지 (거의 II, 텅빈 결말)	완벽하게 하라
재기 넘치는 회의자	까지 + 결코	완벽하게 하라 = 강해라
창조적 몽상가	결코 (항상)	강해라

유희적 반항자	항상 거의 I	열심히 하라
열성적 과잉반응자	그 후 (거의 I과 II)	남을 기쁘게 하라
매력적 조종자	결코(항상, 거의)	강해라 또는 남을 기쁘게 하라

주: ( )은 부차적인 과정 각본 유형을 가리킨다.

앞 장에서 당신의 드라이버 행동과 함께 과정 각본 유형을 살펴보았다. 지금은 다음 세 가지 간의 비교를 할 수 있다.

- 당신의 성격적응(〈표 16-1〉의 특징 목록)
- 당신의 드라이버 행동들(〈표 16-2〉)
- 당신의 과정 각본(〈표 16-3〉)

〈표 16-2〉에서 드라이버와 적응을 짝지었던 것과 같은 방법으로 이제부터는 이 모델에서 제안하는 적응과 과정 각본의 짝을 검토할 수 있다. 여기서도 마찬가지로 적응과 과정 각본이 일치를 이룬다면, 당신이 발견한 주요 드라이버를 인정할 수 있다. 그러나 일치를 이루지 않는다면, 이 모델이 당신에게 부합되지 않는다고 볼 수 있다. 그러나 드라이버-적응 간의 관계를 검토했듯이 이 세 가지 변인을 다시 검토해 보기를 권고한다.

Ware 시퀀스: 접촉하기와 관계 유지하기

Ware는 당신이 다른 사람들과 커뮤니케이션할 때 상대방과 접촉할 수 있는 영역을 세 가지로 구별하였다. 그 접촉 영역이란 사고, 감정, 행동이다.[5] Ware는 우리가 누구와 만나든 그와 효율적인 접촉을 하고 관계를 유지하기 위해서는 상대방의 성격적응에 따라 이 세 가지 영역과 접촉하는 순서가 달라야 한다는 사실을 강조한다. 이러한 'Ware 시퀀스'는 개인의 성격적응에 따라 다르다. Ware의 이러한 이론은 원래 상담과 심리치료 영역에 적용하려고 개발된 것이다. 그러나 Ware 시퀀스는 일터, 교육, 개인적 관계 등 커뮤니케이션이 이루어지는 곳이면 어디든 적용할 수 있다.

세 가지 '접촉 문'

Ware는 어떤 사람이든 세 가지의 접촉 **문**(door)을 갖고 있다고 한다.

- 열린 문(open door)
- 표적 문(target door)
- 함정 문(trap door)

어떤 사람이든 서로 접촉하게 되는 문은 사고, 감정, 행동이라는 세 가지 영역이 있다. 그러나 각자의 성격적응에 따라 접촉 문과 접촉 영역이 부합되는 '순서(order)'가 다르다. 예를 들어, '재기 넘치는 회의자'의 경우, Ware 시퀀스는 다음과 같다.

- 열린 문: 사고
- 표적 문: 감정
- 함정 문: 행동

이와 대조적으로, '창조적 몽상가'의 열린 문은 행동, 그의 표적 문은 사고, 함정 문은 감정이다.

Ware는 어떤 사람과 처음 접촉할 때, '열린 문'에 해당하는 영역과 먼저 접촉할 필요가 있다고 말한다. 왜냐하면 열린 문과 먼저 접촉해야 상대방 마음의 문을 가장 쉽게 열 수 있기 때문이다. 상대방의 열린 문으로 먼저 들어가 커뮤니케이션하고 라포를 형성한 뒤에 '표적 문'으로 다가가는 것이 효율적이다. 표적 문은 변화를 불러일으키기 위해 통합이 필요한 영역으로, 상담이나 심리치료에서 주로 작업이 이루어지는 곳이다. '함정 문'은 가장 방어가 심한 영역으로서, 처음부터 이 영역으로 접근하면 관계가 단절되기 쉽다. 그러나 이 영역은 가장 큰 변화가 일어나는 영역이기도 한데, 함정 문보다 표적 문에서의 변화를 거쳐야 이러한 변화가 일어날 수 있다.[6)]

접촉 문에서 순서가 바뀌면 상대방과의 관계가 차단되기 쉽다. 처음 함정 문에서 접촉하려고 하면 더욱 그럴 가능성이 많다. 상대방과 차단된다는 것을 어떻게 알 수 있겠는가? 그것은 상대방의 드라이버 행동을 보면 알 수 있다. 내담자를 대하면서 접촉 영역이 잘못 되었을 때, 내담자는 드라이버 행동을 보일 것이다. 그리고 라켓 감정을 경험하거나 각본에 따른 행동이나 사고를 드러낼 것이다.

Ware 시퀀스와 성격적응

〈표 16-4〉는 여섯 가지 성격적응 유형마다 Ware 시퀀스에 따른 접촉의 순서가 다르다는 것을 보여 준다. 표를 보면 세 가지 적응 유형의 열린 문이 행동이다. 그러나 행동의 특성은 적응 유형마다 다르다.

창조적 몽상가의 열린 문이 행동이지만 '무활동(inaction)'이라고 적은 이유는 당신이 그와 효율적으로 커뮤니케이션을 하려면 당신이 먼저 행동을 취해야 한다는 사실을 의미한다. 창조적 몽상가의 열린 문이 행동이지만 먼저 행동을 취하려고 하지 않기 때문이다.

유희적 반항자의 열린 문이 행동이지만, '반응(reaction)'이라고 표시해 놓았다. 이것은 상대방이 먼저 말을 걸기를 기다렸다가 대응을 한다는 것을 뜻한다. 예를 들어, 유희적 반항자는 당신이 먼저 말하기를 기다렸다가, 당신이 말을 하면 그때야 나서서 가로막거나 당신이 한 말에 동의하지 않는다는 뜻을 나타낼 것이다. 이러한 행동에 대한 최선의 대처방법은 유희적 반응을 보여 주는 것이다.

매력적 조종자는 종종 당신을 골탕 먹이거나 헷갈리게 하거나 궁지로 몰아넣을 의도의 말이나 행동을 통해 대화를 시작한다. 이때 두 가지의 선택이 있다. 당신이 이러한 트릭에 능해 그들의 의도를 잘 간파하면, 매력적 조종자를 여기서 벗어나게 할 수 있다. 그들은 자신

〈표 16-4〉 성격적응 유형에 따른 Ware 시퀀스

적응	열린 문	표적 문	함정 문
책임감 강한 일중독자	사고	감정	행동
재기 넘치는 회의자	사고	감정	행동
창조적 몽상가	행동(무활동)	사고	감정
유희적 반항자	행동(반응)	감정	사고
열성적 과잉반응자	감정	사고	행동
매력적 조종자	행동(조종)	감정	사고

의 의도가 간파당한 것을 흥미로워한다. (Berne은 “선생님, 저를 고칠 수 있겠어요?” 하고 묻는 내담자의 질문에 대한 대답으로 “아니요.”라는 말을 추천했다.) 그렇지 않으면 완전한 투명성을 보이면 된다. 예를 들어, 이러한 내담자의 질문에 대해 ‘치료’라는 말이 무엇을 뜻하는지 솔직하게 상세한 토의를 시작하는 것도 좋다.

사례: 과잉반응자에 대한 Ware 시퀀스 적용

당신이 열성적 과잉반응자인 직장 동료와 일하고 있다고 가정해 보자. 프로젝트를 기획하기 위해 모임을 가지고 있다. 당신이 동료를 대할 때 열린 문인 감정을 통해 접촉하는 것이 가장 효율적이다. 동료가 방으로 들어올 때, 당신은 “오늘 기분 어때요?” 하고 먼저 따뜻한 질문으로 말문을 열 수 있다. “지난 미팅 이후 이 프로젝트에 대해 어떻게 생각해 왔어요?” 하고 묻는 것은 적절하지 않다. 동료의 생각을 알고 싶으면, 동료가 자기 기분이 어떤지 말하기까지 기다렸다가 질문을 하는 것이 좋다.

더욱 비효율적인 시작은 “이 프로젝트를 제대로 굴러가게 하려면 우리가 어떻게 해야 된다고 생각해요?” 하고 묻는 것이다. 그러면 과잉반응자는 바로 기분 나쁜 감정을 느끼기 시작하면서 반응할 가능성이 많다. 이러한 적응 유형을 가진 사람은 어릴 때, 자기 인생의 역할이 상대방이 원하는 것을 함으로써 그를 기쁘게 하는 것이라고 결정하였다. 또한 상대방 눈에 들기 위해서는 그의 마음을 읽을 줄 알아야 한다고 결정하였다.

따라서 당신이 동료에게 무엇 하기를 원하느냐고 물으면, 동료는 자신의 아동기의 이러한 유형을 재연하기 쉽다. 그렇다면 동료는 당신이 무엇을 기대하는지 궁금해하기 시작할 것이다. 그러면 동료는 부적합감과 당혹감을 느끼기 쉽다. 왜냐하면 동료는 당신의 기분을 제대로 맞추지 못하게 되지 않을까 우려하기 때문이다. 당신이 계속해서 행동이라는 함정 문을 건드리면 동료는 결국 라켓 감정에 휩싸이기 쉽다.

당신이 동료에게 먼저 감정과 사고의 열린 문과 표적 문을 통해 접촉했다면, 행동 영역에서도 좋은 접촉을 해 나갈 수 있을 것이다. 그러려면 동료의 보조에 맞추어서 해야 한다. 보조를 맞추려면 상대방의 드라이버 행동을 관찰하면 된다. 동료가 드라이버 행동을 보이거나 기타 각본 신호를 보내면, 다시 뒤로 돌아가 앞의 접촉 문과 접촉하면 된다.

접촉 영역 테스트

상대방의 성격적응을 제대로 진단했는지 의심스러우면, 시행착오적 방법으로 상대방의 접촉 영역 중 하나에 접촉하여 상대방의 반응을 살펴볼 수 있다. 첫 반응에서 드라이버 행동이나 라켓 감정을 보이지 않으면, 당신이 선택한 접촉 영역이 맞다고 볼 수 있다. 그러나 상대방이 드라이버나 라켓을 보인다면, 접촉 영역을 잘못 선택했을 가능성이 아주 많다. 예를 들어, 당신이 상담사로서 첫 회기를 시작한다고 하자. 내담자의 열린 문이 행동인지 테스트하기로 결정하고 "우리가 편안하게 이야기할 수 있도록 앉아보시지요." 하고 말문을 연다. 그때 내담자가 별 생각 없이—구두를 벗는다든가, 쿠션을 바로 한다든가—편안함을 얻기 위해 어떤 행동을 한다면, 당신의 판단이 옳다고 하겠다.

그러나 내담자가 의자에서 허리를 꼿꼿하게 하며 자세를 가다듬는다고 하자. 양손 손가락을 꽉 쥐면서 오른쪽 천정을 잘 쳐다본다. 그러면서 "예, 괜찮습니다. 편안합니다. 감사합니다." 하고 대답한다. 이러한 '완벽하게 하라' 드라이버 신호를 보면, 내담자의 주요 적응이 창조적 몽상가가 아니라 책임감 강한 일중독자이거나 재기 넘치는 회의자라고 추정할 수 있다. 이 말은 내담자의 열린 문이 행동이 아니라 사고라는 점이다. 따라서 뒤로 돌아가서 "아, 좋습니다. 왜 상담을 받아야겠다고 생각하셨는지 말씀해 주실 수 있겠습니까?" 하고 다시 테스트할 수 있다.

Ware 시퀀스의 단기 · 장기 사용

Ware 시퀀스는 커뮤니케이션할 때의 단기 '책략(tactics)'뿐만 아니라 장기 '전략(strategy)'에서도 도움이 될 수 있다. 상담이든 직장 생활이든 아니면 일상생활에서든 상대방과 오래 함께할 때, 상대방의 주요 적응 유형을 알면, 상대방과 관계를 맺는 초기, 중기 및 마지막 단계까지 가장 효율적으로 커뮤니케이션할 수 있는 접촉 영역을 알 수 있다.

예를 들어, 당신이 치료사이고 주요 적응 유형이 창조적 몽상가인 내담자와 상담을 하고 있다면, 치료 초기에서 행동적 계약의 성취에 초점을 맞출 수 있다. 내담자와 치료적 관계가 잘 형성되고 나면, 내담자의 사고를 탐색하고 명료화시키는 일로 이동할 수 있다. 이렇게 해 나가면 내담자는 자신의 욕구를 충족시키는 데 필요한 행동들이 더욱 분명해질 것이다. 또한 세상을 대처해 나가는 데에도 더욱 효율적이고 주도적으로 살 수 있도록 도움을 준다. 그러면 나중에 내담자는 감정을 경험하고 표현하는 영역에서도 의미 있는 변화를 하게 될 것이다. 이러한 변화는 당신과 내담자가 감정 영역을 직접 건드리지 않더라도 일어날 수 있다.

당신은 여러 다른 단서들을 통해 당신의 성격적응 유형을 사정해 보았을 것이다. 이제 당신에게 Ware 시퀀스를 적용하여 다시 검토해 볼 수 있다. 〈표 16-4〉를 이용하여 최근 겪었던 일이나 상상을 통해, 사람들이 처음 나를 대할 때, 각자 나의 어느 접촉 영역으로 접근해 왔는지 죽 살펴보라. 상대방이 '처음' 당신의 감정 영역으로 접근해 올 때 어떻게 반응하는가? 당신의 사고 영역으로 접근해 올 때는? 당신의 행동 영역으로 접근해 올 때는? 예를 들어, 당신은 앞의 사례에 나왔듯이, 먼저 감정 영역으로 접근할 때 좋은 감정을 느끼는 직장 동료 같은 사람인가? 아니면 '도대체 기분은 무슨 기분! 프로젝트 기획하러 온 게 아닌가?' 하고 속으로 말하지는 않았는가?

성격적응과 각본 내용

각 성격적응 유형마다 한 '무리'의 전형적인 '금지명령' '게임' 및 '라켓 감정'들을 수반한다. 물론 이러한 것들은 각본 과정('어떻게')보다 각본 내용('무엇')의 특징들이다. 그러나 사람들이 드러내는 드라이버 행동들을 관찰함으로써 그들의 주요 적응 유형을 판단할 수 있기 때문에, 동일한 과정 단서들을 통해서도 적응 유형을 발견할 수 있다. 이 장 마지막 부분의 〈표 16-5〉에 전형적인 각본 내용에 대한 정보를 요약하여 놓았다.(다양한 게임, 라켓, 라켓티어링 주제에 대한 충분한 설명은 이어지는 장에서 다루게 될 것이다.)

우리가 '전형적'이라는 단어를 사용하는 것은 바로 각본 내용의 이러한 특징들을 기술하기 위해서라는 것을 감지했을 것이다. 이러한 특징들은 앞에서 기술한 과정 특징보다 훨씬 가변적이다. 예를 들어, 열성적 과잉반응자의 적응 유형을 보이는 사람은 표에 수록되어 있는 한 '무리'의 금지명령, 게임 및 라켓 감정을 드러낼 가능성이 많다. 그러나 표에 수록된 특징들을 모두 다 드러내지 않을 수 있고, 또 표에 수록되지 않은 특징들을 보일 수도 있다. 다시 말해 〈표 16-5〉에 제시된 항목들은 각본 내용을 진단하는 데 단지 좋은 출발점으로 삼으라는 것이다.

여섯 가지 적응 개관

이 장에서 우리는 많은 정보를 표나 목록을 통해 제시하였다. 표나 목록보다 설명을 원하는 사람들을 위해 여섯 가지 적응에 대한 간략한 묘사로 끝맺고자 한다.[7]

책임감 강한 일중독자

책임감 강한 일중독자는 사람을 대할 때 회피하려는 경향을 보인다. 그들은 혼자 있을 때가 제일 편하다. 사람을 만나도 일대일, 기껏해야 두세 사람 정도의 만남을 선호한다. 문제해결에 있어서는 적극적으로 나선다. 사람들의 모임에서도 다른 사람이 다가 오기를 기다리기보다 자신이 먼저 다가간다.

일중독자는 책임감이 있다. 자신이 말한 것을 꼭 지키기 때문에 조직에서 선호하며, 사회를 유지하는 기둥과 같은 사람이다.

그들이 처하기 쉬운 어려움은 자신이 이룬 일을 즐기지 못하는 데 있다. 그들 중에는 일중독자가 되는 경우가 많다. 왜냐하면 그들은 쉴 줄 모르고, 놀 줄 모르고, 즐길 줄 모르기 때문이다.

그들은 사고(열린 문)로 세상을 접촉한다. 그들은 감정(표적 문)을 사고와 통합할 필요가 있다. 사고와 감정을 통합하면 행동(함정 문)에서 가장 큰 변화가 일어난다. 행동 변화의 대표적인 것이 늘 일하던 것을 멈추고 휴식하고 놀고 즐기는 것이다.

그들에게 휴식을 취하게 한다면서 바로 행동으로 접근(행동을 바꾸려고)해서는 안 된다. 왜냐하면 그들에게 행동은 가장 취약하고 방어가 심한 영역이기 때문이다. 이 유형의 사람들은 어릴 때 '완벽하게 할 때 OK'라는 메시지를 받았기 때문에, 가능한 한 무엇이든지 완벽하게 하려고 한다.

그들과 처음 접촉할 때는 그들의 사고로 접근하는 것이 좋다. 그다음에 따뜻하고 재미있게 대함으로써 그들의 감정을 유발한다. 바로 행동으로 접근하면 단절이 일어나기 쉽기 때문에 바로 행동으로 접근하는 것을 피하면 좋다.

그들을 변화시키는 데 중요한 문제는 그들이 완벽하지 않더라도 '충분하다'고 수용해 주고, '일(do)'보다 '존재(be)'하는 법을 배우는 것이다. 그들은 자신이 하는 일보다 자기 자신에 대해 좋게 느끼는 법을 배울 필요가 있다. 그래야 휴식을 취할 줄 알고 자신과 타인들을 즐기는 시간을 가질 수 있다.

재기 넘치는 회의자

재기 넘치는 회의자는 일중독자와 마찬가지로 사람들과의 관계에서 회피하려는 경향을 보인다. 혼자 있거나 한두 사람과 함께하기를 선호한다. 그러나 재기 넘치는 회의자는 문제를 해결하거나 남과 관계를 처음 맺을 때 중립적 입장을 취하는 경우가 많다. 그들은 적극적으로 나서는 경우와 남이 먼저 나서기를 기다리는 경우가 엇비슷하다. 그들은 문제가 발생할 때 먼저 한발 물러서서 상황을 보고 어떻게 해야 할지 생각한 뒤 이를 통제하기 위한 행동을 취한다.

그들은 모든 것을 꼼꼼히 챙기는 재기 넘치는 사고가들이다. 이러한 적응 유형을 가진 사람들 중에는 회계, 경영, 법률, 기타 주도면밀한 사고가 요구되는 분야에 종사하는 사람들이 많다. 그들은 여간해서 놓치는 것이 없기 때문에 조직에 잘 어울리며, 통제와 조정에 관심이 많다.

그들이 어려움을 겪기 쉬운 것은 자신들의 지각이 옳다고 믿기 때문에 현실을 잘못 지각할 여지가 많다는 점이다. 그들은 이러한 오해를 확인해 보지도 않고 바로 행동할 가능성이 많다.

그들은 사고(열린 문)를 통해 세상을 접촉한다. 그들은 감정(표적 문)을 사고와 통합할 필요가 있다. 사고와 감정을 통합하면, 행동(함정 문)에서 변화가 일어난다. 그러면 타인에 대한 의혹이 줄어들어 편안한 감정을 느낄 수 있다.

그들에게 휴식을 취하게 한다면서 바로 행동을 변화시키려 해서는 안 된다. 왜냐하면 행동이 가장 상처받기 쉬운 영역이기 때문이다. 그들은 어릴 때 '완벽'하고 '강해야' OK라는 메시지를 많이 받았다. 따라서 일을 완벽하게 처리하고 강하게 보이는 방법을 찾는 데 온갖 노력을 기울인다.

그들과 처음 접촉할 수 있는 문은 사고를 통해서다. 그런 다음 문제를 해결하기 위해 그들의 감정에 호소하는 것이 좋다. 먼저 행동으로 접근하면 닫아버리기 때문에 피하는 것이 좋다.

그들을 변화시키기 위해서는 그들이 신뢰하기를 배우고, 완전 통제에서 벗어나지 않더라도 어느 정도 자신을 통제하는 것을 버리게 하는 것이다. 그리고 자기 추측대로 하기보다 자신의 지각을 검토하는 법을 배우게 할 필요가 있다. 그래야 정보를 정확하게 받아들이고 편안함을 느낄 수 있다.

창조적 몽상가

창조적 몽상가는 사람을 대할 때 회피하려는 경향을 보인다. 그들은 혼자 있을 때가 제일 편하다. 창조적 몽상가는 문제를 해결하거나 사람을 만날 때 수동적 자세를 취하고, 남이 먼저 나서 주기를 좋아한다.

그들은 창의적 사고가로서 예술가, 극작가, 시인, 건축가 등 예술 활동에 많이 종사한다.

그들은 인내심이 많고 자신이 한 말을 지키기 때문에 좋은 일꾼들이다. 그들은 친절하고 지지적이라 함께하기 편하고 타인의 입장을 존중할 줄 아는 사람들이다.

그들이 잘 겪는 어려움은 공상에 빠져 생각을 행동으로 옮기지 못하는 경우가 많다는 점이다.

그들은 행동(열린 문)을 통해 세상을 접촉한다. 그들이 사용하는 행동은 회피적 수동성을 띤다. 그들은 세간의 이목을 피하려 하고 뒤에 머물기를 좋아한다. 그들은 사고(표적 문)를 행동과 통합하면 욕구를 충족할 행동을 취할 수 있다. 그리고 감정(함정 문)에 변화가 일어나 더욱 활발하고 정열적이고 편안함을 느낄 수 있다.

그들을 기분 좋게 한다고 바로 감정으로 접근해서는 안 된다. 왜냐하면 감정이 가장 방어가 심하고 취약한 영역이기 때문이다. 이 유형의 사람들은 어릴 때 OK 감정을 느끼기 위해 '강해야' (다시 말해, 자신의 감정이나 소망과 멀리해야) 했다. 그들은 강해지고 감정을 느끼지 않을 수 있는 방법을 알기 위해 모든 것을 다해 오고 있다. 따라서 그들의 감정으로 직접 접근하려고 하면, 곧 not-OK 감정을 느끼게 될 것이다.

그들과 처음 접촉해야 할 영역은 그들의 행동(회피적 수동성)이다. 그들에게 먼저 행동을 하도록 이끄는 것이 최상의 방법이다. 그런 다음에 그들의 생각을 나누도록 독려하는 것이 좋다. 그러면 자신들의 욕구를 충족할 행동을 취하게 함으로써 생각을 종결시켜 나간다. 감정을 먼저 직면하려고 하면, 관계를 단절시키려고 하기 때문에 감정에 먼저 초점 맞추는 것을 피해야 한다.

그들을 변화시키기 위해서는 그들이 다른 사람들에게 지지적으로 대하듯이, 자기 자신에게도 지지적으로 대하는 법을 배우고, 세상 내에서 타인의 삶의 공간을 인정하듯이 자기 삶의 공간도 확보할 권리를 주장하도록 해야 한다. 그리고 자신도 감정과 욕구를 가지는 것이 좋은 일(OK)이라는 것을 배우고, 또 타인이 자신의 감정과 욕구를 고려해 주도록 기대할 필요가 있다는 것을 깨닫게 해야 한다.

유희적 반항자

유희적 반항자는 다른 사람과 관계를 잘 맺는다. 그들은 집단에 속하는 것을 좋아한다. 그러나 문제해결에 있어서는 수동적 자세를 취한다. 이 말은 남이 먼저 나서서 관계를 맺어 주고 문제를 해결해 주기를 선호한다는 의미다.

유희적 반항자가 사람들과 어울릴 때 수동적인 공격성을 드러낸다. 예를 들어, "어이구, 방이 너무 덥구나!" 하고 말하면서, 자신은 아무것도 하지 않고 다른 사람이 어떻게 해 주기를 기다린다. 그들은 즐기기를 좋아하지만, 남이 통제할 때는 (간접적 또는 수동적 방법으로) 강하게 저항한다.

유희적 반항자 중에는 탐정, 취재 기자, 평론가들이 많다. 무엇이 문제가 된다 싶으면 가장 먼저 지적해 낸다.

그들이 가진 문제는 아무 소용없는 투쟁에 잘 휘말린다는 것이다. 그들은 아무도 자기들을 통제하려고 하지 않는 데도 타인의 통제에 맞서 싸우려 한다.

그들은 행동(열린 문)을 통해 세상을 접촉하는데, 그 행동이 공격적인 수동성을 띤다. 그들은 감정(표적 문)을 행동과 통합할 필요가 있다. 감정을 행동과 통합하면, 사고(함정 문)에 변화가 일어난다. 그러면 상황을 '이것 아니면 저것'이라는 권력 투쟁의 장으로 보지 않게 될 것이다.

그들로 하여금 상황을 다른 각도에서 보게 하려고 바로 그들의 사고를 바꾸려는 것은 효과가 없다. 왜냐하면 사고가 가장 취약한 영역이기 때문이다. 그들은 어릴 때 '열심히 해야' OK라는 메시지를 많이 받았다. ('열심히 하라.'는 말은 '열심히 해라, 그러나 실제로는 하지 말라.'는 말을 줄인 것이다.) 그들은 생각으로는 열심히 노력하지만, 행동이 따르지 않아 고생한다.

그들과 처음 접촉할 때 재미있게 대해 주는 것이 좋다. 그런 다음 감정으로 접근하여 따뜻하게 대해 주고, 그들이 원하는 것을 찾게 해 주는 것이 좋다. 그들에게 처음부터 사고로 접근하면 관계가 차단되기 쉽기 때문에 피해야 한다.

그들을 변화시키기 위해서는 그들이 문제를 볼 때 '이것 아니면 저것'이라는 틀에서 벗어나고, 생존을 위해 투쟁할 필요까지는 없다는 것을 깨닫게 하는 것이다. 자신이 원하는 것을 직접적으로 요구할 줄 알고, 자신의 욕구를 충족시키는 데 타인도 도움이 된다는 것을 경험할 필요가 있다. 그리고 자유가 다양하고, 차이가 있더라도 OK일 수 있다는 것을 깨달을 필요가 있다.

열성적 과잉반응자

열성적 과잉반응자는 다른 사람과 관계를 잘 맺는다. 그들은 사람을 좋아하는 '파티의 스타'들이다. 그들은 또한 문제를 해결하는 데 적극적인 자세를 취한다. 또한 그들이 선호하는 사교활동에서도 마찬가지인데, 타인에게 앞장서서 다가간다.

열성적 과잉반응자는 주위 사람에게 정서적으로 호응을 잘한다. 따라서 사람들이 '따뜻하다'거나 '함께하기 좋은' 사람으로 여기는 경우가 많다. 그들은 사교적이고, 사람을 대접하기를 좋아하고 주위 사람을 행복하게 하고 싶어 하며, 동시에 다른 사람도 그렇게 해 주기를 원한다. 그들은 사람이 모였을 때 주인 노릇을 잘하며, 대인 관계나 공적 모임에서 어떤 역할을 맡더라도 잘 해낸다. 그들은 관심을 잘 보이며, 관심과 사랑을 동일시한다.

그들이 어려움을 겪기 쉬운 것은 과잉 반응이 심하다는 점 때문이다. 그들은 사고하거나 행동하기보다 감정을 격앙시켜 문제를 만든다.

열성적 과잉반응자는 감정(열린 문)을 통해 세상을 접촉한다. 그들은 사고(표적 문)를 감정과 통합할 필요가 있다. 사고를 감정과 통합하면, 행동(함정 문)에 변화가 일어나, 상황에 대한 지나친 반응을 줄일 수 있다.

상황에 대한 과잉 반응을 줄인다고 바로 행동을 바꾸려고 해서는 안 된다. 그들에게는 행동이 가장 취약한 영역으로서, 가장 심한 방어를 한다. 이러한 방어기제가 발달된 것은 어릴 때 '남을 기쁘게 해야 OK'라는 메시지를 많이 받았기 때문이다.

열성적 과잉반응자와 접촉하는 방법은 그들에게 따뜻하게 대하거나 즐겁게 대함으로써 그들의 감정과 먼저 접촉하는 것이다. 그런 다음 문제를 해결하기 위해 그들의 사고에 관여한다. 처음부터 그들의 행동을 변화시키려고 하면 관계가 단절되기 때문에 피해야 한다.

그들을 변화시키기 위해서는 그들이 사람들에게서 주목받지 못하더라도 언제나 중요한 존재요 사랑받을만한 존재라는 사실을 깨닫게 해야 한다. 그리고 자신이 감정을 통해 어떤 것을 진실이라고 느낀다 해도, 그것이 실제로 다 진실일 수는 없음을 인정해야 한다. 그리고 자신의 사고에 대해 좋게 느끼고 자신의 권리를 주장하는 법을 배울 필요가 있다.

매력적 조종자

매력적 조종자는 사람과 관계를 잘 맺고 문제해결에 적극적으로 나서기도 하지만 또 한편으로는 사람을 피하고 문제해결에 수동적인 자세를 취하기도 한다.

조종자는 다른 사람에게 적극적인 공격성을 잘 드러낸다. 그러면서 매력적인 사람이기도 하다. 그들은 자신이 원하는 것을 손에 넣기 위해 위협이나 유혹을 잘한다. 그들은 외부의 자극을 아주 필요로 한다. 그들은 판매, 기금 모금과 같은 홍보 활동이나 새로운 프로젝트를 출범시키는 데 능하며, 정치나 공공 분야에서 두각을 잘 드러낸다. 그들은 또한 사업에도 수완이 있다.

그들은 자신이 원하는 것을 직접 얻을 수 없을 때 타인을 이용하거나 조종하려다가 어려움을 많이 겪는다. 그들은 외부에서 추구할 '행동'이 없을 때, 자기 스스로 나서는 데 어려움을 겪기도 한다.

그들은 행동(열린 문)을 통해 세상과 접촉한다. 이러한 행동은 적극적인 공격성을 띤다. 그들은 감정(표적 문)을 행동과 통합할 필요가 있다. 감정과 행동을 통합하면, 사고(함정 문)에 변화가 일어날 수 있다. 그러면 당장 남보다 앞서려고 애쓰기보다 긴 안목에서 보는 결과에 대해 궁구하게 될 것이다.

긴 안목에서 생각하도록 돕는다고 바로 사고를 변화시키려고 해서는 안 된다. 왜냐하면 사고가 가장 취약하고 방어가 심한 영역이기 때문이다. 그들은 어릴 때 남에게 다 앞서야 OK라는 메시지를 많이 받았다. 따라서 끊임없이 다른 사람보다 한발 앞서려고 애쓴다.

그들과 접촉할 때는 남을 꾀려는 그들의 시도를 재미있게 노출시키는 것이 좋다. 그런 다음 그들이 진정으로 원하지만 얻을 수 없다고 추정하는 것(이것이 바로 남을 앞서려는 동기가 되어왔다)이 무엇인지 발견하게 하는 것이다. 그들은 사고 영역에서 남을 조종하고 변화를 피하려고 하기 때문에, 먼저 그들의 사고(당신을 속이려는 시도)에 휘말려서는 안 된다. 왜냐하면 그들은 사고 영역에서 상대방을 조종하려 하거나 변화를 회피하려고 하기 때문이다.

그들을 변화시키는 방법은 자신이 성장한 사람으로서 이제 버림받을 수 없다는 사실을 깨닫게 하는 것이다. 그들은 어릴 때 버림받은 느낌을 가졌지만 살아남기로 결정했다. 그렇지만 자라고 난 뒤에도 이러한 우려 때문에 남에게 지지 않으려 하고 조종하려든다. 그들은 가식이나 조종보다 진정으로 대하는 것이 더 안전하다는 것을 알 필요가 있다. 자신의 욕구도 다른 사람과 마찬가지로 서로 협동하며 충족시키는 방법을 배울 필요가 있다. 이렇게 하게 되면 연극보다 친밀을 경험하기 시작할 것이다.

〈표 16-5〉 각 적응마다 전형적인 금지명령, 게임(라켓티어링 주제), 라켓

적응	전형적 금지명령	전형적 게임	전형적 라켓
책임감 강한 일중독자	자라지 마라. 감정을 느끼지 마라. 가까이 오지 마라. 중요한 인물이 되지 마라. 즐기지 마라.	내가 얼마나 애썼는지 봐라 너만 아니었으면…	불안, 우울, 죄의식(분노, 상처, 성적 감정을 덮음) 분노(슬픔을 덮음)
재기 넘치는 회의자	아이처럼 굴지 마라. 가까이 오지 마라. 신뢰하지 마라. 소속되지 마라.	이제 걸려들었어 후레자식 들추기 나를 차라.	타인에 대한 분노(두려움을 덮음) 의분 질투 시샘 의혹
창조적 몽상가	생각하지 마라. 성공하지 마라. 건강하지 마라(제정신으로 살지 말라). 감정을 느끼지 마라(섹시하지 말고, 화내지 마라). 즐기지 마라. 자라지 마라. 생각하지 마라.	나에게 무엇인가 좀 해 달라. 너만 아니었으면… 나를 차라.	멍함 아무 생각이 안 남 불안(분노, 상처, 기쁨, 성적 감정을 덮음)
유희적 반항자	자라지 마라. 감정을 느끼지 마라. 성공하지 마라. 가까이 오지 마라. 즐기지 마라.	이렇게 한번 해 보면 어때요? -예, 그러나 나에게 무엇인가 좀 해 달라. 얼간이 나를 차라.	좌절(상처를 덮음) 혼란(분노를 덮음) 의분

열성적 과잉반응자	자라지 마라. 생각하지 마라. 존재하지 마라. 중요한 인물이 되지 마라. 네가 아니었으면….	라포 너만 아니었으면 얼간이	불안, 슬픔, 혼란(분노를 덮음)
매력적 조종자	가까이 오지 마라. 감정을 느끼지 마라(슬퍼하지 마라, 겁내지 마라). 성공하지 마라. 생각하지 마라(미래 문제 해결을 생각하지 마라, 앞서도록 생각하라, 웃음거리로 만들어라).	나를 잡을 수 있으면 잡아봐라 경찰과 도둑	혼란 분노(두려움과 슬픔을 덮음)

제5부

세상을 자신의 각본에 맞추기: 수동성

제17장

디스카운트

살다 보면 끊임없이 문제에 봉착한다. 다치지 않고 어떻게 도로를 건널까? 직장에서 주어진 업무를 어떻게 처리할까? 호의적이거나 공격적으로 나오는 사람을 어떻게 대할까? 문제에 봉착할 때 우리가 취할 수 있는 조치는 두 가지다. 하나는 성장한 사람으로서의 사고와 감정과 행동 능력을 총동원하여 문제해결을 하는 것이고, 또 하나는 각본에 따르는 것이다.

각본에 따른다는 것은 어릴 때 내린 결정에 맞추어 세상을 지각하는 것을 말한다. 이때는 실제 상황의 특정 측면을 보지 못하는 것이다. 동시에 특정 측면을 부풀리기도 한다. 문제를 해결하기 위한 행동을 취하는 대신에 각본이 제공하는 '마술적 해결책'에 의존하려고 한다. C 자아상태에 놓여 이러한 마술적 힘을 빌어, 해결책을 얻기 위해 세상을 조작하려 든다. 각본을 따를 때에는 능동적이지 못하고 수동적인 상태에 놓이게 된다.

제5부에서는 이러한 수동성과 문제해결의 차이를 살펴보게 될 것이다. 수동성을 다루는 교류분석 이론의 영역은 Schiffs 이론 또는 **카섹시스**(cathexis) 이론으로 알려져 있다. Schiffs가 처음 제안하였고, 나중에 '카섹시스 연구소'를 설립했다. 그들은 **수동성**(passivity)을 '비문제해결적 행동', 즉 '사람들이 하지 않거나 하더라도 효율적으로 하지 않는 것'이라고 정의했다.[1]

디스카운트의 특징과 정의

디스카운트(discount)란 '자신도 모르게 문제해결과 관련된 정보를 무시하는 것'이다.[2] 내가 사람들이 붐비는 레스토랑에 앉아 있다고 가정하자. 목이 말라 물을 먹고 싶다. 웨이터와 눈길을 마주치려고 해도 쳐다보지 않는다. 여러 번 제스처를 취했지만 반응이 없다.

그 순간 나는 각본에 빠져든다. 나는 나도 모르게 유아기 때를 재연하기 시작한다. 반응이 없는 웨이터 얼굴과 어머니 얼굴이 겹쳐진다. 동시에 어린아이처럼 행동하고 감정을 느끼고 사고하기 시작한다. 나는 풀이 죽어 절망감을 느낀다. '아무 소용이 없군. 아무리 애써도 그는 오지 않을 거야.' 하고 혼자 생각한다.

이러한 결론을 내리기까지 나는 지금-여기서의 현실에 대한 특정 정보를 무시했다. 나는 어릴 때는 할 수 없었지만 어른이 되고 나서는 내가 얼마든지 취할 수 있는 여러 가지 선택권을 디스카운트한 것이다. 나는 일어서서 웨이터 앞으로 걸어가 어깨를 툭 칠 수도 있다. 아니면 옆 테이블에 놓여 있는 주전자의 물을 따라 마실 수도 있다. 만일 이렇게 한다면 수동적 자세에 머물지 않고 능동적으로 문제를 해결할 수 있는 것이다.

나와 함께 레스토랑에 간 친구는 아무 반응이 없는 웨이터에게 화가 났다. 그는 "저 친구 형편 없군. 저런 친구는 해고해야 하는데." 하고 코웃음을 쳤다.

나의 친구 또한 각본에 빠져들었다. 나는 1−U+ 자세를 취한 반면에, 친구는 1+U− 자세를 취했다. 친구는 자기 각본 안경으로 웨이터를 바라본 것이다. 그는 내 부름에 반응할 웨이터의 능력을 디스카운트한다. 또한 나와 마찬가지로 수동적인 자세를 취한다. 그 역시 웨이터에게 불평만 늘어놓으면서 갈증을 해결하기 위해서는 아무 행동도 하지 않고 있는 것이다.

과 장

어떤 디스카운트에서든 **과장**(grandiosity)이 따른다. 이것은 최소화하거나 최대화함으로써 현실의 특정 측면을 과장하는 것이다. '침소봉대'라는 말을 이러한 과정에 적용시킬 수 있다.

디스카운트를 할 때, 특정 측면을 과장하면서 동시에 다른 측면을 축소한다. '전부 아니면 전무'도 과장할 때의 전형적인 사고 유형 중 하나다.

디스카운트는 정신내적이요 자신도 의식하지 못하는 것임에 비해, 과장은 의식적 사고에서 일어난다. 디스카운트는 무의식적 기제인 반면, 과장은 그렇게 하는 행동의 의식적인 합리화다.

웨이터가 물을 갖다주지 않아 풀이 죽어 앉아 있을 때, 나는 내가 해결할 수 있는 능력을 디스카운트했다. 이렇게 함으로써, 나는 내가 물을 마시고 못 마시고가 마치 웨이트에게 달린 것처럼 그의 능력을 과장시켰다. 동시에 나의 능력에 대해서는 깨닫지 못했다. '그가 모든 능력을 다 가지고 있고, 나는 아무 능력도 없다.'는 것이 나의 신념이었다. 이 두 가지 말 모두 과장에 속한다.

친구는 웨이터의 능력을 디스카운트하면서 자신과 웨이터를 과장시켰다. 친구는 판사나 배심원 역할을 맡은 것처럼 생각했지만, 그에게는 웨이터를 해고할 만한 증거도 없고 그런 위치에 있지도 않다. 또한 친구는 웨이터를 아주 무능한 사람으로 보았던 것이다.

최근 불만스러운 결과를 낳았던 상황을 떠올려 보라. 그 상황이란 당신이 해결하지 못한 문제가 있었던 상황을 말한다.

현실의 특정 측면을 디스카운트하지 않았는지 돌이켜 보라. '그 당시 생각하지 못했던' 다른 방법으로 할 수는 없었던가? 특정 방법으로 행동할 다른 어떤 사람의 능력을 무시하지는 않았는가? 그 당시 사용할 생각을 하지 못했던 자원은 없었는가?

그 당시 과장한 점을 찾을 수 있겠는가? 그 당시 당신 자신, 타인, 상황에서 축소하거나 과장한 것이 있는지 찾아 보라.

지금 집단 활동을 하고 있거나 또는 곁에 도울 친구가 있으면, 당신의 말에 다른 의견이 없는지 물어보라. 디스카운트와 과장은 자신이 찾기보다 다른 사람이 찾으면 더 쉬울 수 있다.

이러한 질문에 바로 대답할 수 없다면, 이러한 문제 상황을 마음에 담아 두라. 이 장 뒷부분의 토의에서 다시 검토하게 될 것이다.

네 가지 수동적 행동

내가 디스카운트할 때 마음속으로 혼자 하는 것이다. 따라서 '디스카운트 그 자체는 관찰할 수 없다.' 당신은 내 마음속을 읽을 수 없기 때문에, 내가 디스카운트하고 있다는 것을 나타내는 말이나 행동을 보이지 않는 한, 내가 디스카운트하고 있다는 사실을 알 방법이 없다. 그러나 디스카운트하고 있다는 것을 시사하는 네 가지 유형의 행동이 있다. 그 '네 가지 수동적 행동'은 다음과 같다.

- 무위(아무 조치도 취하지 않는 것)
- 과잉적응
- 동요
- 무력화 또는 폭력

무위

교류분석 집단 구성원들이 둘러앉아 있다. 집단 지도자가 "오늘 집단 모임에 대해 좋았던 점이나 좋지 않았던 점을 한 사람씩 차례대로 말해 봅시다. 할 말이 없으면 '통과'라고 말하면 됩니다." 하고 말했다. 그러자 각자 돌아가면서 좋았던 점과 그렇지 못했던 점을 이야기했다. 한두 명이 '통과'라고 하며 아무 말도 하지 않았다.

그다음 N 군의 차례다. 그는 입을 다물고 있다. 집단 구성원들은 그가 말하기를 기다리고 있지만, 그는 꿈쩍도 하지 않고 입을 다문 채 허공만 응시한다. 그는 좋은 점이든 나쁜 점이든 말하고 싶지 않은 것 같다. 옆 사람이 '통과'라고 말하기를 기다리고 있지만, N군은 아무것도 하지 않고, 마치 벙어리처럼 앉아 있다.

N 군은 '무위(無爲, doing nothing)', 다시 말해 아무 조치도 취하지 않는 수동적인 행동을 보인 것이다. 그는 문제해결을 위한 행동을 취하는 데 에너지를 사용하지 않고, 아무 행동도 취하지 않는 데에 에너지를 쏟는 것이다. 이러한 수동적 행동을 하는 사람은 불편을 느끼고,

어떻게 해 볼 생각도 하지 않는다. 그는 자신이 처한 상황에 대해 어떤 조처를 취할 수 있는 자신의 능력을 디스카운트하는 것이다.

과잉적응

A 부인은 고된 하루 일을 마치고 귀가한다. 남편은 신문을 보고 있다. 남편 너머 부엌을 보니, 싱크대 옆에 설거지도 하지 않은 그릇 더미가 쌓여 있다. 남편은 "오늘은 어떠했소. 차 마실 시간이군." 하고 말한다. 부인은 외투를 벗고 바로 부엌으로 간다. 설거지를 하고 차 마실 준비를 한다. 남편이 설거지하고 차를 마시자고 요구하지 않았다는 사실을 남편도 부인도 알아차리지 못했다. 부인은 자신이 설거지하기를 원하는지, 아니면 남편이 설거지하는 것이 더 적절한지 생각하지도 않았다.

부인의 수동적인 행동을 '과잉적응(overadaption)'이라 한다. 과잉적응을 할 때, C 자아상태에 놓여 상대방이 원한다고 '믿는' 것에 따른다. 부인은 남편이 진정 원하는 것이 무엇인지 검토하지 않고, 또 자신이 원하는 것이 무엇인지 검토도 하지 않고 그렇게 한다. 과잉적응을 하는 사람은 아무 조치도 하지 않는 사람과는 달리, 수동적 행동을 하는 동안 '사고'는 한다. 그러나 이러한 사고는 '오염'에서 발생하는 사고다.

과잉적응을 하는 사람은 아주 도움이 되고 잘 순응하는 사람으로 비치기 쉽다. 따라서 과잉적응을 하는 사람은 주위 사람으로부터 긍정적 스트로크를 받는 경우가 많다. 과잉적응을 하는 사람은 사회적으로 수용되고 사고하고 있는 것처럼 보이기 때문에, 네 가지 수동적 행동 중 탐지하기가 가장 어렵다. 그러나 과잉적응을 하는 사람도 자신의 선택에 따라 행동할 능력을 디스카운트하는 것이다. 그 대신 상대방이 원한다고 여기는 것을 따른다.

동요

학생들이 강사의 말을 듣고 있다. A 군은 뒤쪽에 앉아 있다. 강사의 목소리가 작아 알아듣기 어렵다. 강의가 계속될수록 A 군은 강사가 하는 말을 더욱 알아듣기 어려워진다. 그는 펜을 놓고 손가락으로 책상을 톡톡 친다. 책상 밑을 볼 수 있다면, 손가락으로 책상을 치면서 다리를 떨고 있는 것을 볼 수 있을 것이다. A 군은 '동요(agitation)'를 나타내고 있다. 이러한 수동적 행동은 문제해결을 위한 행동을 할 능력을 디스카운트한다. 그는 불편을 느끼고, 이러한 불편에서 벗어나려고 아무 의미 없고 반복적인 행동을 하고 있다. 에너지를 문제해결 행동에 쏟기보다 동요 행동을 드러내는 데 쏟고 있는 것이다. 동요하는 동안에는 사고를 경험하지 못한다.

A군이 A 자아상태에 놓여 있다면, 강사의 시선을 끌어 좀 크게 말해 달라고 요청할 것이다. 손가락으로 책상을 두드리거나 발을 떠는 것은 문제해결에 아무 도움이 되지 않는다. 동요를 나타내는 많은 습관들이 있다. 손톱을 물어뜯고, 담배를 피워 대고, 머리카락을 만지작거리고, 충동적으로 식사하는 것이 그 좋은 예다.

무력화와 폭력

30대 후반의 B 씨는 두 딸 중 막내로, 연로한 어머니를 모시고 있다. 어머니는 나이에 비해 젊고 건강한 편이다. 그러다 뜻밖에 B 씨는 한 남자와 사랑에 빠진다. B 씨는 신이 나서 그 남자와 살기 위해 집을 나갈 예정이며, 결혼까지 하게 될지 모른다고 어머니에게 말한다. 이틀 정도 지나자 어머니는 현기증이 나서 드러누웠다. 의사는 신체적으로는 아무 이상이 없다고 하지만, B 씨는 어머니를 떠나려고 한 것에 대해 죄의식을 느낀다.

어머니가 보인 수동적인 행동이 '무력화(incapacitation)'다. 어떤 방식으로든 무력해지는 것이다. 어머니는 문제를 해결할 자신의 능력을 디스카운트하면서 C 자아상태에서 타인이 해결해 주도록 의존하는 것이다. 무력화는 정신신체적 증상의 형태를 띨 때가 많다. 아니면 신경쇠약이나 약물 또는 알코올 중독이 될 수도 있다.

R 씨는 사귀던 여자와 심한 말다툼을 했다. 그는 집을 뛰쳐나와 오랫동안 걸었다. 시내로 나가 맥주를 마신 뒤, 의자를 집어 들고 술집의 창문들을 다 부쉈다. R 씨가 보인 수동적 행동이 '폭력(violence)'이다. 폭력을 '수동적' 행동이라고 하면 이상하게 들릴지 모른다. 그러나 폭력은 당면한 문제를 해결하는 것이 아니기 때문에 수동적인 것이다. R 씨가 창문을 부순 것이 사귀던 여자와의 문제를 해결하는 데 아무 도움이 되지 않는 것이다.

무력화는 자신을 향한 폭력이라 할 수 있다. 무력화든 폭력이든 문제를 해결할 수 있는 자신의 능력을 디스카운트한다. 대신 남이나 환경이 자기 문제를 해결해 주도록 에너지를 발산하는 것이다. 무력화나 폭력에는 일정 기간의 동요가 일어난다. 동요를 느낄 때, 무력감이나 폭력을 행사하기 위한 에너지를 비축하는 것이다.

모든 수동적 행동들의 목적은 다른 사람이 책임을 떠맡고 해결해 주기를 바라는 마음에서, 이 문제로 인해 나보다 다른 사람을 더 불편하게 만드는 것이다.

앞에서 살펴본 문제 상황을 다시 생각해 보라. 어떤 수동적 행동을 드러냈는지 찾을 수 있겠는가? 마음속으로 그 상황을 돌이켜 보라. 수동적 행동을 드러내는 순간, A 자아상태에서 성장한 사람으로서의 사고, 감정, 행동을 총동원하여 문제를 효율적으로 해결해 나가는 자신을 상상해 보라. 그때와 달리 어떻게 행동하겠는가?

디스카운트와 자아상태

디스카운트는 제6장에서 살펴본 병리적 자아상태와 관련이 있다. 디스카운트는 자아상태의 **오염**을 반영할 수도 있다. 다시 말해, 내가 디스카운트할 때, 현실을 P 자아상태나 C 자아상태의 신념에 맞추어 잘못 지각하면서도 A 자아상태의 사고로 오인한다.

배제(contamination)도 디스카운트의 원인이 될 수 있다. 나는 세 가지 자아상태 중 하나 또는 두 가지를 배제하기 때문에, 현실의 특정 측면을 보지 못하게 된다. 예를 들어, 내가 C 자아상태를 배제한다면, 현재 내가 해결해야 할 문제와 관련을 맺고 있는 아동기부터의 소망, 감정, 직관을 무시하게 된다. 내가 P 자아상태를 배제한다면, 과거 부모와 같은 권위적 인물에게서 배운 세상에 대한 (현재의 문제를 해결하는 데 도움이 될) 정의나 규칙을 알지 못한다. 내가 A 자아상태를 배제하면, 지금-여기에서의 상황에 대해 평가하고 느끼고 행동할 능력을 디스카운트하게 된다. A 자아상태의 배제가 세 가지 배제 중 가장 심한 디스카운트를 유발한다.

병리적 자아상태 때문이 아니더라도 디스카운트가 일어날 수 있다. 이러한 일은 A 자아상태가 정보를 얻지 못했거나 정보를 잘못 받아들였을 때 일어날 수 있다. 예를 들어, 비만 여성이 다이어트를 하려고 빵, 감자칩 그리고 분식을 먹지 않고 땅콩과 치즈를 먹는다. 사실 땅콩과 치즈는 그녀가 포기한 음식들보다 칼로리가 더 높다. 그녀는 이러한 사실을 몰랐기 때문에 단순히 디스카운트를 하게 된 것이다.

디스카운트 탐지

디스카운트를 직접 관찰할 수 없지만, 네 가지 수동적 행동을 보이는 것을 통해 추론할 수 있다. 디스카운트를 탐지하는 방법에는 여러 가지가 있다.

드라이버 행동은 항상 디스카운트하고 있다는 것을 암시한다. 내가 어떤 드라이버를 드러낼 때, 나는 속으로 '내가 열심히 하거나, 남의 마음에 들 때 OK다.'라는 각본 신념을 재연하고 있다. 실제로는 내가 이러한 드라이버 메시지를 따르든 따르지 않든 OK다.

Schiffs는 특정 '사고 장애'를 디스카운트의 단서로 제시하고 있다. 그중 하나가 '지나치게 상세하게 말하는 것'이다. 이러한 사람은 단순한 질문을 해도 세세한 것까지도 장황하게 대답한다. '과대일반화'는 이와 정반대로 자기 생각을 아주 개략적이고 포괄적인 말로 표현한다. "내 문제는 너무 커. 일 때문에 축 쳐져." 하고 막연하게 말한다.

제6부에서 라켓, 게임, 드라마 삼각형을 통한 행동을 살펴볼 것이다. 이것은 모두 디스카운트를 하고 있다는 사실을 나타낸다.

언어적 단서

교류분석의 상담 기법 중 하나가 사람들이 하는 말을 경청함으로써 디스카운트를 찾아내는 것이다. 이 장에서 제시한 사례에서는 디스카운트가 명백한 말들만 사용하였다. 일상적 대화에서는 디스카운트에 대한 언어적 단서를 감지하기가 그리 쉽지 않다.

이론상 귀를 기울이는 것은 어렵지 않다. 말하는 사람이 어떤 실재에 대한 정보를 무시하거나 왜곡할 때 디스카운트하고 있다는 사실을 알 수 있다. 일상적인 대화에는 그야말로 디스카운트로 가득 차 있기 때문에 우리는 디스카운트에 둔감하기 마련이다. 따라서 상대방이 하는 말을 경청하고 상대방이 하는 말이 실제에 부합하는지 검토하는 기술을 재학습할 필요가 있다.

예를 들어, 어떤 사람이 '~을 할 수 없다.'고 말할 때, 디스카운트하고 있다는 가장 흔한 예다. 이를 검토하는 방법은 '좋아. 지금이든 나중이든 할 수 있을까?' 하고 자문해 보는 것이다.

'노력해 보겠다.'는 말도 보통 사용하는 디스카운트다. 왜냐하면 이 말은 '노력은 해 보겠지만, 하지는 않을 것이다.'라는 뜻을 시사하기 때문이다. 기타 모든 드라이버에도 디스카운트가 일어난다. 그중에서도 '강해라' 드라이버에서 디스카운트가 가장 흔히 일어난다.

"네가 하는 말이 지겨워."
"이런 문제는 도저히 이해할 수 없어."

문장의 일부를 빠뜨리는 것도 디스카운트하고 있다는 신호일 수 있다. 예를 들어, 교류분석 집단 내의 한 사람이 포옹하고 싶다고 말한다. 이때 그녀는 누구와 포옹하고 싶은지는 말하지 않았다. 문제해결과 관련된 정보—자신이 원하는 포옹하는 방법—를 빠뜨리고 있는데, 이러한 요구에서도 디스카운트가 일어난 것이다.

비언어적 단서

비언어적 단서를 통해 디스카운트를 탐지하는 기술도 똑같이 중요하다. 말을 할 때, 하는 말과 비언어적 신호가 일치를 이루지 않을 때 디스카운트 신호로 볼 수 있다. 제5장에서 보았듯이, 이러한 **부조화**를 '불일치(incongruity)'라고 한다. 예를 들어, 교사가 학생에게 "내가 내준 숙제를 이해하겠니?" 하고 묻자, 학생이 "예." 하고 대답한다. 그러면서 미간을 찌푸리고 머리를 긁적인다. 교사가 이 학생의 비언어적 단서를 잘 관찰했다면 학생이 디스카운트하고 있지 않은지 검토했을 것이다. 불일치가 항상 디스카운트를 의미하는 것은 아니다. 회의 석상에서 의장이 "오늘 처리해야 할 일들이 많습니다." 하고 말한다. 그는 심각하게 말하면서 주위 사람들에게 환한 웃음을 보인다. 이때 그의 표정은 '여러분을 만나게 되어 반갑다.'는 뜻이다.

교수대 웃음

교수대 웃음(gallows laughter)도 흔히 디스카운트하고 있다는 사실을 가리킨다. 이것은 불쾌한 일에 대해 말하면서 웃음을 짓는 것을 의미한다.

"나는 참 어리석었어, 하하."
"히히히. 내가 그에게 이겨 버렸어."
"여기 오다가 차를 박았어요. 호호."

여기서는 웃음과 고통스러운 말의 내용 간에 일치를 이루지 못한다. 어떤 사람이 교수대 웃음, 미소, 싱긋 웃는 모습을 보일 때, 그는 상대방에게 자신의 각본 신념을 강화해 달라고 비언어적으로 초대하는 것이다. 만일 상대방이 심리적 수준에서 이러한 웃음에 동참하면, 심리적 수준에서 초대를 수용하는 것이다. 예를 들어, "내가 어리석었어. 하하." 하고 말하는 사람은 각본에 따라 상대방을 자신의 웃음에 참여하도록 초대하여, '나는 생각할 수 없다.'는 각본 신념을 확인하려고 한다. 이러한 교수대 웃음에 대한 올바른 반응은 상대방의 웃음에 동참하기를 거부하는 것이다. 다시 말해, 상황을 보아 괜찮다면 "어디 그게 웃을 일이야?" 하고 말할 수 있는 것이다.

이미 '생각하는 화성인' 기술을 연습하였다. 디스카운트를 암시하는 비언어적 단서들을 판별할 줄 알면 이러한 기술을 더욱 향상시킬 수 있을 것이다. 사실 상대방의 비언어적 단서를 보고 디스카운트를 하는지 또는 하지 않는지 구별하기가 항상 쉬운 것은 아니다. 디스카운트 여부를 꼭 알아야 할 필요가 있을 때는 말로 질문함으로써 당신이 추측한 것을 체크할 수 있다.

제18장

디스카운트 매트릭스

디스카운트를 하면 문제를 해결하지 못하는 결과를 낳는다. 따라서 디스카운트의 특징과 강도를 찾을 수 있는 체계적인 방법이 있다면, 문제해결의 강력한 도구로 삼을 수 있을 것이다. 이러한 도구는 존재한다. 이것을 '디스카운트 매트릭스(discount matrix)'라고 하는데 Mellor와 Sigmund가 개발했다.[1] 디스카운트 매트릭스는 다음과 같이 세 가지 기준에 따라 디스카운트를 분류할 수 있다는 생각에서 출발한다.

- 영역(area)
- 유형(type)
- 수준(level)

디스카운트의 영역

우리가 디스카운트할 수 있는 영역으로는 '자신(self)' '타인(other)' '상황(situation)'의 세 가지가 있다. 앞 장에서 보았듯이, 웨이터가 물을 가져다주지 않아 나는 풀이 죽어 앉아 있었다. 이때 나는 나 '자신'을 디스카운트했다. 왜냐하면 내가 원하는 것을 얻기 위해 할 수 있는 나의 능력을 무시한 것이다.

화가 나서 웨이터를 비판한 친구는 자신보다 '타인'을 디스카운트했다. 왜냐하면 웨이터를 '무능한' 인간이라 비판하면서, 그의 비판과 상반된 웨이터의 행동들을 보지 못했기 때문이다.

잠시 후 나는 친구에게 "이런! 다른 사람들에게는 서비스를 잘해 주면서 우리는 거들떠보지도 않으니 불공평하잖아. 세상에 이렇게 불공평한 곳이 어디 있어!" 하고 말했다. 여기서 나는 '상황'을 디스카운트한 것이다.

디스카운트의 유형

디스카운트의 유형으로는 '자극(stimulus)' '문제(problem)' '선택(option)'의 세 가지가 있다. '자극'을 디스카운트한다는 것은 현재 일어나고 있는 일을 지각하지 못한다는 것이다. 레스토랑에 앉아 있을 때 목마르다는 것을 느끼지 못했다면, 이때 갈증이라는 자극을 디스카운트한 것이다. 친구가 웨이터를 무능한 인간이라고 비난할 때, 친구는 웨이터가 먼저 온 손님들에게 잘 서비스하고 있다는 사실을 '보지 못했다'.

'문제'를 디스카운트하는 사람은 현재 어떤 일이 일어나고 있다는 것은 알지만, 그 일이 어떤 문제를 불러일으킬 것이라는 사실을 보지 못한다. 나는 레스토랑에서 갈증을 느끼면서도, 친구에게 "목이 좀 마르지만 뭐 괜찮아." 하고 말할 수도 있다.

'선택'을 디스카운트할 때, 현재 일어나고 있는 일과 이 일이 문제를 야기할 것이라는 사실을 안다. 그러나 문제에 대해 어떤 조처를 취할 수 있다는 가능성을 보지 못한다. 이것은 레스토랑에서 내가 디스카운트한 것이다. 레스토랑에 풀이 죽어 앉아 있을 때, 나는 목이 말랐고 갈증이 나에게 문제가 된다는 것을 알았다. 그러나 가만히 앉아서 웨이터가 물을 가져다줄 때까지 기다리지 않고 내가 나서서 해결할 수 있었던 여러 가지 선택을 나도 모르게 무시했던 것이다.

디스카운트의 수준(양식)

'수준'이나 '양식' 중 어떤 용어를 사용해도 좋지만, 수준이라는 말이 더 분명한 의미를 띤다. 디스카운트의 네 가지 수준은 '존재(existence)' '중요성(significance)' '변화 가능성(change possibility)' 그리고 '개인 능력(personal ability)'이다.

앞 사례를 통해 네 가지 디스카운트의 수준을 적용해 보자. 첫 장면에서 나는 문제를 해결하기 위한 '선택'의 존재를 디스카운트했다. 예를 들어, 웨이터와 눈 마주치기만 기다리지 말고 그에게 걸어가서 말을 걸 수 있다는 것을 고려하지 못한 것이다.

내가 선택의 '중요성'을 디스카운트했다면, 친구에게 "내가 웨이터에게 가서 말할 수도 있었겠지만, 그래봤자 무슨 소용이 있었겠어." 하고 말했을 것이다. 여기서 나는 다른 행동을 취할 수 있다는 사실을 알고 있지만, 이러한 행동이 효과가 있을 것이라는 가능성을 무시한 것이다.

'변화 가능성'의 수준에서 나의 선택을 디스카운트했다면, "물론 내가 웨이터에게로 걸어가서 멈춰 세울 수도 있었겠지만, 사람들이 레스토랑에서는 그렇게 하지는 않아." 하고 말했을 것이다. 이러한 경우에는 나는 내가 취할 선택이 있고, 또 그것이 효과도 있었겠지만, 실제 그런 선택을 실행에 옮길 수 있다는 가능성을 무시한 것이다.

'개인 능력' 수준에서 디스카운트했다면, "내가 웨이터에게 가서 물을 달라고 말할 수도 있었어. 그러나 나는 그렇게 할 용기가 없어." 하고 말함으로써 디스카운트했을 것이다. 여기서 나는 내가 취할 수 있는 선택과 그 선택이 가져올 효과를 알고 있었다. 그리고 어떤 사람은 이러한 선택을 사용한다는 사실도 알고 있었다. 그러나 나 자신은 그럴 능력이 없다고 일축한 것이다.

디스카운트 매트릭스

디스카운트 매트릭스는 디스카운트의 유형(type)과 수준(level)을 모두 조합하여 〈표 18-1〉과 같이 제시되어 있다.

〈표 18-1〉 디스카운트 매트릭스

수준	유형		
존재	T_1 자극의 존재	T_2 문제의 존재	T_3 선택의 존재
중요성	T_2 자극의 중요성	T_3 문제의 중요성	T_4 선택의 중요성
변화 가능성	T_3 자극의 변화 가능성	T_4 문제의 해결 가능성	T_5 선택의 실행 가능성
개인 능력	T_4 다르게 반응할 개인 능력	T_5 문제를 해결할 개인 능력	T_6 선택에 따라 행동할 개인 능력

디스카운트 매트릭스를 보면 가로로 세 가지 유형, 세로로 네 가지 수준 또는 양식이 제시되어 있다. 세 가지 유형과 네 가지 수준이 조합을 이루면 12칸으로 구성되는데, 각 칸에 그 조합 결과가 명시되어 있다.

매트릭스의 의미를 설명하기 위해 다른 사례를 들어보기로 하자. 두 친구가 대화를 나누고 있다. 그중 한 명은 심한 흡연자다. 그가 또 담배에 불을 붙이면서 심한 기침을 한다. 이때 친구가 "기침이 심하군. 걱정 돼. 담배 끊지 그래." 하고 말했다. 흡연하는 친구가 매트릭스의 12개의 각 칸마다 어떻게 디스카운트하겠는가?

자극의 존재를 디스카운트한다면, "기침은 무슨 기침? 내가 언제 기침했다고 그래." 하고 말할 것이다. 이때 기침했다는 사실을 잡아뗀다.

'문제의 존재'를 디스카운트한다면, "뭐, 괜찮아. 늘 기침하는 걸 뭐." 하고 말할 것이다. 이때 기침한다는 것은 알고 있지만, 이것이 문제를 일으킬 수 있다는 가능성은 보지 못한다.

흡연하는 친구는 이렇게 말함으로써 동시에 '자극의 중요성(심각성)'까지 디스카운트하고 있는 사실에 주목해야 한다. 즉, 기침이 문제가 될 가능성이 있다는 것을 디스카운트할 뿐만 아니라, 동시에 기침이 자신에게 어떤 의미(중요성 또는 심각성)를 띠고 있는지에 대해서도 디스카운트하고 있는 것이다.

매트릭스를 보면 '문제의 존재'와 '자극의 중요성' 사이에 사선으로 화살표가 그어져 있다. 화살표의 의미는 하나의 디스카운트가 일어날 때 항상 다른 디스카운트도 동반된다는 사실을 말한다.

매트릭스에서 사선으로 그어진 모든 화살표(↗)가 이러한 의미를 띤다. 각 칸 속의 상단 왼편에 들어가 있는 'T' 옆의 숫자는 동일한 숫자가 들어 있는 다른 칸에서도 동시에 디스카운트가 일어난다는 것을 가리킨다. 예를 들어, '문제의 존재'에 대한 디스카운트와 '자극의 중요성'에 대한 디스카운트는 똑같이 T_2로서 동시에 일어난다는 것을 의미한다.

다음으로 T_3을 보자. 맨 윗줄 오른쪽 칸에서 흡연하는 친구는 '선택의 존재'를 디스카운트한다. 그는 "그래, 맞아, 담배 피우는 사람들은 다들 기침을 하잖아. 인생은 짧고 행복은 하나잖아. 안 그래? 하하!" 하고 말할 것이다.

그는 기침을 했다는 사실, 기침이 문제가 될 수 있다는 사실, 다시 말해 흡연이 생명에도 영향을 줄 수 있다는 사실을 인정한다. 그러나 기침을 막기 위해 어떤 조치를 취할 수 있다는 가능성을 무시한다.

그는 이렇게 하면서 흡연으로 목숨을 잃을 수 있다는 가능성이 자신이 염려하는 것이라는 사실을 지각하지 못한다. 이와 같이 그는 '문제의 중요성(심각성)'을 디스카운트한다.

그리고 흡연자의 기침을 막기 위해 누군가 어떤 조치가 가능하다는 사실을 부정함으로써, 그는 '자극의 변화 가능성'까지 디스카운트하고 있다.

매트릭스에서 사선이 그어진 다른 칸에서도 동일한 디스카운트가 일어난다는 것을 알 수 있다. T_4에서 흡연하는 친구는 다음과 같이 말할지 모른다. "그래 맞아. 내가 담배를 끊는다고 하자. 그런데 이렇게 오랫동안 담배를 피워 왔는데, 이제 끊는다고 해서 뭐가 달라지겠어!"

T_5에서는 다음처럼 반응할 것이다. "그래. 네 말이 맞아, 담배를 끊을 필요가 있어. 그런데 어떻게 끊을지 모르겠어."

그리고 T_6에서는 이렇게 반응할 것이다. "맞아. 이미 오래전부터 담배와 라이터를 던져 버려야 한다고 생각해 왔어. 그러나 그렇게 할 수 있을 것 같지가 않아!"

매트릭스의 또 하나 특징은 '어느 칸에서의 디스카운트든 그 아래와 그 오른쪽 칸에서의 디스카운트를 수반하고 있다는 점이다. 예를 들어, 어떤 사람이 '문제의 존재'를 디스카운트 한다고 하자. 그는 문제가 있다는 사실을 알지 못하기 때문에, 문제의 중요성(심각성) 또한 지각할 수 없을 것이다. 뿐만 아니라 자신이든 다른 사람이든 문제를 해결해 줄 수 있을 것이라고도 생각하지 않는다. 이와 같이 '문제'와 관련된 모든 칸에서 디스카운트가 일어난다.

그리고 그는 '문제의 존재'를 무시하기 때문에, 문제를 해결할 선택(방법)이 있는지도 생각하지 않을 것이다. 이와 같이 그는 '선택의 존재'를 디스카운트하기 때문에, 그 칸 밑으로 '선택'이 들어간 모든 칸에서도 디스카운트를 할 것이다.

마지막으로, '문제의 존재'를 디스카운트하면, 사선으로 그어진 동일한 T_2인 '자극의 중요성'까지 동시에 디스카운트한다는 사실을 명심해야 한다. 그러므로 '자극' 칸 아래에 있는 '자극의 중요성' 밑의 두 칸에서도 동시에 디스카운트하게 된다.

요약하면 다음과 같다. '어떤 사선에서든 디스카운트하는 사람은 사선 아래와 그 오른쪽 칸도 디스카운트하게 된다.' '흡연자'의 사례로 돌아가서 이러한 디스카운트 위계를 확인해 보라.

디스카운트 매트릭스에 다른 사례를 넣어 보라. 부부가 밤에 잠자리에 들었다. 옆방에서 아기가 울기 시작한다. 남편이 아내에게 말한다. "우리 중에 누가 가서 아기가 왜 우는지 알아봐야 하지 않을까?"

아내가 디스카운트 매트릭스의 각 칸에서 디스카운트하고 있다면, 아내가 어떻게 반응할지 찾아보라. 그리고 디스카운트 위계를 적용할 수 있는지 살펴보라.

디스카운트 매트릭스 사용

문제를 제대로 해결하지 못할 때마다 그 문제해결과 관련된 어떤 정보를 무시하고 있는 것이다. 디스카운트 매트릭스는 어떤 정보를 무시하고 있는지 찾아줄 체계적 방법을 제공한다. 다시 말해, 우리가 문제를 해결하는 데 필요한 구체적 행동을 안내해 준다.

어떤 사람이 매트릭스의 특정 칸에서 디스카운트하고 있다면, 그는 그 칸 아래와 또 오른쪽 칸에서도 디스카운트하고 있다는 사실을 상기할 필요가 있다. 이것은 문제해결 과정에 중요한 단서를 제공한다. 문제를 해결하려고 노력해도 잘 해결되지 않는다면, '디스카운트 매트릭스에서 사선 아래쪽의 문제부터 해결하려고 집착했기 때문인 경우가 많다.'

매트릭스를 문제해결 도구로 사용할 때, 사선으로 그어진 가장 위쪽 칸의 디스카운트부터 찾아볼 필요가 있다. 우리는 매트릭스의 맨 왼쪽 윗칸에서부터 시작한다. 만일 그 칸에서 디스카운트가 일어나고 있다면, 아래칸이나 오른쪽 칸으로 이동하기 전에 그 칸에서의 디스카운트를 다루어야 한다.

왜 그렇게 해야 하는가? 처음의 디스카운트를 수정하지 못하고 그 사선 아래쪽 칸의 디스카운트를 수정하려고 하면, '우리의 개입 그 자체가 디스카운트되기 때문이다.'

이를 입증하기 위해 흡연하는 친구의 사례로 돌아가 보자. 당신이 흡연하는 친구와 있다고 하자. 흡연하는 친구가 심하게 기침하는 것을 보고, '이 친구가 담배를 끊지 않는다면, 건강이 심각하게 나빠질텐데, 어떤 조치가 필요해.'라는 생각이 들 것이다. 따라서 친구에게 "자네 건강이 걱정돼. 담배를 끊어." 하고 말할 것이다.

당신이 개입할 때, 매트릭스에서 가장 아래 칸의 문제를 다루고 있는 것이다. 이것은 흡연자가 자신이 선택한 방법을 행동으로 옮길 것인가 말 것인가를 다루는 문제다. 그러나 만약 흡연자가 매트릭스의 윗칸에서 디스카운트하고 있다고 가정해 보라. 예를 들어, 사선 T_2에서 디스카운트하고 있다고 하자. 이는 그가 기침을 하고 있다는 사실을 인정하고 있다는 것을 의미한다. 그러나 이것을 문제로 여기지 않고 있다. 디스카운트 매트릭스에서 볼 때, 그는 '자극의 중요성'과 '문제의 존재'를 디스카운트하고 있는 것이다. 그렇다면 여러분이 그에게 말한 것도 당연히 디스카운트할 것이 뻔하다. 기침을 해도 별 문제가 아니라고 여기는데 왜 애써 담배를 끊으려 하겠는가?

당신이 그의 마음을 읽을 수 없기 때문에, 그가 반응하기 전까지 어디서 디스카운트하고 있는지 알 수 없다. 여기서 주목해야 할 중요한 점이 있다. 그는 디스카운트하고 있는 맨 위쪽에서도 반응하겠지만, 그 아래 어느 칸에서도 반응할 수 있다는 사실이다. 예를 들어 "음, 맞아, 담배를 끊어야 한다는 것은 알아. 그러나 한번 습관이 들면 좀처럼 벗어날 수가 없어." 하고 말했다고 하자. 그러면 T_4의 사선 '문제의 해결 가능성'을 디스카운트하고 있는 것이다. 그러면 당신은 담배를 끊을 수 있다는 증거를 보여 주려는 유혹이 들 것이다. 그러나 당신의 노력은 소용이 없다. 흡연하는 친구가 실제 T_2에서 디스카운트하고 있다면, 그는 자신도 모르게 혼자 "그래, 담배를 끊는 사람들도 있어. 그런데 그게 나와 무슨 상관이지? 내가 기침해도 별 문제는 아니야." 하고 말할 것이다.

이제 디스카운트 매트릭스에 따라 흡연하는 친구를 체계적으로 돕는다고 가정하자. 당신은 "방금 심하게 기침한 것 알고 있지?" 하고, 먼저 T_1에서부터 디스카운트를 하고 있지 않는지 찾아야 한다. 친구가 기침한 사실을 인정하면, "기침 때문에 걱정되지 않아?" 하고, 그다음 칸으로 넘어간다. 만일 친구가 "아니, 뭐 별로. 기침하는 게 당연한 것 아니야." 하고 말한다면, 그가 T_2에서 디스카운트하고 있다는 사실을 알 수 있다. 이러한 대답은 흡연하는 친구가 담배를 끊으려면 먼저 기침이 문제가 된다는 것을 깨달을 필요가 있다는 것을 알게 해준다. 또 이러한 문제가 걱정의 원인이라는 것도 깨닫게 해 줄 필요가 있다.

이러한 기법을 사용하여 당신이 해결하지 못했던 문제 상황을 검토해 보라.

디스카운트하고 있을 칸을 찾을 때까지, 디스카운트 매트릭스 맨 위의 왼쪽 칸에서부터 시작하여 사선을 따라 아래쪽으로 내려가면서 각 칸을 체크해 보라. 집단 내에서 연습하거나 친구와 함께한다면 도움이 될 것이다.

사선을 따라 아래 칸에서도 디스카운트하고 있지 않은지 검토해야 한다.

어느 영역에서 디스카운트하고 있는가? 자신, 타인, 환경 중 어느 것을 디스카운트하고 있는가?

디스카운트를 찾았으면, 자신의 자아상태를 살펴 보라. 오염 때문인가? 아니면 특정 자아상태를 배제했기 때문인가? 아니면 단지 정보를 잘못 받아들였기 때문인가?

현실의 어떤 부분을 디스카운트해 왔는지 찾아보라. 정확하고 새로운 정보가 필요하다면, 그런 정보를 찾아보라.

이제 마음속으로 그 상황을 재연해 본다. 디스카운트하기 시작했던 지점에 도달하면, 디스카운트를 포기하고 보지 못했던 것을 보려고 노력해 보라. 이제 어떻게 행동하고 사고하고 감정을 느끼게 되는가? 상황의 결과가 어떻게 달라지겠는가?

디스카운트 매트릭스는 원래 심리치료용으로 개발되었다. 그러나 디스카운트 매트릭스는 조직이나 교육 분야에서의 문제해결에도 얼마든지 적용할 수 있다. 이러한 분야에서도 문제들이 해결되지 않은 채 남아 있기 마련인데, 그것은 디스카운트 매트릭스의 아래쪽 디스카운트부터 다루기 때문이다. 치료법은 동일하다. 빠뜨린 정보를 찾기 위해, 매트릭스 맨 위의 왼쪽에서부터 사선을 따라 내려오면서 찾아야 한다. 사람들이 각본에 따르지 않아도 잘못된 정보를 받아들여 디스카운트할 수도 있다는 사실을 명심해야 한다.

그 한 예로, 대학교수가 강의하고 있다고 하자. 교수가 지난 시간의 강의 내용을 이해하고 있는지 검토하기 위해 질문을 했다. 놀랍게도 학생들이 거의 대답을 하지 못했다. 교수는 수업을 마치면서, '학생들이 공부를 제대로 하지 않았어. 뭐가 문제지? 왜 동기부여가 되지 않을까?' 하고 생각했다.

교수는 학생들이 공부를 제대로 하지 않았다고 가정함으로써, 디스카운트 매트릭스의 T_5 또는 T_6 대각선에서 '타인'의 영역을 디스카운트한 것이다. 그러나 교수가 디스카운트 매트릭스를 통해 확인했다면, 실제 문제는 학생들 때문이 아니라는 것을 발견했을 것이다, 사실 교수가 강의할 때 말이 분명하지 못하고 웅얼거리며 말했기 때문에, 학생들이 무슨 말을 하는지 거의 알아들을 수 없었다. 디스카운트는 사선 T_2에 있었던 것이다. 문제를 해결하려면 교수가 좀 더 분명하게 발음하면 되는 것이다.

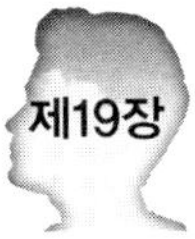

준거 틀과 재정의

나는 내 방식대로 세상을 바라본다. 당신은 당신 방식대로 세상을 바라보기 때문에, 나와 다를 것이다. 나와 당신이 창 밖에서 어떤 방 안을 들여다보고, 각자 본 것을 서로 얘기했다고 하자. 나는 "방이 꽤 작고, 정사각형이고, 방 안에 사람들이 있고, 카펫은 녹색이고 커튼은 갈색이다." 하고 말했다. 그런데 당신은 "가족 장면으로서 전체 분위기가 안온하고, 엄마와 아빠와 두 아이가 웃으며 대화하고 있고, 방이 제법 널찍하다."고 말했다.

제 삼자가 이러한 말을 들으면 서로 본 방이 다를 것이라고 여길 것이다. 그러나 같은 방을 본 것이다. 다른 것은 바로 우리의 지각이다. 방 안에 들어가 듣고, 느끼고, 맛본 것을 이야기 한다면 이들 역시 달랐을 것이다.

나아가 이 장면에 대한 반응도 달랐을 것이다. 나는 몇 분 동안 방을 둘러본 뒤에 아무것도 느끼지 못하고 방을 나갔을 것이고, 당신은 행복한 기분이 들어 창문도 열어 보고, 방 안의 사람들과 대화도 나누었을 것이다.

이와 같이 당신과 나는 방안의 장면을 지각하는 방법이나 반응하는 방법도 다르다. 그것은 바로 '준거 틀(frame of reference)'이 다르기 때문이다.

준거 틀

Schiffs는 준거 틀이란 '특정 자극에 대한 반응으로 여러 자아상태를 통합하는 관련 반응들의 구조'라고 정의한다. 준거 틀은 개인에게 '자신과 타인과 세상을 정의하는 데 사용되는 전반적인 지각적 · 개념적 · 정서적 행동 단위들을 제공해 준다.'[1)]

Schiffs는 이러한 공식적 정의를 설명하기 위해 준거 틀을 하나의 '현실 여과기(filter on reality)'로 생각했다. 당신과 내가 방을 쳐다볼 때, 우리 두 사람은 각자 그 장면의 특정 부분을 여과시켰다. 예를 들어, 나는 카펫 색깔은 보면서 방 안의 사람들을 여과시켰다. 당신은 당신의 준거 틀에 따라 나와는 다른 것을 여과시켰다.

방의 크기도 다르게 보였다. 내 눈에는 '꽤 작은' 방이었지만, 당신의 눈에는 '제법 널찍한' 방이었다. 나는 방이 널찍널찍한 시골집에서 자랐지만, 당신은 방들이 작은 도시에서 어린 시절을 보냈다. 이와 같이 각자의 준거 틀에 따라 방의 크기도 다르게 보였던 것이다.

당신은 "전체 분위기가 안온했다."는 정의를 덧붙였지만, 나는 '분위기'에 대해서는 정의하지 않고, 그 장면의 한 부분으로 지각조차 하지 못했다. 당신이 나에게 안온한 분위기라는 말에 동의하느냐고 물었다면, "아니, 전혀 그런 것을 느끼지 못했다."고 대답했을 것이다. 당신은 내가 왜 그토록 딱 잘라 말하는지 의아한 마음이 들 것이다. 방 안에서 가족이 서로 웃으며 대화하고 있지 않았는가? 그보다 더 안온한 분위기가 있을 수 있는가?

그러나 나는 "뭐? 안온한 분위기라고? 카펫은 색깔이 전혀 맞지 않아. 오렌지색이나 붉은색이었으면 좋았을 걸. 그리고 회색 벽을 좀 봐." 하고 덧붙였을 것이다. 우리는 서로 다른 준거 틀을 가지고 만났던 것이다. 우리가 동일한 말을 사용하더라도, 그 말에 부여하는 '의미'는 사뭇 다르다. '안온한 분위기'에 대한 우리 두 사람의 정의는 각자의 준거 틀 때문에 다른 것이다.

준거 틀과 자아상태

준거 틀을 이해하는 데 더욱 도움을 주기 위해 Schiffs는 준거 틀을 '자아상태를 묶어 감싸고 있는 피부'같이 생각할 수 있다고 말한다. 나의 독특한 준거 틀에 따라 세상을 지각하면서 나는 내가 지각한 세상에 대한 반응으로 일단의 자아상태를 형성한다. 이러한 방식으로 준거 틀은 '다양한 자아상태를 통합한다.'

당신과 내가 방 안을 들여다 볼 때, 나는 A 자아상태로 들어가 지금-여기서 본 방의 형태, 크기, 색깔에 대해 말했다. 당신은 C 자아상태로 들어가 어린 시절에 즐겼던 가족생활에 대한 행복한 추억을 떠올렸다. 우리는 내부적으로 서로 다른 자아상태에서 방 안을 들여다보고, 외부적으로 각자 선택한 다른 자아상태에서 교류했던 것이다.

우리의 준거 틀은 우리의 전반적인 성격을 표현하도록, 우리 자아상태의 반응을 통합시키는 유형을 제공해 준다.

P 자아상태의 역할

준거 틀이 형성되는 데 P 자아상태가 특히 중요한 역할을 한다. 그것은 우리의 준거 틀이 세상과 자신과 타인에 대한 '정의'들로 구성되기 때문이다. 원래 이러한 정의들은 부모나 부모와 같은 권위적 인물로부터 주어진다. 이러한 정의들을 받아들이는 연령에 따라 P 자아상태(P_2)나 C 안의 P(P_1)의 한 부분으로 저장된다.

우리는 각자 무엇이 좋고, 나쁘고, 옳고, 그르고, 두렵고, 쉽고, 어렵고, 더럽고, 깨끗하고, 공정하고, 부당한가 하는 일단의 P 자아상태의 정의들을 가지고 있다. 우리 자신과 타인과 세상에 대한 관점도 이러한 일단의 정의를 토대로 하고 있다. 우리는 상황에 따라 우리의 반응들을 선택한다.

준거 틀과 각본

각본과 준거 틀은 어떤 관계가 있는가? 그 대답은 각본이 준거 틀의 '일부를 형성한다.'는 것이다. 준거 틀은 수많은 정의들로 구성된다. 어떤 정의들 중 일부는 디스카운트를 수반하지만, 어떤 정의들은 그렇지 않다. 각본은 '디스카운트를 수반하는 준거 틀 속의 모든 정의들'로 구성된다.

내가 각본을 따를 때, 나는 문제해결에 도움이 될 지금-여기서의 상황 중 특정 측면을 무시하게 된다. 다시 말해, 디스카운트하는 것이다. 이렇게 함으로써, 나 자신, 타인, 세상에 대해 **디스카운트**가 수반된 과거의 낡은 정의들을 재연하는 것이다.

예를 들어, 나는 어릴 때 부모로부터 제대로 생각할 줄 모른다는 메시지를 많이 들었다. 커서 시험을 앞두고 있다고 하자. 내가 각본을 따른다면, 나는 내면적으로 '너는 생각할 줄 모른다.'는 옛날 부모의 정의를 재연하기 시작한다. 나는 C 자아상태에서 이 메시지를 따르면서, 나의 사고 능력을 디스카운트한다. 따라서 부적합감을 느끼고 혼란을 경험한다.

재정의의 특성과 기능

이 사례에서 실제로 나는 생각할 수 있다. 그러나 생각할 수 없다는 나에 대한 과거 정의를 받아들여, 나의 기존 각본에 맞추려고 현실에 대한 지각을 왜곡한다. 이러한 과정을 **재정의**(redefinition)라고 부른다.[2)]

제4부에서 보았듯이, 어린이는 적대적으로 여겨지는 이 세상에서 생존하는 데 최상의 방법이라고 여기기 때문에 각본 결정을 한다. 우리는 자란 뒤에도 C 자아상태에 놓여 이러한 초기 결정을 고수하려고 한다. 왜냐하면 그 당시의 결정들이 지금도 생존하는 데 여전히 필요하다는 신념을 고수하기 때문이다. 이와 같이 현실의 특정 측면이 우리의 각본 결정과 어긋난다면 여기에 맞서 방어하려고 한다. Schiffs의 표현을 빌리면, 우리 각본 속의 준거 틀이 위협을 받으면, 재정의를 통해 이러한 위협에 방어하려고 한다.

나는 어릴 때 '생각할 줄 모른다.'는 부모의 정의를 받아들였다. 나는 당시 나의 생존과 욕구충족의 유일한 방법이라고 생각했기 때문에 이러한 각본 결정을 내렸다. 내가 자란 뒤에도 각본을 따를 때, 이러한 과거의 생존 전략을 재연하는 것이다. 나는 사고할 수 있는 나의 능력을 디스카운트함으로써 현실을 재정의하게 된다.

재정의는 시험에 합격해야 한다는 나의 문제를 해결하는 데 아무 도움이 되지 않는다. 그러나 나도 모르게 C 자아상태에서 시험보다 더 중요한 동기를 따르게 된다. 다시 말해, 내가 부모로부터 받은 정의에 도전할 때 겪게 될 가공할 두려움에 대해 방어하지 않을 수 없는 것이다.

교류의 재정의

재정의는 우리 내면에서 이루어진다. 바깥으로 드러난 행동을 보고 내가 재정의하고 있는지 어떻게 알 수 있겠는가? 내가 디스카운트하고 있는 것을 듣거나 보는 것이 유일한 외부 단서다. 이와 같은 디스카운트 신호들이 내면에서 일어나고 있는 재정의의 외적 표현이라 하겠다. 어떤 디스카운트이든 현실을 왜곡하는 것이다.

제17장에서 디스카운트를 나타내는 행동적 단서들을 살펴보았다. 이러한 단서들 역시 재정의하고 있다는 것을 말해 준다. 과장을 하거나 사고장애를 보인다면, 이것 역시 재정의하고 있다는 것을 말해 준다. 과장이나 사고장애는 디스카운트에 전형적으로 수반되기 때문이다. 재정의하고 있다는 분명한 언어적 증거를 제시하는 두 가지의 특징적인 교류가 있는데, 그것은 **동문서답식 교류**(tangenial transaction)와 **차단 교류**(blocking transaction)다.

동문서답식 교류

동문서답식 교류란 말하는 사람과 반응하는 사람이 서로 엉뚱한 주제를 놓고 말하거나 동일한 주제를 두고 말하더라도 관점이 다를 때를 말한다. 예를 들어, 치료사가 "오늘 기분 어때요?" 하고 물으면, 내담자는 "어제 집단에서 이 문제를 다룰 때 화가 났어요." 하고 대답한다. 오늘 기분이 어떤가 하는 물음에 대해 내담자는 오늘 대신 어제의 관점에서 대답한다. 또 노조 대표가 임금 협상에서 "이 문제를 매듭짓기 위한 조건으로 우리 측에 원하는 것이 무엇입니까?" 하고 묻자, 인사담당자는 "노조에서 내건 조건에는 전혀 만족할 수 없어요." 하고 대답한다. 주제가 '원하는 것'에서 '만족'으로 바뀐 것이다.

일상적인 대화에서도 동문서답식 교류가 흔히 일어난다. 사람은 스트레스 상황에 놓일 때, 이러한 방식으로 재정의하려는 경향이 더욱 많아진다. 사람이 스트레스 상황에 놓이면 자기 준거 틀에 위협이 되는 것으로 지각하기 때문에 놀라운 일이 아니다. 이와 같이 옆길로 새려는 숨은 목적은 위협을 내포한 주제에서 벗어나기 위해 상대방의 주의를 다른 곳으로 돌리는 것이다. 동문서답식 교류를 시작하는 사람은 자신도 모르게 이렇게 한다. 그러면 상대방도 원래의 주제에 머물지 않고 벗어나기 쉽다. 예를 들면 다음과 같다.

노조 대표: 이 문제를 매듭짓기 위한 조건으로 우리 측에 원하는 것이 무엇입니까?

인사담당자: 노조에서 내건 조건에는 전혀 만족할 수 없어요.

노조 대표: 우리도 사측에서 제안한 것에 전혀 만족할 수 없어요.

인사담당자: 그렇다면 어떻게 해줘야 만족하겠소?

노조 대표: 아, 문제는 우리가 원하는 것을 당신이 들어줄 수 있는지 확신할 수 없다는 겁니다.

사람들이 동문서답식 교류를 할 때, 대화가 막히거나 빙빙 돌기 때문에 불편감을 느끼게 된다. 심리적 수준에서 의도하는 바가 바로 이것이다. 이러한 대화는 상당히 오랫동안 지속될 수 있다. 당사자들은 열심히 노력하고 있다고 느끼겠지만 곧 지치고 만다. 논쟁이 끝날 때까지 그들은 원래 다루려고 했던 주제로 돌아가지 못한다.

차단 교류

차단 교류에서는 문제의 정의에 대해 동의하지 않기 때문에, 문제를 제기한 목적을 회피하려고 한다. 예를 들면 다음과 같다.

치료자: 기분이 어떻습니까?

내담자: 정서적인 면 말입니까? 몸 말입니까?

노조 대표: 이 문제를 매듭짓기 위한 조건으로 우리 측에 원하는 것이 무엇입니까?

인사담당자: 우리가 원하는 것 말입니까? 아니면 우리가 얻을 수 있다고 생각하는 것 말입니까?

차단 교류는 여간해서 오래 지속되지 않는다. 처음 차단한 뒤에 바로 문제의 정의에 대해 세세하게 논쟁하기 시작한다. 또는 한 사람이 완강하게 차단하면, 상대방은 말문이 막혀 대화가 중단되고 말 것이다. 심리적 수준에서 보면 차단 교류의 목적이 동문서답식 교류와 동일하다. 다시 말해, 대화 당사자 중 한 사람이나 두 사람 모두 준거 틀에 위협이 되는 문제 다루기를 기피하려는 것이다.

집단 활동을 할 때, 세 사람씩 짝을 지어 소집단을 만든 뒤, 누가 내담자, 상담사, 관찰자 역할을 맡을지 정한다.

내담자는 자신이 원하는 주제를 정한 뒤, 상담자와 이 주제를 놓고 3분씩 이야기를 한다. (이때 관찰자나 집단 지도자는 시간을 잰다.)

내담자는 상담사가 하는 말마다 동문서답식으로 대답한다. 내담자가 옆길로 샐 때, 상담사는 내담자의 말을 따라간다. 그러면 내담자는 계속해서 동문서답을 한다. 이와 같이 내담자는 3분 동안 동문서답식 교류를 한다.

시간이 다 되면, 2분 동안 내담자와 상담사는 이때 경험한 내용을 나누고, 관찰자는 이를 기록한다.

다음으로, 역할을 바꾸어 세 사람이 모두 각 역할을 돌아가며 다 맡을 때까지 계속한다. 이번 연습은 앞에서 한 연습과 한 가지 차이가 있다. 상담사는 내담자가 옆길로 샐 때 따라가지 않고 원래의 주제에 초점을 맞추도록 노력한다. 그러나 내담자의 임무는 계속해서 동문서답식으로 말하는 것이다. 각자 세 가지 역할을 다할 때까지 계속한다.

이번에도 두 사람씩 짝을 지어 연습하지만, 동문서답식 교류 대신에 차단 교류를 한다. 연습 앞부분에서 상담사는 내담자가 차단 교류를 하도록 한다. 연습 둘째 부분에서는 내담자가 계속 차단 교류를 하고, 상담사는 차단 교류를 피하는 연습을 한다.

마지막으로, 차단 교류를 할 때와 동문서답식 교류를 할 때, 무엇이 다른지 경험을 나눈다.

이러한 연습은 A 자아상태에서 이루어지고 있기 때문에, 실제 동문서답식 교류와 차단 교류를 하는 것이 아니라 단지 역할 연습을 하는 것이다. 그러나 이러한 연습을 해 보면, 사람들이 자신도 모르게 하는 동문서답식 교류와 차단 교류를 깨닫고 직면시키는 데 도움이 될 것이다.

제20장

공 생

Schiffs 이론에 따르면, 공생(symbiosis)이란 둘 또는 그 이상의 개인이 마치 한 사람인 양 행동할 때 발생하는 것이다.[1]

이러한 관계를 맺을 때 사람들은 자신의 특정 자아상태를 사용하지 못한다. 보통 한 사람이 P 자아상태와 A 자아상태를 사용하고 C 자아상태를 배제하고, 상대방은 C 자아상태만 사용하고 나머지 두 자아상태를 닫아 버린다. 그러면 두 사람이 [그림 20−1]과 같이 세 자아상태만 사용하게 된다.

예를 들어, 강사가 학생들과 개별지도 수업을 진행하고 있다고 하자. 어떤 이론을 두고 연습을 하고 있다. 강사는 칠판에 연습문제를 쓴 뒤, 한 학생을 지목하며 "J 군, 어떻게 답을 구할 수 있겠니?" 하고 물었다. J 군은 아무 말도 하지 못했다. 잠시 동안 입을 다물고 조용히 있더니, 다리를 떨고 머리를 긁적이기 시작했다. 여전히 한 마디도 하지 않았다. 침묵이 계속되자 다른 학생들도 안절부절못했다. 마침내 강사가 "J 군, 모르는 모양이군. 좀 더 열심히 해야겠네. 이 문제를 풀기 위해서는 이렇게…." 하면서 칠판에다 답을 풀어 주었다. J 군은 긴장이 풀리고 다리 떨기를 멈추고 강사가 가르쳐 주는 방법을 충실하게 받아 적었다.

이 시점에서 학생과 강사는 공생을 이루었다. J 군은 해결책을 생각해 낼 수 있는 자신의 능력을 부정하고 강사에게 책임을 떠넘김으로써 자신의 A 자아상태와 P 자아상태를 디스카운트했다. 강사도 J 군이 '해야 할' 일임에도 불구하고 자상하게 대신 풀어 줌으로써 자신의 A와

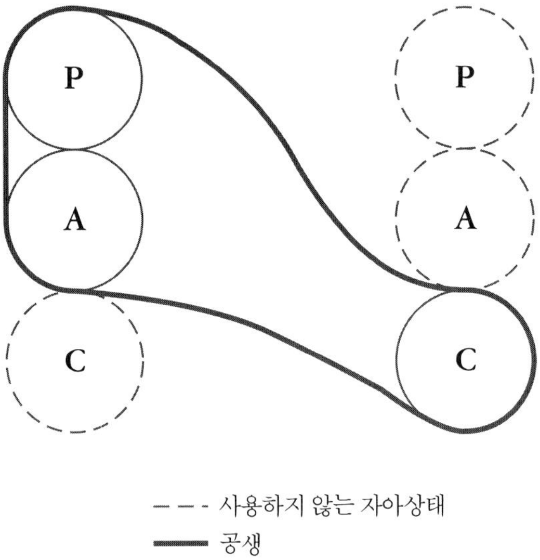

[그림 20-1] 공 생

P 자아상태로 상호 보완적 역할을 떠맡기 시작했다. 이때 강사는 자신의 C 자아상태를 디스카운트하였다. 만일 강사가 자신의 C 자아상태의 자원을 활용하기로 했다면, J 군과의 교류에 불편함이나 불만족감을 느낀다는 사실을 깨달았을 것이다. 그의 직관에 따라 '참, 이 모든 일을 내가 다 처리했구나. 이래서는 안 되지!' 하고 느꼈을 수도 있다. 강사는 자신의 C 자아상태의 지각을 통해 J 군과 다른 학생들로 하여금 자기들 스스로 문제를 풀도록 촉진하는 창조적 방법을 찾을 수도 있었을 것이다. 그러나 강사는 불편한 감정을 느끼게 할 C 자아상태를 배제하고, A 자아상태와 P 자아상태로 자신에게 친숙한 공생적 역할을 맡음으로써 편안함을 택했다. J 군 역시 자신의 친숙한 C 자아상태 역할에 안주함으로써 편안함을 찾으려고 했다.

이것이 바로 공생관계의 문제다. 공생관계가 형성되면 둘 다 '잠시 동안'은 편안함을 느낀다. 모두 자신에게 기대되는 역할을 수행하고 있다는 느낌을 갖는다. 그러나 이러한 편안함은 어떤 대가를 치르고 얻은 것이다. 다시 말해, 공생관계를 맺고 있는 사람은 각자 성장한 사람으로서 가진 특정 자원을 활용할 수 없는 것이다. 그리고 세월이 흐름에 따라 디스카운트당한 자신에 대한 분개가 쌓여 간다.

우리는 일상적인 대인관계에서 시시각각 공생관계를 맺었다가 풀었다가 한다. 때로는 상당히 긴 시간 동안 공생관계에 놓여 있기도 한다. B 씨 부부가 바로 그렇다. 남편은 강인하고 과묵한 유형이다. 입에 파이프를 꽉 문 채 으르렁거리듯 말한다. 좋은 일이든 나쁜 일이든 자기 감정을 화강암 같은 표정 뒤에 감춰 놓고 산다. 남편은 가계도 직접 관장하며 아내에게 매주 생활비를 지급한다. 집안에 결정할 일이 있으면 남편 혼자서 결정해 놓고 아내에게 통보만 한다. 부인은 남편을 흡족하게 하는 것이 자기 인생의 사명이라고 여긴다. 남편의 결정에 따라 사는 것이 행복하다. 친구에게도 의지할 만한 강한 남자가 좋다고 말해 왔다. 집안에 위급한 일이 발생해도 눈물을 글썽이거나 우왕좌왕하면서 남편이 와서 해결해 줄 때까지 기다린다.

친구들은 그 남편이 어떻게 저런 무력한 아내를 데리고 사는지 놀라워한다. 또 부인이 저렇게 무감각한 남편하고 어떻게 살고 있는지 의아하게 생각한다. 그러나 여러 해 동안 살아왔고 앞으로도 상당 기간 그렇게 잘 살 것이다. B 씨 부부는 공생관계를 통해 안정감을 누린다. 남편은 C 자아상태만 사용하는 아내에게 P와 A 자아상태를 사용한다. 공생관계에서는 서로를 '필요'로 한다. 이러한 공생관계에서는 각자 자신의 능력을 디스카운트하는 대가를 치르면서 안정감을 얻는다. 그러나 세월이 흐르면서 디스카운트 당한 것에 대한 분노가 쌓이게 되며, 관계가 소원해지는 원인으로 작용하게 된다.

혼자 연습하고 있다면, 함께할 사람을 찾는다. 집단활동을 하고 있다면 두 사람씩 짝을 짓는다.

연습 앞부분에서는 서로 몸을 받쳐 줄 수 있는 방법을 찾는다. 예를 들어, 서로 등을 기대고 서거나, 마주 보며 두 팔을 뻗쳐 서로 밀면서 한 다리를 뒤로 내어 균형을 유지한다.

이처럼 서로 기대는 자세를 한동안 취한다. 이러한 자세를 취할 때 어떤 생각을 하고 어떤 감정이 드는지 생각한다. 그러나 아직 상대방에게는 아무것도 말하지 않는다.

그런 다음, 서로 기댄 자세에서 한 사람이 몸을 슬며시 뺀다. 한 사람이 몸을 뺄 때 상대방이 어떤 느낌이 들지 알 수 있도록 충분히 뺀다. (그러나 상대방이 넘어질 만큼 확 빼서는 안 된다.) 그랬다가 다시 몸을 원위치로 한다. 그런 다음 나머지 사람도 몸을 뺐다가 원위치로 돌아오는 연습을 한다. 서로 기대며 서 있을 때와 상대방이 몸을 뺄 때 어떤 기분이 들었는지 기록한다.

두 번째 연습에서는 두 사람이 서로 등이나 손을 맞대고 있지만, 자기 몸을 자기 스스로 지탱하는 자세를 취한다. 예를 들어, 서로 손을 맞대고 있지만, 상대방이 몸을 빼도 넘어지지 않도록 기대지 말고 똑바로 선다. 이때 느낀 것을 기록한다. 첫 번째 연습과 두 번째 연습이 어떻게 다른가?

이제 한 사람이 접촉을 그만둔다. 예를 들어, 서로 손바닥을 맞닿은 채 서 있다가 한 사람이 손을 내린다. 상대방이 손을 내릴 때 느낌을 적는다. 첫 번째와 두 번째의 연습과 어떻게 다른가? 두 사람이 함께 기대고 있을 때와 상대방이 접촉을 피할 때 어떻게 다른가?

잠시 후에 접촉을 그만두었던 사람이 다시 접촉을 한다. 두 사람은 자신의 체중을 유지하면서 접촉을 했다가 접촉을 그만두는 일을 여러 차례 반복한다. 이러한 연습을 번갈아서 한다.

첫 번째 연습은 '공생의 느낌'이 들도록 고안한 것이다. 두 사람이 서로 기대고 있을 때 대부분 '편안하거나' '지지받는' 느낌이 든다고 말한다. 그러나 상대방이 몸을 빼면 넘어질 것 같아 불안하다고 말한다. 대부분이 상대방이 몸을 빼려고 할 때 불안을 느낀다고 보고하였다.

이 연습은 실제 공생의 또 다른 특징을 나타내 준다. 공생관계에 있는 사람은 상대방이 이 관계에서 벗어나려고 한다는 것을 지각하게 되면, 상대방의 회피에 방어하려고 한다. '상대방이 없으면 나 자신을 지탱할 수 없다.'는 신념을 가지고 있다. 역설적이지만 공생이 안정감을 준다고 믿는 것이다.

앞에서 든 B 씨 부부의 사례로 돌아가 보자. 부인은 친구들이 막 조직한 단체에 가입하라는 청을 받고 가입했다고 하자. 부인은 차츰 남편과의 공생관계에서 C 자아상태에만 놓여 있던 자신에게서 불편을 느끼게 된다. 남편이 모든 결정권을 가진 것에 대해 의문이 들기 시작한다. 항상 남편을 위해서만 살다가 이제 자신도 위하기 시작한다. 그리고 자기주장 기술들을 배워 남편에게 사용하기 시작한다. 이때 남편은 어떤 반응을 보이겠는가?

남편은 더욱 아내를 공생관계에 묶어 두려고 하고, 아내의 새로운 주장을 무시하거나 비웃을 것이다. 저녁 식사를 제대로 준비하지 않거나 슬리퍼를 제때 가져다주지 않을 때 삐치거나 공공연히 화를 낼 것이다. 아내를 공생관계에 묶어 두려는 시도가 성공할 수도 있다. 그러나 실패한다면 관계가 상당히 험난해질 것이다. 한편으로는 남편이 태도를 바꾸어 공생관계에서 벗어나려고 할 수도 있다. 이러한 일은 남편 스스로 할 수도 있고 집단에 참여하거나 치료를 통해 일어날 수 있다.

이렇게 된다면 B 씨 부부의 관계는 변화되고 연습의 두 번째와 같은 경험을 하게 될 것이다. 두 번째 연습에서는 서로 몸을 맞대고 있지만 상대방의 몸에 의지하지 않고 혼자 서 있는다. 한 사람이 몸을 빼더라도 두 사람은 넘어지지 않고 여전히 서 있다. 접촉을 하든 하지 않든 아무도 넘어지지 않는다.

몸을 기대고 있는 것보다 독립적으로 서 있는 자세를 더 편안하게 느낄 것이라는 보장은 없다. 사실 첫 번째 연습에서보다 두 번째 연습에서 편안함이 덜 했다고 말하는 사람들도 많았다. 그들은 서로 몸을 의지하고 있을 때보다, 선택권—몸을 뺀다든가 접촉을 하고 하지 않을 선택—이 더 많다는 것을 알고 있다. 두 사람이 공생관계에서 벗어날 때도 흔히 그렇다. 더 많은 선택권이 있고 더 유연하지만 예측 가능성이 적어지며, 처음보다 더 편안하다는 보장은 없다.

'건강한' 공생 VS. '불건강한' 공생

공생관계를 맺는 것이 적절한 상황도 더러 있다. 예를 들어, 한 환자가 수술 후 마취에서 막 깨어나고 있다고 가정해 보자. 환자는 침대에 누운 채 병실로 실려 가고 있다. 환자는 지금 어디에 있는지 잘 구분하지는 못하지만, 아프다는 한 가지 사실은 안다. 환자는 통증을 느끼면서도 간호사가 옆에 따라오면서 "괜찮을 거예요. 제 손을 잡으세요." 하고 말하고 있다는 것을 안다.

이때 환자의 A와 P 자아상태는 역할을 하지 못한다. 지금-여기서의 문제를 평가할 상황에 놓여 있지도 않다. 그리고 어떻게 처신해야 할지 부모로부터 들었던 말들을 떠올릴 여력도 없다. 지금 환자가 할 수 있는 일이라고는 어린이 상태로 돌아가 고통을 느끼면서 간호사가 돌보아 주는 대로 맡겨 놓는 것이다. 간호사는 환자가 해야 할 A와 P 자아상태 역할을 제공하고 있다. 간호사는 보호와 확신을 제공하며 현재의 문제에 대처하고 있는 것이다. 이것이 그녀의 일이고, 적절한 공생적 위치에서 자신의 역할을 수행하고 있는 것이다.

Schiffs의 용어를 빌리면, 환자와 간호사는 '건강한 공생(healthy symbiosis)'에 놓여 있다고 하겠다. 앞에서 제시한 '불건강한 공생(unhealthy symbiosis)'과는 대조를 이룬다. 공생이란 단어만 사용될 때는 일반적으로 건강하지 못한 공생관계를 의미한다.

건강한 공생과 불건강한 공생을 공식적으로 어떻게 구분할 수 있겠는가? 디스카운트가 수반될 때 공생은 건강하지 못하다고 답할 수 있다. 강사와 학생, 남편과 아내의 사례에서도 두 사람 간에 마치 세 자아상태만 가지고 있는 것처럼 행동함으로써 각자 현실을 디스카운트하였다. 이와 대조적으로, 마취에서 완전히 깨어나지 못한 채 병원 침대에 실려가던 환자는 A와 P 자아상태를 사용할 수 없기 때문에, 간호사의 P와 A 자아상태에 의존하고 있었다. 그러나 간호사는 환자를 돌보면서도 자신의 C 자아상태를 디스카운트하지 않았던 것이다.

공생 VS. 정상적 의존

건강한 공생의 분명한 사례는 어린이와 부모 간의 공생이다. 아기가 태어날 때는 오로지 C 자아상태밖에 없다. 문제를 해결하거나 자신을 보호할 능력이 없다. 이러한 기능들은 부모의 A와 P 자아상태에 의해 수행되고 있다. Woollams와 Huige는 이러한 부모-자녀 간의 건강한 공생을 '정상적인 의존'이라고 명명하였다.[2)]

건강한 공생에서는 어떠한 자아상태도 디스카운트하지 않는다는 사실을 명심할 필요가 있다. 유아는 아직 P 자아상태와 A 자아상태가 기능하지 않기 때문에 디스카운트할 수 없다. 그러나 부모는 C 자아상태를 가지고 있다. 불건강한 공생으로 빠져드는 것을 피하기 위해, 어머니는 유아를 돌보면서도 자신의 C 자아상태 욕구를 의식하고 그것을 충족시킬 방법을 찾아야 한다.

공생과 각본

이와 같이 이상적인 부모역할에서는 부모가 P와 A 자아상태의 자원을 적절히 사용하면서 자신의 C 자아상태를 디스카운트하지 않는다. 자녀가 성장함에 따라 부모는 각 발달단계마다 필요로 하는 것을 제공한다. 어린이는 각 발달단계마다 더욱더 자신의 자원을 활용하는 법을 배우고 부모에 대한 의존을 줄여 나간다. 이상적인 양육이란 자녀가 필요로 하는 것을 지원하면서 차츰 적절한 분리를 독려하는 것이다. 이와 같은 이상적인 과정을 통해, 초기의 강렬한 부모-자녀 간의 공생이 점차 해소되어 나간다.[3)] 그러다 자녀가 성인 초기에 도달하면 부모와 자녀는 공생관계를 이루지 않고 관계를 유지하게 된다. 각자 독립적으로 설 수 있게 된다.

그러나 문제는 이상적인 부모가 없다는 것이다. 부모가 아무리 양육을 잘해도, 자녀는 자신의 욕구를 완전히 충족하지는 못한 채 자라게 된다. 따라서 성인기에 와서도 각본에 따른 공생 기능을 드러내게 된다. 어떤 공생이든 아동기에 충족시키지 못한 발달적 욕구를 충족하려는 시도라고 할 수 있다.

각본 행동이 항상 그렇듯이, 공생관계에 놓인 사람도 자신의 욕구를 충족하기 위해 과거의 전략을 따르는 것이다. 이러한 전략이 어릴 때에는 최상의 전략으로 여겨졌겠지만 어른이 되어서는 적절하지 못하다. 공생관계에서는 성장한 사람으로서 취할 수 있는 자원을 디스카운트하는 것이다. 디스카운트는 자신도 모르게 이루어진다. 공생관계를 맺을 때마다 욕구를 충족시키지 못했던 아동기의 상황을 부지불식간에 재연하게 된다. 그리고 과거 부모나 부모와 같은 권위적 인물과의 관계를 재설정하여, 충족시키지 못했던 욕구를 충족하기 위해 타인을 조종하려고 했던 시도를 재연한다. 앞으로 살펴보겠지만, 게임에서도 이러한 공생관계가 일어난다.

공생 위치의 선택

공생이 옛날 아동기 상황의 재연이라면, 사람이 공생관계에서 왜 C 자아상태 역할을 맡는지 이해할 수 있다고 여길 것이다. 그러나 왜 P 자아상태의 역할을 맡으려는 사람도 있는지 의아한 생각이 들 것이다. 그 대답은 어린이의 초기결정에 달려 있다. 어떤 어린이는 '지금 부모가 하는 역할은 너무도 비효율적이다. 내가 부모 역할을 하는 것이 더 낫겠다.'하고 초기결정을 내린다. 어머니는 C 자아상태에서 자녀와의 사이에 분명한 경계를 설정하기를 두려워했다. 대신 어머니는 "네가 그렇게 하면 상처받을 거야." 또는 "봐, 네가 아버지를 화나게 하고 있잖니!" 하고 말함으로써 강요했다. 자녀는 부모의 감정과 안녕에 대한 책임을 떠맡도록 요구받았다. 따라서 자녀는 이러한 강요에 대한 반응으로서, 부모를 돌보는 것이 자신의 사명이라고 결정했을 수도 있다. 그 결과 자녀는 어릴 때부터 부모역할을 대신했다. 이러한 어린이는 자란 뒤에도 타인을 통제하거나 타인으로부터 상대방을 돌봐주는 데 대한 인정을 받으려는 시도로 공생관계에서 P 자아상태 역할을 재연하려고 한다.

부모가 학대하고 억압한다고 지각한 어린이는 I'm OK, You're not-OK라는 생활자세를 형성하고, 부모가 자신의 역할을 내려놓았으면 좋겠다고 상상한다. 이러한 어린이도 자라고 난 뒤 이러한 공생관계를 재연하려고 하다. 이러한 공생관계의 재연은 자신도 모르게 이루어지며, 그 목적은 억압적인 부모에 대한 앙갚음을 하려는 것이다.

공생에의 초대

사람은 만날 때, 각자 자신이 취하고 싶은 공생적 역할이 어떤 것인지 교묘하게 신호를 보낸다. '공생에의 초대(symbiotic invitations)'는 보통 비언어적으로 전달된다. 이때 네 가지의 수동적 행동들 중 하나 이상을 통해 드러난다.

이 장의 맨 앞에 제시한 사례에서, J 군은 처음에 아무 대답도 하지 않고 초조해하는 행동을 통해 공생으로 초대했다. 그가 말없이 앉아서 초조해하는 행동으로 '선생님이 대신 생각하여 어떻게 답을 구할지 말씀해 달라.'는 숨은 메시지를 강사에게 전달했다. J 군은 C 자아상태의 역할을 맡고, 강사는 P와 A 자아상태 역할을 맡도록 공생에의 초대를 한 것이다. 강사는 문제를 풀면서 '좋아, 맞아. 너는 내가 너를 위해 생각해 주기를 원하니, 내가 어떻게 답을 구하는지 말해 주지.' 하고 심리적 수준에서 동의했다. 강사는 이렇게 함으로써 J 군의 초대를 받아들인 것이다.

때로는 말로 공생에 초대하는 경우도 있다. 이때는 직접적으로 요청하기보다 자신이 원하는 것을 해 주도록 조종하는 듯한 느낌을 들게 한다. 이러한 초대는 잘 포착하기 힘들 정도로 은근하게 이루어진다. 예를 들어, 치료 집단에 참여하고 있는 한 사람이 '끌어안아 줬으면 좋겠어요.' 하는 표정으로 쓸쓸하게 바닥을 내려다보고 있다. 치료 집단의 구성원들은 그녀에게 다가가 그녀가 요청한 것 같은 포옹을 해 주고 싶은 유혹이 일 것이다. 집단 구성원들이 그렇게 한다면 그녀의 공생에의 초대를 받아들이게 된다. 그러나 비공생적 방법으로 포옹을 요청했다면, 집단 구성원 중의 한 사람에게 다가가 "포옹 한번 해 줄 수 있겠어요?" 하고 말했을 것이다.

경쟁적 공생

동일한 공생적 역할을 맡으려는 두 사람이 만난다면 어떻게 되겠는가? 두 사람 모두 P 또는 C 역할을 맡으려고 한다면 어떻게 되겠는가? 이때에는 서로 자신이 원하는 공생적 역할을 맡기 위해 상대방을 제치고 나서려 할 것이다. 예를 들어, 식당에서 두 사람이 식사 후 서로 돈을 내려고 하는 모습을 보았을 것이다.

"그 돈은 넣어둬. 내가 낼게."
"아니야, 내가 낸다니까!"
"내가 낸다니까! 아무 말 마."

서로 자기가 내겠다고 주장하면서 이러한 교류를 계속할 것이다. 각자 상대방에게 P 역할을 하려는 것이다. 그들은 '경쟁적 공생(competitive symbiosis)'의 관계에 놓인 것이다. 이 경우에는 서로 P의 위치를 차지하려고 경쟁한다.

경쟁적 공생은 자연히 불안정한 상태에 놓이게 한다. 이러한 교류는 보통 짧은 시간 내에 끝난다. 그들은 두 가지 방법 중 하나로 끝을 맺을 것이다. 두 사람 중 한 사람이 문을 쾅 닫고 나가 버리거나 어느 한 사람이 물러서서 상대방이 원하는 공생에서의 위치를 양보하는 것이다. 뒤로 물러서는 사람은 공생관계에 있어서 보완적 자세를 취하게 된다. 예를 들어, 식당에서 서로 돈을 내려고 다투다가 한 사람이 "좋아 그럼, 꼭 내고 싶다면…." 하고 마지못해 지갑을 넣고 물러선다. 그러면 C 자아상태의 위치에 놓여서 상대방이 '돌보도록' 허용하는 것이다.

사람은 자신이 상대방보다 더 힘들다는 것을 증명하기 위해 C 위치를 차지하려고 경쟁할 수도 있다. 예를 들어, "당신이 저녁 좀 지으면 안 되겠어?"라는 아내의 말에 남편은 "너무 피곤해서 꼼짝도 못할 것 같아." 하고 말한다.

공생적 경쟁에서 P 위치를 차지하려다 C 자아상태로 물러선 다른 사례를 찾아보라. 두 사람 사이에서 일어나는 교류를 도표로 그려 보라.

경쟁하는 동안 각자 OK 목장에서 어느 칸에 놓이게 되겠는가? 그리고 물러선 뒤에는 어느 칸에 놓이게 되겠는가?

C 위치를 차지하려고 경쟁하다 끝에 가서 마지못해 P 역할을 취하는 사례를 생각해 보라. 어떤 교류가 이루어지는지 제시하고, OK 목장을 통해 분석해 보라.

공생에 초대했던 J 군과 이 초대에 응했던 강사 사이에 오간 교류를 도표로 그려 보라.

J 군, 강사, B 씨 부부의 각본 매트릭스에서 중요한 대항금지명령과 금지명령은 어떤 것이라 생각하는가?

이차적 공생

어떤 공생관계에서는 일차적 공생 아래 이차적 공생 관계를 맺기도 한다. [그림 20-2]에 제시되어 있듯이, 이러한 공생 관계는 C 자아상태 속의 이차적 구조에서 일어나기 때문에 '이차적 공생(second-order symbiosis)'이라 부른다.

B 씨 부부의 관계는 이차적 공생을 수반하고 있다. 첫 인상으로는 공생관계에서 부인이 C 자아상태 역할을 맡고 남편이 P와 A 자아상태의 역할을 맡고 있는 것이 분명하다. 남편은 가정 내의 문제를 혼자서 통제하고 해결해 나간다. 부인은 남편이 시키는 대로 하고 감정을 표현한다. 이것이 일차 공생 수준에서 일어나는 일이다. 남편은 '내가 잘 살아가려면 모든 것을 책임지고 나를 포함한 모든 사람을 통제해야 한다.'는 초기결정을 재연하고 있다. 부인의 초기결정은 '내 인생의 사명은 타인, 특히 남자의 마음에 드는 것이고, 생각하지 않는 것이다.' 일차적 공생은 이러한 각본 결정들을 통해 자신들의 욕구를 충족하기 위해 힘을 합치는 것이다.

그러나 남편은 다른 욕구를 가지고 있다. 이 욕구는 모든 것을 책임지고 통제하려는 욕구보다 더 깊이 내재해 있으며, 더 어릴 때부터 있어 왔던 것이다. 이 욕구는 신체적 스트로크와 위안을 받고 싶어하는 욕구다. 이 욕구는 남편의 C 자아상태 속의 더 이른 C, 즉 C_1의 내용이

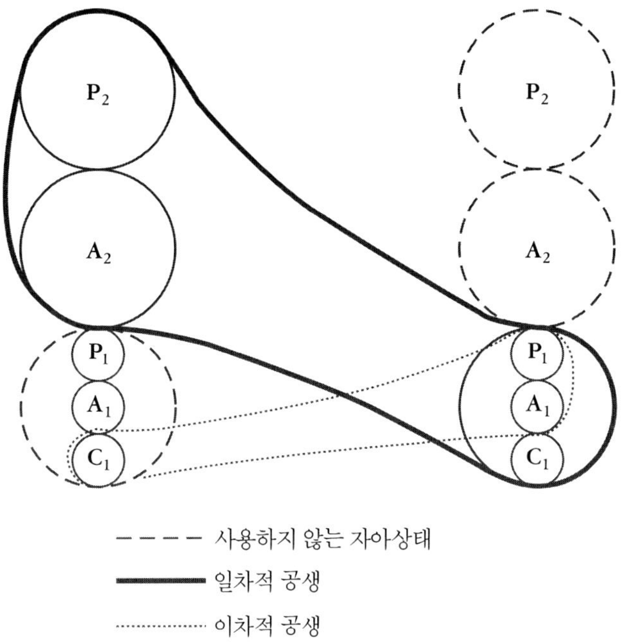

[그림 20-2] 이차적 공생

다. 남편의 문제는 나중 각본 결정을 할 때 이러한 더욱 초기의 C 자아상태 욕구를 차단했다는 데 있다. 그러면 어떻게 더 어린시절의 욕구를 충족시킬 수 있겠는가? 그 답은 이차적 공생관계에서 보완적 역할을 할 부인을 공생의 파트너로 선택한 데 있다.

부인과 마찬가지로 부인의 어머니도 신체적 스트로크를 잘 주지 않는 강인하고 과묵한 남편과 결혼했다. 이 부인이 어렸을 때 아버지는 집에 잘 없었고, 일하거나 친구와 술 마시는 데 시간을 많이 보냈다. 부인의 어머니에게는 신체적 스트로크를 주고 돌봐 주기를 원했던 어린 시절 C 자아상태의 욕구를 만족시켜줄 사람이 없었다. 부인은 어릴 때 어머니의 이러한 욕구를 예리하게 간파하고, '어머니를 별 탈 없이 옆에 두기 위해서는 내가 어머니를 돌보아야 한다.'고 결정을 내렸다. 부인은 제대로 발달되지 못한 P와 A, P_1과 A_1을 사용함으로써, 어머니의 **신체적 어린이**(Somatic Child)를 돌보는 역할을 떠맡았다. 이제 결혼한 뒤 남편과의 공생관계에서도 이러한 역할을 재연하고 있는 것이다.

이와 같은 공생관계는 여간해서 깨어지지 않는다. 스트로크는 어린 시절의 C 자아상태에서 생존이 걸린 문제임을 기억할 필요가 있다. B 씨 부부의 경우, 부인이 공생에서 벗어나려고 하면 남편은 신체적 어린이 자아상태에서 치명적 공포를 경험할지 모른다. 남편이 가진 C 자아상태에서 신체적 스트로크를 줄 유일한 원천을 잃는다는 것은 바로 죽음을 의미한다는 신념을 견지하고 있다. 마찬가지로 부인도 동일한 초기의 C 자아상태에서 공생관계가 무너지면 어머니를 상실하는 것과 같은 의미를 띠게 된다. 유아기 이러한 일은 사형선고나 다름없다. 아마 남편도 부인도 어릴 때의 이러한 C 자아상태에서의 두려움을 의식하지 못할 것이다. 대신 공생관계를 유지하지 않을 수 없는 다른 합리적 이유를 찾으려고 할 것이다. 이 부부가 공생에서 벗어나려면, 각본을 통찰하고 치료를 받아야 할 것이다.

제6부

각본 신념의 정당화:
라켓과 게임

제21장

라켓과 스탬프

이 장에서는 연습부터 먼저 하고자 한다. 여러 사람이 모여 공부하고 있다면 집단 지도자나 지원자를 뽑아 다음에 제시한 지시대로 집단을 이끌어 가도록 하는 것이 좋다.

이 연습에서는 어떤 장면을 상상하면서 묻는 질문에 대답해야 한다. 여기서는 정답이나 오답이 없다.

내일부터 연휴가 시작되는데, 연휴 동안 모든 상점이 문을 닫는다고 상상해 보라. 그리고 시장 본 지 오래되었고, 음식이나 생필품도 거의 바닥이 났다. 시간을 보니 슈퍼마켓이 문 닫기 전에 물건을 살 수 있을 것 같아 안심이 되었다.

마음속으로 여러분이 살 물건 목록을 생각하면서 슈퍼마켓으로 갔다. 그곳에 갔더니 연휴로 문 닫기 전에 물건을 사려는 사람들로 붐볐다.

시간을 계속 보면서 살 물건들을 골랐다. 장을 다 보고 나니 문 닫을 시간이 몇 분 남아 있었다. 계산을 하기에 시간이 충분하였다.

계산대에 가서 물건들을 내려놓자 점원이 가격이 얼마라고 말했다. 그런데 돈을 꺼내려니 지갑을 찾을 수가 없었다. 다시 찾았지만 여전히 찾을 수가 없었다. 그때서야 지갑을 집에 두고 왔다는 것을 알았다. 너무 서두르는 바람에 지갑도 챙기지 않고 나왔던 것이다. 신용카드나 수표도 없었다.

뒤에 손님들은 줄지어 서있다. "이름과 주소를 적어 놓고 연휴가 끝난 뒤에 계산하면 안 되겠습니까?" 하고 간청했더니, 점원은 "죄송합니다만, 도저히 그렇게는 안 되겠는데요." 하고 대답한다.

슈퍼마켓이 문을 닫기 전에 집에 가서 돈을 가지고 올 시간은 없었다. 물건을 사 갈 수가 없다. 빈손으로 가지 않을 수 없다. 슈퍼마켓이 문을 열려면 여러 날이 지나야 한다. 이러한 상황에 놓이면 당신은 어떤 기분이 들겠는가? 이때 느끼는 감정을 적고, 이러한 정서에 이름을 붙인다. 그리고 상상에서 벗어난다.

각자 이러한 상황에서 일어났으리라 여겨지는 감정을 기록하고 보관한다. 이러한 연습을 할 때 사람들이 기록한 정서들은 전형적인 특징을 가지고 있다. 다음에서 제시하는 특징들을 보면서 자신이 기록해 둔 정서에 적용할 수 있는지 검토한다.

첫째, '사람마다 느끼는 감정이 다르다.' 여러 사람들이 함께 공부한다면, 마지막 장면에서 일어난 정서가 무엇인지 이름을 붙여 보도록 한다. 이때 한 사람은 각자 보고하는 정서를 기록한다. 상황은 모두에게 동일하지만, 각자 느낀 정서는 다르다는 사실을 발견하게 될 것이다. 전형적인 예를 들면, 자신에게 화가 났다, 어찌할 바를 몰라 전전긍긍했다, 당황했다, 점원에게 화가 났다, 아팠다, 머리가 멍했다는 등 다양한 감정을 토로했을 것이다. 사람이 많을수록 보고하는 감정도 더욱 다양할 것이다. 혼자서 공부하고 있다면 다른 사람에게 이러한 장면을 이야기해 주고 어떤 감정을 느낄지 물어보라.

둘째, '이 상황에서 느낀 감정은 스트레스를 받는 다른 여러 상황에서도 흔히 일어나는 감정이다.' 예를 들어, '자신에게 화가 난' 사람은 다른 스트레스 상황에서도 자신에게 화를 낼 것이다. 가슴이 철렁했던 사람은 다른 상황에서도 동일한 나쁜 감정을 느끼게 될 것이다. 우리는 각자 어떤 일이든 어렵다 싶으면 단골로 튀어나오는 '나쁜 감정'을 가지고 있다. 어떤 사람은 두세 가지의 나쁜 감정들을 가지고 있으면서, 어떤 감정은 집에서 어떤 감정은 직장에서 드러낸다.

셋째, '이 상황에서 느낀 감정은 다른 사람의 감정을 본받았거나 가족이 부추겨 준 감정이다.' 대부분 가정에서 어떤 감정은 인정해도 어떤 감정은 바람직하게 여기지 않거나 억압시킨다. 예를 들어, 앞의 사례에서 외상을 주지 않을 때 느낀 감정이 '점원에 대한 화'라면, 이러한 감정은 어릴 때 부모나 가족 중에 누가 자주 드러냈던 감정이거나, 이러한 감정을 드러낼 때 주위 사람으로부터 인정을 받았던 감정일 것이다. 어릴 때 각자 자기 가정에서 거의 드러내지 못하거나 전혀 드러낼 수 없었던 감정들도 많다. 점원에게 화를 낸 사람은 어릴 때 가정에서 화를 내면 들어주어도, 슬퍼하거나 두려워하거나 행복해했다면 못마땅하게 여겼을 것이다. 가정에서 허용하지 않는 감정들을 드러냈다면 야단맞거나 (어린이에게는 더 무서운) 무시를 당했을 것이다.

넷째, '이때 느낀 정서는 문제해결에 아무 도움이 되지 않는다.' 화가 나서 점원에게 소리친다고 해서 물건을 살 수 있는 것은 아니다. 또 가슴이 철렁 내려앉거나 머리가 아프거나 멍해진다고 해도 물건을 살 수 있는 것도 아니다. 이러한 정서들을 교류분석에서는 '라켓 감정(racket feeling)'이라 부른다.[1] 라켓 감정은 각본에 따라 살게 하는 데 중심적인 역할을 하기 때문에, 라켓 감정에 대한 이해는 대단히 중요하다.

라켓과 라켓 감정의 정의

그 동안 교류분석과 관련된 책에서 라켓과 라켓 감정이라는 용어의 의미에 대해 많은 논란이 있어 왔다. 어떤 사람은 두 용어를 동일하게 사용하기도 한다. 이 책에서는 라켓과 라켓 감정을 구별하려는 학파의 의견을 따르기로 한다.

라켓 감정이란 우리가 자주 경험하는 정서로서, 아동기에 학습되고 주위 사람이 부추긴 정서요, 다른 많은 스트레스 상황에서도 잘 일어나며, 어른으로서의 문제해결에 부적응적인 정서라고 정의할 수 있다. 한편 라켓은 일단의 각본에 따른 행동으로서, 자기도 모르게 환경을 조작하는 수단으로 사용하며, 라켓 감정을 경험하게 만든다. 다시 말해, 라켓은 라켓 감정을 느끼게 만드는 과정이다. 라켓 감정을 느끼는 사람은 이러한 과정을 의식하지 못한다. 라켓 감정을 느끼는 사람은 문제를 해결하기 위해 어떤 조치를 취하기보다 이러한 감정을 더 심하게 느낀다.

예를 들어, 앞의 장면에서 상점에 갈 때 돈을 챙기지도 않고 갔기 때문에, 자신도 모르게 나쁜 감정을 겪게 될 일을 조성한 것이다. 상점에 갈 때 지갑을 챙겼는지 확인할 수도 있었지만, 그렇게 하지 않았다. 왜 돈을 챙기지 않았느냐고 물으면, "미처 생각을 못했다."고 말할 것이다. 이러한 결과가 일어나도록 조성한 것은 자신의 라켓 감정을 '정당화'하려는 것으로 보인다. 계산대 앞에 서서 점원에게 분노를 느꼈다고 가정해 보자. 점원에게 어떻게 해서 화를 내게 되었느냐고 물으면, 단순히 "물건을 살 수 없었기 때문에 그랬다." 고 말할 것이다.

상대방에게 느낀 화는 스트레스를 겪을 때마다 자주 느끼는 라켓 감정이다. 동일한 상황에서도 사람마다 느끼는 감정은 다를 수도 있다. 그것은 사람마다 라켓 감정이 다르기 때문이다. 사람들마다 느끼게 되는 라켓 감정은 각자 자신이 자라난 환경에서 '자연스럽게' 형성된 감정이다.

라켓 감정을 느끼기 위해 꼭 라켓을 조성해야 하는가? 반드시 그렇지는 않다. 라켓을 조성하지 않고도 라켓 감정을 느낄 수 있다. 예를 들어, 기차나 비행기나 버스를 타고 가는데 기계 고장으로 연착하여 도착지에서 중요한 약속을 지키지 못할 처지에 놓였다고 가정해 보자. 이때 어떤 감정을 느끼겠는가? 어떤 사람은 회사에 화를 내고, 어떤 사람은 겁에 질려 어쩔 줄 모르고, 어떤 사람은 구역질을 느낄 것이다.

라켓과 각본

먼저 라켓과 각본의 관련성을 염두에 두어야 한다. 라켓 감정을 느낄 때마다 각본을 따르고 있는 것이다. 왜 라켓 감정이 각본 메카니즘에 이토록 중요한 역할을 하는가? 그것은 어린이가 자기 가정에서 욕구를 충족할 수단으로 라켓 감정을 사용하도록 학습되었기 때문이다. 이미 살펴보았듯이, 라켓 감정이란 아동기에 가족의 부추김으로 학습된 것이다. 어떤 가정에서든 제한된 범위 내에서 허용하는 감정이 있는 반면에 나머지 다른 감정은 못마땅하게 여기거나 억압한다. 허용하는 감정도 성별에 따라 다를 수 있다. 어린 아들이 겁을 내거나 눈물을 보이면 안 되지만 화를 내거나 공격적 행동을 표현하는 것은 좋다고 배운다. 어린 딸의 경우, 스트레스를 받아서 화가 나는 상황이더라도 울먹이거나 미소를 지으면 인정받는다는 것을 학습한다.

어린이가 주위 사람이 금지하는 감정을 드러낸다면 어떻게 되겠는가? 예를 들어, 남자아이가 겁먹은 표정을 드러냈다고 하자. 동네 골목대장에게 쫓기다 겁을 먹고 어머니에게로 달려와 숨으려 하자, 어머니는 "뭐하는 짓이야! 사내가 용감해야지! 맞붙어야지." 하고 무시하며 설거지를 계속한다. 그러면 어린이는 '겁먹고 두려워하면 내가 원하는 것을 얻지 못해. 나는 보호해 주기를 원했지만 무시만 당했어.' 하고 기록한다. 그리고 그의 영리한 '어린 교수'는 자신이 원하는 결과를 얻을 수 있는 방안을 찾아내려고 한다. 그는 스트레스를 겪을 때마다 다양한 감정을 드러내 보인다. 슬픔, 즐거움, 공격성, 혼란, 멍청함 등 다양한 감정을 시험해 본다. 그런데 공격성을 나타낼 때 어머니로부터 가장 좋은 반응을 얻는다는 사실을 발견한다. 동네 아이가 귀찮게 굴자 피하지 않고 맞붙었다. 동네 아이가 더 크기 때문에 싸움에 지기 마련이다. 비록 동네 골목대장에게 얻어맞고 상처가 나더라도, 적어도 어머니로부터 "잘했어. 다 큰 아이는 우는 게 아니야."라는 인정을 받을 수 있다. 이렇게 하여 자신이 가장 원하는 결과, 다시 말해 부모로부터 인정을 받는 감정을 발견하게 된다. 이제부터 상처를 입더라도 이러한 스트로크를 추구한다.

어린이는 자라면서 이러한 사건들을 반복적으로 겪을 가능성이 높다. 이러한 반복을 경험하면서 자신의 감정과 감정 표현의 결과에 대한 결론을 내린다. '공격성 외에는 그 어떤 감정도 소용이 없어. 내가 다른 감정을 드러낼 때에는 부모가 지지를 철회했어. 그것은 위험스러운 일이야. 따라서 공격성 외에는 그 어떤 감정도 느끼지 않는 것이 최상이야.' 그 후부터 두려움이나 슬픔을 느끼기 시작할 때마다 바로 공격성으로 대치한다.

라켓과 고무줄

내가 어릴 때 이런 아이였다고 생각하고, 지금 슈퍼마켓 계산대 앞에서 외상으로 달라는 부탁을 거절당했다고 가정하자. 이러한 상황에서 스트레스를 경험할 때, 과거 스트레스를 느꼈던 상황으로 돌아간다. 어릴 때 동네 골목대장이 나를 위협했듯이, 슈퍼마켓 점원과 온 세상이 나를 위협하는 것처럼 느낀다. 이 때 나는 즉각 어린 시절 학습한대로 공격적 자세를 취한다. 점원에게 눈을 부릅뜨고 "아유, 수치스러워. 내 말을 못 믿겠다는 거요?" 하고 소리친다. 점원은 어깨를 으쓱한다. 나는 여전히 씩씩거리며 슈퍼마켓에서 꼿꼿이 걸어 나온다. 점원에게 큰 소리를 쳐서 잠시 동안은 후련함을 느낄지 모른다. 그러나 동시에 내가 고함을 쳐도 물건을 살 수 없다는 것도 안다. 여전히 분통이 터지며, 소화도 되지 않는다.

나의 감정적 반응은 지금-여기서의 문제를 해결하는 데 조금도 도움이 되지 않는다. 그러나 나도 모르게 그것보다 훨씬 더 중요한 동기를 따르려고 했던 것이다. 나는 라켓 감정을 경험하고 드러냄으로써, 아동기에 얻었던 부모의 지지를 얻기 위해 환경을 조작하려고 시도했던 것이다. 마음속에서 어머니는 여전히 "그래 잘 했어." 하고 말해 준다. 이것이 성인기의 라켓 감정이 하는 기능이다. 라켓 감정을 느낄 때마다 낡은 아동기의 전략을 재연한다. 다시 말해, 각본을 따르는 것이다. 이와 대조적으로 내가 지금 여기에 서 있다면, 현 순간에 적절한 감정을 느낄 것이다.

라켓의 마술

라켓은 마술적 방법으로 다른 사람이나 사물을 변화시키려는 시도다. 나는 '내가 계속 화를 내면, 당신은 내가 원하는 대로 할 것이다. 내가 속수무책으로 서 있으면, 당신은 내가 원하는 대로 해 줄 것이다. 내가 겁을 먹으면, 당신은 나를 돌보아 줄 것이다.'라고 생각한다. 라켓은 효과가 있었기 때문에 아동기에 강화된 것이다. 문제는 내가 원하는 것을 직접적으로 요구하지 않고, 성인기에 와서도 이러한 전략을 사용한다는 점이다. 라켓이 효과를 낼 때도 있다. 그러나 라켓은 욕구를 충족시키는 데 지극히 비효율적인 방법이다. 왜냐하면 라켓 감정을 느끼는 사람은 희생자의 느낌이 들고, 상대방은 조작당하는 느낌이 들기 때문이다.

라켓 조성

우리가 든 사례에서 나는 라켓 감정을 정당화할 일련의 사건이라 할 라켓을 조성했다. '우연히' 돈을 챙기지 않고 슈퍼마켓으로 간 것이다. 나는 라켓 감정을 느끼기 위해 라켓을 조성했다. 라켓 감정의 각본 기능을 알면, 왜 그렇게 했는지 이해할 것이다. '나는 라켓 감정을 느끼기 위해' 라켓을 조성한 것이다. 나는 C 자아상태에서 스트로크의 욕구를 느꼈다. 그래서 어릴 때 학습한 방법대로 스트로크를 얻기 위한 상황을 만들었다. 나는 어릴 때 가정에서 '효과를 냈던 동일한 감정'을 느낄 상황을 만든 것이다.

이와 같이 라켓 이론은 사람이 왜 나쁜 감정을 느끼려고 하는가에 대해 완전히 새로운 관점을 제시해 준다. 슈퍼마켓의 사례로 돌아가 보자. 보통 "내가 필요로 하는 물건을 살 수가 없었기 때문에 화가 났다."고 설명한다. 그러나 라켓을 알고 나면, "나는 분노 감정을 정당화시키려고 필요한 물건을 살 수 없는 상황을 만들었다."고 말하게 될 것이다.

라켓 감정과 진정한 감정

어린이는 가정에서 어떤 감정은 장려하는 반면에 어떤 감정은 못마땅하게 여기거나 금지한다는 사실을 배운다는 것을 살펴보았다. 어린이는 금지하던 감정을 느낄 때, 즉시 허용하던 감정으로 바꾸어 버린다. 아마 금지하던 감정을 의식하지도 못할 것이다. 우리가 어른이 되어 라켓 감정을 경험할 때에도 동일한 과정을 따른다. 이와 같이 라켓 감정이란 아동기에 금지되었던 감정과 '대체된 감정'이다. 라켓 감정의 대용적 성격을 나타내기 위해 '비진정한 감정'이라 부른다. 이와 대조적으로, '진정한 감정(authentic feeling)'은 어릴 때 금지당하기 이전에 느꼈던 감정을 말한다.

라켓과 진정한 감정을 처음으로 구별한 사람은 English다.[2] 처음에는 라켓 감정과 대조적으로 '실제 감정(real feeling)'이라는 말을 사용했지만, 요즈음에 와서는 '실제' 감정이라는 말 대신에 '진정한' 감정이라는 말을 사용한다. 여기서 중요한 점은 내가 라켓 감정을 느낄 때, 이 감정도 내가 실제로 느끼는 감정이라는 점이다. 내가 점원에게 소리를 칠 때, 화난 척한 것이 아니라, 실제 화가 난 것이다. 그러나 화는 라켓 감정이지 진정한 감정은 아니다.

우리는 진정한 감정을 '가리기' 위해 라켓 감정을 사용한다는 말을 흔히 한다. 예를 들어, 한 소녀가 가정에서 슬퍼하는 것은 허용되지만 화를 내는 것은 안 된다는 것을 학습했다. 어른이 되어 어떤 사람에게서 화날 일을 당했다고 하자. 예를 들어, 만원 버스에서 누군가가 팔꿈치로 거칠게 밀쳤다. 화가 나는 순간 조건반사와 같이 허용되었던 감정으로 바꾼다. 따라서 화를 내는 대신에 슬픈 표정으로 눈물을 지었다. 라켓 감정인 슬픔으로 진정한 감정인 화를 가린 것이다.

어떤 사람은 라켓 감정으로 진정한 감정을 덮어씌울 뿐만 아니라, 한 가지의 라켓 감정으로 또 다른 라켓 감정을 덮어 씌우기도 한다. R 군은 어린 시절 어머니로부터 버림받지 않을까 하고 겁을 냈다. 그러나 겁이 날 때마다 화를 내면, 적어도 어머니로부터 스트로크를 받을 수 있다는 것을 알게 되었다. 이렇게 하여 어릴 때부터 겁이 날 때마다 화를 냄으로써, 겁을 화로 덮어 씌우기 시작했다. 좀 더 나이가 들자 아기를 제외하고는 가족이 어떤 감정도 드러내서는 안 된다는 것을 배웠다. 따라서 가족 규범에 맞추기 위해 아무 내색도 하지 않고 멍하게 있어야 했다. R 군은 이렇게 결정했다. '화가 나더라도 내지 말아야 한다. 화를 내면 가족들로부터 멀어질 것이다.' 이와 같이 처음 겁을 화로 덮어 씌웠듯이, 화도 멍한 심정으로 가렸다. 이제 R 군이 어른이 되어 두려움을 느낄 상황에 처했다고 하자. 즉, 사귀던 사람이 떠날 것 같은 느낌이 들었다. 그는 어릴 때 홀로 버려지는 것에 겁이 났듯이, 사귀던 여자로부터 버림받지 않을까 하는 두려운 상황에 놓인 것이다. 그는 겁이 나는 순간 즉각 겁을 화로 가렸다. 그리고 화를 바로 멍한 심정으로 가렸다. 그가 아는 한 멍한 심정이 바로 '실제' 감정인 것이다. 이때 기분이 어떠냐고 물으면, "실제 별다른 감정도 없다."고 대답할 것이다.

라켓 감정의 명칭과 진정한 감정

우리가 억압당하기 전에 느낀 진정한 감정은 어떤 것들이 있는가? 교류분석에서는 보통 네 가지를 제시한다.

- 화(mad)
- 슬픔(sad)
- 겁(scared)
- 기쁨(glad)

여기서 사용하는 'mad'는 영국의 'crazy'가 아니라 미국의 'angry'라는 의미로 사용한다. 이 네 가지 단어 외에도 어린이가 느낄 수 있는 (편안한, 배고픈, 배부른, 피곤한, 민감한, 혐오스러운, 졸리는 등의) 다양한 신체적 감각을 추가할 수 있다.

진정한 감정의 목록은 짧지만, 라켓 감정에 붙일 수 있는 명칭은 수없이 많다. 스스로 이러한 것을 테스트해 볼 수 있을 것이다. 보통 정서의 범주에 넣을 수 있는 비진정한 감정부터 시작해 보자. 당황, 질투, 우울, 죄의식을 들 수 있다. 각본에 빠져 있을 때 자신에 대해 표현할 수 있는 애매한 용어들(망연자실, 막막하다, 코너에 몰리다, 무력하다, 절망적이다)도 있다. 일부 라켓 감정은 혼란스럽다, 멍하다, 얼떨떨하다 등 감정보다는 사고에 더 가까운 것도 있다.

사람이 느끼는 라켓 감정이 다 '나쁘다'고 분류할 수는 없다. 한 소녀는 화가 나더라도 상냥

하고 명랑해야 한다고 배웠다. 이러한 소녀가 자라면 '만인의 햇살'처럼 각광을 받을 수도 있다. 어릴 때 상냥한 표정을 지었을 때와 마찬가지로, 자란 뒤 행복이라는 라켓 감정의 표현으로 많은 스트로크를 얻을 수 있을 것이다. '좋은' 것으로 분류할 수 있는 라켓 감정으로는 의기양양, 진취성, 행복감을 들 수 있다. 그렇지만 이 모든 감정은 진정한 감정이 아니다. 이러한 감정들은 어릴 때 학습되어, 주위 사람으로부터 지지를 이끌어 내기 위해 사용되는 것이다.

감정에 명칭을 붙이기가 어려운 또 하나의 이유는 진정한 감정에 붙일 수 있는 명칭을 라켓 감정에도 붙일 수 있다는 점이다. 예를 들어, 화는 진정한 감정일 수도 있고 라켓 감정일 수도 있다. 슬픔도 진정한 감정일 수도 있고 라켓 감정일 수도 있다. 나는 어릴 때 화를 혼란으로 덮어 씌우도록 학습되었고, 당신은 화를 슬픔으로 덮어 씌우도록 학습되었다. 당신의 라켓 감정은 진정한 감정 중 하나와 이름이 동일하다. 그러나 나는 그렇지 않다. 그러나 당신이 느끼는 비진정한 감정인 슬픔과 내가 느끼는 비진정한 감정인 혼란은 모두 라켓 감정이다.

라켓 감정, 진정한 감정 그리고 문제해결

라켓 감정이라고 해서 다 '나쁜' 것이 아니라면, 왜 굳이 진정한 감정과 구별할 필요가 있는가? 진정한 감정의 표현은 지금-여기서의 문제를 해결할 수 있지만, 라켓 감정의 표현은 문제해결에 도움이 되지 않기 때문이다. 다시 말해, 우리가 진정한 감정을 표현하면 우리가 처한 상황을 종결짓는 데 도움을 준다. 그러나 라켓 감정을 표현하면, 상황은 미해결 사태로 남게 된다.

Thomson은 두려움, 화, 슬픔이라는 세 가지 진정한 감정의 문제해결 기능을 설명했다.[3] 그는 이러한 감정들이 각각 미래, 현재, 과거를 다룬다는 사실을 지적했다.

내가 진정한 감정으로서의 두려움을 느끼고 이러한 정서를 어떤 방법으로든 표현할 때, 나는 '미래'에 발생할 문제를 해결하는 데 도움을 얻을 수 있다. 확실히 그 미래란 가까이 다가오는 미래다. 내가 차가 오고 있지 않은지 확인하면서 도로를 건너가고 있다고 하자. 그때 차 한 대가 갑자기 저쪽에서 내 앞으로 미끄러지듯 달려온다. 나는 놀란 나머지 얼른 피했다. 나는 차와 부딪칠 뻔한 '미래'의 사건을 예방 수 있었던 것이다.

진정한 감정으로서의 화는 '현재'의 문제를 해결하는 데 도움을 준다. 가게 앞에서 줄을 서서 기다리고 있다. 한 여자가 쇼핑백으로 나를 밀치며 끼어든다. 나는 화를 내면서 '현재' 나를 돌보기 위해 적절한 반응을 한다. 나도 같이 밀치면서 "당신보다 먼저 와서 기다리고 있잖아요. 맨 뒤로 가서 서세요." 하고 야단을 쳤다.

진정으로 '슬픔'을 느낄 때, 내가 '과거'에 겪었던 고통스러운 사건을 극복하는 데 도움이 된다. 다시는 얻지 못할 사람이나 물건을 상실했던 경우가 될 것이다. 소리내어 울거나, 나의 상실에 대해 사람들에게 말로 표현함으로써, 과거의 고통으로부터 자유로울 수 있는 것이다. 이렇게 함으로써 나는 상황을 종결시킬 수 있다. 그리고 현재와 미래를 준비할 수 있게 되는 것이다.

Thomson이 행복감의 기능에 대해서는 말하지 않았다. 진정한 행복감은 '변화시킬 필요'가 없는 것이기 때문이다. 이러한 의미에서 행복감은 시간을 초월하고 있다고 하겠다. 과거에 일어났던 것이 OK였다면, 현재에 일어나든 미래에 일어나든 다 OK인 것이다. 진정한 행복감의 표현은 편안하고, 안락하고, 현재를 즐기고, 물리지 않는 것이다.

이와 같이 진정한 감정은 문제해결 기능을 가지고 있는 반면, 라켓 감정은 상황을 종결하는 데 아무 도움이 되지 않는다. 이미 이 장에서 여러 사례를 살펴보았다. 슈퍼마켓 점원에게 소리친다고 해서 물건을 사갈 수 없고, 현재에 아무 생산적인 결과도 낳지 못한다. 적절한 기간을 벗어나 표현하는 두려움이나 분노나 슬픔은 모두 라켓 감정이다. 예를 들어, 과거에 겪은 사건에 대해 일생 동안 분노하며 산다고 해서 과거가 변화되는 것은 아니다. 그러므로 이러한 분노는 문제해결에 비생산적인 것으로서 라켓 감정인 것이다. 감정과 기간이 맞지 않은 사례를 적용해 보자.

이 장 처음에 본 사례에서 상황을 종결시킬 수 있는 진정한 감정은 무엇이겠는가? 여러분이 물건을 살 수 없다는 것을 알았을 때 느꼈던 진정한 감정은 화, 슬픔, 겁 또는 기쁨 중 어느 것이라 생각하는가? 이러한 각 감정이 상황을 종결시키는 데 도움을 줄지 검토해 보라.

라켓이란 아동기의 낡은 전략을 재연하는 것이기 때문에, 지금-여기서 라켓 감정을 표현한다고 해도 계속해서 만족스럽지 못한 결과를 초래한다. 각본을 따를 때 일시적이나마 환경으로부터 원하던 스트로크를 얻을 수 있어 만족을 느낄지 모른다. 그러나 진정한 감정을 통해서야 얻을 수 있는 원래의 욕구는 여전히 충족시킬 수 없다. 따라서 스트레스 상황마다 라켓 감정을 표현하는 '재순환(re-cycle)'이 일어난다. 이 문제는 다음 장에서 라켓 체계를 다룰 때 다시 살펴볼 것이다.

라켓티어링

English는 라켓 감정의 표현을 통해 스트로크를 얻으려는 수단으로 사용하는 교류 양식을 **라켓티어링**(racketeering)이라고 말했다.[4] **라켓티어**(racketer)[5]는 라켓 감정을 표현하여 이 감정에 대한 스트로크를 얻기 위해 타인을 교류에 끌어들인다. 이러한 교류는 상대방이 라켓티어에게 스트로크를 보내는 한 계속된다.

English는 라켓티어링의 두 가지 유형을 제시했는데, 모두 P와 C 간의 상보교류가 일어난다. 유형 I에서 라켓티어는 먼저 C 역할을 맡는다. 그의 생활자세는 'I'm not-OK, you're OK(하하)'다. 유형 II에서는 P에서 시작하며, 생활자세는 'I'm OK(하하), you're not-OK'다.

유형 I의 라켓티어의 말은 슬프고 애처롭게 들린다. English는 이러한 라켓티어링 양식에 유형 I-a이라는 명칭을 붙이고 '무력자(Helpless)'라 불렀다. 예를 들면 다음과 같은 교류가 일어난다.

> 라켓티어(C → P): "오늘 기분 나빠 죽겠어."
> 상대방(P → C): "오, 저런! 무슨 일이 있었지?"
> 라켓티어: "부장이 또 잔소리를 퍼붓잖아!"
> 상대방: "쯧쯧, 저런…."

또 어떤 라켓티어는 C 자아상태에서 투덜대거나 불평하는 말로 시작하기도 한다. 이것은 유형 I−b(Bratty)다. 이 교류에서는 상대방이 부정적 NP 대신에 부정적 CP에서 반응한다.

라켓티어: "당신은 하나도 도움이 안 돼."
상대방: "뭐? 그런 문제는 자신이 알아서 해야지!"
라켓티어: "내가 어떻게 알아서 해! 그는 상사잖아!"
상대방: "그러면 노조에나 가서 불평해."

유형 II에서도 라켓티어는 두 가지 행동양식이 있다. 유형 II−a(Helpful)에서는 라켓티어가 부정적 NP 상태에서 C 자아상태에 놓인 상대방으로부터 고맙다는 스트로크를 얻으려고 한다.

라켓티어(P → C): "많이 먹었지?"
상대방(C → P): "예, 고마워요."
라켓티어: "이 파이 더 먹지 그래?"
상대방: "아뇨, 많이 먹었어요. 배불러요. 고마워요."

유형 II−b(Bossy)에서는 라켓티어가 부정적 CP 상태에서 교류를 시작하여 상대방으로부터 사과하는 스트로크를 받으려고 한다.

라켓티어: "또 늦었군!"
상대방: "아유, 죄송해요."
라켓티어: "죄송하다고? 이번 주에 벌써 네 번째야!"

라켓티어링은 일종의 **소일**로서, 라켓 감정이 수반된 교류다. 라켓티어링은 상보교류이지만 상대방이 스트로크를 주지 않거나 교차교류를 하면 중지된다. 교차교류를 시작하는 사람은 상대방이 아니라 라켓티어 자신인 경우가 많다. 습관적인 라켓티어는 상대방이 대화에서 벗어나려고 할 때를 잘 간파하기 때문이다. 라켓티어링을 계속 하다 보면 '게임(game)'으로 바뀌기 쉽다. 나중에 게임을 다룰 때 왜 이러한 일이 일어나는지 살펴보게 될 것이다.

지난 일주일 동안 라켓티어링을 한 일은 없는가?

만일 했다면 I-a(Helpless), I-b(Bratty), II-a(Helpful), II-b(Bossy) 중 어느 것인가? 어떤 자세를 취했는지 검토해 보라.

이와 같은 라켓티어링을 계속 하고 싶은가? 그렇지 않다면 라켓티어링을 통해 얻을 수 있었던 스트로크 대신, 어떻게 하여 라켓과 무관한 스트로크를 얻을 수 있겠는가?

상대방이 라켓티어링에 초대할 때 받아들였는가? 그렇다면 네 가지 유형 중 어디에 속하는가?

상대방의 라켓 감정에 계속 스트로크를 주고 싶은가? 그렇지 않다면 어떻게 교차시키겠는가?

스탬프

라켓 감정을 경험할 때 할 수 있는 일은 두 가지다. 이러한 감정을 바로 표현하거나 아니면 나중을 위해 저장하는 것이다. 나중에 사용하기 위해 저장할 때 '스탬프(stamp)'[6]를 모은다고 말한다.

지난 일주일 동안 라켓 감정을 느끼고 이를 표현하는 대신 저장해 둔 일은 없는가?

그렇다면 여러분은 스탬프를 모아 둔 것이다. 이 스탬프에 적힌 라켓 감정의 명칭이 무엇인가? 질투심, 승리감, 분노, 짜증, 울적함, 무력감, 아니면 또 어떤 것인가?

이러한 종류의 감정들을 얼마나 많이 모아 두었는가?

얼마나 오랫동안 쌓아 두고 있는가?

이렇게 수집한 것을 언제 사용하며, 또 무엇과 바꾸는가?

'스탬프'는 **심리적 거래 스탬프**(psychological trading stamp)를 줄인 말이다. 이 말은 1960년대 슈퍼마켓에서 고객에게 스탬프를 주는 것이 유행이었는데, 당시에는 사람들이 구매한 물품에 따라 색깔이 다른 스탬프를 주었다. 이 스탬프를 스탬프 북에 모아 두게 했고, 일정한 수의 스탬프를 모으면 다른 물건과 교환할 수 있었다. 어떤 사람은 스탬프를 조금 모아 작은 물건과 교환했고, 어떤 사람은 많이 모아 큰 물건과 교환했다.

사람들이 심리적 거래 스탬프들을 모을 때에도 동일한 선택을 할 수 있다. 예를 들어, 내가 분노 스탬프를 모으고 있다고 가정해 보자. 직장에서 상사가 비난할 때 분노를 느낀다. 하지만 바로 표현하지 않는다. 그날 저녁 집에 갈 때까지 보관하고 있다가 다리 위로 기어오르는 개에게 고함을 지른다. 여기서 나는 한 장의 스탬프를 모아 두었다가 바로 사용한 것이다.

이 예는 스탬프를 사용하는 또 하나의 공통된 특징을 보여 준다. 즉, 모아 두었던 스탬프를 사용하는 대상은 라켓 감정을 느끼게 했던 사람이 아니라는 사실이다. 나의 직장 동료도 분노 스탬프를 모을 수 있다. 그러나 그는 바로 사용하지 않고, 몇 달이고 몇 년이고 모은다. 분노 스탬프 북이 산더미처럼 쌓일 때, 상사의 사무실로 찾아가 고함을 지르다 해고당하고 만다.

스탬프와 각본

사람들은 왜 스탬프를 모으는가? Berne은 스탬프를 모았다가 사용함으로써 각본 결말로 나아갈 수 있기 때문이라고 말한다.

어떤 사람의 각본이 비극적인 것이라면, 스탬프를 최대한 모았다가 무거운 결말과 바꾸려 한다. 예를 들어, 우울 스탬프를 여러 해 동안 모아 두었다가, 끝에 가서 자살과 바꿀 것이다. 비극적 결말이 타인에게 해를 입히는 것이라면, 분노 스탬프를 최대한 수집했다가 살인을 '정당화'하는 데 사용할 것이다. 좀 가벼운 수준이기는 하지만 패배자 각본을 가진 경영자라면, 몹시 시달리는 스탬프들을 모아 두었다가 심장마비나 위궤양이나 고혈압과 바꿀지 모른다.

평범한 각본을 가진 사람들은 스탬프를 조금씩 모았다가 가벼운 결말과 바꿀 것이다. '오해' 스탬프를 모으는 여자는 몇 달에 한 번씩 남편과 대판 싸우는 데 사용할 것이다. 직장 상사에 대한 분노 스탬프를 모으는 사람은 직장에서 사람들과 싸우는 데 사용하다가 해고를 당하기도 한다.

승리자 각본을 가진 사람이 스탬프를 수집하는가 하지 않는가에 대해서는 교류분석 학자들 사이에 많은 논란이 있다. 어떤 학자는 긍정적 결과들을 축적하는 의미의 **골드 스탬프**(gold stamp)를 모은다고 말한다. (지금까지 다루어 왔던 부정적인 '갈색 스탬프'라는 말 대신에 골드 스탬프라는 말을 사용했다.) 예를 들어, 열심히 일하는 회사 간부는 일을 잘 처리하여 골드 스탬프를 수집한 후 기분 좋은 포상 휴가를 얻어 즐긴다. 그러나 필자들은 승리자 각본을 가진 사람은 스탬프 수집이 필요 없다고 본다.

스탬프의 각본 기능을 이해하고, 자신은 어떤 스탬프를 모으고 있는지, 그리고 이러한 스탬프를 어떤 결말로 청산하려고 하는지 검토해 보라. 여전히 이러한 청산을 원하는가?

그렇지 않다면 자신이 수집한 스탬프를 버릴 수 있다. 그러나 버리기로 결정하기 전에, 진정으로 예정된 결말을 버리고자 하는지 생각해 보라. 스탬프 수집을 포기하려고 한다면, 자신이 계획한 결말과 영원히 결별해야 한다.

스탬프 수집을 포기하려고 한다면, 어떤 사람은 불에 던져 버리고 어떤 사람은 변기에 넣어 물로 쓸어내리기도 한다. 어떤 사람은 강에 던져 흘러내려가는 것을 보기도 한다. 여러분은 각자 자신에게 맞는 방법을 선택해야 한다. 어떤 방법을 선택하든, 다시 모으는 일이 없어야 한다.

일단 처분할 방도를 생각했다면, 마음을 편안하게 가지고 조용히 눈을 감는다. 여러분이 수집한 스탬프를 그려 본다. 스탬프를 얼마나 모았는가? 그 색깔은 어떠한가? 여러분이 모아 온 라켓 감정의 명칭은 무엇인가? 스탬프를 어떤 사람, 어떤 집단에 대해 모아왔는가? 그 스탬프에 적힌 명칭은 무엇인가?

이제 스탬프를 버릴 준비가 되었는가? 여러분이 결정한 방법이 어떤 방법이든 간에 과감하게 버린다. 불에 던져 연기로 사라질 때까지 보라. 변기에 던졌으면 다 사라질 때까지 물을 내린다. 강에 버렸다면 다 떠내려 갈 때까지 바라본다.

마음속으로 손을 쳐다보라. 손에 쥐고 있던 스탬프를 다 버렸는지 확인해 보라. 이제 몸을 돌려 위를 쳐다보라. 지금까지 보지 못했던 반가운 사람이나 사물을 본다고 가정해 보라. 반갑게 인사를 나눠라. 스탬프를 모을 필요가 없는 좋은 스트로크를 얻게 될 것이다. 이러한 스트로크들을 반갑게 받아들인다. 이제 더 이상 스탬프를 모을 필요가 없다는 것에 안도하라. 이제 연습에서 벗어난다.

제22장

라켓 체계

라켓 체계(racket system)란 인생각본의 특징을 설명하고 일생 동안 어떻게 자신의 각본을 유지하려고 하는지 보여 주는 모델이다. 라켓 체계는 Erskine과 Zalcman이 제시하였다.[1] 이 장에 제시된 라켓 체계의 모형과 그 의미에 대한 설명은 Eric Berne 기념과학상을 수상한 Erskine과 Zalcman의 논문 「라켓 체계: 라켓 분석 모델(The Racket System: a model for

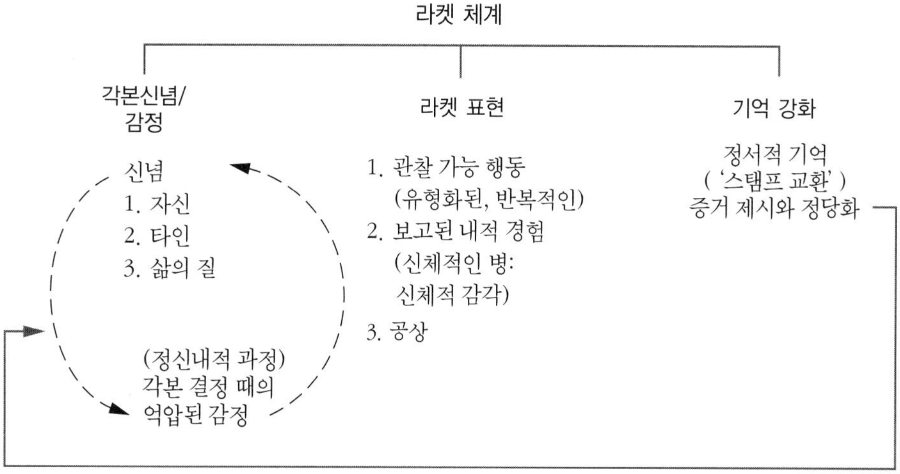

[그림 22-1] 라켓 체계

racket analysis)」에서 직접 인용하였다. 그리고 이 책의 저자들이 사례와 해설을 달았다.

라켓 체계란 '사람들이 자신의 각본을 유지해 나가기 위한 자신의 감정 사고 행동의 자기 강화 및 왜곡된 체계'라고 정의할 수 있다. 라켓 체계는 '각본 신념과 감정(script belief and feeling)' '라켓 표현(racket display)' '기억 강화(reinforcing memory)'라는 세 가지의 서로 관련되고 의존적인 구성 요소로 이루어진다([그림 22-1] 참조).

라켓 신념과 감정

내가 각본을 따를 때에는 내 자신과 타인 그리고 삶의 질에 대한 과거의 낡은 신념을 재연한다. Erskine과 Zalcman에 따르면, 아동기에 해결되지 못한 감정을 '정당화'하기 위한 수단으로 각본 결정을 한다. 어른이 되어서도 스트레스 상황에 놓이면, 이러한 유아기적 전략을 재연한다. 감정 경험을 방어하기 위해, 아동기의 결론을 되살려 그것이 현재에도 그렇다고 경험함으로써 정당화하려고 한다. 이러한 것들이 '각본 신념(script belief)'을 구성한다. Erskine과 Zalcman은 각본 신념과 감정이 A 자아 상태의 **이중 오염**(double contamination)을 드러내는 것으로 본다(제6장 참조). 각본 신념은 '핵심 각본 신념(core script beliefs)'과 '보조 각본 신념(supporting script beliefs)'으로 나뉜다.

핵심 각본 신념

핵심 각본 신념은 아동기의 가장 초기, 가장 근본적인 각본 결정에 해당된다. 어린이는 처음 어떤 감정을 드러낼 때 이 감정의 표현으로 자신의 욕구를 충족시키지 못한다는 것을 경험한다. 앞 장에서도 보았듯이, 어린이는 부모의 관심을 끄는 데 효과가 있는 것을 발견하기까지 다양한 대체 감정을 표현해 본다. 이러한 대체 감정들 중 인정을 받는 것은 라켓 감정이 되고, 처음 느꼈던 원래의 감정은 억압된다.

그러나 원래의 진정한 감정은 관심을 끌지 못했기 때문에, 어린이의 정서적 경험은 미해결 사태로 남는다. 어린이는 이러한 경험을 자신에게 납득시키기 위해 자신과 타인과 세상에 대해 어떤 결론을 내리게 된다. 이러한 결론들이 핵심 각본 신념을 이룬다. 핵심 각본 신념이란 어린이 나름대로의 구체적이고 마법적인 사고에 토대를 두고 있다.

D 군이라는 내담자의 사례를 살펴보자. D 군은 20대 후반으로, 여러 여자와 동거했지만 한두 해도 못가 번번이 차였다. 그는 이러한 결과를 자초했다는 사실을 깨달았다. 그는 걸핏하면 싸우고, 질투하고, 성질을 부리고, 공격적 태도를 취했던 것이다. 지금 D 군은 사랑할 만한 괜찮은 여자를 만나고 있다. 그는 전과 같이 또 관계가 악화될까 봐 두려웠다. 그는 관계 악화가 자신의 공격성과 질투심 때문이라는 것을 알고 있지만, 이러한 감정이 일 때에는 통제할 수 없었다. 최근에 와서 또 여자에게 주먹질을 하였고, 그녀가 떠나지 못하도록 위협했다. 이 시점에서 D 군은 상담을 받으러 왔다.

이 문제에 대해 라켓 체계 분석을 하기 위해 D 군의 어린 시절을 돌이켜 보게 했다. 그는 어릴 때 어머니와 주고받는 친밀한 신체적 접촉을 좋아했다. 그러나 돌이 지나면서부터 어머니는 더 이상 전과 같이 애지중지하기 힘들다는 느낌이 들었다. 아이가 활동량도 많아지고 구접스러울 때가 많았다. 침도 흘리고 어지렵혀 놓았다. 어머니는 자신도 모르게 D 군과 신체적으로 멀리하려는 반응을 보였다. D 군은 유아의 예민한 지각으로 어머니가 배척하는 신호를 느끼고 충격과 혼란을 느꼈다. 무엇이 잘못된 것일까? 무엇보다 어머니가 나를 버려두고 떠나지는 않을까? D 군은 온갖 가능성을 생각하며 극심한 공포와 절망적인 상처를 입었다. 편안한 안식처가 될 어머니에게 다가갔지만 그때마다 배척하는 것 같은 느낌이 들었다. D 군은 겁을 내고 상처를 드러냈지만, 이러한 행동으로는 자신의 욕구를 충족시킬 수 없었다.

D 군은 어머니가 피하는 진정한 이유를 이해할 수가 없어, '나는 사랑받지 못할 존재다. 나에겐 어딘가 문제가 있다.' 하고 결론을 내림으로써, 자신의 미해결 감정을 이해하려고 했다. 이러한 결론에 맞추어 '사람들(특히 주요한 여자들)은 나를 배척한다. 세상은 무섭고, 외롭고, 예측할 수 없는 곳이다.' 하고 핵심 각본 신념을 형성한다. D 군은 겁을 내고 상처를 드러내도 욕구를 충족시킬 수 없다는 결론을 내렸다. 한동안 포기하고 있다가 차선의 전략을 선택했다. 즉, 화를 내면, 어느 정도 어머니의 관심을 끌 수 있다는 사실을 발견했다. 성질을 부리거나 보채면 적어도 어머니가 소리치거나 노려보는 반응을 불러일으킬 수 있었다. 이러한 부정적인 관심이 고통스럽게 했지만, 아무 관심도 받지 못하는 것보다는 나았다. 따라서 D 군은 '나의 욕구를 충족시킬 최상의 방법은 화를 내는 것이다.'하고 결정했다. 그는 두려움과 상처

라는 진정한 감정을 화라는 라켓 감정으로 가리는 법을 학습하고, 이렇게 함으로써 라켓 표현의 토대를 구축했다.

보조 각본 신념

유아가 핵심 신념을 갖게 되면, 이러한 신념에 맞추어 현실적 경험을 해설하기 시작한다. 이러한 신념들은 어린이가 겪게 되는 경험, 이러한 경험에 부여하는 의미, 그리고 이러한 경험이 중요한가 중요하지 않는가 하는 판단에 영향을 미치게 된다. 이렇게 하여 핵심 각본 신념을 재확인하고 다듬어 나갈 보조 각본 신념을 추가하는 것이다.

D 군에게는 두 살 위의 형이 있었다. 나이 차이 때문에 자연히 형은 키도 더 크고 사고 능력도 좋았다. D 군은 걸음마 수준의 사고방식으로 '내게 무슨 잘못이 있는지 알겠다. 나는 크지도 않고 똑똑하지도 않아. 형이 크고 똑똑하기 때문에 관심을 끌어.' 하고 추가 결론에 도달했다. 이와 같이 D 군은 '나는 어리석다. 나는 몸이 약하고 또 작다. 나의 욕구는 중요하지 않다. 다른 사람들이 나보다 더 크고 더 똑똑해. 이러한 이유 때문에 그들은 나보다 더 중요하고, 관심을 얻고, 특히 중요한 여자들로부터 더 관심을 받아. 인생이란 아주 불공평해.'라는 보조 각본 신념을 형성했다.

각본 신념과 감정의 재순환

D 군은 이제 성인이 되었다. 스트레스를 받을 때 각본을 따르기 쉽다. 이미 살펴보았듯이, 지금-여기서의 상황이 과거 아동기에 스트레스 받던 상황과 닮았다. 당기고 있던 고무줄을 놓으면 원점으로 돌아가듯 초기 아동기 시절로 돌아가 그 당시의 전략으로 지금-여기서의 문제에 대처하려고 한다. D 군도 스트레스를 받으면 어린 시절의 감정과 신념을 재경험한다. D 군이 여자친구가 밀어낸다고 지각했다고 하자. 자신도 모르게 어릴 때 어머니가 자기를 밀어낼 때 했던 반응을 보인다. 물론 자신의 내면 깊숙이 상처와 두려움을 경험한다.

그가 이렇게 할 때 각본 신념을 재연한다. 그는 자신도 모르게 '나는 사랑받지 못할 존재다. 왜냐하면 나에게 근본적으로 문제가 있다. 중요한 여성은 나를 완전히 배척하기를 원한다. 그러면 나는 홀로 버려질 것이다.' 하고 자신이 느끼는 배척을 설명하려고 한다.

D 군은 이렇게 말할 때마다, 자신이 실제 느끼는 겁과 상처를 불러일으키는 감정을 '정당화' 한다. 이러한 감정을 재경험할 때마다 자신이 느끼는 감정을 '설명' 하기 위해 각본 신념을 재진술한다. 이러한 방식으로, [그림 22-1]에 점선으로 이루어진 화살표에 설명된 것과 같이, 각본 신념과 감정들은 계속해서 '재순환' 된다. Erskine과 Zalcman은 이러한 과정이 '정신내적으로', 다시 말해 자신도 모르게 이루어진다는 사실을 강조한다. D 군은 자신을 배척한다고 지각한 것에 대해 내적으로 각본적 '설명' 을 했기 때문에, 자신의 각본 신념을 지금-여기서의 현실에 맞도록 변화시키려 하지 않는다. 반대로 이러한 재순환 과정을 반복할 때마다 현실이 각본 신념을 '확인' 해 준다는 지각을 강화하려고 한다.

라켓 표현

라켓 표현은 각본 신념과 감정을 드러내는 외현적 · 내재적 행동으로 구성된다. 라켓 표현은 관찰 가능한 행동, 보고된 내적 경험 및 공상으로 구성된다.

관찰 가능한 행동

관찰 가능한 행동들로는 정신내적 과정에 대한 반응으로 드러나는 정서, 말, 어조, 제스처, 몸동작이 있다. 이러한 표현은 반복적이고 정형화되어 있다. 왜냐하면 어린이가 자기 가정에서 '효과가 있는' 방법으로서 다양한 상황에서 사용하도록 학습된 각본적 행동을 재연하기 때문이다. 라켓 표현은 각본 신념과 일치하거나 또는 각본 신념을 방어하는 행동들을 수반한다. 예를 들어, '나는 어리석다.'고 결론을 내린 D 군은 어른이 되어 각본 신념을 재연할 때, 혼란스럽고 어리석은 행동을 나타낸다. 어떤 사람은 아동기에 동일한 결론을 내려도 이 신념을 방어하여 열심히 공부하고 학교에서 좋은 성적을 얻고 충동적으로 노력하여 전문가 자격을 획득하기도 한다.

여자친구에 대한 D 군의 공격성이라는 라켓 표현은 '내가 상처나 겁을 느낄 때마다 화를 내야 내 욕구를 충족시킬 수 있다.'는 초기 결론에서 발생한다. D 군은 여자친구가 자신을 하찮게 여기거나 배척한다고 지각할 때, 자신의 핵심 각본 신념을 재연하면서 겁을 먹고 상처받기 시작한다. 그러나 이런 순간이 되면 즉각 어릴 때 학습한 대로 이러한 정서를 화로 가린다. 다시 말해, 조건반사처럼 화가 나고 공격적인 태도를 취하게 된다. 따라서 여자친구와 격렬한 논쟁을 벌이고 소리를 지르거나 밀친다. 때로는 감정을 억누르면서 거리로 뛰쳐나가 분을 삭이지 못하고 돌아다닐지 모른다.

이러한 행동들은 그의 진정한 감정인 상처와 두려움, 그리고 가까워지고 싶은 갈망이 깔려 있다는 것을 여자친구에게 전달해 주지 못한다. 실제 D 군 자신도 이러한 감정들을 억압하고 있기 때문에 의식하지 못한다. 그 대신 성질이 고약하고 공격적인 사람으로 비친다. D 군이 만나는 여자마다 떠나 버렸다. 그때마다 '나는 사랑받지 못할 존재다. 여자는 나를 배척한다. 나는 홀로 버려질 것이다.'라는 각본 신념을 정당화한다.

보고된 내적 경험

어린이는 해결되지 못한 자신의 정서적 경험을 이해하고, 이러한 경험을 가능한 한 잘 마무리하기 위해 각본 신념을 채택한다는 것을 살펴보았다. 이러한 '인지적' 과정과 더불어 '신체적으로(somatically)'—몸을 통해 일어나는—일련의 과정이 진행된다. 즉, 해결되지 못한 욕구로부터 에너지를 다른 곳으로 돌리기 위해, 에너지를 신체적 긴장이나 불편을 조성하는 데 사용할 수도 있다.

앞 장의 사례에서 보았듯이, 유아가 어머니에게 반복해서 다가가도 아무 반응도 얻지 못하자, 어머니에게 다가가기를 멈추려고 어깨가 긴장된다. 이러한 긴장은 불편을 느끼게 하지만, 어머니에게 다가가 배척을 경험하는 것보다는 덜 괴롭다. 그러고는 원래 욕구와 어깨의 긴장에 대한 의식을 억압한다. 어른이 되어 어깨, 목, 상복부의 통증을 경험하는 경우가 많다. 앞의 사례에 나온 D 군도 마찬가지다.

사람들은 각본 신념에 대한 반응인 다양한 긴장, 불편, 신체적 질환을 가지고 있다. 이러한 것들은 직접 관찰할 수 없고, 그들의 보고를 통해 알 수 있다. 어떤 사람은 근육 긴장까지 억압하여 의식하지 못하지만 마사지를 하다 보면 드러나기도 한다.

공상

자기 각본 신념에 따라 행동하지 않을 때 이러한 행동을 공상하기도 한다. 상상해 보는 행동은 자신의 것일 수도 있고 남의 것일 수도 있다. 예를 들어, D 군은 여자친구에게 신체적 폭력을 가해 벌을 받거나 교도소에 갇히는 상상을 하곤 한다. 사람들이 뒤에서 자신을 깔보고 온갖 잘못을 들추어 내고 있다는 상상을 자주 한다. 때로는 여자들이 자신을 전적으로 수용해 주고, 절대 배척을 하지 않을 완벽한 여성을 만나는 거창한 공상을 하기도 한다.

기억 강화

각본을 따를 때, 사람은 각본 신념을 강화해 줄 기억들을 찾으려고 한다. 이때 기억해 낸 것이 있으면 이를 통해 과거 각본 신념과 감정을 재생한다. 이렇게 하면서 라켓 감정을 경험하거나 자신의 라켓 체계를 상징하는 외부적 · 내부적 행동을 함으로써 라켓 표현이 수반된다. 사건을 회상할 때, 동시에 라켓 감정이나 기타 라켓 표현이 상기된다. 다시 말해, 각 기억 강화마다 스탬프가 동반된다.

D 군의 공격적 행동에 여자들이 연달아 떠났듯이, 기억해 낸 사건은 개인의 라켓 표현에 대한 타인의 반응일 수 있다. 또한 실제로는 중립적이거나 이러한 신념과 정반대의 것이라 하더라도, 자신의 각본 신념을 확인해 주는 것으로 해설한 반응도 포함될 수 있다. 예를 들어, 한 여자가 D 군을 파티에 초대했다고 하자. D 군은 속으로 '진짜 초대하고 싶어서 그런 것은 아니다. 단지 인사치레로 그랬을 뿐이야.' 하고 생각했다. D 군은 이렇게 해석하면서 다른 사람의 '배척'에 화가 날 것이다. 이와 같이 D 군은 자신의 각본 신념을 거듭 확인하면서, 스탬프와 관련된 다른 강화 기억들을 수집해 나간다.

영리한 '어린 교수'가 자신의 각본 신념에 맞지 않는다고 해석한 사건들도 있다. 그러나 이러한 경우, 이러한 사건을 선택적으로 망각하는 다른 전략을 선택할 수 있다. 예를 들어, 여자들이 D 군을 정말 높이 평가하여 함께 있기를 원할 만큼 사랑한다고 말한 적이 있다고 하더라도, D 군은 각본을 따르는 동안에는 이러한 기억을 회상해 내지 못한다.

우리는 개인이 자신의 각본 신념에 맞는 장면을 공상하는 것도 보아 왔다. 이처럼 공상을 통한 기억도 실제 사건에 대한 기억 못지않게 강화 기억으로 작용한다. D 군은 어떤 일이든 '나에게 문제가 있다.'고 믿기 때문에, 사람들이 뒤에서 말들을 많이 한다는 공상을 할 때마다 다른 기억 강화를 추가시켜 나간다.

여기서 우리는 라켓 체계가 어떻게 자기강화를 해 나가는지 볼 수 있다. 기억 강화는 각본 신념에 '피드백' 역할을 한다. [그림 22-1]의 굵은 실선 화살표는 이러한 사실을 나타내고 있다. 기억 강화가 상기될 때마다 각본 신념을 재연한다. 각본 신념은 기억 강화에 의해 강화되는 것이다. 각본 신념이 재연될 때, 억압하고 있던 감정을 자극하게 되고, 정신내적으로 '재순환' 과정이 다시 작동하는 것이다. 이러한 일이 발생될 때 라켓 표현을 하게 된다. 라켓 표현은 관찰가능한 행동, 보고된 내적 경험, 공상이 포함될 수 있고, 이 세 가지가 결합될 수도 있다. 라켓 표현을 통해 더욱 기억을 강화시키며 정서적 스탬프를 더욱 수집하게 된다.

라켓 체계는 폐쇄 체계다. 다시 말해, 각본에 머무는 한 라켓 체계 내의 순환 고리에 따라 계속 순환이 일어난다. 체계 내에는 이 순환에서 벗어날 요인이 없다. 다행히 이 어두운 그림 속에도 밝은 면이 있다. 체계가 폐쇄적이라는 사실을 우리가 깨달으면, 변화될 수 있는 유일한 길이 체계로부터의 탈출이라는 사실을 알게 된다. 이 장 뒷부분에서 라켓 체계에서 벗어날 방안을 다루게 될 것이다. 그러나 가장 중요한 첫 단계는 자신의 라켓 체계 내에 있는 내용을 상세히 작성해 보는 것이다. 이것이 다음에 제시한 연습의 목적이다.

자신의 라켓 체계 분석

큰 종이에 [그림 22-1]과 같은 그림을 그린다. 각본 신념, 라켓 표현, 기억 강화라는 세 항목의 아래를 충분히 비워 둔다. 이 빈칸에 자신의 라켓 체계 내용으로 채운다.[2)]

이 연습을 계속하고 싶다면, 최근 만족스럽지 못했거나 고통스럽고 기분 나쁜 감정으로 끝났던 최근의 상황을 떠올려 본다. 마음이 내키지 않는다면 그 당시의 나쁜 감정을 재경험할 필요까지는 없다. 다시 그 상황에 놓여 있다고 가정하고, 라켓 체계의 세부 사항들을 적는다. 빨리 직관적으로 적어야 한다.

'각본 신념'을 발견하려면 자신에게 다음과 같은 물음을 던져보면 좋다. '그때 내 마음속으로 나에게 무슨 말을 하고 있었던가? 관련된 주변 사람에게는? 그리고 삶의 질이나 세상에 대해서는 어떤 말을

하고 있었던가?'

그런데 각본 결정 때의 억압된 감정은 어떻게 기입할 수 있겠는가? 당신이 라켓 체계에 놓여 있을 때 이러한 감정들을 억압하고 있기 때문에, 자신의 라켓 체계를 분석할 때 이러한 감정을 명확하게 의식하기가 어려울 것이다. 그러나 이를 찾을 수 있는 여러 가지 단서가 있다. 이따금 라켓 감정으로 빠져들기 전에, 번쩍 진정한 감정을 느낄 때도 있다. 예를 들어, 그 장면에서 느낀 라켓 감정이 화였다면, 그 직전 아주 짧은 순간 동안 두려움을 느꼈을 수도 있다. 또 하나의 단서로는 '내가 유아라고 치고, 주위의 시선을 의식하지 않고 자유롭게 표현한다면, 이러한 상황에서 어떤 감정을 느꼈을까? 분노를 느꼈을까? 쓸쓸한 고독일까? 공포일까? 황홀함일까?' 하고 자문해 보면 된다. 확실하지 않다면 추측해 보라. 최종 점검을 위해 앞 장의 '라켓감정, 진정한 감정 그리고 문제해결'을 다룬 부분을 읽어 보라. 상황을 종결짓는 데 진정한 감정 중 어떤 것이 가장 적절하겠는가?

이제 '라켓 표현'으로 이동한다. 관찰 가능한 행동들을 열거하기 위해, 자신이 들어 있는 비디오 장면을 보고 있다고 상상해 보라. 이때 당신이 하는 말, 어조, 제스처, 얼굴 표정에 주목한다. 어떤 라켓 감정을 드러내고 있는가? 이러한 장면에서 자신이 경험하는 라켓 감정에 대한 기억을 검토해 보라.

보고된 내적 경험을 적을 때에는 자신의 몸 어디에서든 느꼈던 긴장이나 불편에 주목해 보라. 두통을 경험했는가? 속이 울렁거렸는가? 목이 뻐근했는가? '감각이 없다.'는 것도 일종의 감각이라는 것을 명심해야 한다. 따라서 전혀 자각할 수 없었던 몸의 부위도 있었는지 돌이켜 보라.

그런 다음 자신이 공상했던 것을 적어 넣는다. 이때 좋은 방법은 자신이 그 장면 속에 놓여 있다고 가정하고 다음과 같은 질문을 해 보는 것이다. '여기서 일어날 수 있는 최악의 것은 무엇인가?' 아무리 비현실적이더라도 머리에 떠오른 것은 다 적는다. 그러고 나서 '여기서 일어날 수 있는 최상의 것은 무엇인가?' 하고 자문해 본다. 이러한 공상도 라켓 체계의 한 부분이기 때문에 적어야 한다.

마지막으로 '기억 강화'의 항목을 채운다. 자유롭게 기억이 떠오르게 하면서 현재 분석하고 있는 상황과 유사한 과거 상황을 회상하며 떠오르는 것을 적는다. 이러한 기억은 최근의 것일 수도 있고 아주 오래전의 것일 수도 있다. 어떤 종류의 기억이든 앞의 라켓 표현에서 주목했듯이 동일한 라켓 감정, 동일한 신체적 불편이나 긴장을 회상할 수 있을 것이다.

라켓 체계의 내용과 앞에서 했던 각본 매트릭스와 검토하면 재미있을 것이다. 서로 얼마나 공통점이 있는가? 또 다른 문제를 변화시키는 데에도 이를 사용할 수 있다.

라켓 체계 탈피

라켓 체계는 분석 도구일 뿐만 아니라 변화 도구이기도 하다. Erskine과 Zalcman은 다음과 같이 말한다. '라켓 체계의 흐름에 따라 살지 않도록 막는 치료적 개입은 라켓 체계를 변화시키는 것이요, 이로 인해 각본을 변화시키는 것이 효율적인 조처다.' 다시 말해, 라켓 체계 내의 어느 지점에서든 변화를 주어 각본에서 벗어나도록 도울 수 있다. 이러한 변화는 과거로부터 유지되어 오던 순환 고리를 끊을 수 있다. 이러한 고리를 끊으면 변화가 더욱 쉬워진다. 라켓 체계의 흐름에서는 기존의 방식을 강화시켜 주지만, 고리를 끊으면 각본에 갇혀 있기보다 각본으로부터의 탈피를 강화시켜 준다. 특정 개입 지점에 멈출 필요는 없다. 다른 여러 지점에서도 라켓 체계의 흐름을 끊을 수 있다. 변화시키는 지점이 많을수록 각본으로부터 벗어나기가 쉬워진다.

Erskine과 Zalcman은 라켓 체계에서 벗어나게 하는 데 사용할 여러 가지 방법을 제시했다. 자가치료에서도 이러한 방법을 사용할 수 있다. 여러분이 자가치료에 라켓 체계를 사용하고 싶다면, 아래 연습을 출발의 틀로 삼을 수 있을 것이다. 그리고 각 개인마다 연습 내용을 추가해도 좋고 수정해도 좋으며, 더욱 창조적 방법으로 변화시켜도 좋다.[3)]

자신의 라켓 체계를 그릴 수 있는 큰 종이를 준비한다. 그 위에 라켓 체계와 같은 표를 그린다. 그러나 표에서는 라켓 체계에서의 내용과 달리 '긍정적인 내용'을 적는다. 이 새로운 도표를 '자율 체계(The Autonomy System)' 라고 부를 수 있다.

도표 속의 맨 위에 세 가지 항목을 적는다. 왼쪽에는 '새로운 신념과 감정', 중간에는 '자율적 표현', 오른쪽에는 기존 라켓 체계와 동일하게 '기억 강화' 라고 적는다.

'새로운 신념과 감정' 밑에는 기존 라켓 체계와 같이 하위 제목으로 자신과 타인과 세상 및 삶의 질에 대한 신념을 적는다. 자신의 라켓 체계에 대한 자료를 수집할 때 떠올렸던 장면으로 다시 돌아간다. 먼저 '자신에 대한 신념' 부터 시작한다. 자신에 대한 기존의 신념을 새롭게 바꾼다면 자신의 어떤 모습을 보게 되겠는가?

예를 들어, D 군이 이러한 연습을 하고 있다고 가정해 보자. 그는 제목 밑에 '나는 사랑받을 만한 사람이다. 현재의 내 모습만으로도 충분하다.' 하고 적을 수 있을 것이다.

여기서나 다른 항목에서 '긍정적인 말'을 사용하는 것이 중요하다. '부정적인 말들은 피해야' 한다. 처음 기입하려는 말이 부정적인 것이라면, 긍정적인 말을 적어 넣을 수 있도록 다시 생각할 필요가 있다. D 군의 각본 신념은 '나에게는 근본적으로 무슨 문제가 있다.'였다. 이때 '나에게는 아무 문제가 없다.'라고 적기보다, '나는 아주 좋은 사람이다.'하고 긍정적 진술문으로 바꾸는 것이 좋다. 그런 다음 동일한 방법으로 타인과 삶의 질에 대한 신념도 긍정적인 말로 바꾼다. 너무 과장해서 적은 것은 아닌지 살펴본다. 왜냐하면 그것도 여전히 라켓 체계의 한 부분이기 때문이다.

그리고 왼쪽 하단, 라켓 체계에서 '각본 결정 당시의 억압된 감정'을 적은 자리에 '진정한 감정'이라는 제목을 단다. 라켓 체계에서 억압된 감정을 적어 넣었듯이 여기서는 진정한 감정을 적는다. 과거 장면을 연상하면서, 상황을 종결짓기 위해 어떤 진정한 감정을 표현할 수 있었겠는지 상상해 본다.

다음으로, 중간 항목인 '자율적 표현'으로 넘어간다. 다시 한번 자신의 삶을 비디오로 보듯이 상상하면서 작성한다. 그러나 이번에는 각본에서 벗어나 라켓 대신 진정한 감정을 표현한다고 가정하고 긍정적인 방법으로 돌이켜 본다. '관찰 가능한 행동들' 아래에는 자신의 변화된 모습에서 그려 볼 수 있는 말이나 제스처 등을 적어 넣는다.

이와 동일한 방법으로 변화된 모습을 그려 보며 '보고된 내적 경험'을 적어 넣는다, 불편 대신에 어떤 편안함을 느끼는가? 전에는 의식하지 못했던 어떤 긴장감을 의식하는가? 그렇다면 이러한 긴장을 풀기를 원하는가? 긴장을 해소하고 나면 어떻겠는가?

자율 체계에서 '공상' 항목을 기입하지 않는다. 앞서 말했듯이, '최상'과 '최악'의 결과에 대한 과장된 상상은 모두 라켓 체계의 한 부분이다. 그 대신 여기에서는 '계획과 긍정적 구상(plans and positive visualization)'을 적는다. 이것은 천천히 작성해도 좋은 항목이다. 즉, 라켓 체계 분석 때와는 달리, A 자아상태에서 앞으로 건설적으로 추진해 나갈 계획을 적는다. 여기서는 공상 대신에, 자신의 인생계획을 향상시킬 창조적 구상 기법을 사용하면 좋다.

마지막으로, '기억 강화' 내의 항목을 작성한다. 자신의 삶에서 긍정적인 사건들을 회상할 수 있을 것이다. 지나온 삶에서 긍정적인 일들도 많이 있을 것이다. 만일 생각나는 것이 없다면. 긍정적인 일을 지어내 본다. 지어낸 긍정적 상황도 실제 상황과 마찬가지로 효과적이다.

이제 자율 체계를 시작하게 되었다. 라켓 체계와 마찬가지로 자율 체계도 계속 수정하고 다듬어 나갈 수 있다.

이 자율 체계 옆에 자신이 작성했던 라켓 체계를 걸어 두고 있다고 가정해 보라. 앞으로 살다가 라켓 체계 내의 어떤 부분으로든 빠져들 때가 있을 것이다. 그러면 이것과 상응하는 자율 체계를 찾는다. 그리고 과거에 하던 것처럼 라켓 체계 고리를 따르지 말고, 자율 체계의 흐름을 따르도록 한다.

언제든지 라켓 체계 내에서 특정 지점에 도달하는 일이 많을 것이다. 그때마다 라켓 체계에서 벗어나 자율 체계의 흐름을 따라야 한다. 이러한 일이 잦을수록 더 쉬워질 것이다.

제23장

게임과 게임분석

사람들을 대하다가 두 사람 모두 기분 나쁜 감정으로 끝나고, 나중에 다음과 같이 말한 일은 없는가?

> "왜 내겐 이런 일이 계속 일어나지?"
> "도대체 왜 또 이런 일이 일어났을까?"
> "그는 다른 사람과는 다르다고 생각했는데, 그러나…."

일이 이렇게 고통스럽게 끝났을 때 놀란 일이 있는가? 동시에 전에도 이런 일이 발생하지 않았는가? 만일 이러한 상호작용이 자주 일어났다면, 교류분석 용어로 '게임(game)'에 연루되었을 가능성이 높다.[1)]

심리적 게임은 마치 축구나 체스처럼 이미 정해져 있는 규칙에 따라 진행된다. 이러한 예측 가능한 게임의 구조에 처음으로 관심을 가진 사람은 Eric Berne으로, 그는 게임을 분석할 방법을 제시했다. 이 장에서는 Berne과 여러 교류분석 학자들이 제시한 게임분석 방법을 살펴보고자 한다.

게임 사례

먼저 두 가지 게임 사례를 살펴보기로 하자.

사례 1 J 씨는 K 양을 만났다. 둘은 사랑에 빠져 함께 살기로 결정했다. 처음에는 둘이 잘 살았다. 그러나 몇 달이 못 가 J 씨가 K 양을 괴롭혔다. K 양이 원하는 것이나 감정을 무시하고 소리를 지르며, 때로는 쌀쌀하게 대했다. 술에 취해서 늦게 들어오기 일쑤였고, 돈을 빌리고도 갚지 않았다.

K 양은 그의 냉대에도 잘 참았다. 그가 공격적일수록 더욱 아량을 베풀었다. 그러나 한 3년쯤 잘 견디다 예고도 없이 훌쩍 다른 남자에게로 떠났다. J 씨는 그녀가 떠나면서 식탁 위에 남겨 둔 쪽지를 보고 말문이 막혔다. '도대체 어떻게 이런 일이 일어날 수 있지?' 하고 한탄했다. 수소문해서 K 양을 찾아가 돌아와 달라고 빌었지만 아무 소용없었다. 빌면 빌수록 그녀는 더욱 매몰차게 배척했고 마음의 상처만 더 심해졌다. 오랫동안 우울과 절망과 무가치함을 느꼈다. 그는 '다른 사람은 내가 갖지 못한 무엇을 갖고 있지?' 하고 자신의 문제가 무엇인지 찾으려고 했다.

이상한 일은 전에도 이런 일이 있었다는 것이다. 벌써 두 번이나 이런 관계를 맺었다가 버림받았던 것이다. 그때마다 '다시는 이런 일이 있어서는 안 된다.' 고 다짐했지만, 또 이런 일이 일어났고, 그때마다 놀라움과 배척감을 느꼈다. J 씨는 '나를 차라(Kick Me)' 는 게임을 했던 것이다.

K 양 역시 이러한 일이 처음이 아니었다. J 씨를 만나기 전에 여러 남자들을 겪었다. K 양은 J 씨와 같이 처음에는 잘 대해 주다가 나중에는 학대할 남자들을 골랐던 것이다. K 양은 남자를 만날 때마다 처음에는 한동안 '순한 양' 같이 잘 참고 지내다 갑자기 배척해 버렸다. 남자를 배척할 때마다 자신에게 잘못이 없기 때문에 일종의 승리감을 맛보았다. "맞아. 남자들이란 다 똑같아." 하고 말하면서도 또 새로운 남자들을 찾아 나섰던 것이다. K 양은 '이제 걸려들었어, 후레자식(Now I've Got You, Son of a Bitch, 줄여서 NIGYSOB라 부름)' 이라는 게임을 한 것이다.

사례 2 M 부인에게 아들 D 군이 찾아왔다. D 군은 10대 후반의 대학생으로서 도시 근교의 하숙집에 살고 있다. 오늘따라 풀이 죽어 있다.

D 군: 곤란한 일이 생겼어요. 주인이 나가라는데, 어디 갈 곳도 없고. 어떻게 해야 할지 모르겠어요.

M 부인: (근심어린 얼굴로) 오, 저런! 무엇을 도와줄까?

D 군: (침울하게) 잘 모르겠어요.

M 부인: 석간신문에 어디 임대해 줄 방이 없는지 찾아보면 어떨까?

D 군: (더욱 눈을 내리뜨고) 그건 곤란해요. 집세 낼 여유가 없거든요.

M 부인: 너도 알다시피, 네 아버지와 내가 너를 도와줄 준비가 항상 되어 있잖아.

D 군: 예, 고맙지만, 그러나 얹혀사는 기분이 들어서요.

M 부인: 집에 네 잠자리를 마련해 주면 어떻겠어?

D 군: 예, 고맙습니다만, 그러나 기분이 이럴 때에는 집으로 돌아가는 것이 내키지 않아서요. 그 외에도 통근도 문제가 될 것 같아서요.

M 부인이 머리를 짜내는 동안 침묵이 흘렀다. 더 이상 할 말을 떠올릴 수 없었다. D 군은 길게 한숨을 쉬더니 일어서서 나갔다. "어쨌든 도움을 주려고 해서 고마워요." 하고 침통하게 말하며 나가버렸다. 부인은 '일이 어떻게 이렇게….' 하고 자문했다. 처음 놀라움을 느끼다가 자신에 대한 부적합을 느껴 울적하였다. 좋은 어머니가 되기는 틀렸다는 생각도 들었다. 한편 D 군은 어머니에게 분개를 느끼고 화를 내며 거리를 걸어가고 있었다. 그리고 혼잣말로 '도움이 되리라 기대하지는 않았지만, 정말 소용이 없어.' 하고 생각했다.

M 부인과 D 군은 전에도 이런 일을 여러 번 겪었다. M 부인은 사람들에게 도움과 조언을 주려고 했지만 받아들여지지 않자 좌절감을 느꼈다. 아들 역시 비슷한 결과를 맞이했다. 사람들이 도움을 주려고 해도 계속해서 거부를 해놓고 그들의 도움에 실망하여 화가 났다. M 부인과 D 군은 게임을 했던 것이다. M 부인은 '이렇게 한번 해 보면 어때?(Why Don't You…)'라는 게임을 했고, D 군은 '예, 그러나(Yes, But…)' 게임을 한 것이다.[2)]

게임의 전형적 특징

이러한 사례에서 게임의 몇 가지 전형적인 특징들을 발견할 수 있다.

첫째, '게임은 반복적으로 일어난다.' 사람들은 자신이 선호하는 게임을 반복하게 된다. 게임하는 상대와 상황은 바뀔 수 있어도 게임의 유형은 동일하게 반복된다.

둘째, '게임은 A 자아상태에서 깨닫지 못하는 가운데 진행된다.' 사람들은 반복해서 게임을 하면서도 자신이 게임을 한다는 것을 깨닫지 못한 채 게임을 한다. 게임을 하고 나서야 '어떻게 일이 또 이렇게 됐지?' 하고 반문한다. 그러나 이러한 시점에 와서도 자신이 게임을 걸었다는 사실을 깨닫지 못한다.

셋째, '게임하는 사람은 항상 마지막에 라켓감정을 경험한다.'

넷째, '게임에서는 게임하는 사람들 간에 이면교류가 벌어진다.' 어떤 게임에서든 심리적 수준에서는 사회적 수준과 다른 일이 벌어진다. 아들 D 군은 도움을 청하고 어머니 M 부인은 도와주려고 하는 것이 진정한 목적이라고 믿고 있다. 그러나 이들 모자의 상호작용 결과를 보면, 각자 눈치 채지 못하고 있는 동기가 서로 다르다는 것을 알 수 있다. 두 사람 모두 심리적 수준에서는 진정한 의도가 담긴 '비밀 메시지'를 주고받고 있다. 어머니는 아들이 받아들이지 않을 제안을 하고, 아들은 도움을 청해 놓고도 받아들이지 않겠다는 의도를 숨기고 있다.

다섯째, '게임 뒤에는 항상 당혹이나 혼란이 따른다.' 왜냐하면 게임하는 사람은 예기치 못한 일이 일어났다고 생각하기 때문이다. 어떻게든 역할이 뒤바뀐 것으로 여겨진다. J 씨가 동거하던 여자가 떠난 것을 알았을 때 경험한 것이 바로 이것이다. K 양 입장에서 보면 J 씨에 대한 마음이 갑자기 변했기 때문에 떠난 것이다.

최근에 만났던 사람과의 관계에서 여기서 기술한 게임에서와 같이 고통스러운 경험을 한 일이 있는지 상기해 보라.

종이와 연필을 가지고 그때 일어났던 상황을 적는다. 그 상황에서 게임의 다섯 가지 특징과 부합되는 것이 있는지 검토한다.

그 상황의 마지막 부분에서 느낀 감정은 어떤 것인가? 전에도 자주 느꼈던 감정은 아닌가?

스웨터

둘이서 게임을 할 때 게임할 상대를 어떻게 찾아내는지 신기하지 않은가? J 씨는 끊임없이 자신을 버리고 떠날 여자를 찾는다. M 부인은 도움을 청해 놓고도 받아들이지 않을 사람을 고른다.

이것은 마치 게임 초대장이 인쇄된 스웨터를 입고 있는 것 같다. 스웨터 앞면에는 의식적으로 보고 싶은 세상이, 뒷면에는 심리적 수준의 '비밀 메시지'가 인쇄되어 있는 것 같다. 실제 게임할 상대를 집어내는 것은 바로 뒷면의 메시지이다. K 양의 스웨터 앞쪽에는 '나는 얌전하고 참을성 많은 여자입니다.'라고 적혀 있고, 뒤쪽에는 '이제 걸려들었어. 후레자식!' 이라고 적혀 있는 것으로 상상할 수 있다.

J 씨의 스웨터 앞면과 뒷면에 어떤 메시지가 적혀 있다고 생각하는가? 그리고 M 부인은?

당신이 했던 게임의 사례로 돌아가 보자. 게임을 시작할 때 당신의 스웨터 앞면과 뒷면에 어떤 메시지를 적어놓았는가? 그리고 당신과 게임했던 그 당시의 상대방의 스웨터 앞면과 뒷면에 적힌 메시지는 무엇이라 생각하는가?

집단 활동을 하고 있다면, 두 명 또는 세 명씩 소집단을 만든다. 소집단의 각 참여자는 직관을 통해 상대방 스웨터 앞뒷면의 메시지가 무엇일지 적는다. 그런 다음 당신이 적어 놓은 메시지를 상대방과 나누어 본다.

소집단 내의 다른 사람들이 잘 모르는 사람이라 하더라도 걱정할 필요가 없다. 첫인상을 통해 스웨터 메시지를 읽는 것이 일반적인 현상이다.

원한다면 잘 아는 사람들과 이러한 연습을 반복해도 좋다. 다른 사람들이 당신의 스웨터에서 다르게 읽은 메시지와 비교하면 당신 자신에 대해 재미있는 것을 발견할 수 있을 것이다.

게임의 급

게임마다 강도가 다르다.[3] '제1급에 속하는 게임'은 아는 사람들에게 털어놓아도 괜찮을 정도의 결과를 낳는다. 이 장 처음에 나온 사람들은 모두 제1급 정도의 게임을 하였다. M 부인은 친구에게 자신에게 회의가 든다는 감정을 털어놓을 수 있다. D 군은 친구들에게 어머니도 소용이 없다고 투덜거릴 수 있다. 그러면 친구들은 다들 그렇다고 맞장구를 쳐 준다. 사실 1급 정도의 게임은 파티나 사람들의 모임에서의 시간 구조화에 상당한 비중을 차지한다.

'제2급 게임'은 사람들에게 알려지는 것을 꺼릴 정도의 좀 더 심각한 결과를 초래한다. 예를 들어, 아들 D 군이 단순한 불평에 그치지 않고 집을 떠나 소식을 끊고 노숙을 한다고 가정해 보라. M 부인은 심한 우울감에 빠질 것이고, 주위 사람들에게 말하기를 꺼릴 것이다.

Berne의 말에 따르면, '제3급 게임'은 '병원이나 법정이나 영안실까지 가게 할' 정도의 결과를 초래한다. 만일 J 씨와 K 양이 제3급에 이를 정도의 게임을 했다면, J 씨는 K 양에게 심한 폭행을 하고, K 양은 분노가 치민 나머지 부엌칼을 들고 나와 찔렀을지도 모른다.

공식 G

Berne은 모든 게임이 다음과 같은 여섯 단계를 거쳐 진행된다는 사실을 발견했다. Berne은 각 단계에 다음과 같은 이름을 붙였다.[4]

속임수	+	약점	=	반응	→	전환	→	혼란	→	결말
(Con)		(Gimmick)		(Response)		(Switch)		(Crossup)		(Payoff)

또는 다음과 같이 첫 글자를 사용할 수도 있다.

$$C + G = R \rightarrow S \rightarrow X \rightarrow P$$

그는 이 일련의 과정을 공식 G(Formula G)라고 불렀다. 공식 G를 M 부인과 아들 D 군의 게임에 적용해보자. D 군은 어머니에게 쫓겨날 처지에 놓였다고 말한다. 이러한 사회적 수준의 메시지 속에 '속임수(C)'가 들어 있다. 이러한 속임수는 비언어적으로 전달되며, 자신은 무력하며 '나를 도우려고 해도 받아들이지 않을 것이다. 하하!'라는 메시지를 비밀리에 전달한다.

M 부인은 게임을 받아들여 자신의 '약점(G)'을 드러내면서 기꺼이 응하겠다는 신호를 보낸다. Berne은 상대방의 '속임수'에 말려들지 않을 수 없는 각본에 따른 '약점(weak spot)'을 기술하기 위해 이러한 용어를 사용하였다. M 부인에게는 이것이 '어려움에 처한 사람을 도와주어야 한다.'고 머릿속에서 들려오는 P 메시지인 것이다. M 부인은 내적으로 이러한 메시지를 들으면서, '좋아. 도와주려고는 하겠지만, 결국에는 내 도움을 받아들이지 않으리라는 것을 우리는 다 알고 있다.'는 심리적 수준에서 반응한다. 그렇지만 사회적 수준에서는 "무엇을 도와줄까?" 하고 말함으로써 이러한 심리적 수준의 메시지를 가린다.

게임의 '반응' 단계에서 일련의 교류가 이루어진다. 이러한 교류는 몇 초에서 몇 시간, 며칠, 또는 몇 년 동안 이어진다. M 부인은 반응 단계에서 여러 가지 조언을 한다. 그러면 아들은 조언을 할 때마다 받아들이기 어려운 이유를 댄다. 이러한 교류를 사회적 수준에서 볼 때 서로 정보를 주고받고 있는 것 같지만, 게임을 시작하는 '속임수-약점'의 교환을 반복한다.

M 부인이 할 말이 없어지자, 아들은 "도와주려고 해서 고맙지만…." 하고 말할 때 '전환(S)'이 이루어진다.

바로 다음 순간 M 부인은 놀라움을 금치 못한다. 이 순간이 '혼란(C)' 단계에 속한다.

게임을 하는 두 사람은 바로 라켓 감정의 '결말(P)'을 수집한다. M 부인은 우울과 부적합감을 느끼고, D 군은 응당 분한 느낌을 갖는다.

J 씨와 K 양이 벌인 게임을 공식 G에 적용해 보라.

그리고 자신이 한 게임을 공식 G에 적용해 보라. 각 단계마다 어떤 심리적 수준의 메시지를 주고받았는가?

드라마 삼각형

Karpman은 게임을 분석할 수 있는 단순하면서도 강력한 도구인 '드라마 삼각형(Drama Triangle)'을 제시했다([그림 23-1] 참조).[5)] 그는 어떤 게임을 하든, '박해자(Persecutor)' '구원자(Rescuer)' '희생자(Victim)'라는 세 가지 각본 역할 중 한 역할로 시작한다고 말한다.

박해자는 상대방을 깎아내리고 경시하려는 사람이다. 박해자는 상대방을 not-OK로 여기고 한 수 아래로 취급한다. 구원자 역시 상대방을 not-OK로 보고 경시한다. 그러나 박해자와 달리 구원자는 우위의 입장에서 상대방을 도우려고 한다. 구원자는 '상대방은 자기 스스로 할 능력이 없기 때문에 내가 나서서 모두 도와주어야 한다.'고 여긴다. 희생자는 자신을 not-OK로 간주하고 자신을 낮추어 본다. 희생자는 자신을 깎아내리고 박해해 줄 박해자를 찾기도 한다. 또는 '나 혼자서는 할 수 없다.'는 희생자의 신념을 확인하기 위해 구원자를 찾을 수도 있다.

드라마 삼각형에서 어떤 역할을 하든 디스카운트가 일어난다. 박해자와 구원자는 상대방을 디스카운트한다. 박해자는 상대방의 가치와 존엄성을 디스카운트한다. 심한 경우 상대방

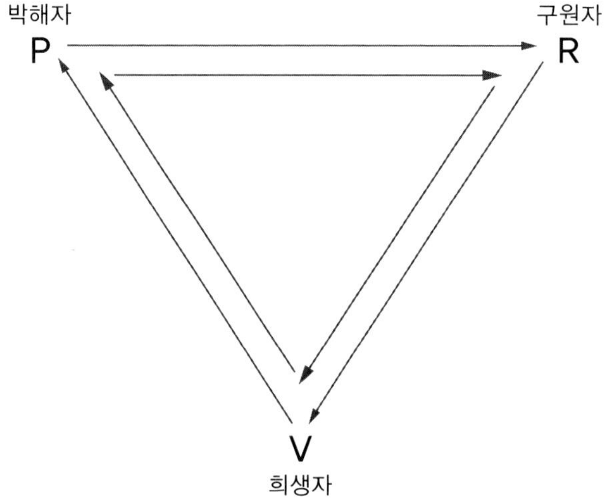

[그림 23-1] 드라마 삼각형

의 신체적 건강과 생명의 권리까지 디스카운트하기도 한다. 구원자는 상대방이 스스로 사고하고 주도적으로 행동할 능력을 디스카운트한다. 희생자는 자신을 디스카운트한다. 만약 그가 박해자를 찾고 있다면 박해자의 디스카운트에 동의하고 자신을 배척받고 하찮은 존재로 취급받아 마땅한 존재로 생각한다. 구원자를 찾는 희생자는 똑바로 생각하고, 행동하고 또는 결정하기 위해서 구원자의 도움이 필요하다고 믿을 것이다.

1분 동안 박해자에게 적용할 수 있는 말을 생각해 보고 적는다. 그리고 구원자 및 희생자에 대해서도 적용시킬 수 있는 말을 생각해 보고 적는다.

드라마 삼각형에서의 세 가지 역할은 진정한 역할이 아니다. 세 가지 역할 중 한 역할을 맡을 때, 지금 여기보다 과거에 대해 반응하고 있는 것이다. 게임하는 사람은 아동기에 결정했거나 부모에게서 영향 받은 과거의 낡은 각본에 따른 전략을 사용하는 것이다. 삼각형 역할의 비진정성을 나타내기 위해 박해자(P), 구원자(R), 희생자(V)를 가리킬 때 대문자를 사용한다. 소문자를 사용할 때에는 실제 상황에서의 박해자, 구원자 또는 희생자를 가리킨다.

드라마 삼각형 속에서의 박해자(P)가 아닌 실제 생활 속에서의 박해자(p)를 생각해 낼 수 있겠는가?
실제 생활 속의 박해자와 드라마 삼각형에서 박해자 역할을 맡은 사람의 차이에 대한 예를 든다면 어떤 것이 있겠는가?
드라마 삼각형 속의 희생자가 아니면서 실제 상황에서 희생자가 있을 수 있다고 말할 수 있겠는가?

보통 게임을 하는 사람은 드라마 삼각형에서 하나의 자세를 취하다가 다른 자세로 전환한다. 드라마 삼각형에서의 전환은 공식 G의 전환 단계에 일어난다.

J 씨가 '나를 차라'는 게임을 할 때, 박해자의 역할에서 시작하여 반응 단계 동안 그 역할을 계속하다가 전환 단계에서 희생자의 역할로 바뀌었다.

K 양은 NIGYSOB 게임에서 어떤 전환이 이루어졌는가? M 부인과 D 군의 게임에서는 어떤 전환이 이루어졌는가? 자신이 한 게임은 드라마 삼각형에서 어떤 전환이 이루어졌는가?

게임의 교류분석

게임을 분석하기 위한 또 하나의 방법은 교류 도표를 사용하는 것이다. 이 방법은 게임하는 사람들 사이에 벌어지는 이면교류를 밝혀내는 데 특히 유용하다.

[그림 23-2]는 Berne의 교류 게임 도표를 보여 준다.[6] 다음은 J 씨와 K 양이 게임을 시작할 때의 교류 내용이다.

J 씨(사회적 수준, Ss): 당신을 좀 더 잘 알고 싶군요.

K 양(사회적 수준, Rs): 저도 그래요.

J 씨(심리적 수준, Sp): 제발 나를 좀 차다오!

K 양(심리적 수준, Rp): 가만두지 않을 거야. 개자식아!

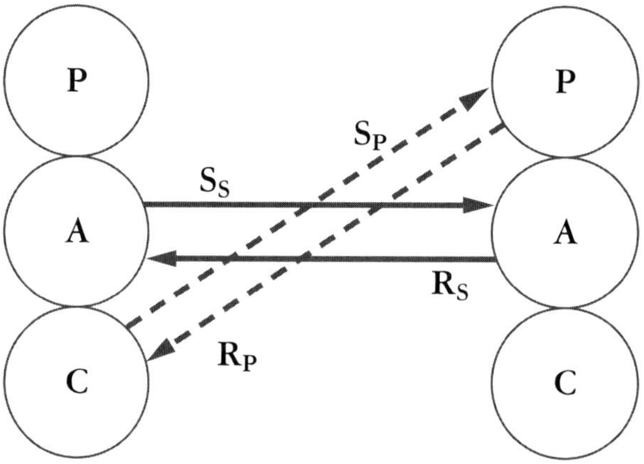

[그림 23-2] Berne의 교류 게임 도표

전환 단계에서 드러나기 전까지는 Sp와 Rp라는 이면교류의 '비밀 메시지'를 의식하지 못한다.

Goulding-Kupfer 도표

Goulding과 Kupfer는 [그림 23-3]과 같이 다른 방식으로 교류 게임 도표를 제시했다.7) 그들은 게임에 다섯 가지 특징이 있다고 본다.

첫째, 먼저 사회적 수준에서 게임을 개시한다(Ss). Goulding과 Kupfer는 이것을 '표면상의 직접적 자극(ostensible straight stimulus)'이라고 부른다. 예를 들어, J 씨는 "당신을 좀 더 잘 알고 싶군요." 하고 말한다.

둘째, 게임의 두 번째 요소는 사회적 수준과 동시에 일어나는 심리적 수준의 메시지(Sp), 다시 말해 게임의 속임수(Con)다. 이것을 '비밀 메시지'라고 부르기도 하는데 자신에 대한 각본적 진술을 내포하고 있다. J 씨의 비밀 메시지는 '나는 배척받아 마땅하다. 네가 이를 증명할 때까지 괴롭힐 테니, 제발 나를 차다오!'다.

셋째, 결과는 항상 심리적 수준에서 결정된다. K 양는 J 씨의 '나를 차라'는 메시지를 읽고 한동안 뜸들이다 결국 배척한다. Goulding과 Kupfer의 이론에서 이것은 '비밀 메시지

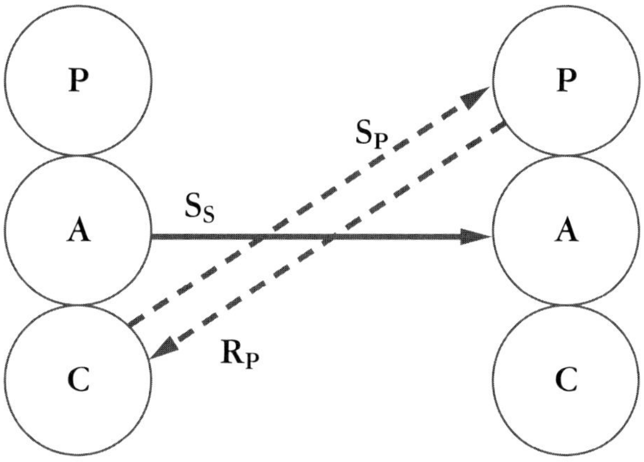

[그림 23-3] Goulding-Kupfer의 게임 도표

에 대한 반응' 이다.

넷째, 게임에 참여한 두 사람은 라켓 감정, 즉 '나쁜 감정 결말' 을 경험하는 것으로 끝맺는다.

다섯째, 이러한 일련의 이면적 교류는 A 자아상태가 깨닫지 못한 채 진행된다.

Goulding은 자신이 선호하는 게임을 할 때, 상대방의 반응이 자신이 건 게임에 대한 반응이라고 보기 위해 상대방의 반응을 왜곡할 수도 있다는 점을 지적한다. 따라서 상대방의 반응이 게임과 무관하더라도 라켓 감정을 느낄 수 있다. 예를 들어, J 씨가 괴롭히더라도 K 양이 배척하기를 거부했다고 하자. 그는 '다만 내 곁에 머물고 싶은 척할 뿐이야. 나를 걷어찰 줄 알고 있어. 비밀리에 다른 남자를 만나고 있을거야.' 하고 생각함으로써 그녀의 반응을 재정의한다. 이와 같이 J 씨는 자신이 기대해 왔고 또 어떻게든 라켓 감정을 느끼기 위해 디스카운트하게 된다.

Berne의 교류 게임 도표와 Goulding과 Kupfer의 도표를 이용하여 M 부인과 D 군의 게임을 분석해 보라. 그리고 자신이 한 게임도 이러한 도표를 사용하여 분석해 보라.

게임 계획

James는 게임의 과정을 이해하기 위한 또 하나의 방법으로 일단의 질문들을 제시했다. 그는 이것을 '게임 계획(Game Plan)' 이라고 부른다.[8] 다음에 제시한 연습은 원래의 게임 계획에 Collinson이 두 가지의 '비밀 질문' 을 추가시킨 것이다.

이러한 게임 계획 질문은 자신이 알고 있는 다른 게임을 분석하는 데 사용할 수 있다. 또 원한다면 자신의 삶에서 겪은 다른 게임 상황을 검토하는 데에도 사용할 수 있다.

연필과 종이를 준비한 뒤, 자신이 선택한 사례를 놓고 아래 질문에 대답을 적는다. 게임 계획 질문에 답할 때, 생각을 나눌 사람이 있으면 더욱 좋다.

'비밀 질문'은 이 장 끝에 제시되어 있다. 게임 계획 질문에 답하기 전에 봐서는 안 된다. 두 가지의 비밀 질문에도 답해야 한다.

1. 나에게 반복적으로 일어나는 일은 어떤 것인가?
2. 그것은 어떻게 시작되는가?
3. 그다음에는 무엇이 일어나는가?
4. (비밀 질문)
5. 그리고 그다음에는?
6. (비밀 질문)
7. 어떻게 끝났는가?

8a. 어떤 감정이 들었는가?

8b. 상대방은 어떤 감정을 느꼈다고 생각되는가?

해석

게임 계획 질문에 대답할 때, 드라마 삼각형에서의 전환과 공식 G의 단계를 보여 줄 수 있어야 한다. 그리고 질문 8a와 8b에 적은 감정은 둘 다 자신의 라켓 감정일 가능성이 높다. 8a에서 말한 감정은 평소 자주 느끼던 감정이다. 그러나 8b의 감정도 자신의 라켓 감정이라는 말에 놀랄지 모른다. 이것이 사실이라면, 잘 알고 있는 사람과 검토해 보면 좋다.

두 개의 비밀 질문에 대한 대답은 교류 게임 도표에서의 심리적 수준의 메시지이다. 그러나 Collinson은 이 두 가지 진술 모두 어릴 때 부모가 전달한 메시지일 가능성이 높다고 주장한다. 이것이 자신에게 맞는 것인지 아닌지 검토할 필요가 있다. 두 번째 가능성은 비밀 질문 중 하나 또는 둘 다 부모로부터 전수받은 메시지일 수도 있다는 사실이다. 자신의 게임 계획 대답을 잘 기억하고 있다가 다음 두 장을 읽을 때 사용할 수 있다.

게임의 정의

게임에 대한 정의에 대해서는 교류분석 학자마다 의견이 분분하다.[9] 아마도 그 이유는 Berne이 자신의 이론을 발전시켜 나가는 단계마다 정의를 달리 했기 때문일 것이다. Berne은 마지막 저서인 『안녕이라고 말한 다음 무엇을 말하는가?(What do you say after you say hello?)』에서 공식 G를 제시하고 그 여섯 단계를 설명했다. 그리고 이 공식에 맞는 것은 게임이고, 그렇지 않은 것은 게임이 아니라고 부연했다.

정의로서는 더 이상 명확한 것이 없다. 그렇지만 그 전의 책 『집단치료 원리(Principles of group treatment)』에서는 이와 다르게 정의했다. 즉, Berne은 '게임이란 약점(gimmick)을 가진 일련의 이면교류'라고 정의했다. 이 두 가지 정의에는 중요한 차이가 있다. 『안녕이라고 말한 다음 무엇을 말하는가?』에서 게임의 본질적 특징으로 전환과 혼란을 들었다. 그러나 그 전의 정의에서는 이러한 언급이 전혀 없다. 사실 Berne이 전환을 제시한 것은 게임 이론이 발달된 후의 일이다. 전환이라는 말이 처음 등장한 것은 『인간 사랑에서의 성(Sex in human loving)』에서였다. 그 이전의 『심리 게임(Games people play)』에서는 『집단치료 원리』와 유사한 정의를 내려, 전환이나 혼란에 대해서는 언급이 없었다.

Berne 이후로 여러 학자들은 Berne의 초기 정의를 따랐다. 각자 다양한 표현을 사용했지만, '나쁜 감정(라켓 감정의 경험)을 끝내는 일련의 이면교류'라면 모두 게임이라고 정의했다.

저자들은 Berne의 후기 정의를 따라, '역할의 전환'과 '혼란의 순간'이 포함된 공식 G의 모든 단계에 맞는 것만 게임이라고 정의하고자 한다. 왜냐하면 '전환'이 없는 초기의 정의는 현대 교류분석의 또 하나 중요한 개념인 라켓티어링과 구별되지 않기 때문이다. English가 지적했듯이, 게임 과정과 라켓티어링 과정은 명백한 차이가 있다. 두 가지 다 이면교류를 하고 라켓 감정을 느낀다는 데에는 차이가 없다. 그러나 라켓티어링에서는 전환이 일어나지 않는다. 라켓티어링에서는 둘 다 원하거나 정력이 소진되지 않는 한 계속할 수 있다. 그리고 하다가 멈출 수도 있고 다르게 행동할 수도 있다. 그러나 어느 한 사람이라도 전환을 하면 라켓티어링이 게임으로 바뀐다. (다음 장에서 사람들이 왜 이렇게 하는지 살펴볼 것이다.)

라켓티어링과 게임을 구별하는 것은 대단히 유용하다고 본다. 사람들이 왜 고통스러운 교류를 하는지 이해하고 여기서 벗어나게 하는 데 실제적인 도움을 준다. 따라서 라켓티어링과 게임의 정의를 분명하게 함으로써, 두 개념을 분명하게 구별할 필요가 있다.

Berne의 공식 G를 모르는 사람에게 게임을 정의하려고 한다면, Joines가 제시한 정의를 사용하면 좋다. Joines는 게임을 다음과 같이 정의한다. "게임이란 이면의 동기를 가지고 무엇을 하는 과정으로서, 첫째, A 자아상태에서 의식하지 못하고, 둘째, 게임하는 사람이 행동하던 방식을 전환하기까지는 분명히 드러나지 않고, 셋째, 결과는 혼란과 오해와 상대방을 비난하고 싶은 감정으로 끝난다."

비밀 질문

- 비밀 질문 4: 상대방에게 보내는 비밀 메시지는 무엇인가?
- 비밀 질문 6: 상대방이 나에게 보내는 비밀 메시지는 무엇인가?

제24장

게임은 왜 하는가

게임은 재미있는 것이 아니다. 그런데 왜 하는가? 교류분석 학자들은 이 질문에 대해 다양한 이유를 제시한다.[1] 그러나 한 가지 점에서는 일치를 이룬다. 그것은 게임을 할 때 과거의 낡은 전략을 따른다는 것이다. 게임이란 어릴 때 얻고 싶은 것을 얻기 위해 선택한 계책 중 하나다. 게임은 기본적인 심리적 기아를 모두 만족시켜 준다. 게임은 강렬한 스트로크를 제공하고, 시간을 극적이고 흥미진진하게 구조화시켜 주고, 기본적인 실존적 생활자세를 확인시켜 준다. 게임에 단 한 가지 문제가 있다면 부정적인 결과를 초래한다는 점이다. 우리가 성인이 되어서는 과거와 다르게 이러한 기아를 긍정적인 방법으로 충족시킬 수 있는 효율적인 선택들이 더욱 많다.

게임, 스탬프, 각본 결말

게임을 하는 이유는 무엇보다 자신의 인생각본에 따라 살기 위해서다. Berne은 각본을 따르는 과정을 설명했다. 어떤 게임이든 결말에 라켓 감정을 느낀다. 그리고 라켓 감정을 느낄 때마다 스탬프를 저장한다. 제21장에서 살펴보았듯이, 게임하는 사람은 이러한 스탬프를 충분히 수집하고 나면, 어릴 때 결정한 부정적인 각본 결말과 바꿈으로써 어릴 때의 결정이 옳다는 느낌을 갖는다. 이와 같이 어릴 때 결정한 각본의 마지막 장면으로 나아가게 할 스탬프를 모으기 위해 각자 자신의 게임을 선택하는 것이다. 각본 이야기는 일생을 통해 축소된 형태로 여러 번 연출되기도 한다.

K 양의 '이제 걸려들었어, 후레자식' 게임을 살펴보자. 게임을 할 때마다 그녀는 분노의 스탬프를 모았다가 상대방을 배척하는 데 사용했다. K 양의 장기적인 각본 결말은 사귀던 남자들을 모두 배척하고 결국 홀로 늙어 가는 것이다.

각본 결말의 정도에 맞추어 게임의 급을 선택한다. K 양의 각본이 평범하지 않고 비극적인 것이었다면, 제3급 게임을 했을 것이다. 그녀가 선택한 남자는 말로 괴롭히는 대신 심한 구타를 했을 것이다. K 양도 게임 과정의 전환 단계에서 그 동안 수집했던 분노 스탬프로 상대방에게 신체적인 해를 입혔을 것이다. 그녀의 각본 결말도 살인이나 상대방에게 심각한 신체적 해를 입히는 것일지도 모른다.

자신이 한 게임의 사례로 돌아가 보자. 어떤 감정 스탬프를 수집해 왔는가? 부정적 각본 결말을 위해 이러한 스탬프를 어떻게 수집해 왔는가?

각본 신념 강화

어린이가 어떤 종류의 초기결정을 하든 그것은 생존을 위한 유일한 방법으로 선택한 것이다. 따라서 자라고 난 뒤에도 각본을 따를 때, 자기 자신, 타인, 세상에 대해 가지고 있는 자신의 각본 신념들이 '옳다'는 것을 끊임없이 확인하고 싶어 한다. 게임할 때마다 이러한 각본 신념들을 강화하기 위해서 결말을 사용한다. 예를 들어, M 부인은 어릴 때 남을 돕는 것을 목표로 삼았지만 제대로 도와줄 수 없을 것이라고 비언어적으로 결정했다. 따라서 '이렇게 한번 해 보면 어때?' 게임을 할 때마다 결국 마음속으로 이러한 결정을 반복하게 된다. 라켓 체계에서 볼 때, 그녀는 자신, 타인, 삶의 질에 관한 자신의 각본 신념을 강화하기 위해 강화 기억을 축적하는 것이다.

게임과 생활자세

기본적인 생활자세를 '확인'하기 위해 게임을 한다. 예를 들어, '나를 차라' 게임을 한 J 씨는 게임을 통해 'I'm not-OK, You're OK' 생활자세를 강화하고 있다. 이러한 자세는 게임을 하는 사람에게 '~로부터 도망(Get-away-from)'가려는 자세를 정당화시킨다. K 양과 같이 NIGYSOB 게임을 하는 사람은 자신이 박해자의 역할로 전환하면서 'I'm OK, You're not-OK' 생활자세를 강화시키고, '타인을 제거(Get-rid-of)' 하려는 전략을 정당화한다.

어떤 사람의 자세가 OK 목장에서 왼쪽 아래 부분의 'I'm not-OK, you're not-OK'라면, 게임을 통해 '쓸모없는(Get-nowhere-with)' 자신의 처지를 정당화시키는 데 사용하려 할 것이다. 예를 들어, M 부인이 '이렇게 한번 해 보면 어때?' 게임을 할 때마다 이러한 처지에 놓이게 된다.

자신이 한 게임에서 게임 결말을 통해 자신, 타인, 세상에 대한 어떤 각본 신념을 강화시키고 있는가?
이러한 신념들이 어떤 생활자세를 띠게 하는가?
OK 목장에 대해 배울 때 자신의 기본적 생활자세를 검토해 보라.

게임, 공생, 준거 틀

Schiffs는 게임들이 해결되지 못한 공생관계에서 발생하며, 게임을 하는 사람은 자신과 상대방을 디스카운트한다고 말한다.[2] 게임을 하는 사람들은 '나는 아무것도 할 수 없다.' (C)거나 '오직 너를 위해 산다.' (P)는 공생을 '정당화'하기 위해 과장된 신념을 유지한다. 따라서 어떤 종류의 게임이든 그것은 건강하지 못한 공생을 유지하려는 시도이거나 이러한 공생에 대한 분노 반응이라 하겠다.

공생 관계를 통해 J 씨와 K 양이 하고 있는 게임을 분석할 수 있다([그림 24-1] 참조). [그림 24-1ⓐ]에서 처음의 공생적 자세를 볼 수 있다. J 씨는 P 역할을 맡고 K 양은 C 역할을 맡고

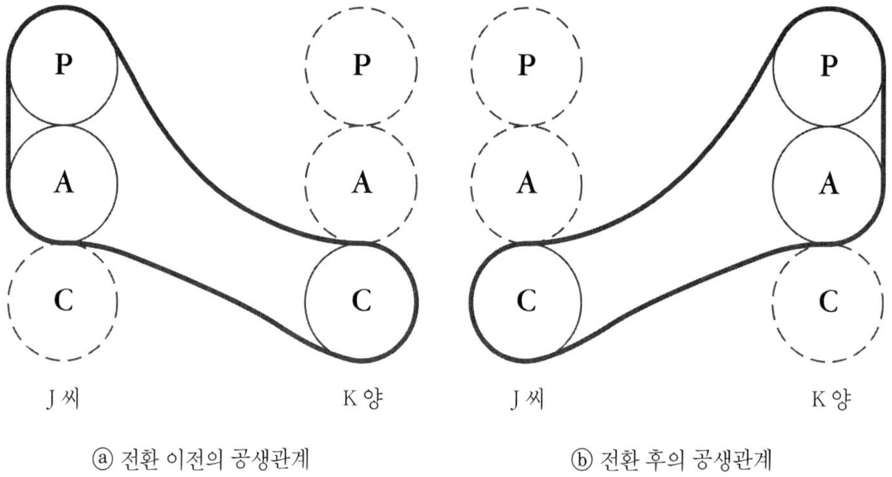

[그림 24-1] 게임분석에서 공생 도표 사용 예시

있다. 공생관계를 도표로 나타내는 표준 방법에 따르면, J 씨의 도표에는 A 자아상태도 포함되어 있다. 그러나 두 사람이 처음 게임을 할 때에는 각자 어떤 일이 일어나고 있는지 깨닫지 못한다. 따라서 마음속으로 도표에서 K씨와 J 씨와 K 양 모두 A 자아상태가 빠져 있는 것으로 생각하면 좋을 것이다.

전환 단계에서는 공생의 위치도 바뀐다. 이제 J 씨는 상처 입은 C 역할을 하게 되고 K 양은 배척하는 P 역할로 전환한다. [그림 24-1 ⓑ]에 전환 후의 공생적 자세가 나타나 있다.

J 씨는 자신도 모르게 어린 시절 어머니와의 공생관계를 재연해 왔다. J 씨는 유아 때 비언어적으로 어머니가 자신을 배척한다는 것을 알아챘다. J 씨는 '내가 어머니에게 배척받을 짓을 할 때에라야 겨우 어머니의 관심을 끌 수 있었어, 그렇지 않으면 어머니의 관심을 끌 수가 없다. 따라서 계속 나를 배척하도록 해야겠어.' 하고 비언어적으로 결정했다. 그는 이러한 결과를 얻기 위해 다양한 전략을 시험해 보았다. 칭얼거리기도 하고 떼를 쓰기도 했다. 때로는 성질을 부렸다. 그러면 어머니는 결국 화를 냈다. 이때 어머니는 소리치거나 뺨을 때리기까지 했다. 어머니의 이러한 관심은 상처를 주었지만, 그래도 관심을 보이지 않는 것보다 나았다. J 씨는 자라고 난 뒤에도 자신도 모르게 유아기 전략을 재연했다. 그는 P 자세에서 자신을 배척해 줄 여자를 찾았다. 만일 빨리 배척하지 않으면, 생후 15개월 때의 어머니

와 같이 상대방이 자신을 배척하도록 유도했다.

K 양 역시 어린 시절의 공생관계를 재연해 왔다. 어릴 때와 아장아장 걸을 때 아버지로부터 스트로크받는 것을 즐겼다. 그러나 K 양이 소녀티가 나자 아버지는 C 자아상태에서 딸에 대한 성적인 느낌이 들어 불편을 느끼기 시작했다. 따라서 자신도 모르게 신체적 접근을 회피했다. K 양은 아버지에게 배신감을 느끼고 상처를 받았다. 그녀는 이러한 고통을 지우기 위해 분노로 상처를 덮어 씌웠다. 그리고 자신이 아버지를 배척하는 것이 덜 불편할 것이라고 결정했다. 그녀는 P 자아상태로 들어가 아버지의 C를 억압하였다. K 양은 자란 뒤에도 자신도 모르게 이러한 결정을 재연했다. 만나는 남자에게 '아버지의 얼굴이 겹쳐' 다시 한번 아동기의 분노를 느껴 배척했던 것이다.

M 부인과 D 군의 게임을 공생관계 도표로 그려 보라.

당신이 게임할 때 처음 취했던 공생적 자세를 찾아보고, 전환 단계에서 어떤 자세로 바뀌었는지 찾아보라. 당신이 재연하고 있는 아동기의 공생관계를 찾을 수 있겠는가?

어린 시절의 공생관계를 재연하기 위해 게임을 할 때, 디스카운트해 왔던 문제를 '정당화'하고 유지하고 있는 것이다. 이렇게 함으로써 기존의 준거 틀을 방어할 수 있는 것이다. 이와 같이 게임하는 사람들은 이미 느끼고 믿고 있는 것(라켓 감정과 생활자세)을 정당화하고, 책임을 전가하기 위해 게임을 한다. 그리고 게임을 할 때마다 자신의 각본을 강화시킨다.

게임과 스트로크

C 자아상태는 생존을 위해 스트로크를 필요로 한다. 어린이는 스트로크가 부족할 때 두려움을 느낀다. 따라서 스트로크를 얻을 수 있는 온갖 방법을 다 동원한다. 게임은 강력한 스트로크를 얻을 수 있는 좋은 방법이다. 게임 시작 때 주고받는 스트로크는 게임에 따라 긍정적일 수도 있고 부정적일 수도 있다. 그러나 전환 단계에서는 강렬한 부정적 스트로크를 주고받

는다. 스트로크가 긍정적이든 부정적이든, 게임에는 반드시 디스카운트가 수반된다.

게임, 스트로크, 라켓티어링

English는 **라켓티어링**을 하다 더 이상 스트로크를 받지 못하면 게임을 통해 스트로크를 얻으려 한다고 말한다.[3] 라켓티어링에서 아내는 무력자(Helpless) 역할을 하고 남편은 도움을 주는 역할(Helpful)을 하고 있다고 하자. 아내가 오늘 하루 종일 기분 나쁘게 했던 일들을 털어놓으면, 남편은 동정을 보낸다. 한 동안 이러한 **라켓티어링** 스트로크를 주고받는다.

그러다 남편이 이러한 교류를 계속하기가 힘들어 피하려는 기미가 보인다. 그러면 아내는 **C 자아상태**에서 두려움을 느껴 NIGYSOB 게임의 전환 단계에 도달하여, "당신만은 의지할 수 있는 사람이라 생각해 왔는데, 이제 보니 틀렸어." 하고 말한다. 아내는 무의식적으로 '나를 차라' 게임으로 다시 돌아오기를 희망하고 스트로크를 계속해서 공급해 주기를 희망한다.

스트로크를 얻으려고 조작할 때마다 현실을 디스카운트하기 마련이다. 그들은 긍정적으로 스트로크를 얻을 수 있는 선택들을 디스카운트하는 것이다.

자신이 한 게임의 매 단계마다 어떤 스트로크를 주고받았는가?
라켓티어링 스트로크가 고갈될 처지에 놓일 때 게임에 들어갔는가?

Berne의 '여섯 가지 이점'

Berne은 저서 『심리게임』에서 게임의 여섯 가지 이점을 제시했다[4]. 오늘날에 와서는 별로 언급하지 않고 있지만 간략하게 살펴보고자 한다. 예를 들어 내가 '나를 차라'는 게임을 한다고 하자.

- 내적인 심리적 이점: 나는 게임을 함으로써 내 각본 신념의 안정성을 유지할 수 있다.

'나를 차라'는 관심을 얻으려면 배척당할 필요가 있다는 신념을 강화할 수 있는 것이다.

- 외적인 심리적 이점: 나의 준거 틀이 도전받을 수 있는 상황을 피할 수 있다. 그리고 도전받을 때 느끼게 되는 불안도 피할 수 있다. '나를 차라' 게임을 함으로써 '내가 사람들에게 직접적인 긍정적 스트로크를 청할 때 어떤 일이 일어날까?'와 같은 질문에 대한 직면을 피할 수 있다.
- 내적인 사회적 이점: Berne의 말에 따르면, 게임은 거짓 또는 비밀리에 상호작용할 길을 제공한다. '나를 차라' 게임에서 게임 당사자들에게는 상당히 길고 고통스러운 교류가 일어난다. 우리는 서로 개방적인 것처럼 느낀다. 그러나 이것이 실제로는 친밀이 아니다. 사회적 수준에서 주고받는 메시지 이면에 게임이라는 이면 교류가 일어나고 있는 것이다.
- 외적인 사회적 이점: 게임은 다양한 가십 거리를 제공한다. 술집에서 '나를 차라' 게임을 하다가 배척당한 사람들과 어울리면서 여자들 흉을 보면서 소일하거나 라켓티어링을 벌인다.
- 생물학적 이점: 이것은 게임이 주는 스트로크를 말한다. '나를 차라' 게임은 주로 부정적 스트로크를 준다. 어릴 때 긍정적인 스트로크를 받기가 힘들어서 생존을 위해 차여도 좋다고 결정했다. 게임을 할 때마다 스트로크-기아와 같이 구조-기아를 만족시킬 수 있는 것이다.
- 실존적 이점: 이것은 생활자세를 확인하는 게임의 기능을 말한다. '나를 차라' 게임은 **I'm not-OK, you're OK**의 자세에서 시작된다. 게임에서 배척당할 때마다 이러한 자세가 강화된다.

NIGYSOB 게임의 '여섯 가지 이점'으로는 어떤 것이 있겠는가?

자신이 한 게임에서 '여섯 가지 이점'을 들라면 어떤 것이 있겠는가?

게임의 긍정적인 결말

James는 게임이 여러 가지 이점을 줄 수도 있다고 말한다. 그는 어떤 게임이든 부정적인 결말뿐 아니라 긍정적인 결말도 있을 수 있다고 말한다.[5)] 게임은 어린이가 세상으로부터 무엇을 얻기 위한 최상의 전략이다. 우리가 어른이 되어 게임을 할 때, 이러한 C 자아상태의 욕구를 충족시키려고 한다. 그러나 이러한 욕구를 충족시키는 방법은 과거의 낡고 조작적인 전략에 지나지 않는다. James는 공식 G에서 부정적 결말 뒤에 긍정적 결말이 따른다고 말한다. 예를 들어, '나를 차라' 게임을 통해 나에게 만족을 가져다주는 긍적적인 C 자아상태의 욕구는 무엇인가? 게임을 할 때마다 나쁜 감정 결말을 수집한 후, C 자아상태에서 '휴, 시간과 공간을 마련해 준 하느님께 감사한다.' 하고 자신에게 말한다. '나를 차라' 게임을 한 사람의 긍정적 결말은 사람마다 다르다. 긍정적 결말은 게임을 하는 사람마다 독특하다.

M 부인과 D 군이 '이렇게 한번 해 보면 어때?'와 '예, 그러나' 게임을 했을 때 어떤 긍정적 결말을 찾고 있었다고 생각하는가?

자신이 한 게임에서의 긍정적 결말은 무엇인가? 즉시 답을 찾을 수도 있고, 아니면 시간과 생각이 필요할지 모른다.

제25장

게임 대처 방안

당신은 이미 게임에서 벗어나는 데 중요한 발걸음을 내딛었다. 당신은 게임이 무엇이며, 또 어떻게 분석하는지 살펴보았다. 그리고 사람들이 게임을 하는 동기를 숨기고 있다는 사실을 알게 되었다. 이 장에서는 게임에서 벗어날 수 있는 도구 세트를 개관하고자 한다.

게임에 명칭이 필요한가

Berne은 『심리 게임』(1964)에서 자신이 제시한 게임에 재미있는 이름을 붙임으로써 독자들을 열광시켰다.[1] 그 후 여러 해 동안 교류분석에서는 게임에 이름을 붙이는 것이 유행이 되었으며, 수백 가지의 게임 이름이 등장했다.

그러나 한 40년이 지나오면서 게임 이해에 도움이 되는 것은 몇 가지가 되지 않는다는 사실을 알게 되었다. 제23장에서 제시한 정의에 비추어 볼 때, 상당히 많은 수가 게임이 아니라 단순한 상호작용에 그친다는 것이 드러났다. 특히 많은 것들이 전환이 이루어지지 않고 소일이나 라켓티어링에 그쳤다. Berne이 『심리 게임』에 제시한 것들 중에도 이러한 경우가 많았다.

이와 같이 게임이 아닌 것을 제외한 나머지 게임들은 비교적 소수의 기본 유형으로 분류할 수 있다. 이들 각 유형은 이미 잘 알려진 게임들이다. 다른 게임들은 이러한 기본 유형에서 변형된 것들로서, 과정보다는 내용에 있어서 변형을 이룬 것이다. 즉, 게임이 '어떻게' 이루어지느냐가 아니라 게임을 하는 동안 '어떤' 일이 일어나는가에 대한 세부적 내용에 있어서의 변형이다. 게임은 세 가지 기본 범주로 나눌 수 있는데, 첫째, 타인에게서 흠을 발견하려는 게임, 둘째, 타인으로 하여금 자신에게서 흠을 발견하도록 유도하는 게임, 셋째, 아무 성과도 없는 게임으로 나눌 수 있다.

현대에 와서 교류분석 상담자들은 자신들이 사용하는 게임 명칭의 수를 줄이기를 선호한다. 저자들도 이러한 견해를 따른다. 게임이 어떻게 일어나는가를 정의하는 일반적 유형에 초점을 맞춤으로써 게임에 대한 이해를 높일 수 있다. 또한 Berne처럼 각 게임마다 대응책을 찾지 않고, 게임에 대처할 전반적인 원리를 찾는 데에도 도움이 될 것이다.

친숙한 게임들

여기에서는 가장 공통적으로 사용되는 게임 명칭을 제시하고자 한다. 여기서 제시하는 게임은 게임하는 사람이 드라마 삼각형에서 취하는 자세의 전환에 맞추어 분류하였다.[2)]

박해자에서 희생자로 전환

이미 살펴본 '나를 차라(Kick Me)' 게임은 박해자에서 희생자로 전환되는 전형적인 게임이다.

'경찰과 도둑(Cops and Robbers)'은 '나를 차라' 게임이 법적 상황에서 전개되는 게임이다. 이 게임에서는 법과 질서를 어기는 박해자 역할로 시작한다. 그러나 잡힐 단서를 남겨 체포됨으로써 희생자로 전환된다.

'흠 들추기(Blemish)'는 게임하는 사람이 상대방의 외모나 일이나 옷차림을 비판하면서 흠을 들추려고 한다. 전환을 통해 게임으로 나아가지 않고, 라켓티어링에서와 같이 흠 들추기만 계속하는 경우도 있다. 그러나 상대방의 흠을 들추다 결국 비판하던 사람들로부터 배척을 당하거나 등 뒤에서 어떤 사람의 결점을 물고 늘어지다 '우연히' 듣도록 하는 상황을 연출한다. 그러면 라켓티어링에서 게임으로 나아가게 하여 드라마 삼각형에서 박해자에서 희생자로 전환된다.

'다 너 때문이야(If It Weren't For You)' 게임을 하는 사람은 항상 상대방 때문에 원하는 일을 하지 못했다고 불평한다. 예를 들어, 어머니는 "너만 없었더라도 온 세계 여행했을텐데…." 하고 불평을 털어놓는다. 그러나 어머니의 이러한 주제에 대한 라켓티어링을 가로막을 일을 가정해 보자. 즉, 자녀의 양육에 필요한 유산을 물려받았거나 자녀가 다 자라 부모의 도움을 필요로 하지 않는 단계에 도달했다고 가정해 보자. 그러면 외국 여행을 편안하게 다녀오겠는가? 전혀 그렇지 않을 것이다. 어머니는 사는 곳을 떠나기 두려워 여행할 꿈도 꾸지 못했을 것이다. 이렇게 함으로써 어머니는 희생자 자세로 전환된다.

희생자에서 박해자로 전환

희생자에서 박해자로 전환되는 게임은 '이제 걸려들었어. 후레자식!(NIGYSOB)'에서 잘 드러난다. 동거하던 남자를 배척한 K 양의 사례가 바로 여기에 속한다. 이 게임이나 여기서 변형된 다른 모든 게임에서 게임을 시작하는 사람은 희생자의 입장에서 먼저 유혹(come-on)을 한다. 상대방이 속임수에 걸려들면 상대방을 발로 차는 박해자가 된다.

'예, 그러나…(Yes, But…)' 게임에서는 게임을 거는 사람이 희생자의 입장에서 조언이나 도움을 청하면서도 상대방의 말을 받아들이지 않는다. 그러다 상대방이 더 이상 조언이나 도움을 줄 수 없는 처지에 놓이면 전환하여 상대방을 배척한다. M 부인과 D 군이 이러한 게임을 했다.

'라포(Rapo)' 게임은 '이제 걸려들었어. 후레자식!' 게임의 성적 변형이다. 라포 게임을 하는 사람은 먼저 성적으로 상대방을 유혹하는 신호를 보낸 뒤, 상대방이 걸려들면 분개를 하면서 배척한다. 라포 게임을 하는 사람은 앞면에는 '나를 가져도 돼요.'라고, 뒷면에는 '그러나 네가 아니야, 하하!'라고 적혀 있는 스웨터를 입고 있는 것 같다. 제1급의 라포 게임은 파티석상에서 흔히 볼 수 있는 게임 스트로크로서 상대방이 다가오면 점잖게 퇴짜를 놓는다. 제2급 라포 게임에서는 게임을 시작한 사람이 당황하여 상대방의 뺨을 때릴지 모른다. 그러나 제3급에서는 상대방이 신체적인 성적 접촉을 해올 때까지 기다렸다가 "성폭행이야!" 하고 소리치면서 전환을 한다.

처음엔 라켓티어링을 하는 희생자 입장을 취하지만 이러한 입장이 깨지지 않는 한 전환이 일어나지 않는 NIGYSOB 유형의 게임들도 많이 있다. '얼간이(Stupid)' 게임과 '한심스러운 나(Poor Me)' 게임에서 '나는 생각을 하지 못한다.'와 '나는 아무것도 할 수 없다.'는 자세에서 라켓티어링을 시작한다. 이러한 라켓티어링을 통해 스트로크를 계속 받을 수 있는 한 희생자의 역할에 만족한다. 그러나 상대방이 제대로 생각 좀 해 보라거나 어떤 조처라도 취해 보라고 요구하면, 전환을 시도하여 '도움을 청한 내가 어리석었지!' 하고 화를 내거나 비난을 한다.

'의족(Wooden Leg)' 게임은 '한심스러운 나' 게임이 변형된 형태로서, '나 같은 엄마에게서, 나 같은 알코올 중독자에게서, 나 같이 빈민가에서 자란 사람에게서 무엇을 기대할 수 있겠는가?' 하는 자세를 취한다.

'나에게 무엇인가 좀 해 달라(Do Me Something)' 게임은 상대방이 자신을 위해 생각하거나 해 주도록 암암리에 조종한다. 그 한 예로, 수업 시간에 한 학생이 질문을 받고는 말없이 앉아서 연필을 씹거나 교사가 대답해 주기를 기다린다. 기대했던 도움을 받는 동안은 무력한 희생자의 입장에 머문다. 그러나 나중에 전환을 하여 아무 도움이 되지 않는다고 비난함으로써 더욱 무거운 게임 스트로크를 수집한다. 예를 들면, 시험이 끝난 후 교장을 찾아가 제대로 가르치지 못했기 때문에 성적이 나오지 않았다고 불평하는 식이다.

구원자에서 희생자로 전환

이러한 게임의 원형은 '단지 도와주려고 했을 뿐인데(I'm Only Trying To Help You)'라는 게임이다. 처음에 구원자의 입장에서 도움을 주려고 하다가 상대방이 도움을 거부하거나 도움이 아무 소용없다는 신호를 보내면 희생자로 전환되는 게임에 이러한 명칭을 붙인다. 그러면 도와주려고 한 사람은 자신에 대한 부적합감이라는 스탬프를 모으게 된다. '이렇게 한번 해 보면 어때?' 하고 시작하는 M 부인의 게임도 조언을 하다가 상대방으로부터 배척을 당하는 게임으로서, 이러한 주제가 변형된 경우다.

구원자에서 박해자로 전환

'내가 얼마나 애썼는지 봐라(See How I've Tried)' 게임은 '단지 도와주려고 했을 뿐인데' 게임에서와 같이, 구원자 입장에서 게임을 시작한다. 그러나 전환을 통해 박해자의 자세로 돌변한다. 예를 들어, 자녀를 아동기부터 질식시켜 왔던 어머니가 있다고 가정하자. 자녀가 반항하는 10대에 도달하여 집을 떠나겠다고 한다. 어머니는 박해자로 전환하여 "내가 너를 어떻게 키웠는데! 좋다, 한번 당해 봐라! 이제 손을 뗄테니! 알아듣겠어?" 하고 소리를 지른다.

선택의 사용

제7장에서 **선택**(option)에 대해 살펴보았다. 이러한 연습을 잘 하였다면 여기서도 유용하게 사용할 수 있을 것이다. 이러한 기술은 게임분석에 대한 지식과 함께 게임에 대처하는 데 좋은 무기가 될 것이다.

게임 공식의 어느 단계에서든 게임을 차단하는 데 선택을 사용할 수 있다. 자신이 게임을 하고 있다는 것을 깨달을 때, 부정적 기능적 자아상태에서 긍정적인 기능적 자아상태로 바꾸면 된다. 상대방이 게임으로 유도하면, '선택'을 통해 게임의 단계에서 상대방의 기대에 어긋난 반응을 함으로써 게임에서 벗어날 수 있다.

게임에서 벗어나려면 긍정적인 자아상태를 선택해야 한다. 상대방과 함께 드라마 삼각형 내에서 맴돌지 말고 여기서 벗어나야 한다.

상대방이 하는 게임을 중지시킬 수는 없다. 그리고 상대방이 게임을 걸어오는 것도 중단시킬 수 없다. 그러나 선택을 사용하여 자신이 게임에 말려드는 것을 막을 수 있다. 이미 게임에 말려들었다고 깨달으면 벗어날 수 있다. 그리고 상대방으로 하여금 게임에서 벗어나도록 자극할 수 있다.

게임 시작할 때의 속임수 간파

Bob과 Mary Goulding은 게임을 시작할 때 상대방이 하는 말 속에 담겨 있는 심리적 수준의 메시지를 간파하는 것이 중요하다고 말했다.[3] 만일 상대방 게임의 의도를 발견하고 빠져나오면 나머지 게임을 사전에 막을 수 있다. 이렇게 하자면 '**생각하는 화성인**(thinking Martian)'의 기술이 필요하다. 상대방이 게임을 걸 때 속임수(C)를 형성하는 그 이면의 메시지를 찾아, 사회적 수준에서 반응하지 않고 교차교류를 한다.

A 자아상태에서 바로 교차교류를 시도할 수 있다. M 부인과 D 군의 사례를 살펴보자. D 군이 도움을 청할 때, M 부인이 "무슨 문제가 있는 것 같구나. 그 문제에 대해 어떻게 하고 싶니?" 하고 묻는다. M 부인은 이러한 질문을 통해 숨겨진 의도를 직접 겨냥한 것이다. D 군이 계속해서 게임에 연루시키려고 한다면, M 부인은 D 군이 A 자아상태에서 반응하거나 아니면 포기하고 나갈 때까지 계속해서 교차교류를 반복한다. D 군이 게임을 포기하고 나간다면, 자신의 게임 결말로 나아갈지 모른다. 그러나 M 부인은 게임 결말로 나아가지 않게 된다.

C나 P 자아상태에서 과장된 반응을 하는 것도 게임으로 유도하는 속임수에 대처할 수 있는 효과적인 방법이다. 예를 들어 M 부인은 D 군이 게임을 시작하려고 할 때 "오! 얘야. 얼굴 모양이 왜 그래?' 하고 앓는 소리를 하며 반응할 수 있다. 내담자가 문제를 해결하려고 치료받으러 왔다고 말할 때, Goulding이 흔히 취하는 반응이 피로에 지친 표정으로 "해결해야지, 해결해야지, 해결해야지⋯." 하고 단조로운 목소리로 흥얼거리는 것이었다. 이러한 반응은 게임 시작할 때 심리적 수준에서 내담자의 속임수에 '당신이 게임하려는 것을 알고 있다. 그 대신 무엇인가 재미있는 일을 해야지⋯.'라는 의미를 전달하는 것이다.

게임 디스카운트 직면

게임을 시작하는 속임수에는 항상 **디스카운트**가 따르고 있다. 그리고 게임의 매 단계마다 디스카운트를 하게 된다. 따라서 디스카운트를 탐지해 내는 기술은 상대방이 게임 시도를 파악하고 선택을 통해 게임에서 벗어날 수 있게 해 준다. 상대방의 속임수에 들어있는 디스카운트를 깨닫지 못하면, 자신의 약점을 노출하여 게임을 하게 된다. 게임을 극복하는 방법은 상대방의 디스카운트에 직면하는 것이다. 물론 이 말은 당신 자신이 디스카운트에서 벗어나 있어야 한다는 사실을 의미한다.

부정적 결말 거부

게임을 시작할 때 속임수를 간파하지 못하고 게임을 시작했다가 전환 단계에 가서 깨달았을 경우에는 어떻게 하겠는가? 그렇다고 해서 늦은 것은 아니다. 왜냐하면 게임 말미의 나쁜 감정을 느끼지 않으면 되는 것이다. 더욱 좋은 것은 나쁜 감정 대신에 좋은 감정을 느끼는 것이다. 예를 들어, 어느 유명 강사의 강의를 듣고 있다고 하자. 토의 시간에 내가 강사에게 공격적인 질문을 했다고 하자. 나도 모르게 박해자 역할을 시작한 것이다. 그러자 강사는 조용히 미소 지으면서 한 마디 말로 내 비판을 허물었다. 사람들은 웃어댔다.

이때 내 각본에서는 '나를 차라' 게임의 전환 시점에 도달했다. 이때 배척감과 무용감을 느끼는 것이 순서다. 이 시점에서도 각본에서 벗어날 수 있다. 나는 나에게 이렇게 말한다. '지난 3분 동안 '나를 차라' 게임을 하고 있었구나. 이제라도 깨닫다니 얼마나 영리한가! 게임한 것을 깨달은 나에게 좋은 감정으로 보상해야지.' 그러나 여기서 명심해야 할 것은 게임한 것을 축하하라는 것이 아니라 게임했다는 사실을 깨달은 것에 대해 축하하라는 것이다.

재미있는 것은 이 기법을 계속 사용하다 보면 게임을 하는 빈도와 강도가 줄어든다는 사실이다. 그리고 게임 말미의 부정적 감정을 받아들이지 않고 좋은 감정을 가지게 되면, 부정적 스탬프도 쌓이지 않는다. 그리고 게임에서 발생하는 부정적 강화 기억 대신에 긍정적 강화 기억을 수집하게 된다. 이렇게 함으로써 각본 신념을 바꾸게 되고, 라켓 표현의 강도도 줄어들게 된다.

긍정적 결말로 나아가기

James도 이와 비슷한 기법을 제시했다.[4] 어떤 게임이든 부정적 결말뿐 아니라 긍정적 결말도 있다는 사실을 기억하고 있을 것이다. 자신이 자주 해 왔던 게임을 깨달을 때, 게임을 통해 얻으려고 했던 진정한 C 자아상태의 욕구가 무엇인지 찾을 수 있다. 그러면 각본에 따라 충족시키려 하지 않고 바로 충족시킬 있는 방법을 찾을 수 있는 것이다.

예를 들어, '나를 차라' 게임의 긍정적 결말이 자신을 위한 시간과 공간을 얻는 것이라 가정해 보자. 이것을 알고 나면, 먼저 여자에게 차이기 전에 이러한 혜택을 얻을 수 있는 선택을 할 수 있다. 매일 아침과 오후 한 10분 동안 조용한 시간을 갖거나 시간을 내어 시골길을 산책할 수 있다. 이렇게 함으로써 C 자아상태의 욕구를 직접적으로 충족시킬 수 있다. 그 결과 '나를 차라' 게임을 덜 하게 되고 게임의 강도도 낮출 수 있을 것이다.

전환 단계에서 친밀로 이동

게임에 익숙하여 자기도 모르게 빠져든다면, **전환** 단계에서 게임했다는 것을 쉽게 깨달을 수 있을 것이다. 게임하는 사람들은 전환 단계에서 역할이 전환된 것을 알고 거의 동시에 당혹감을 느낀다. 이 시점에서도 게임에서 벗어날 전략을 사용할 수 있다. 전환과 혼란 단계에서도 여전히 각본을 따르는 사람은 결말로 이어지는 길밖에 없다고 생각할 것이다. 그러나 A 자아상태에서 이것을 깨닫고 다른 길을 선택할 수 있다. 이때 라켓 감정 대신에 자신의 진정한 감정과 욕구를 표현할 수 있다. 이와 같이 게임 결말로 나아가지 않고 친밀로 대치할 수 있다.

예를 들어 '나를 차라' 게임을 하다가 전환 단계에 도달했다고 하자. 상대방에게 "당신이 나를 배척하기까지 당신을 밀어붙였다는 것을 깨달았소. 당신이 나를 떠날까 두렵소. 내가 진정 바라는 것은 내 곁에 머무는 것이오." 하고 말할 수 있다.

이렇게 솔직하게 말한다고 해서 상대방이 머문다는 보장은 없다. 상대방이 계속 게임을 고집한다면 말릴 수도 없다. 그러나 상대방도 자신의 진정한 감정과 욕구를 표현하도록 독려할 수는 있다. 만일 상대방도 자신의 진정한 감정과 욕구를 표현한다면 편안하고 행복한 관계로 돌아갈 수 있을 것이다. 그렇지 않다면 적어도 게임을 통한 이별이 아니라 솔직한 심정으로 이별을 결정할 수 있다. 이렇게 이별을 해도 한동안 상실감으로 슬픔을 겪을 것이다. 친밀은 게임보다 예측하기 힘든 것이 사실이다. 따라서 게임보다 더 편안할 수도 있고 그렇지 않을 수도 있다.

게임 스트로크 대치

C 자아상태에서 볼 때 게임은 **스트로크**를 얻을 수 있는 확실한 방법이다. 그러나 A 자아상태에서 게임을 줄이면 어떤 일이 발생하겠는가?

그러면 자신도 모르게 C 자아상태에서 두려움을 느끼며 '스트로크를 어떻게 받게 되지?' 하고 전전긍긍할지 모른다. C 자아상태에서 볼 때 스트로크 상실은 생존에 위협이 되기 때문이다. 따라서 자기도 모르게 '어린 교수'를 통해 상실한 스트로크를 다시 얻으려는 전략을 찾을 것이다. 아마도 다른 방법을 통해 옛날에 하던 게임을 하려고 할 것이다. 아니면 드라마 삼각형에서의 전환을 바꾸어 다른 형태의 게임을 시도할 것이다. 또는 디스카운트에 직면하기를 '망각'할지도 모른다. 겉으로 보기에 이러한 행동들은 '자기 파괴' 행위로 보이지만, 어릴 때 C 자아상태의 입장에서 보면 그 반대다. 이렇게 하는 이유는 스트로크를 얻기 위한, 다시 말해 생존을 위한 행위인 것이다.

따라서 게임을 중단시키는 것이 능사는 아니다. 게임을 통해 스트로크를 얻으려고 하는 방법을 다른 방법으로 대치할 필요가 있다. Woollams(1967)는 게임을 통해 얻는 스트로크는 충분하고 강한 반면에, 게임이 아닌 다른 방법으로 얻는 스트로크는 비교적 약하고 양도 충분하지 않을 때가 많다고 말한다.[5)] 이러한 새로운 스트로크는 디스카운트가 포함되지 않은 직접적인 스트로크다. 그러나 스트로크에 굶주린 C 자아상태에서는 질보다 양을 더 추구하는 것이다.

그러나 게임을 통하지 않은 새로운 스트로크 공급원도 신뢰할 수 있고 지속적이라는 사실을 스스로 **C 자아상태**에 납득시키는 방법 외에 다른 방법이 없다. 이러한 전환기 동안 다른 스트로크 공급원을 마련해 주면 좋다. 다시 말해, 주위 사람들이 이러한 변화를 지지해 주는 것도 좋은 방법이다.

장기적으로 볼 때 강도가 낮지만 이러한 새로운 스트로크에 적응하게 될 것이다. 게임에서 벗어난다는 것은 그 동안 친숙했던 스트로크 공급원을 상실한다는 것을 의미한다. 그러나 그 동안 게임을 통해 무시해 왔던 성인으로서 선택을 할 수 있는 것이다. 그리고 게임에서 벗어남으로써 진정한 친밀을 경험할 수 있다.

게임 계획(Game Plan)이라는 방법으로 분석했던 제23장의 게임 사례로 돌아간다.

게임에 붙여진 명칭을 댈 수 있겠는가? 게임의 전환 단계에서 드라마 삼각형에서의 자세는 어떻게 전환을 이루었는가?

이 장에서 게임에서 벗어나기 위한 다양한 기법들을 살펴보았다. 자신이 한 게임에서 이러한 기법을 적용해 보라.

이러한 기법을 적용하고 싶다면, 게임을 통해 얻을 수 있었던 스트로크를 어디서 얻을지 먼저 결정해야 한다. 다시 말해, 다른 스트로크 공급원을 찾아야 한다.

그러면 게임에서 벗어날 방도를 찾는다. 한 가지 기법을 선택하여 일주일 동안 계속 사용한다. 이러한 방법으로 다른 게임에 대해서도 대처하는 방법을 배운다. 집단 내에서 이러한 작업을 하고 있다면, 성공 사례를 집단에게 알릴 필요가 있다.

현대의 교류분석

TA Today

제7부

변 화:

교류분석의 실제

제26장

변화 계약

이 책은 교류분석을 전문적으로 사용하려는 사람을 위한 안내서가 아니다. 제7부의 목적은 변화를 촉진하는 데 교류분석을 사용하는 방법을 간단하게 개관하는 것이다. 이 장에서는 교류분석을 사용하는 데 중심적인 위치를 차지하는 계약 방법을 살펴보고자 한다.[1)]

Berne은 계약을 앞으로 취해나갈 행동에 대한 두 사람 간의 분명한 약속이라고 정의했다. 저자들은 계약이란 변화해 나가겠다는 당신 및 다른 어떤 사람과의 A 자아상태에서의 약속이라는 James와 Jongeward의 정의도 좋아한다. 계약은 다음과 같이 구체적이어야 한다.

- 계약 당사자는 누구인가?
- 함께 해 나갈 일은 무엇인가?
- 시간은 얼마나 걸리겠는가?
- 이러한 과정의 목표 또는 결과는 무엇인가?
- 성과는 어떻게 알 수 있는가?
- 내담자에게 얼마나 유익하고 또 도움이 되겠는가?

교류분석 상담자들은 계약을 관리상의 계약과 임상 또는 치료상의 계약으로 나눈다. 관리상의 계약은 상담자와 내담자 간에 상담료와 상담 절차에 대한 동의를 말한다. 임상적 계약이란 내담자가 어떻게 변화되기를 원하고 또 이러한 변화를 얻기 위해 어떻게 할지 구체적으로 밝히는 것이다. 상담자는 내담자가 바라는 변화를 초래하기 위해 내담자와 함께 기꺼이 임할 것이며, 이러한 상담 과정에서 어떻게 할 것인지를 말해야 한다.

Steiner의 네 가지 조건

Steiner는 계약을 잘 맺기 위한 네 가지 조건을 제시했다.

- 상호 동의: 두 사람이 모두 계약에 동의해야 한다. 상담자는 상담 절차나 상담 목표를 강요할 수 없다. 내담자도 마찬가지다. 계약은 두 사람의 협의하에 이루어져야 한다.
- 적절한 보수: 법조계에서 '보수(consideration)'란 특정 시간 또는 작업에 대한 대가를 의미한다. 상담에서의 대가란 상담료를 말한다. 그러나 다른 방법으로 보수를 정할 수도 있다. 예를 들어, 내담자는 상담료를 지불하는 대신에 일정 시간 업무를 도와줄 수도 있다. 어떤 형태의 보수이든 분명하게 정해져야 하고 서로 동의해야 한다.
- 적임성: 상담자와 내담자가 계약한 것을 잘 수행할 수 있어야 한다. 상담자에게 적임성이란 내담자가 원하는 변화를 촉진할 수 있는 전문적 기술을 말한다. 또한 내담자는 계약을 이해할 수 있는 능력이 있어야 하고, 이것을 실행할 신체적 · 정신적 자원을 가지고 있어야만 한다. 예를 들어, 심각한 뇌손상이 있는 사람은 치료 계약을 체결할 능력이 없다. 또한 알코올이나 향정신성 약물에 중독된 사람과는 계약이 이루어질 수 없다.
- 합법적 목적: 계약의 목표와 조건은 법에 부합되어야 한다. 상담자는 당신이 속한 단체의 윤리 강령을 준수해야 한다.

계약을 맺는 이유

교류분석에서 무엇보다 계약을 강조하는 이유는 '인간은 OK'라는 철학적 가정 때문이다.

상담자와 내담자는 동등한 입장에서 계약을 맺는다. 따라서 내담자가 원하는 변화에 대해 책임을 나눠 갖는다.

인간은 누구나 사고할 능력을 가지고 있고 자기 삶에 책임을 져야 한다. 인간은 스스로 결정한 결과에 따라 살아간다. 따라서 어떻게 살 것인지 결정하는 것은 상담자가 아니라 내담자에게 달려 있다. 상담자가 할 일은 역기능적이라고 여겨지는 것을 모두 지적해 주는 것이다. 책임의 공유란 상담자와 내담자가 무엇을 변화시킬 것인지, 이러한 변화를 얻기 위해 각자 맡은 일이 무엇인지 분명하게 할 필요가 있다는 것이다.

계약과 이면 내용

어떤 인간관계에서든 이면적 메시지를 주고받기 마련이다. 개인이나 조직의 변화를 추구할 때에는 특히 더 그러하다. 왜냐하면 변화란 기존의 준거 틀에 대한 도전을 요구되기 때문이다. 상담자와 내담자는 사회적 수준뿐 아니라 이면적 수준에서 교류하게 된다. 계약의 주요 기능 중 하나는 바로 이러한 숨겨진 내용을 명확하게 드러내는 것이다. 이러한 이면적 메시지를 드러냄으로써 심리적 게임에 말려들지 않고 상담자와 내담자 모두 드라마 삼각형에 묶이지 않게 하는 것이다.

상담자마다 자신의 고유한 준거 틀을 가지고 있으며, 이 준거 틀은 내담자의 준거 틀과 동일할 수 없다. 따라서 상담자는 내담자에게 어떤 변화가 '좋은지' 속으로 미리 정해 놓고 내담자를 대하기 쉽다. 만일 계약을 하지 않는다면, 내담자의 생각도 자신과 같다고 여기기 쉽다. 더욱이 상담자는 자신의 준거 틀을 토대로 한 가정을 충분히 이해하지 못할 수도 있기 때문에, 내담자가 추구하는 '적절한' 목표에 대한 상담자의 가정을 충분히 파악하지 못할 가능성도 높다.

이러한 상황에 놓이면 상담자는 드라마 삼각형의 역할에 빠지기 쉽다. 그리고 내담자를 특정 방향으로 몰고 가 박해자의 역할을 맡고 내담자에게 희생자의 역할을 맡게 할 가능성이 많다. Goulding의 말에 따르면, 계약 없이 치료한다는 것은 '강간범(rapist)'이 되는 것과 같다고 한다.

그렇지 않으면 상담자는 속으로 이렇게 말할지 모른다. '이 내담자에게는 분명히 이러이러한 변화가 필요해. 그러나 이러한 변화가 이루어지지 않았어. 따라서 내담자는 어려운 처지에 놓여 있고, 내 도움 없이는 안 될 거야.' 이렇게 생각하는 상담자는 구원자 역할에 빠져들고 만다.

내담자 역시 상담할 때 이면교류를 한다. 상담자를 찾아올 때 사회적 수준에서 어떻게 변화되기를 바란다고 말한다. (어떤 경우에는 다른 사람이 내담자에게 바라는 변화 때문에 찾아오기도 한다.) 변화를 이루지 못하는 이유는 어떻게 변화해 나가야 할지 모르기 때문이다. 또는 변화될 방법은 알지만, 당신도 모르게 변화에 저항하기 때문인지도 모른다. 후자의 경우라면 상담자에게 "변화되고 싶어서 왔지만 그렇게 될 수 없을 것 같아요."라거나, "변화되고 싶어서 왔지만 당신은 그렇게 할 수 없을 겁니다."라는 이면적 메시지를 던질 것이다.

양쪽 다 이면교류를 하고 있다면, 상담자와 내담자는 **라켓티어링**이나 **게임**을 시작하면서 **드라마 삼각형**에서 상호보완적 역할을 하게 될 것이다.

계약의 기능 중 하나는 바로 이러한 것을 방지하는 것이다. 상담자와 내담자는 분명한 목적과 변화 방법에 대해 협의하면서 서로의 준거 틀을 비교해야 한다. 이러한 과정을 통해 A 자아상태에서 숨겨진 내용을 자각할 수 있는 것이다. 상담자든 내담자든 완벽할 수는 없기 때문에 숨겨진 내용을 모두 드러낼 수 없다. 따라서 계약을 재검토하고, 필요하다면 변화 과정 중에 몇 번이고 재협의해야 한다.

계약과 목표 지향

대부분의 내담자는 변화시키고자 하는 문제를 가지고 상담자를 찾아온다. 계약을 맺는 목적 중 하나는 초점을 문제에 대한 관심으로부터 '변화의 목적'으로 바꾸는 것이다. 계약을 맺을 때 내담자와 상담자는 함께 작업한 뒤의 바람직한 결과를 내다보아야 한다. 이와 같이 분명한 목적을 가지게 되면, 이러한 결과를 얻는 데 필요한 개인적 자원을 자동적으로 동원할 수 있게 된다. 이것이 바로 '**창의적 시각화**(creative visualization)'의 원리인 것이다. 그러나 상담자와 내담자가 '문제'에 초점을 맞추면 문제에 대한 정신적 그림만 그리게 된다. 그리고 당신도 모르게 부정적인 시각화에 전념하여 문제해결보다 문제 검토에 에너지를 소비하게 된다.

목표를 분명하게 설정하면 상담을 언제 종료할 수 있을지 알 수 있는 또 하나의 이점이 있다. 또한 상담을 하는 동안 그 진척 상황도 평가할 수 있다. 이와 같이 계약은 내담자의 문제를 가지고 몇 달 혹은 몇 년이고 씨름하는 일을 막아준다.

효과적인 계약 체결

교류분석 상담자들이 효과적인 계약을 맺기 위한 주요 특징들을 요약하고자 한다. 계약은 추상적인 말로 하기보다, 당신이 원하는 변화를 실천에 옮길 수 있도록 정한다. James와 Jongeward가 말했듯이, 내담자는 상담자와 계약을 맺듯이 자기와도 변화를 위한 계약을 맺는 것이다. 다음에서 제시하는 계약 체결 체크리스트는 저자 중 한 명이 개발한 것이다.[2] 필기도구와 충분한 양의 종이와 시간을 가지고 시작한다.

지금부터 하게 될 연습은 여러 단계로 구성되어 있다. 각 단계 아래에 붙여 놓은 해설은 다음 단계로 안내하기 위한 것이다. 단계 1에서는 마음속에 떠오르는 말에 따라 자신이 변화되고 싶은 것을 적도록 요구한다. 그 아래 해설에서는 계약을 효율적으로 하기 위해서는 왜 부정적인 말보다 긍정적인 말이 필요한지 설명하고 있다. 그다음 단계 2에서는 자신이 바라는 변화를 위한 긍정적인 말을 찾도록 요구하고 있다. 전체 연습이 이와 같은 구조로 이루어져 있다.

단계 1: 자신이 어떻게 변화되기를 바라는지 결정한다. 마음속에 떠오르는 말을 적는다.

계약 목표는 긍정적인 말로 적어야 한다. 처음 목표를 적을 때 부정적인 내용을 적는 경우가 많다. 예를 들어, '담배를 끊겠다, 술을 줄이겠다, 체중을 줄이겠다, 아니면 권위적 인물을 두렵게 여기지 않겠다'고 목표를 세운다. 이와 같이 무엇을 끊겠다, 하지 않겠다는 식의 계약은 장기적으로 볼 때 적절하지 못하다. 계약 목표는 어떤 면에서 '**시각화**(visualization)' 작용을 한다. 무엇을 하지 않겠다는 목표는 마음속에 떠올리기가 어렵다. (이 말이 의심스럽다면 '붉은 코끼리가 아닌 것'을 떠올려 보라.)

교류분석에서 '무엇을 하지 않겠다'는 계약이 효과가 없는 이유는 또 있다. 각본에 따라 하는 모든 행동은 어릴 때 C 자아상태에서 생존하고, 스트로크를 얻고, 욕구를 충족시키는 데 최상의 전략이었다는 것을 명심할 필요가 있다. 따라서 단순히 각본에 따라 행동하는 것을 중지하겠다고 계약하면 어떻게 되겠는가? 이렇게 하면 당신의 C 자아상태에 어떤 사람이 되겠다는 분명한 안내를 할 수가 없고, 어릴 때부터 수없이 들었던 무엇을 '하지 말아야 한다' 또는 '중지해야 한다'는 끝없는 리스트에 항목만 추가하는 꼴이 된다. 최악의 경우 어릴 때 C 자아상태에서 생존의 필수라고 여겨지던 행동을 포기하겠다는 계약을 하게 되는 것이다. 효율적인 계약을 하기 위해서 C 자아상태에서 분명히 행동으로 옮길 수 있는 분명한 긍정적인 목표를 정해야 한다. 과거 각본에 의한 선택에서처럼 생존과 욕구충족을 달성하기 위한 새로운 선택을 제공하는 것이어야 한다.

단계 2: 당신이 진술한 내용에 부정적인 말이 들어가 있다면, 긍정적인 말로 대치해야 한다.

계약은 구체적이고 관찰 가능한 것이어야 한다. 당신이나 상대방이 목표를 달성했는지 달성하지 못했는지 말할 수 있는 것이어야 한다. 너무 일반화되거나 상대적인 목표가 아닌지 주의해야 한다. '나는 따뜻하고 사교적인 사람이 되고 싶다.'거나 '나는 다른 사람들과 친해지고 싶다.'는 식으로 막연하게 시작하는 경우가 많다. 이렇게 계약을 맺으면 끝이 없이 진행된다. 왜냐하면 이러한 식의 목표는 구체적이지 못하기 때문에, 그것을 달성했는지 알 수가 없기 때문이다.

단계 3: 당신이 원하는 변화가 이루어졌는지 당신이나 타인이 어떻게 알겠는가? 당신이 전과 다르게 행동한다는 것을 당신이나 다른 사람이 보고 들을 수 있는 방법을 상세하게 진술해야 한다. 당신의 목표가 다른 사람과 관계 맺는 방법에 관련된 것이라면, 어떤 사람을 말하는지 이름까지 밝혀야 한다.

목표는 자신이 처한 상황과 자원에 비추어 달성 가능한 것이어야 한다. 대체로 말해, 물리적으로 가능한 것은 **달성 가능하다**고 여긴다. 이러한 조건은 당신 스스로 변화시킬 수 있는 계약만 할 수 있다는 것을 시사한다. 다른 사람을 변화시킨다는 것은 물리적으로 가능한 일이 아니다.

단계 4: 당신이 원하는 변화가 달성 가능한지 검토해 보아야 한다. 검토할 수 있는 질문으로, 이 세상에서 적어도 어느 한 사람이라도 달성한 일이 있는가? 만일 있다면 그 목록을 작성해 보라.

자신이 추구하는 변화는 안전한 것이어야 한다. A 자아상태에서 이루려고 하는 목표가 사회적으로 적절할 뿐만 아니라 물리적으로나 법적으로 안전한지 검토해 보아야 한다.

단계 5: 이러한 변화가 당신에게 안전한지 검토해 보라.

계약 목표는 A 자아상태에서 정해져야 한다. 물론 이때 C 자아상태에서의 협조도 필요하다. 다시 말해, 계약 목표는 현재 성장한 사람으로서의 상황과 능력에 적절한 것이어야 하고, 진정한 C 자아상태의 욕구를 충족시킬 수 있는 것이어야 한다. (그러나 C 자아상태에서 싫어하는 목표를 계약해야 할 때도 있다. 예를 들어, 몸에 해로운 음식을 좋아하다가 몸에 이로운 음식으로 바꿀 때와 같이, C 자아상태에 진정으로 도움이 될 장기적 결실을 얻게 하여 건강을 개선하고 수명을 연장할 수 있는 것이면 필요한 것이다.)

단계 6: 당신은 이러한 변화를 얼마나 원하는가? 다른 사람의 눈에 들고 인정을 받거나 아니면 어떤 사람에게 반항하기 위한 것은 아닌가? 다른 사람이란 과거나 현재 당신과 관련된 사람이다. 다른 사람의 눈에 들고 인정을 받거나 다른 사람에게 반항하기 위한 것이라는 점을 발견했다면, 좀 더 충분한 검토가 필요하다. 즉, '내가 다른 사람(이 문장 속에 다른 사람의 이름도 넣어야 함)의 눈에 들고, 인정을 받고, 반항하려고 이러한 변화를 원한다.' 어떤 변화든 다른 사람의 눈에 들고 인정을 받고 반항하는 것이지만 '일부'는 자신을 위한 측면도 있다는 것을 명심해야 한다. 그리고 어느 정도 남의 눈에 들고 어느 정도 인정받고 어느 정도 반항할 것인지도 분명하게 해야 한다. 그래도 여전히 이러한 변화를 바라는가?

목표를 달성하기 위해서는 항상 어떤 대가를 지불해야 한다. 그 대가로는 시간, 돈, 격변, 이별, 두려운 변화에의 직면 등 다양하다.

단계 7: 이러한 변화를 이루기 위해서는 어떤 대가를 지불해야 하는가? 이러한 대가를 지불하더라도 여전히 변화하기를 바라는가?

당신은 계약 목표를 어디서든, 언제든, 어느 사람과의 관계에서든 달성하기를 원하는가? 그렇지 않다면 어디서, 언제, 누구에게 계약을 이행하는 데 내키지 않는 점은 무엇인가? (이것이 계약의 맥락을 이룬다.)

단계 8: 어디서, 언제, 누구와 이 계약을 이행하려고 하는지 검토하라. 이 계약을 이행하고 싶지 않은 장소와 시간과 사람은?

이 체크리스트의 나머지 부분은 당신이 취할 구체적 행동에 대한 것이다.

단계 9: 목표를 달성하기 위해, 당신이 해야 할 일을 적어도 다섯 가지 적어 보라.

당신이 할 행동은 당신이나 주위 사람이 보고 들을 수 있는 구체적인 것이어야 한다. 이러한 행동에 사람이 포함되어 있다면 그 사람의 이름까지 적어야 한다.

단계 10: 당신이 할 행동 중 다음 주에 바로 실행할 행동을 선택하여 적어 보라. 이제 실천에 옮긴다.

제27장

변화의 목표

앞 장에서는 교류분석 상담자와 내담자가 구체적인 계약 목표를 협의하는 방법을 살펴보았다. 그러나 이러한 변화 과정에서 얻으려고 하는 최종 결과물은 무엇인가? 내담자와 상담자가 함께 한 작업이 이루어졌다는 것을 언제 알 수 있는가?

자율성

Berne은 **자율성**(autonomy)을 목표로 제시하였다.[1] 그는 자율성에 대한 정의를 내리지는 않았지만 **순수한 지각**(awareness), **자발성**(spontaneity) 및 **친밀**(intimacy)이라는 세 가지 능력의 발달 또는 회복이라는 점을 시사했다.

순수한 지각

순수한 지각이란 갓 태어난 아기의 순수한 감각적 인상처럼, 있는 그대로 보고 듣고 느끼고 맛보는 능력을 말한다. 있는 그대로 순수하게 지각하는 사람은 부모로부터 주입된 P 자아상태의 정의에 맞추어 자신의 경험을 해석하거나 여과하지 않는다. 그리고 외부 자극과 마찬가지로 자신의 신체적 감각을 있는 그대로 수용한다.

우리는 자라면서 있는 그대로 순수하게 지각하는 능력이 감퇴하도록 체계적 훈련을 받는다. 사물에 이름을 붙이고 자신과 타인의 행동을 비판하는 데 에너지를 쏟도록 배운다. 예를 들어, 연주회에 참석했다고 하자. 연주하는 동안 "이 곡은 1856년도 곡인가? 음, 템포가 좀 빠르군. 연주가 언제 끝나지? 내일은 일이 많아 오늘 일찍 자야하는데…." 하고 혼자 되뇐다.

만일 있는 그대로 지각하고 있다면 머릿속에서 들려오는 이러한 소리를 끄고, 들려오는 음악 소리와 여기에 대한 나의 신체적 반응에만 오롯이 집중할 것이다.

자발성

자발성이란 느끼고 생각하고 행동할 때 우리가 취할 수 있는 모든 대안들을 놓고 선택할 수 있는 능력을 말한다. 있는 그대로 지각하는 사람이 세상을 경험하는 것처럼, 자발적인 사람도 자신의 P 자아상태에 주입된 정의에 맞추기 위해 현실의 특정 부분을 가리거나 재해설하지 않고 직접적으로 반응한다.

자발성이란 세 가지 자아상태 중 어느 자아상태에서나 자유롭게 반응할 수 있는 것을 말한다. A 자아상태를 사용하여 성장한 사람으로서 생각하고 느끼고 행동할 수 있다. 자신이 원한다면 C 자아상태로 들어가 어린 시절에 누렸던 창조성, 직관 능력, 강렬한 감정을 발휘할 수 있다. 또한 P 자아상태로 들어가 부모나 부모와 같은 권위적 인물들로부터 배운 사고, 감정 및 행동을 재연할 수 있다. 과거의 낡은 P 자아상태의 명령에 동조하지 않고, 현재의 상황에 적절한 그 어느 자아상태든 자유로이 사용할 수 있다.

친밀

제9장에서 살펴보았듯이, 친밀은 다른 사람들과 감정과 욕구를 개방적으로 나누는 것을 말한다. 진정한 감정을 표현하며 라켓티어링이나 게임의 가능성을 배제한다. 친밀은 **FC** 상태에서 이루어지기 쉽다. 그러나 FC 상태라 하더라도 **A 자아상태**의 안전한 환경과 P 자아상태의 보호를 통해 이루어진다.

각본으로부터의 자유

Berne이 분명히 말한 것은 아니지만 자율성이란 '각본으로부터의 자유로움(freedom from the script)'을 뜻한다. Berne 이후 대부분의 교류분석 학자들은 자율성과 각본으로부터의 자유를 동일하게 생각해 왔다. 따라서 자율성이란 '각본 신념에 따라 반응하지 않고, 지금-여기의 현실에 대한 반응으로서의 행동, 사고 또는 감정'이라 정의할 수 있다.

그렇다면 이러한 질문을 던질 수 있을 것이다. A 자아상태란 지금-여기에 대한 직접적인 반응으로서의 일단의 행동, 사고 및 감정이 아닌가? 그러면 자율성이란 바로 A 자아상태에 놓여 있다는 것을 말하는 것이 아닌가?

대답은 그렇지 않다는 것이다. 이미 살펴보았듯이, 자발적인 사람은 이따금 C나 P 자아상태에서도 지금-여기에 대해 반응하기를 '선택'할 수 있다. 자율성이 발달되면 현재의 상황에 반응하는 데 어느 자아상태든 자유롭게 선택할 수 있다. 이와 대조적으로, 각본을 따를 때에는 이 세상에 대한 자기 제한적인 아동기의 결정인 각본 신념에 따라 자아상태를 바꾼다.

자율성이 항상 A 자아상태에 놓이는 것은 아니라고 하더라도, A 자아상태를 통해 세상에 대한 정보를 처리하고, 또 A 자아상태를 통해 어느 자아상태에서 반응할지 선택을 한다. 자율성이란 각본을 따를 때와 달리 더욱 다양한 선택권을 준다. 친밀이 처음에는 라켓티어링이나 게임보다 덜 편안할 것이다. 왜냐하면 친밀은 예측 가능성이 낮기 때문이다. 그러나 자율적인 자아상태 선택은 훨씬 쉬워진다. 마치 A 자아상태가 긍정적인 C와 긍정적인 P 자아상태의 자질을 동시에 가지고 있는 것처럼 신속하고 자연스러운 이동이 가능하다. P 자아상태의 질(quality)이 A 자아상태에 통합되어 있다.[2] 자율성에 대한 또 하나의 측면은 자율성이란 A 자아상태에서의 지각과 통합된 C 자아상태의 경험과 P 자아상태의 정보를 내포하고 있다는 것이다.

문제해결

Schiffs의 표현을 빌리면, 자율적인 사람은 **수동성**(passivity)에 머물지 않고 **문제해결**

(problem solving)에 몰입한다고 말할 수 있다. 여기서 말하는 문제해결이란 단순히 문제에 대한 해결책을 찾기 위해 사고한다는 것만 의미하는 것이 아니라, 해결책을 찾기 위한 효율적인 '행동'을 취한다는 것을 의미한다. 제21장에서 보았듯이, 진정한 감정의 표현은 문제해결의 기능도 한다. 문제해결을 할 때에는 현실을 정확하게 지각하고 반응한다. 디스카운트도 재정의도 하지 않는다. 그야말로 각본으로부터 자유로운 상태에 놓여있다.

교류분석을 조직이나 교육, 그리고 치료 외의 장면에서 사용할 때, 자율성이나 각본으로부터의 자유보다 '효율적 문제해결'을 목표로 삼는 것이 훨씬 적절할 것이다. 이러한 상황에서 디스카운트를 하거나 문제를 해결하지 못하는 것은 각본을 따르기 때문에 그렇다기보다 정보를 제대로 받아들이지 못해 그럴 것이다. 따라서 각본에 초점을 맞추기보다 정보 교환과 정보에 따라 행동할 효율적 방안을 개발하는 데 초점을 맞추어야할 것이다.

'치료'에 대한 견해

Berne이 또한 열정을 보인 것은 **치료**(cure)다. Berne은 상담자의 업무가 단순히 내담자의 '진전(making progress)'을 돕는 것이라기보다 '내담자를 치료하는 것'이라고 누누이 강조했다.[3] 『집단 치료의 원리』에서 Berne은 치료라는 개념을 강조하기 위해 '개구리와 왕자'라는 비유를 사용했다. '진전을 보인다는 것'은 더욱 편안한 개구리가 되도록 하는 것인 반면에, '치료한다는 것'은 개구리의 껍질을 벗어던지고 왕자 또는 공주로서 그 동안 멈추었던 성장을 재개한다는 것을 뜻한다고 말했다. 『안녕이라고 말한 다음 무엇을 말하는가?』에서는 각본에서 완전히 벗어나 새로운 삶을 살게 하는 것이 치료라고 말했다.

몇 년 전 *TA Journal*에서 실시한 심포지엄에서 많은 학자들이 치료에 대한 견해를 제시했다.[4] 발표한 사람만큼 견해도 다양했다. 이 토론에서 나온 몇 가지 견해를 소개하고자 한다.

어떤 학자들은 현실적인 접근으로 치료란 **계약 완료**라고 말하는 것이 최상의 정의라는 견해를 피력했다. 치료란 변화를 위한 거대한 목표라기보다 상담자와 내담자가 상호 동의한 계약 목표를 달성할 때까지 함께 하는 작업이라는 것이다. 그러나 더욱 많은 호응을 얻었던 견해는 **치료**에는 적어도 각본으로부터의 해방이 포함되어야 한다는 견해였다. 이와 같이 **각본**

치료(script cure)는 행동적 · 정서적 · 인지적방법, 또는 이 세 가지 접근 방법이 될 수 있다. 다시 말해, 치료란 자신의 각본에서 벗어나 새로운 방식으로 행동하고 느끼고 사고하는 것이다. 어떤 학자들은 **신체적 치료**(somatic cure)라는 각본 변화의 네 번째 차원을 제시했다. 이것은 각본에서 벗어난 사람이 자신의 몸을 사용하고 경험하는 방법을 변화시킨다는 의미다. 예를 들어, 만성적 긴장에서 벗어나거나 정신신체적 증상에서 벗어날 때 신체적 치료가 이루어진 것이다.

치료: 점진적인 새로운 선택 학습

각본 치료를 어떻게 정의하든, 한 번만에 이루어지는 것은 아니다. 치료란 점진적으로 새로운 선택을 학습해 나가는 것이다. 각본을 의미 있게 변화시키면 보통 몇 주 또는 몇 달 지속되다가, 다시 옛날 행동으로 돌아가는 경우가 많다. 마치 예전에 하던 행동에서 무언가 좋은 것이 있는 듯이 찾기를 원하는 것 같다. 그러나 차이점이 어디에 있는지 깨닫고 그곳에 오랫동안 머물지 않는다는 것이다. 예전에 하던 행동은 과거처럼 만족을 가져다주지 못하여 새로운 선택을 함으로써 빠져나온다. 과거에 했던 행동이 호소력을 잃게 된다. 이러한 과정은 다음 시에 잘 드러난다.

다섯 장으로 된 자서전

–Portia Nelson

I

나는 길을 따라 걷는다.

길가에 깊은 웅덩이가 있다.

나는 빠진다.

나는 당황하여 어찌할 바를 모른다.

그것은 내 잘못이 아니다.

영원히 길을 찾지 못할 것이다.

II

같은 길을 따라 걷는다.

길가에 깊은 웅덩이가 있다.

나는 그것을 못 본 척한다.

나는 다시 빠진다.

내가 같은 곳에 있다는 것이 믿기지 않는다.

그러나 그것은 내 잘못이 아니다.

빠져나오는 데 오랜 시간이 걸릴 것이다.

III

같은 길을 따라 걷는다.

길가에 깊은 웅덩이가 있다.

나는 그것을 본다.

그런데도 또 빠진다. 습관이 되었나 보다.

나는 눈을 뜬다.

내가 어디 있는지 안다.

그것은 내 잘못이다.

나는 즉시 빠져나온다.

IV

같은 길을 따라 걷는다.

길가에 깊은 웅덩이가 있다.

나는 그 웅덩이를 비켜 걷는다.

V

나는 다른 길을 걷는다.

제28장

교류분석 치료와 상담

치료와 상담은 사람들로 하여금 개인적 변화를 이루어 나가도록 도와주는 과정이다. 이 장에서는 교류분석을 임상에서 사용할 때 치료와 상담의 특징과 기법을 살펴보기로 한다.

치료 또는 상담

치료(심리치료)라고 불리는 활동과 **상담**이라고 불리는 활동의 차이를 어떻게 정의할 것인가? 상담 현장에서는 이 질문에 대해 다양한 견해가 쏟아지고 있다. 일부 전문가는 이 두 활동 사이에는 별 차이가 없다거나 서로 중복되는 부분이 많아 차이를 논하는 것은 의미가 없다는 입장을 취하고 있다. 그러나 교류분석 전문가 자격 제도를 보면 치료와 상담을 별도의 분야로 적용하고 있다. 국제교류분석협회의 수련과 자격을 담당하는 수련과 자격관리위원회에서는 이 두 영역의 차이를 제시하였다. 그들은 **심리치료**를 다음과 같이 기술하고 있다.

> 심리치료 분야는 내담자의 자아실현과 치유 및 변화 능력을 촉진하는 것을 목표로 삼는 전문가를 대상으로 한다. 심리치료 과정은 내담자로 하여금 낡고 자기제한적인 유형을 깨닫도록—'현재에서 과거의 고통에 대처하게 하여 미래의 삶을 자유롭게 살도록'—돕는다. 심리치료의 목표는 내담자로 하여금 자신과 자신의 관계를 이해하며, 올바르게 지각하고 창조

적이고 친밀로 나아가는 삶을 살게 하는 것이다.

또한 **상담**에 대해서는 다음과 같이 기술하고 있다.

> 교류분석 상담은 계약 관계 내에서 이루어지는 전문적 활동이다. 상담 과정은 내담자의 강점과 자원과 기능을 강화함으로써, 내담자의 지각과 일상생활에서의 문제 대처와 개인적 발달의 선택 및 기술을 발달시킨다. 상담의 목표는 내담자의 사회적 · 전문적 · 문화적 환경과의 관계에서 자율성을 증대시키는 것이다. 상담 영역은 사회심리적 · 문화적 영역에서 일하는 전문가들이 선호하는 분야다. 예를 들어, 사회복지, 의료 서비스, 목회 활동, 예방, 조정, 다문화 지원, 기타 인도주의적 활동에 종사하는 전문가들이 선호한다.

이러한 기술은 치료와 상담의 분명한 차이를 드러내고 있지만, 이 둘 사이에는 중복되는 부분이 많음을 인정한다. 교류분석에서는 치료도 상담과 마찬가지로 계약 관계 내에서 이루어지는 전문적 활동이다. 내담자로 하여금 자신과 자신이 타인과 맺는 관계를 이해하도록 돕는 것이 자기 업무의 일부라는 사실을 부정하는 상담사는 거의 없을 것이다. 이와 마찬가지로, 내담자로 하여금 있는 그대로 지각하고 문제대처 기술을 발달시키려고 하지 않는 치료사도 거의 없을 것이다. 자주 제기되는 하나의 기본적인 차이는 퇴행 상태(다시 말해, C 자아상태)에 놓인 개인으로 하여금 과거의 정서적 문제를 해결하도록 돕는 것이라는 점이다. 한편 상담은 보통 지금-여기서 자신의 삶에서 발생하는 현재의 문제를 해결하도록 돕는다.

그러나 이 장에서 다루려고 하는 교류분석 이론과 계약 실제의 핵심 내용은 교류분석 치료나 교류분석 상담이나 동일하다. 따라서 이 장에서 사용하는 **치료**라는 용어는 **치료와 상담**을 다 지칭하는 것으로 이해해야 할 것이다. 이렇게 사용하는 이유는 단순히 불필요한 반복을 피하고 두 영역의 차이를 디스카운트하지 않기 위해서다.

자가치료

이 책을 읽으면서 연습을 해오고 있다면 이미 상당한 **자가치료**(self-therapy)를 해온 셈이다. 당신은 자신의 전형적인 행동, 감정, 사고의 유형을 검토하게 되었을 것이다. 이러한 것들을 이해하는 데 도움이 될 교류분석의 여러 분석 도구들을 사용하는 법을 배웠을 것이다. 그리고 과거의 낡은 C 자아상태의 전략들은 성장한 사람으로서의 가장 효율적인 전략이 되지 못한다는 것을 깨닫고, 이것을 새롭고 성공적인 것들로 바꾸는 법도 배웠을 것이다.

일부 교류분석 학자들은 교류분석을 자가치료에 사용할 수 있는 방법을 개발하는 데 특별한 관심을 보였다. 그중 한 사람이 James이다. 그는 **자가재양육**(self-reparenting)으로 Eric Berne 기념과학상을 수상했다.[1] 자가재양육이란 과거 부모로부터 주입된 부정적이고 제한적인 메시지들을 극복할 수 있는 새로운 긍정적 메시지들을 제공함으로써 **새로운 P 자아상태**를 발달시키는 것이다. 이것은 설문지, 계약, 상상과 시각화, 행동변화 약속 등 여러 가지 기법으로 구성되어 있다.

어떤 의미에서 모든 치료는 바로 자가치료다. 교류분석은 모든 사람이 자신의 행동, 사고 그리고 감정에 대해서 책임이 있다는 것을 깨닫게 한다. 변화는 바로 자신이 하는 것이다. 변화를 시킬 수 있는 사람은 자신 외에 아무도 없다.

왜 치료가 필요한가

변화가 자신의 책임이라면, 치료사와 함께 작업하는 이유는 무엇인가?

그 한 이유로 '디스카운트'와 '준거 틀'을 들 수 있다. 우리는 어릴 때부터 지녀 온 세계관과 다른 것은 무시하려는 경향을 가지고 있다. 어른이 된 후에도 각본을 따를 때, 자신의 준거 틀을 보호하기 위해 디스카운트한다. 문제를 해결하고 효율적으로 변화되려면 우리가 디스카운트해 왔던 점을 깨달아야 한다. 바로 이러한 사실 때문에 치료사의 도움이 필요하다. 내가 디스카운트하여 보지 못했던 점들이 나에게는 '**맹점**(blind spot)'으로 작용한다. 나는 A 자아상태를 통해 나의 디스카운트를 탐지하고 바로잡아야 한다. 교류분석의 분석 도구들은 큰 도움이 될 것이다.

그러나 준거 틀 중 일부가 남아 여전히 영향을 미칠 것이다. 이러한 준거 틀은 내가 C 자아상태에서 생존에 특히 중요하다고 여기는 부분들로서, 온 힘을 다해 방어하려고 한다. 따라서 나 자신도 모르게 현실의 특정 측면을 보지 않으려고 한다. 이러한 측면에서 변화를 초래하기 위해 나와 같은 맹점을 가지지 않은 사람의 도움이 필요한 것이다. 친구나 가족들은 도움이 되지 않을 수도 있다. 왜냐하면 가족은 비슷한 맹점을 가지고 있을 가능성이 높기 때문이다. 친구나 배우자 또는 파트너도 나와 비슷한 맹점을 가지고 있기 때문에 그들을 선택했을 가능성이 많다. 치료사와 함께 작업하거나 치료 집단에 가입하는 목적 중 하나는 나와 같은 맹점의 영향을 받지 않고 피드백을 받을 수 있기 때문이다.

내가 이러한 피드백을 사용하여 나의 준거 틀을 바꾸기 시작한다면, C 자아상태에서 두려운 감정을 느낄 수도 있다. 변화를 하게 되면 지지와 보호가 필요하다. 또한 변화에 저항하기 위해 나도 모르게 다양한 전략을 사용할 때 직면시켜 주는 사람이 필요하다. 이때 타인으로부터 스트로크와 격려를 받는다면 더욱 쉽게 변화할 수 있고 이러한 변화를 지속할 수 있을 것이다. 치료사나 치료집단의 성원들에게서 이러한 도움을 얻을 수 있다.

치료에서 누가 도움을 받는가

교류분석에서는 "더 나아지기 위해 아파야 할 필요는 없다."는 말이 있다. 치료를 통해 도움을 받기 위해 장애자가 되거나 혼란을 느낄 필요는 없는 것이다. 사실 문제를 만들 필요는 없다. 당신은 잘 기능하고 만족스러운 삶을 살고 있겠지만 원하는 것을 더 얻기 위해 치료에 임하는 것이다. 각본으로부터 완전히 자유로운 사람은 있을 수 없다. 대부분의 사람들은 각본에 빠져들어 문제를 야기한다. 그렇다면 이러한 각본 문제를 해결하기 위해 시간과 돈을 투자해 볼 만한 것이다. 이렇게 본다면 교류분석 치료는 일시적인 인간관계 문제나 직장 문제로부터 심각한 정신장애에까지 다 필요한 것이다. 그러나 심각한 정신장애는 정신과적 도움을 필요로 한다.

교류분석 치료의 특징

교류분석 치료를 받겠다고 결정했다면 자격 있는 치료사를 찾아가 몇 회기 동안 치료를 받겠다고 계약해야 한다. 개인 치료사를 찾아가도 되고 치료집단에 참여해도 된다. 교류분석은 원래 Berne에 의해 집단치료의 방법으로 시작되었고 지금도 집단치료를 선호하는 편이다.

앞 장에서 교류분석 치료의 주요 특징들을 살펴보았다. 이러한 특징들을 다시 한번 검토해 보자. 교류분석 치료는 이 책에서 공부한 이론적인 틀을 기초로 하고 있다. 교류분석 이론의 주춧돌은 **자아상태 모델**과 **인생각본**이라는 개념이다.

개인적 변화는 결정모델을 통해 볼 수 있다. 제4부에서 어린 시절 행동과 감정과 사고라는 각본 유형이 어떻게 결정되는지 살펴보았다. 모든 교류분석 치료의 전제는 이러한 초기결정이 얼마든지 변화될 수 있다는 것이다.

제26장에서는 교류분석 치료가 계약을 통해 이루어진다는 사실을 살펴보았다. 계약 목표를 달성하는 데에는 치료사와 내담자가 공동 책임을 진다. 이러한 목표를 설정한 것은, 제27장에서 기술하였듯이, 각본으로부터 벗어나 자율성을 획득하려는 것이다.

교류분석에서의 치료적 관계는 '인간은 누구나 OK'라는 가정에 기초하고 있다. 내담자와 치료사는 동등하기 때문에 누가 높고 누가 낮다고 할 수 없다.

교류분석에서는 개방적인 커뮤니케이션을 장려한다. 치료사와 내담자는 이 책에서 보았듯이 단순한 말을 사용하여 공통적인 언어로 말한다. 내담자에게는 교류분석에 관해 공부하도록 권유한다. 치료사는 내담자에게 흔히 교류분석 기본 교육 과정에 등록하거나 이 책과 같은 교류분석 관련 책을 읽도록 권장한다. 치료사가 사례집을 만든다면 내담자에게 개방해야 한다. 이렇게 하여 내담자로 하여금 치료 과정에 대한 정보를 입수하고 적극적으로 참여하도록 한다.

교류분석 치료의 또 하나 특징은 단순한 통찰보다 변화에 초점을 맞춘다는 것이다. 교류분석은 문제의 원인과 특징을 이해하도록 강조하지만, 이해가 목표는 아니다. 이해란 적극적인 변화 과정에서 사용하는 도구일 따름이다. 다르게 행동하도록 변화를 결정하는 것이고, 나아가 이를 실천에 옮기는 것이다.

교류분석 치료사들은 오랜 기간 동안 치료하는 것을 선호하지 않는다. 내담자가 변화되기 전 통찰하는 데 몇 달 또는 몇 년씩 걸릴 필요가 없다고 본다. Berne이 내담자에게 "먼저 변화되라. 원한다면 나중에 분석하라."라고 한 말은 유명하다. 그렇다고 해서 교류분석이 '단기치료'만 하는 것은 아니다. 어떤 문제는 해결하기 위해 치료사와 내담자 간의 장기간에 걸친 관계가 요구될 때도 있다.

교류분석의 세 학파

교류분석에서는 세 개의 주요 학파로 나눈다. 각 학파마다 강조하는 이론과 치료 기법들이 있다. 이 세 학파—고전학파, 재결정학파, 카섹시스학파—는 교류분석이 발달되던 초기 시절부터 형성되었고 1970년까지만 해도 뚜렷이 구분되었다.[2)] 이러한 이유 때문에 이 세 학파를 **전통 학파**라 부른다. 물론 이 세 학파는 여전히 발전을 계속해 오고 있다. 그러나 오늘날에 와서 이 세 학파 어디에도 속하지 않으면서 널리 인정받고 있는 학파들도 여럿 있다. 이 중 관계적 접근(relational approach)은 1990년대부터 떠오르기 시작하여 특별한 관심을 받고 있다. 이 학파에 대해서는 다음에 기술하기로 한다. 오늘날 어느 한 학파에만 소속된 치료사는 거의 없다. 전문가 자격을 획득하기 위해서는 현대의 모든 교류분석 학파의 사상과 기법을 두루 활용할 능력을 지녀야 한다. 다음에서는 간결한 설명을 통해 전통적인 학파들의 특징을 제시하고자 한다.

고전학파

이 학파를 고전학파라 부르는 이유는 교류분석이 발달하던 초기 Berne과 그의 동료들의 접근방법을 가장 잘 따르고 있기 때문이다. 고전학파에서는 아동기의 동기를 파악하고 A 자아상태를 통한 이해를 촉진하기 위해 광범위한 분석 모델들을 사용한다. 드라마 삼각형, 에고그램, 스트로킹 프로파일, 선택 등 이 책의 앞부분에서 제시된 도구들을 살펴보았을 것이다.

이와 같이 고전학파에서는 먼저 내담자에게 왜 이러한 문제가 발생하게 되었는지 이해시키려고 한다. 그런 다음 과거의 각본적 유형에서 벗어나 자율성을 획득하도록 행동을 변화시킬 계약을 맺는다. 내담자가 자신의 행동을 변화시키게 되면 느끼는 감정도 달라지게 된다. 그러나 감정 표현을 장려하는 것에 중심적 초점을 두지 않는다.

고전학파에서는 **집단치료**를 선호하며, 집단 과정(group process)을 아주 중요하게 여긴다. 그 이유는 내담자가 집단 구성원들과의 상호작용을 통해 치료를 받으러 오게 한 문제를 재연함으로써 아동기에 해결되지 못한 문제 상황을 재연한다고 보기 때문이다. 이때 치료사의 역할은 집단 과정을 촉진시켜, 집단 구성원들로 하여금 그들과 치료사와의 관계에서 드러내는 게임, 라켓티어링, 기타 각본 유형들을 자각하도록 개입하는 것이다.

고전학파의 관점에서 볼 때 치료사의 중요한 기능은 내담자에게 새로운 P 메시지를 제공하는 것이다. Crossman과 Steiner는 치료사가 **세 가지 P**(permission, protection, potency)를 제공할 필요가 있다고 말했다.[3)]

치료사가 **허용**(permission)을 통해 내담자의 각본에 들어 있는 금지명령이나 부정적인 대항금지명령과 모순되는 메시지를 보낸다. 예를 들어, "느끼는 대로 느끼는 것이 좋다." ― 왜냐하면 모든 사람이 자기 감정을 느낄 권리가 있기 때문이다 ― 혹은 "열심히 일하는 것을 그만두라." ― 자신의 건강에 영향을 미치기 때문이다 ― 는 메시지를 언어적으로 전달할 수 있다. 이러한 허용은 치료사가 모델로 본을 보여 줄 수도 있다.

내담자가 치료사의 이러한 허용을 수용하려면, **C 자아상태**에 놓인 내담자가 P 자아상태에 놓인 치료사를 처음에 부정적인 메시지를 주었던 실제 부모보다 더 강력한 ― 영향력(potency)을 가진 ― 인물로 여겨야 한다. 또한 내담자는 과거 부모의 부정적 명령을 따르지 않아 발생할 두려운 결과에 대해 치료사가 '보호(protection)' 해 줄 수 있는 존재로 보아야 한다.

재결정학파

Bob과 Mary Goulding은 교류분석 이론과 Frederick(Fritz) Perls의 게슈탈트 심리치료 기법을 처음으로 접목시킨 접근 방법의 창시자들이다. Goulding 부부는 초기결정은 사고보다 감정에 의해 이루어진다는 사실을 지적했다. 따라서 각본에서 벗어나기 위해서 사람은 초기결정이 이루어지던 시기의 C 자아상태 감정과 재접촉하여 이러한 감정을 표현함으로써, 초기결정을 새롭고 더욱 적절한 **재결정**(redecision)으로 바꿀 수 있다고 본다. 이를 위해 상상, 꿈 또는 초기 장면의 연상 등을 통해, 어린 시절의 정신외상적 장면을 회상하여 이를 재경험시킨다.

Goulding 부부는 Perls와 같이 어떤 사람이 문제 상황에 '갇혀' 있을 때 성격의 두 부분이 동일한 힘을 가지고 정반대 방향으로 끌어당긴다고 보았다. 이때는 아무리 힘을 써도 한 발자국도 나아가지 못한다. 이러한 상황을 **곤경**(impasse)이라 부른다. Goulding 부부는 두 자아상태 간에 이러한 일이 발생하는 것을 곤경으로 봄으로써 Perls의 이론을 발달시켰다. 이러한 곤경에서 벗어나게 할 때 게슈탈트 심리치료 기법인 **두 의자 기법**(two-chair work)을 흔히 사용한다. 내담자는 두 개의 의자에 번갈아 앉아 자신의 갈등을 상상하며 갈등 해결 대상과 대화한다. 이러한 과정을 통해 억압해 왔던 C 자아상태의 감정이 드러나는 일이 많다.

재결정학파의 치료사들은 일반 교류분석 치료사들보다 개인의 책임을 더 강조한다. 재결정 치료를 할 때 치료 계약은 내담자와 치료사 사이에서 하는 것이 아니다. 내담자가 자신과 계약을 하고 치료사는 증인이 된다. 치료사는 내담자에게 허용을 제공하지 않는다. 치료사는 긍정적인 모델로 작용하며, 내담자는 새로운 방법으로 행동하고 감정을 느끼도록 허용을 한다. 이와 마찬가지로 **능력**(potency)도 치료사가 제공하는 것이 아니라 내담자가 이미 가지고 있는 자원으로 간주한다.

재결정학파의 치료사들도 집단으로 치료하는 일이 많지만 집단과정에 초점을 맞추지는 않는다. 그 대신 치료는 일대일로 이루어지는데, 나머지 집단 구성원들은 증인으로 활동하고 긍정적 스트로크를 주며 변화를 강화시킨다. 이 학파의 치료사들은 재결정 치료에서 감정 표현이 중심을 이루지만, 내담자가 어떤 일이 진행되고 있는지 이해하는 것도 중요하다고 강조한다. 내담자에게 똑같이 중요한 것은 행동적 변화를 실천에 옮기고 새로운 결정을 더욱 다지기 위한 계약을 맺는 것이다.

카섹시스 학파

제5부에서 **카섹시스**(Cathexis) 학파가 교류분석 이론에 미친 중요한 공헌을 보았다. Schiffs는 정신과 환자를 치료하기 위해 처음으로 카섹시스 연구소(Cathexis Institute)를 설립하여 '**재양육**(reparenting)'이라 부르는 접근방법을 사용했다. 정신장애란 파괴적이고 일관성 없는 P 자

아상태의 메시지의 결과라는 사실을 전제로 한다. 치료할 때, 내담자를 퇴행으로 인도하도록 계약을 맺은 치료사와 관계를 맺는 내담자로 하여금 먼저 **A 자아상태**에서 OK 상태에 놓이게 한다. 그다음 문제를 겪기 이전의 어린 유아 시절로 퇴행하게 한다. Schiffs는 이러한 근본적 퇴행의 정도는 내담자에 의해서만 이루어질 수 있다고 말한다. 또한 내담자에게 '비정상적인 P' 자아상태에 에너지를 쏟지 않도록 요구할 수도 있다. Schiffs는 이러한 과정은 정신과 환자에게만 사용할 수 있다고 한다.

그런 다음 내담자에게는 다시 성장해 나갈 기회가 주어진다. 이때 치료사는 내담자에게 긍정적이고 일관성 있는 P 메시지들을 제공한다. 다행히 이 두 번째 성장 과정은 첫 번째보다 훨씬 빨리 진행될 수 있다. 재양육이란 완전히 성장한 '유아'(내담자)가 일정 시간 동안 새로운 '어머니'와 '아버지'(치료사)에게 의존하게 되는 것을 말한다. 이러한 유형의 치료는 안전한 환경과 치료사의 높은 수준의 헌신을 요구한다. 초기 카섹시스 학파에서는 추종자를 끌어들여 현재 광범위한 Shiff가(家)를 형성하고 있다. 따라서 현대 교류분석에서는 카섹시스 학파의 저명한 학자, 치료사, 교육자들이 많이 배출되었다.

카섹시스 치료는 비정신과적 문제를 가진 내담자에게도 효과가 있다는 사실이 입증되었다. 여기서는 디스카운트와 재정의에 대한 일관성 있는 직면을 강조한다. 문제를 해결하기 위해, 수동적인 자세에서 벗어나 사고하고 행동하도록 장려한다. 강렬한 재양육 방식의 치료는 비정신과적 문제를 가진 내담자에게는 적합하지 않다. 그러나 이 학파의 치료사들도 내담자와 재양육 계약을 맺는다. 치료사는 일정 기간 동안 '대리 부모'로서 활동할 수 있도록 계약을 맺고, 내담자에게 새롭고 긍정적인 P 메시지를 제공한다. 이것은 내담자가 과거에 부모에게서 받았던 제한적인 메시지와 대치시키기 위한 것이다.

이 학파에서 집단적으로 치료할 때, 집단은 배려적 입장보다 '반응적 환경(reactive environment)'으로 작용한다. 다시 말해, 치료사를 포함한 집단 구성원들은 다른 구성원의 행동에 적극적으로 반응하는 역할을 한다. 내가 좋아하지 않는 집단에서 작업을 하고 있다면, "나는 당신이 방금 한 것을 좋아하지 않습니다. 그 대신 ~하기를 바랍니다." 하고 말할 수 있다. 집단 내의 구성원이 수동적 행동을 나타내거나 디스카운트를 하면, 다른 구성원이 이를 바로 직면시키고 적극적 문제해결을 요구한다. 여기서 직면시킨다고 해서 '박해자' 역할을 하는 것은 아니다. 그 사람에게 I+U+의 생활자세에서 직접적으로 요구한다는 뜻이다. 직면을 시키는 사람은 상대방을 진정으로 돌보고 돕기 위해 하는 것이다. Shea Schiff는 이러한 의미를 드러내기 위해 **배려의 직면**(caring confrontation)' 이라는 말을 사용했다.

관계적 접근

관계적 접근은 2007년 Eric Berne 기념상을 받은 Hargaden과 Sills의 저서에서 분명한 모습을 드러냈다.[4] 이 접근 방법의 명칭과 맥락을 같이 하여 이 학파에서는 내담자와 치료사의 관계가 개인적 변화를 촉진하는 데 가장 중요한 요인이라는 명제에서 출발한다. 물론 교류분석의 어떤 접근 방법에서든 내담자와 치료사의 관계는 **누구나 다 OK**라는 핵심 원리를 토대로 진행된다. 그러나 관계적 접근에서는 무의식적인 과정이 치료적 관계에서 지속적으로 작용한다는 사실을 특별히 강조한다. 관계적 치료사의 과업은 내담자와 치료사 사이에 무의식적인 대화가 전개됨에 따라 내담자에 대한 반응에 개방적인 자세를 유지하는 것이다. 치료 과정에 어떤 일이 일어나든 내담자와 치료사는 시시각각 공동으로 창조해 나간다. 치료사도 내담자와 마찬가지로 치료가 진행됨에 따라 변화를 겪는다.

관계적 접근을 따르는 치료사들은 교류분석 세 학파의 특징이라 할 수 있는 아주 구체적인 계약 방식을 그리 중시하지 않는다. 계약이란 치료가 진행되어 나감에 따라 그때그때 수시로 할 수 있는 것으로 여긴다. 또한 이 학파의 치료사들은 변화를 촉진하기 위한 기법들을 별로 사용하지 않는다. 이것이 전통적인 학파들과 큰 차이점을 이룬다. 관계적 접근에서는 치료적 변화가 주로 무의식적 수준에서 일어난다고 간주한다. 관계적 교류분석에서는 치료사와 내담자의 독특한 관계에 초점을 맞추기 때문에, 집단 치료보다는 일대일 치료를 선택한다.

관계적 교류분석 이론에서는 다른 모든 교류분석적 접근에서와 같이 자아상태 모델이 중심을 이룬다. 초기의 발달적 문제에 초점을 맞춤에 따라, 유아와 돌보아주는 사람 간의 상호작용을 통해 **자아**와 유아의 정체성이 어떻게 발달되는가를 그려 내는 데 관심을 둔다. 이것은 중요한 변화가 내담자와 치료사 간에 떠오르는 관계에 있다는 관계적 접근의 명제와 일맥상통한다. 어떤 면에서 보면 관계적 접근의 이론과 실제는 전통적인 정신분석과 흡사하다. 관계적 접근을 따르는 학자들은 Berne이 선호하는 일상적 언어보다 정신분석적 언어로 기술할 때가 더 많다는 사실만 보아도 잘 알 수 있다.

세 학파를 너머

현대의 교류분석으로 발달하기까지 세 학파 외에도 기여한 사람이 여럿 있다. 예를 들어, Erskine과 Zalcman의 라켓 체계(Racket System)와 Kahler의 드라이버, Ware Kahler와 Joines의 성격적응 연구를 들 수 있다.

교류분석의 가장 긍정적 특징 중 하나는 다른 치료의 이론과 기법을 쉽게 통합시킬 수 있다는 점이다. 다양한 치료 이론과 기법들을 교류분석의 이론적 토대와 양립시킬 수 있다는 사실이 입증되었다. 현대의 교류분석 치료사들은 내담자의 욕구에 맞출 수 있는 많고 다양한 '도구 상자'를 가지고 있다. 대부분의 교류분석 치료사들은 교류분석 외의 다른 치료적 접근 방법에서도 다양한 기법들을 가져와 교류분석 치료에 활용한다. 이미 살펴보았듯이, 재결정 치료는 교류분석과 게슈탈트 이론을 통합시킨 것이다. 교류분석 치료사들은 정신분석, 단기치료, 생물에너지학, 신경언어학적 프로그래밍, 체계이론, 시각화와 자기상(self-image) 수정, Erickson 치료, 행동주의 심리학, 발달이론 등 수 많은 타 학파의 개념과 기법을 활용할 수 있다. 그러나 자아상태 모델과 생활각본 이론이 중추가 되어, 교류분석의 개념적 틀 속에서 이러한 다양한 이론과 기법을 통합해 줄 기본 원리로 작용한다.

제29장

교육과 조직에서의 교류분석 활용

교류분석이 처음 발달되던 초기부터 Berne은 교류분석을 단순히 치료 또는 상담 이론이라기보다 '사회행동이론'으로 보았다. 교류분석은 사람이나 집단을 대하는 방법으로서 다양한 활동 영역에 적용할 수 있다고 보았다. 교류분석은 사람들을 대하는 장면이라면 어디서든 그 효율성을 강화시켜 줄 수 있다.

교류분석은 교육과 조직 환경에서도 널리 활용되어 왔다. 교류분석 이론과 실제는 교육자, 수련감독자, 학생, 교육 및 조직 컨설턴트, 코치, 관리자, 사원, 부모 및 자녀 등에게도 사용할 수 있다. 이 장에서는 교류분석의 이러한 사용에 대해 개관하기로 한다. 이 장의 참고문헌 목록을 보면 이러한 상황에 적용할 수 있는 문헌을 안내해 줄 것이다.

최근의 일부 저자들은 앞서 밝힌 다양한 장면에 적용할 수 있는 포괄적인 명칭으로 **발달적 교류분석**(developmental TA)이라는 용어를 사용한다.[1] 이 장에서는 전통적인 명칭인 '교육 및 조직'이라는 명칭을 사용하기로 한다. 왜냐하면 국제교류분석협회에서는 전문가 자격에 여전히 이러한 명칭을 사용하고 있기 때문이다.

교육 및 조직 적용에서의 주요 특징

교육 및 조직에서나 치료 및 상담에서 사용되는 교류분석의 기본 이론은 동일하지만, 접근 방법과 기법에 있어서는 차이가 있다.[2] 교류분석 전문가 교육과정과 자격취득에서는 이러한 차이를 고려하고 있다.

치료와 상담에서는 보통 치료사와 내담자 양방 간의 계약으로 이루어진다. 이와 대조적으로, 교육 및 조직 영역에서는 다자간의 계약이 이루어진다. 교육 또는 조직 구성원들을 위해 교류분석 전문가와 지원 기관 사이에 사업 계약을 맺는다. 예를 들어, 기업에서 교류분석 전문가를 초빙하여 사원들을 대상으로 훈련할 경우, 교류분석 전문가는 경비를 담당하는 기관뿐 아니라 교육이나 훈련을 받을 개인이나 집단과도 계약을 맺는다. 이렇게 하는 이유는 다자간에 게임하는 일을 피하고 분명하고 공정한 계약 절차를 유지하기 위해서이다. 예를 들어, 어떤 회사에서 교류분석 훈련과정을 도입할 때 처음에 사원들이 여기에 참여하고 싶은 동기가 없을 경우도 있다. 출발 시점부터 회사, 교류분석 전문가, 사원들 간에 분명한 계약을 맺지 않으면, 삼자 중 일부 또는 모두 **드라마 삼각형**에서의 역할을 맡고 **게임**으로 이어질 가능성을 배제할 수 없다.

조직에 교류분석을 적용할 때 교류분석 전문가는 대체적으로 치료사보다 촉진자(facilitator), 훈련자(trainer), 코치(coach) 역할을 담당한다. 교육 상황에서는 교사, 교장, 그리고 행동 지원 및 특수 교육 분야의 전문가들이 교류분석 전문가로 활동하는 경우가 많다. 이러한 교육 및 조직 상황에서 적용할 때 집단 구성원들로 하여금 현재 진행되고 있는 일을 다룰 때 심리적 수준보다 사회적 수준에서 대처하도록 독려한다. 두 말할 필요도 없이 교류분석 전문가는 사회적 수준 그 이면에서 전달되는 '화성인' 메시지를 예리하게 파악하고, 여기에 토대를 두고 치료 전략을 수립해야 한다. 그렇지 않으면 효율성이 떨어질 것이다. 그러나 조직 및 교육 상황에서는 내담자로 하여금 이러한 심리적 수준의 메시지를 깨닫게 하는 것이 적절하지 못할 수도 있다.

교육 및 조직 현장에서 교류분석을 적용할 때는 개인이나 집단이 과거 해결하지 못한 사태보다 현재에 바탕을 둔 사고와 행동을 통해 문제를 효율적으로 해결하는 데 주로 초점을 맞춘다. 자아상태 진단을 할 때에도 역사적 진단이나 현상학적 진단보다 행동적 진단과 사회적 진단이 좋다. 집단 구성원들에게 왜 자기패배적이고 고통스러운 행동을 하게 되는지 설명하기 위해 인생각본 개념을 가르칠 수 있다. 그러나 개인적인 각본분석은 거의 하지 않는다. 그렇지만 개인이나 조직의 변화를 추구하는 작업이라 하더라도 개인의 각본에 영향을 미칠 가능성은 항상 있다. 따라서 교육 및 조직 상황에서의 교류분석 전문가는 안전하게 각본 변화에 요구되는 '**보호**(protection)'를 제공할 수 있도록 계약을 체결하고 경계를 조절하는 데 능숙할 필요가 있다. 다음에서는 교육이나 조직에서 사용할 수 있는 교류분석의 개념들을 간략하게 살펴보고자 한다.

조직 내에서의 교류분석 활용[3)]

수련 및 자격 관리위원회에서는 '조직' 영역에서의 교류분석을 다음과 같이 기술하고 있다.

> 조직 분야는 조직 내에서나 조직을 위해 조직 개발뿐 아니라 조직의 준거 틀과 맥락을 고려하는 전문가의 영역이다. 이 영역에서는 조직의 성장과 조직 내에서 일하는 사람들의 효율성 증대를 목표로 한다. 교류분석은 조직개발 전문가들에게는 강력한 도구이다. 조직개발 전문가는 기본적인 교류분석 개념을 제시하고 내담자들의 목표를 달성케 하는 데 이 이론을 사용함으로써, 조직 내의 역기능적 행동들을 제거할 뿐만 아니라 조직의 필요에 부응하고 기능적 관계를 수립할 공동 전략을 구축한다.

조직 영역 교류분석의 변화 목표

조직 영역에 적용하는 교류분석도—치료와 상담에서와 마찬가지로—근본적인 목적은 바로 '자율성'을 획득하게 하는 것이다. **조직 영역 교류분석**(organizational TA) 전문가인 Julie Hay는 다음과 같이 말한다. "(조직 교류분석에서의) 우리는 조직 내에서는 구성원들이 더욱 자율성을 띠고, 과거에 얽매이지 않고 지금-여기를 중시하여 심리적으로 더욱 건강한 구성원이 되게 하는 것이 우리의 의도라는 것을 계약한다."[4)]

자아상태

조직에는 자아상태가 없지만 이와 유사한 기능을 하는 요인들이 있다. 조직은 P 자아상태에 해당하는 신념, 에티켓, 규칙을 가지고 있고, A 자아상태와 유사한 문제해결 전략을 가지고 있고, C 자아상태와 유사한 행동 및 감정 유형을 가지고 있다. 내담자가 어떤 자아상태에 에너지를 집중하는지 살펴보듯이, 조직분석가도 조직이 이 세 요인 중 어느 요인에 에너지를 투입하는지 분석할 수 있다.

나아가, 자아상태 모델에 대한 지식을 통해, 조직 내 개인들 간의 커뮤니케이션과 상호작용을 강화시킬 수 있다. 예를 들어, 상사가 부정적 P 자아상태에서 대하면, 부하직원들은 부정적인 AC라는 기능적 자아상태에서 반항하거나 아니면 맹목적으로 따르게 된다. 따라서 효율성을 띠기 위해서는 관리자나 사원들이 A 자아상태를 활용하여 상호작용해야 한다. 그리고 일터를 더욱 밝고 편안하게 만들어 FC를 촉진함으로써 직무 만족도를 높일 수 있다.

교류, 스트로크, 시간구조화

'교류'에 대한 분석은 접수나 예약 담당 등 고객을 대하는 사원 교육에 널리 활용되어 왔다. 그들은 상보교류를 하고 또 P와 C 간의 논쟁이 예상될 때에는 교차교류를 함으로써 원활하고 편안하게 커뮤니케이션하는 방법을 배울 수 있다.

스트로크를 주고받는 유형에 대한 학습은 직무 동기를 강화하는 데 적용되어 왔다. 관리자들은 사원들이 잘못 했을 때에만 부정적 스트로크를 주기보다, 잘 했을 때 긍정적 스트로크를 제공하는 법을 학습할 필요가 있다. '사람마다 좋아하는 스트로크가 다르다.'는 원리를 적용해 볼 필요가 있다. 어떤 사람은 존경하는 상사에게 칭찬을 받는 것이 최상이라면, 어떤 사람은 임금 인상이나 휴가를 통한 보상을 더 좋아한다.

회의 시간 동안의 시간 구조화를 분석해 보면, 소일은 많고 활동은 적다는 사실이 드러날 것이다. '게임'은 조직에서 가장 많은 시간과 인적 자원을 낭비하게 하는 원천이다. 직장 생활이 권태에 빠졌거나 조직 내에서 도전할 일을 깨닫지 못하거나 적을 때와 같이, 스트레스 수준이 높을수록 조직 내에서 게임이 많이 발생한다. 스트로크 주고받는 유형을 바꾸고 긍정적 도전의 기회가 주어지면 게임에 빠져드는 일을 줄이고 창조성과 팀워크를 강화시킨다. 교류분석에서의 계약 체결 과정은 조직의 에너지를 건설적 활동으로 이끄는 데 도움을 준다.

수동성 직면

Schiff 이론은 조직에 적용하는 데 아주 유용하다는 사실이 입증되었다. '디스카운트 매트릭스'는 체계적 문제해결의 방안을 마련해 준다. 정보나 지시가 전달될 때 제대로 전달되지 않거나 왜곡되는 상황에서는 특히 유용하다. 언어적 디스카운트, 동문서답, 차단교류를 깨달으면 커뮤니케이션이 강화되고 회의의 효율성이 높아질 것이다.

성격적응[5)]

성격적응(personality adaptation)에 대한 지식도 조직 전문가나 관리자에게 채용이나 팀 빌딩에 큰 도움을 준다. 사원 각자의 성격 유형의 강점을 발휘할 위치로 배치할 수 있다. 성격적응을 이해하면 실패할 가능성을 미연에 방지하고 성공 유형을 독려할 수 있다.

교육에서의 교류분석[6)]

수련 및 자격 관리위원회에서는 교육 영역에서의 교류분석을 다음과 같이 기술하고 있다.

> 교육 분야는 유치원, 학교, 대학에서의 학습과 연구 분야나 가정, 기관 및 사회 내의 아동 · 청소년 · 성인 학습자들을 지원하는 분야에서 일하는 전문가의 영역이다. 목표는 학업적 · 사회적으로 개인적 · 전문적 성장을 증진시키는 데 있다. 교류분석은 교육철학과 일상생활의 원리를 변화시킬 방법을 제공하는 구체적인 교육 심리학으로 사용할 수 있다. 교육

현장의 교류분석(Educational TA)은 예방적 및 회복적 성격을 띠고 있다. 교육 현장에서의 교류분석은 개인적 자율성을 증대시키고, 개인적 전문적 철학을 발달시키고, 최상의 심리적 건강과 성장을 이루게 하는 것이 목표다.

교육 영역 교류분석의 변화 목표

자율성이란 분명한 사고와 효율적 문제해결을 가리킨다. 교육자는 학생들의 이러한 능력을 발달시키는 것을 목표로 삼고 있다. 그러므로 자율성은 전반적인 목표로서 다른 영역에서와 마찬가지로 교육 영역에서도 중요하다. 교육 현장에서 일하면서 교류분석 수련을 시키고 있는 Newton은 교육 교류분석의 철학에 대해 다음과 같이 부연 설명하고 있다.

> 진정한 교육이란 학교에서 어린이를 가르치는 것보다 훨씬 그 이상의 것이다. 이는 모든 사람이 의식하기를 선택할 수 있고 참여하기를 결정할 수 있는 지속적이고 관찰 가능하고 공동적인 과정이다. Berne도 이를 깨달았다. Berne은 사람들의 관찰 가능한 행동의 가시적 증거를 출발점으로 삼고, 이것으로부터 그들이 자신과 타인에 대해 믿고 있는 것을 읽고, 또 스스로 그렇게 하도록 가르친 첫 정신의학자 중 한 사람이다. 이러한 신념은 광의 교육, 즉 사회가 말하는 방식에 따라 형성된다. 교류분석은 사회 현상을 분석하고 탐색할 수 있는 아주 좋은 도구다. …우리는 교류분석에서 말할 수 있는 흥미진진한 이야기를 갖고 있으며, 우리는 은유와 창조성을 통해 세상을 해설할 수 있는 이야기꾼이다.[7)]

교육 현장의 특성상 학생들이 교사들의 본을 보기 쉽고, P 역할을 맡아 과거의 것을 재연하기 쉽다. 교육 현장의 교류분석가들은 교류분석 모델의 지식을 사용하여 이러한 게임 상황을 피하도록 도울 수 있다. 그 대신 학생이나 교육자와 OK-OK 관계를 맺도록 도와야 한다. 아동발달에 대한 교류분석 이론은 교육자로 하여금 다양한 발달단계에 놓인 학생들을 효율적으로 대하도록 인도할 수 있다. 교육 현장에서의 교류분석, 특히 Clarke는 많은 전문가들로부터 현대 교육 현장의 교류분석 이론과 실제의 중심적 인물로 평가받고 있다.[8)]

자아상태

기본적인 자아상태 모델은 이른 학령기의 아동들도 쉽게 이해할 수 있다. 교류분석의 단순한 이론은 이러한 학습에 도움이 된다. 학생들이 이 세 가지 자아상태의 내용과 동기들을 검토하게 되면, 자신의 의도와 소망에 대한 분명한 인식으로 더욱 잘 학습하게 될 것이다. 세 가지 자아상태에 호소하면, 학습 경험이 가장 효율성을 띠게 될 것이다. 특히 성격에 있어서의 FC가 창조성과 심리적 에너지의 원천이 된다는 것을 인식하고 학습 과정에 포함시킬 필요가 있다.

교육자는 세 가지 자아상태를 모두 충분히 활용할 수 있어야 한다. 그리고 상당한 시간 동안 A 자아상태를 통해 문제를 해결하는 모습을 보여 주어야 한다. 교육자는 긍정적 CP에서 명확한 경계를 그어야 하고, 긍정적 NP에서 따뜻한 배려를 해야 한다. 그리고 C 자아상태에 놓여 자발성, 직관적 능력, 학습을 즐기는 모델이 되어야 한다.

교류, 스트로크, 시간구조화

교류의 분석은 학생과 교사 간에 분명하고 생산적이고 솔직한 커뮤니케이션을 하는 데 도움을 준다. 그리고 '선택'을 사용하여 교사나 학생 모두 고착된 P−C 간의 상호작용에서 벗어날 수 있다.

스트로크와 시간 구조화 유형도 조직 현장에서와 마찬가지로 교육과도 관련성이 많다. 특히 교실은 게임과 라켓티어링의 온상이다. 학생들은 '한심스러운 나' '나에게 무엇인가 좀 해 달라'와 같은 게임을 하기 쉽고, 교사는 '내가 얼마나 애썼는지 봐라(See How I've Tried)' '단지 도와주려고 했을 뿐인데' '이렇게 한번 해 보면 어때?' '흠 들추기'와 같은 게임을 하기 쉽다. 게임분석을 익히면 교사와 학생들이 게임과 라켓티어링을 줄이고 학습을 강화시킬 환경을 조성하는 데 도움이 될 것이다. 계약 체결을 하면 교육자와 학습자가 각자 무엇을 하고 그것을 달성할 최상의 방법에 대한 분명한 동의에 이르는 데 도움을 줄 것이다.

수동성 직면

교육 현장에서 공생을 바라는 사람들이 아주 많다. 어떤 문화권에서는 이러한 기대를 공공연히 드러내기도 한다. 이러한 문화권에서 교육자는 전통적으로 P와 A의 역할을 하고, 학습자는 보통 C의 역할을 맡는 것으로 묘사되고 있다. 현대의 교육에 대한 여러 접근방법에서도 교류분석의 관점에서와 마찬가지로 교육자나 학생들의 능력을 디스카운트하고 있다는 사실에 전적으로 동의하고 있다.

Schiff의 이론을 이해하면 교육자나 학생들이 공생관계에서 벗어나 세 가지 자아상태를 충분히 활용하는 데 도움을 얻을 수 있다. 교육자들은 네 가지 수동적 행동을 파악하는 법을 배움으로써, 게임으로 들어가는 대신 이를 직면시킬 수 있다. 교육자와 학생들은 분명하게 사고하고 적극적으로 문제를 해결해 나갈 공동 책임을 가지고 있다.

성격적응

성격적응에 대한 지식은 교육자가 학생 또는 수련생 등과 효율적인 라포 관계를 형성하고 유지하는 데 도움을 준다. 조직 현장에서와 마찬가지로 교육 현장에서도 개인이 범하기 쉬운 실패 가능성을 미연에 방지하고 성공 유형을 독려할 수 있다. 교육자가 학생 개개인과 커뮤니케이션할 때, 교육자는 각 학생과 적절하게 접촉할 수 있는 장면을 활용할 수 있다.

제30장

교류분석이론의 발달

이 책의 제2판이 출판된 것은 Berne이 「교류분석」이라는 최초의 전문적 논문을 발표한 지 55년이 흐른 후다. 이와 같이 정통성을 인정받고 있는 교류분석의 기원을 거슬러 올라가자면 반세기가 넘는다.

이 55년 중 1970년 초반 Berne이 사망한 후 3/4이 흘렀다. 그 동안 교류분석은 계속 확장되고 발달되어 왔다. Berne은 이 분야의 창시자로 널리 인정되어 왔지만, 그 외에도 개척자적인 저술가와 전문가들이 Berne의 사상을 기반으로 하여 새로운 아이디어를 제시해 왔다. 현대의 교류분석은 많은 사람들의 업적을 토대로 모습을 드러낸 것이다.

이 장에서는 Berne의 생애와 1950년대와 초기의 교류분석의 기원을 살펴보고자 한다. 1957년 첫 논문이 발표된 이후의 10년은 미국의 서부 해안을 중심으로 소수의 교류분석 전문가들에 의해 교류분석이론이 발달하기 시작한 초기 단계에 해당한다. 1964년 베스트셀러가 된 『**심리게임**』이 세간의 시선을 사로잡았고, 1970년 중반에 절정을 이룬 대중화의 출발점이 되었다. 동시에 Berne이 사망한 후 10여 년 동안 교류분석 전문가들이 계속해서 이론과 실제에 중요한 공헌을 했다.

1980년대부터 현재에 이르기까지는 공고화와 확장의 시기였다. 교류분석의 이론과 실제는 더욱 수정되고 발달되어 왔다. 그중 가장 놀라운 일은 교류분석에 대한 관심이 전 세계적으로 확산되었다는 점이다. 미국 서부 해안의 소규모 세미나 그룹에서 출발한 교류분석이 전

세계 52개국에 협회가 결성될 만큼 확장되었다. 교류분석 공동체는 가히 국제적 성격을 띠게 되었다.

Eric Berne과 교류분석의 기원

Eric Berne은 1910년 몬트라올에서 Eric Bernstein으로 태어났다.[1] 아버지는 일반 의사였고 어머니는 작가였다. 그의 어린 시절은 행복했고, 아버지를 따라 왕진가는 것을 특히 좋아했다. 그런데 9세 때 아버지가 세상을 떠났다. 아버지의 사망은 어린 소년에게 큰 영향을 미쳤고, 그 후의 삶에도 영향을 미쳤을 것이다. 어머니의 권유로 의과대학에 들어갔고, 1935년 의사가 되었다. 의사가 된 직후 미국으로 건너 가 정신과 전문의 실습을 시작했고, 미국 시민이 되어 Eric Berne으로 이름을 바꿨다.

1941년 그는 정신분석 훈련을 받기 시작했고, Federn에게 정신분석을 받던 중 제2차 세계대전이 발발하여 1943년 군의관으로 참전하였다. 이 기간 동안에 그는 집단치료를 실시하기 시작했다. 여기서 나중에 교류분석의 바탕이 될 정신의학과 정신분석에 대한 비판적 노트를 수집하기 시작했다.

1946년 제대한 후 Berne은 Erikson 밑에서 다시 정신분석 훈련을 받기 시작했다. 이때부터 개업의로서 뿐만 아니라 공공단체에서의 활동을 겸하면서 많은 저술을 하였다. 1947년에 첫 저술인 『행동하는 정신(The Mind in Action)』을 출판했고, 1957년에 『비전문가의 정신의학과 정신분석 안내(A Layman's Guide to Psychiatry and Psychoanalysis)』라는 이름으로 재판을 냈다.[2] 1949년에 직관의 특성에 관한 여섯 개의 논문 중 첫 번째 논문을 출간했다. 그때부터 1958년까지 교류분석의 발달에 토대가 될 사상들이 싹트기 시작하였다.

이 기간 동안 Berne은 정신분석 훈련을 계속 받았고, 1956년에 정신분석연구소에 가입하려고 하였으나 거부당했다. 그 이유는 아무도 모른다. 어떤 사람은 자기 주관대로 살아간 Berne의 개성 때문이 아닌가 말하기도 한다. Berne은 이러한 거부에 자극을 받아 심리치료에 대한 새로운 접근방법을 개척하기 시작했다. 그 해 말, 두 개의 직관에 관한 논문을 더 썼는데, 여기서 처음으로 P, A, C라는 세 가지 자아상태 개념을 제시했고, 구조분석이라는 용어를 사용했다. 이 논문들은 1957년에 출판되었다. Berne은 계속 논문을 썼고, 1957년 11월 미국 집단심리치료협회에 발표했다. 이때 발표한 논문이 『교류분석: 새롭고 효율적인 집단치료법('Transactional analysis: A new and effective method of group therapy)』이다. Berne은 다음 해에 출판한 이 논문에서 P, A, C라는 세 자아상태를 다시 소개했고, 게임과 각본의 개념에 대해서도 소개하였다. 이때 교류분석 이론의 기본 틀이 완성되었다.

Berne은 어떤 사람인가? 최근 캐나다 몬트리올에서 열린 100주년 기념 대회(2010년 8월)에서 Berne의 자녀들은 아버지를 매우 사랑이 깊고 착실한 분이었다고 평했다. Berne을 알고 있는 또 다른 사람들은 그의 복잡한 성격에 대해 다르게 평하기도 한다. 어떤 사람들은 친절하고 지지적이고 재미있는 사람이라고 말하는가 하면, 또 어떤 사람들은 신랄하고 경쟁적이고 가까이 하기 힘든 사람으로 기억한다.[3] 그러나 한 가지 확실한 것은 그가 분명한 사고가로서 남에게도 이러한 분명한 사고를 요구했다는 사실이다. 이러한 특성은 우리에게도 전해져 교류분석 구조에도 일관되게 흐른다.

Berne은 일생 동안 직관의 기능에 관심을 기울였다. 이것이 Berne의 교류분석 초기 개념 형성에 자극을 주었고, **생각하는 화성인**(thinking Martian)(드러난 메시지뿐 아니라 숨겨진 메시지에 대한 이해)에 대한 강조에서도 잘 반영되어 있다.

Berne은 개인주의자인 동시에 반항아이기도 했다. 우리는 단지 정신분석연구소 가입이 거부당한 것이 교류분석 개발에 자극이 되지 않았을까 추측할 뿐이다. 그러나 Berne은 관례를 부순 새로운 심리치료 방법을 개발하는 데 성공했다. 그의 이상은 여러 해에 걸친 심리치료보다 사람들을 빨리 치료하는 것이었다. 치료사와 내담자가 치료 과정에 쉽게 동참하도록, 라틴어나 희랍어로 어렵게 감싸기보다 일상적인 언어로 말해야 한다고 여겼다.

역설적이지만, Berne에게 가장 깊이 깔려 있는 사상은 의학적 배경에서 나왔다. 아마 자신의 의학적 훈련뿐 아니라 아버지를 따라다녔던 행복한 어린 시절이 반영되었을지도 모른다. Berne은 『심리치료에서의 교류분석(Transactional analysis in psychotherapy)』을 출판할 때 라틴어로 '의사요, 수술의 대가요, 가난한 자의 의사였던 아버지 David를 기억하며'라는 헌사를 썼다.

Berne은 효율적인 치료사는 '진정한 의사'여야 한다고 생각했다. 이 말은 의학적으로 자격있는 사람을 가리키는 것은 아니다. 그러나 어떤 치료사든 의사에게 요구되는 책임을 느껴야 한다는 것이다. Berne에 따르면, **진정한 의사**란 무엇보다 환자를 치료할 수 있는 의사다. 치료 계획을 짜서, 각 단계마다 어떤 일을 수행하고 있고 또 왜 하고 있는지 알고 있어야 한다. 이러한 자질은 오늘날 교류분석 치료사 자격 획득에도 요구되고 있다.

초기 단계

1950년대 초부터 Berne은 동료들과 정기적인 임상 세미나를 열었다.[4] 1958년에는 **샌프란시스코 사회정신의학 세미나**(San Francisco Social Psychiatry Seminars: SFSPS)를 결성하여, Berne의 자택에서 매주 화요일 개최했다. 초기 이 세미나는 떠오르는 아이디어의 산실이 되었다. 오로지 교류분석만 다룬 첫 저서인 『심리치료에서의 교류분석(Transactional analysis in psychotherapy)』은 1961년에 출판했다. 1963년 『조직과 집단의 구조와 역학(The structure and dynamics of organizations and group)』을 출판했고, 1962년에는 『교류분석회보(Transactional Analysis Bulletin)』를 창간하여 편집장이 되었다.

Claude Steiner, Jack Dusay 및 Steve Karpman와 같이 지금도 잘 알려져 있는 '고전학파'의 인물들이 SFSPS 회원들이었다. 초기의 세미나 참여자 중에는 Jacqui Lee Schiff도 있었다. 또한 Bob Goulding은 1960년대 초기에 Berne에게서 임상수련을 받았다. 이렇게 하여 제28장에서 살펴본 다른 두 개 교류분석 '학파'가 싹튼 산실이 되었다.

1964년에 Berne과 그의 동료들은 미국 외의 다른 나라에서도 교류분석 전문가들이 활약하고 있다는 사실을 알고 **국제교류분석협회**(International Transactional Analysis Association: ITAA)를 결성하기로 결정했다. 또 그때까지 진행해 오던 세미나를 '샌프란시스코 교류분석 세미나(San Francisco Transactional Analysis Seminar: SFTAS)'로 바꾸었다.

『심리게임』의 영향

『심리게임』이 출판된 1964년은 교류분석 역사에서 획기적인 한 해가 되었다. Berne은 비교적 소수의 전문가들을 위해 이 책을 집필했다. 그러나 이 책은 베스트셀러가 되어 전 세계에 소개되었고, 교류분석의 언어와 사상이 대중의 주목을 끌었다. Berne의 이 책은 대량으로 발행되는 여러 잡지에 연재되어 이 달의 책으로 선정되었고, Berne이 대중적인 인물이 되었다. 그리고 '게임' '스트로크' 'OK'와 같은 교류분석 용어가 그 진정한 뜻을 알든 모르든 일상적 대화에 오르내리기 시작했다. 『심리게임』으로 인해 Berne과 교류분석 체계는 대중들의 눈에 심리치료 역사상 독특한 것으로 비쳐졌다. 문자 그대로 수백만 명이 Berne과 교류분석을 듣게 되었다. 그러나 교류분석에 대한 그들의 지식은 기껏 『심리게임』이라는 책이나 대중지에 요약된 내용에서 나온 것이다. 이때 발단이 된 교류분석에 대한 대중적 관심은 차후 10여 년 동안이나 지속되었다.

그러나 『**심리게임**』은 대중을 위해 집필한 책이 아니다. 이 책은 교류분석 전반적인 이론에 대한 개략적 설명으로서, 전문적인 독자가 더욱 충분한 이해를 하려면 자신의 초기 작품을 읽기를 원했다. 이와 같이 일반 독자의 눈에 들어온 것은 기억하기 쉬운 **게임 명칭**이었고, Berne이 사용한 평이한 용어였다. 일상적인 명칭 속에 들어 있는 심오한 이론은 도외시하였다. 『심리게임』의 피상적인 해설을 토대로 하여 여전히 교류분석을 다루는 대중 매체에서도 이러한 지나친 단순화가 이어지고 있다.

이러한 현상으로 가장 피해를 본 것 중의 하나가 자아상태 이론이다. 자아상태에 대한 Berne의 원래 모델에서 A 자아상태는 현재에 바탕을 두고 있지만, P 자아상태와 C 자아상태는 과거에서부터 이어져 오는 것이다. 그러나 제2장에서 살펴보았듯이, 당시 대중매체에서는 이를 지나치게 단순화했다. 어떤 매체에서는 "P 자아상태는 가치와 당위, A 자아상태는 사고, C 자아상태는 감정을 가리킨다."고 말하기까지 했다. 교류분석 이론의 전체 구조는 바로 자아상태 이론을 토대로 하고 있기 때문에, 이러한 이론의 단순화는 교류분석 이론까지 단순하게 보이게 했다. 1967년에 출판한 Tom Harris의 베스트셀러 『I'm OK, You're OK』도 교류분석 이론이 '가치-사고-감정' 모델을 토대로 한다는 오해를 낳아 부지불식간에 이러한 추세를 강화시키는 결과를 낳았다.

이러한 단순화 덕분에 교류분석이 전 세계 수많은 청중에게 알려진 것은 다행이지만, 그 대신 지나치게 단순화되고 오도된 내용이 전달되었다. 그 후 20년 동안 교류분석 전문가들의 주요 과업 중 하나가 이러한 왜곡된 이미지를 수정하고, 심리치료, 상담 및 기타 전문직에서 교류분석을 정평이 있고 존중받는 접근 방법으로 회복시키는 것이었다.

전문성과 국제적 확산의 시초

『심리게임』이 상업적으로 성공했다고 해서 교류분석을 사용하는 전문가의 수가 즉각 팽창한 것은 아니다. 1965년 ITAA에 등록된 회원은 고작 279명이었다. 그러나 이러한 소수의 참여자들이 교류분석의 이론과 실제의 꾸준한 발전을 지속시켰다. 1965년에는 Schiffs가 정신과 환자를 대상으로 교류분석을 사용하기 시작했다. Berne의 『집단치료의 원리(Principles of group treatment)』가 1966년에 출판되었고, 같은 해 Steiner의 「각본과 대항각본」이라는 중대한 논문이 『교류분석회보』에 실렸다.

미국 바깥의 지역에서도 이미 교류분석에 대한 관심이 일기 시작했다. 일찍이 1964년에 영국 레스터 대학교 Allaway 교수가 성인교육에서 집단 상호작용에 대한 교류분석적 접근을 강의했다. 그러나 1965년 ITAA의 회원 명부에 미국 바깥 지역의 회원 수는 손에 꼽을 정도였다.

1968년에는 ITAA 회원이 500명 이상으로 늘어났고, Karpman의 드라마 삼각형이 처음으로 『교류분석회보』에 실렸다. 그 동안 Berne도 끊임없는 작업을 계속했다. 1970년 6월 『사랑과 성(Sex in Human Loving)』, 『안녕 하고 말한 다음 무슨 말을 하는가?(What Do You Say After You Say Hello?)』라는 두 책의 원고를 완성했다. 그러나 이 책들의 출판을 보지 못했다. 그는 6월 말 무렵에 심장발작으로 병원으로 실려갔다. 처음 회복되는 듯하다 두 번째 발작으로 1970년 7월 15일에 세상을 떠났다.

1970년대: 대중적 인기와 전문적 혁신의 시기

뒤늦게 깨달은 것이지만, 1970년대를 거쳐 1980년대 초반까지 교류분석 역사에 두 가지 상반된 흐름을 읽을 수 있다. 하나는 교류분석의 대중적 인기가 절정에 달했다가 식어 가는 과정이다. 또 하나는 현대 교류분석의 핵심이 될 만큼 이론과 실제에 혁신을 일으킨 교류분석 전문가들의 창조적 에너지가 분출된 점이다.

Berne이 사망한 후 『사랑과 성』과 『안녕 하고 말한 다음 무슨 말을 하는가?』라는 두 책이 각각 1970년과 1972년에 출판되었다. 1971년 출판된 James와 Jongeward의 베스트셀러

『승리하기 위해 태어나다(Born To Win)』는 Berne의 사상과 Perls의 게슈탈트적 접근을 접목시켰다. (James와 Jongeward는 교류분석 이론을 Harris와 달리, A 자아상태는 현재에 토대를 두지만, P 자아상태와 C 자아상태는 과거에서부터 유래한다는 Berne의 이론을 토대로 하고 있다.)

이와 같이 대중적 관심을 끈 작은 눈덩이가 계속 굴러가기 시작했다. ITTA 회원이 1971년에는 약 1,000명, 1973년에는 5,000명으로 늘어났다. 1976년에는 거의 11,000명까지 치솟았다.[5] 교류분석에 대한 세계적인 관심의 분출이 시작되어, 미국 이외의 지역에서 ITAA에 가입한 회원이 약 2,000여 명이 되었다. 유럽 여러 나라에서도 교류분석에 대한 관심이 이어져, 1974에 '유럽 교류분석 협회'가 결성되었고, 1975년 일차 총회가 열렸으며, 1976년에는 범미국 대회가 열렸다.

그 동안 교류분석의 세 학파도 각기 이론과 실제에 있어서 발전을 거듭했다. 1971년 발간된 『교류분석 저널(Transactional Analysis Journal)』 첫 호는 Berne을 기리는 기념호가 되었다. 이 호에 Aron Shiff와 Jacqui Shiff의 선구적인 글인 「**수동성**」, Karpman의 「**선택**」이 실렸다. 1972년에 Dusay의 「**에고그램**」이 『교류분석 저널』에 실렸고, 같은 해 Bob Goulding과 Mary Goulding의 「재결정」과 「금지명령」에 관한 논문이 실렸고, Aron Shiff와 Jacqui Shiff는 '카섹시스 연구소'를 설립하였다.

1974년 교류분석 저널에 실린 Kahler의 「**드라이버**」와 「**미니각본**」은 교류분석 발달에 있어서 새로운 출발을 알렸다. Kahler의 이론은 어느 학파에도 속하지 않았지만, 교류분석 기본 이론으로서 튼튼한 토대를 구축했다. 1970년 Berne이 작고할 때까지 들어보지 못했던 새로운 개념으로 등장한 것이다.

교류분석이 직관에 대한 Berne의 초기 연구에서 잉태되어 1957년 논문에서 탄생하였다면, 1978년에 이르러 성년이 되었다. 그 해 ITAA의 회원은 8,000명으로 감소했다. 교류분석이 가진 신선한 가치는 대중매체의 관심으로부터 차츰 멀어져 갔다. 이러한 대중적 관심의 쇠퇴는 교류분석 역사에서 큰 문제가 아니다. 중요한 것은 교류분석이 하나의 학문으로서 성숙기에 접어들었고 전문적인 치료방법으로서 국제적인 인정을 받았다는 사실이다. 이러한 관점에서 볼 때, 교류분석이 급성장하던 시절 일반 사람들의 마음에 부각되었던 '대중 심리학'으로서의 이미지를 잃은 것은 나쁜 일이 결코 아니다.

이러한 변화를 나타내는 두 권의 책이 1977년에 출판되었다. 둘 다 전문가를 대상으로 한 학술대회 자료다. Barnes이 편집한 『에릭 번 사후의 교류분석(Transactional Analysis After Eric Berne)』은 Berne 사후에 성장하고 발달한 교류분석의 이론과 실제를 집대성시켰다. James는 『심리치료사와 상담사를 위한 교류분석 기법(Techniques in Transactional Analysis for Psychotherapists and Counselors)』의 편집장이 되어 교류분석을 주로 심리치료와 상담에 적용하는 작업에 초점을 맞추었다.

교류분석 학자들은 계속해서 교류분석의 이론과 실제를 발달시켜 왔다. 몇 가지 예를 들면, 1975년 카섹시스 학파의 이론과 실제에 '성경'과 같은 『카섹시스 리더(Cathexis Reader)』가 출판되었다. 1978년과 1979년에는 재결정 치료에 대한 Bob Goulding과 Mary Goulding의 『환자의 능력(The Power is in the Patient)』과 『재결정치료를 통한 삶의 변화(Changing Lives Through Redecision Therapy)』라는 두 책이 출판되었다. 또 Erskine과 Zalcman은 1979년 『교류분석 저널』에 「라켓 체계」 논문을 처음으로 발표했다.

Kahler는 드라이버에 대한 초기 이론을 토대로 하여, '과정모델(process model)'이라는 명칭하에 성격과 커뮤니케이션에 대한 광범위한 모델을 발전시켜 왔다. 그는 심리치료와 상담에서뿐만 아니라 관리와 커뮤니케이션 영역에서도 효율적으로 사용할 수 있는 방법을 제시했다. 과정모델에 내포된 성격적응에 대한 개념은 Kahler와 Ware가 개발한 것이다. 이 두 전문가는 처음에는 따로 활동하다가, Ware가 1983년 성격적응에 관한 논문을 발표한 후 함께 활동하게 되었다.

1980년대에서 현재: 국제적 확산과 공고화의 시기

교류분석의 발달이 유아기에서 성인기까지의 인간 발달과 흡사하다는 것은 재미있는 현상이다. 어린이가 태어난 몇 달 및 몇 년 동안의 발달 단계는 빨리 지나간다. 그리고 한 단계에서 다음 단계로의 변화는 분명하고 뚜렷하다. 그다음 아동기와 십대에서는 여전히 성장하고 발달해 나가지만, 그 변화는 유아기와 같이 급격하지는 않다. 아동기에서 벗어나 성인기에 들어와서도 발달을 계속해 나간다. 그러나 그 발달 과업은 아동기와 다르고, 변화의 속도도 느리다. 성장한 사람은 삶에서의 도전과 현실에 직면하면서, 전에는 경험하지 못했던 성숙과 경험을 얻게 된다. 이 장의 마지막 부분에서 살펴보려는 것은 교류분석 발달의 제3기에 해당한다.

교류분석 이론: 재건, 공고화와 다양성

1980년대에서 현재에 이르기까지의 긴 기간 동안 교류분석 이론가들은 여전히 열심하고 생산적이었다. 그러나 이론의 발전은 그 스타일과 방향을 바꾸었다. 초기 발달의 특징을 이루었던 진보를 향한 외곬수의 추진 대신에, 후기의 이론은 **외부로의 확산**을 꾀하였다. 우리가 의미하는 것은 흥미진진하고 1980년대 초반까지 충분히 검토된 이론을 토대로 특정 상황과 내담자 집단에 적용할 수 있는 방법들을 상세히 보여 주었다는 것이다. 이러한 추세와 함께 다른 학자들은 기존의 핵심 이론을 재검토하고 재구축하거나 확장시켜 나갔다.

이와 관련하여 1980년대 중반부터 계속 수여된 에릭 번 기념상(Eric Berne Memorial Award: EBMA)을 받은 주제들을 살펴보면 재미있을 것이다(부록 3 참조). 한 가지 주목할 점은 교류분석이 새로운 방향으로 나아가기 전까지의 1985년에서 1993년까지의 9년 동안 마치 멈춘 듯한 인상을 주었다. 이 시기에 수상한 하나의 논문—1987년 Moiso가 수상했는데, 두 해 전에 출판되었다—은 게임에서의 투사 유형에 대한 Joines의 초기 이론을 토대로 한 전이의 역할을 재구성한 것으로서, 특수 내담자 집단(자기애적 성격장애 및 경계선 성격장애)에 적용하였다. 1994년 공동 수상한 세 가지 상은 교류분석을 특수 영역의 치료 기법에 적용한 것들로서 Joines의 성격적응 이론과 재결정치료의 통합, 발달 이론, 전통적 진단에 대한 것이다. 그때부터 지금까지 EBMA를 보면 이미 지적했던 외부로의 확산과 증대되는 다양성을 잘 보여 준다. 에릭 번 기념상은 부모교육, 사회권력 연구, 가족체계 이해에 교류분석을 적용한 작품에도 주어졌다. 또 다른 다양화의 측면을 보면, 교류분석을 자기심리학, 이야기 이론과 구성주의와 같은 다른 양식이나 철학과 통합시킨 사례를 들 수 있다.

1987년부터 현재까지의 EBMA 수상 목록을 보면 두 가지의 주요한 줄기를 볼 수 있다. 하나는 교류분석의 전이와 무의식적 커뮤니케이션에 대한 연구이고, 또 하나는 원래의 자아상태 모델의 복구다. 이러한 줄기의 첫 출발점은 1987년 수상한 Moiso다. 그때부터 Erskine과 Traumann(1991년에 발표한 전이에 대한 논문으로 1998년 수상), Novellino(2003) 및 Hargaden과 Sills(2007)로 이어진다. 이 줄기는 구성주의와 초기 자아상태 발달과 함께 제28장에 기술한 관계적 접근의 주요 원천으로 간주된다.

자아상태 모델로 전환을 이룬 것은 복구의 의미를 담은 것인가? 1970년대 교류분석이 각광을 받던 시절에 P, A, C를 지극히 단순화시켜 **가치-사고-감정** 모델로 통용되었다. 일부 교류분석 전문가의 책에도 이렇게 소개되기까지 했다. 이러한 직관적인 **단순성**으로 많은 교재와 훈련 과정에서 인기를 끌게 되었다. 이러한 현상이 교류분석의 신빙성에 불행한 결과를 초대했다는 사실은 이미 언급했다. 이렇게 지나치게 단순화한 모델에 대해 비판의 포문을 열고 원래 Berne의 견해로 복구하자고 주창한 사람들 중 가장 주목할 만한 인물은 Erskine과 Traumann(1981년 『교류분석 저널』에 기고, 1988년 다시 기고). 실린 글의 내용은 1998년 EBMA를 수상한 내용의 일부다. 또 하나 Berne의 원래 모델대로 복구되어야 한다는 주장은 1982년 『교류분석 저널』에 실린 Hohmuth와 Gormly의 논문이다(이 논문은 EBMA를 수상하지 못했다).

저자들이 1987년 『현대의 교류분석』 초판을 낼 때의 주목적은 단순화된 모델을 따르기보다 철저하게 Berne이 주창한 원래의 자아상태 모델에 따라 교류분석 기본 교재를 만들자는 것이었다. 이러한 여러 노력의 여파로 현대 교류분석 이론에서 원래 Berne의 모델을 확고하게 제자리로 돌려놓게 되었다. 1980년대 EBMA 목록을 보면 특히 발달적 측면에 초점을 맞추어 자아상태 모델을 다룬 작품들이 들어있다. 이 영역에서 수상한 것은 Blackstone(1995)과 Cornell(2010)의 논문이다. 이 영역에서의 활동은 전이에 대한 자료와 더불어 교류분석 내에서 관계적 접근에 대한 현재의 관심에 잘 반영되어 있다.

국제적 확산과 ITAA의 역할

교류분석은 이미 1970년대에 국제적으로 확산되기 시작하여, 1980년대부터 현재까지도 수그러들지 않고 있다. 처음에는 서유럽의 여러 나라에서 교류분석을 활용하기 시작하여 떠오르기 시작했다. 그리고 1989년 동유럽의 정세 변화로—베를린 장벽 붕괴에 따른 새로운 개방화 물결—옛 소련 연방 국가들에서도 정열적인 교류분석 활동이 전개되었다. 1991년 경에는 EATA 회원 수가 4,000명을 넘어섰고, 그들 중 대부분이 전문가들이었다. 1987년 한 집단의 ITAA 방문객들이 중국에서 **TA 101** 기본 과정을 개설하였다. 또 라틴 아메리카, 일본,

인도, 호주의 기존 교류분석협회 회원들도 늘어났다. 교류분석에 대한 이러한 국제적 관심의 확대에도 불구하고 ITAA는 도전 상황에 놓여 있다. ITAA는 '국제적'이라는 꼬리표에도 불구하고 출범 당시에는 미국 내의 조직이었다. 그러나 ITAA가 현재는 진정 국제적 규모의 협회가 되었다. 1982년 미국교류분석협회(USATAA)가 별도로 구성된 것을 보면, 미국 내의 교류분석 전문가들도 이러한 변화된 상황에 부응했다고 볼 수 있다.

ITAA는 교류분석 협회의 수가 증대됨에도 불구하고, 가입 회원 수는 계속해서 감소되고 있다는 문제를 안고 있다. 동시에 국제적 규모로 수행되어야 할 과제도 떠안았다. 1989년 EATA가 ITAA에 가입하였고, 캐나다와 인도가 뒤따랐다. 이것이 ITAA에 활력소가 되어, 1991년에는 회원 수가 7,000명이 되었다. 그러나 이 숫자는 EATA 회원 4,000여 명을 포함한 숫자다. 이것을 보면 교류분석의 국제적 활동이 미국에서 유럽으로 이동했다는 사실을 보여준다. 관리와 재정상의 여러 이유로 EATA와 기타 여러 나라 협회는 차츰 ITAA에서 탈퇴 움직임을 보이고 있다. 이와 같이 1990년대 후반의 ITAA에 대해 기술한 문제는 지금에 와서 더욱 가중되고 있다. 회원 수가 1995년 6,715명에서 2,010년 1,169명으로 감소했다. 저자들은 ITAA의 번성이 전 세계 교류분석의 큰 자산이라 여긴다. 다른 대부분의 교류분석 전문가들도 같은 생각일 것이다. 이 책의 제2판이 인쇄될 무렵, ITAA에서는 '교류분석 이론과 실제의 발달을 위한 전세계 전문가 네트워크'라는 새로운 비전을 제시하고, 이러한 비전을 달성할 새로운 구조를 만드는 과정에 있었다.

ITAA의 문제에서 눈을 돌려 전 세계 교류분석협회에 가입한 회원 수를 보면 더욱 장밋빛 전망이 떠오른다는 사실을 알 수 있다. EATA 하나만 해도 회원 수가 현재 7,500명이 넘는다.[6] 유럽 지역 이외의 교류분석협회에 가입한 수를 더하면 1976년 대중적 인기에 힘입어 절정에 달했던 11,000명에 육박할 것으로 추정된다. 정확한 통계는 없지만, 현재 교류분석을 전문적으로 사용하는 사람들의 수효는 과거 1976년 당시보다 훨씬 많을 것으로 추정된다.

심리치료 분야 및 학계에서의 인정

1960년대 후반부터 10여 년 동안 교류분석에 대한 대중적 인기에 힘입어 대중매체에서의 지나친 단순화 때문에 교류분석의 전문성에 손상을 입었다는 사실을 언급하였다. 교류분석 전문가들은 이 시기에 떠오른 이 학문의 손상된 이미지를 복구해야 할 과제를 안고 있다고 강조하였다. 이 책의 초판이 나온 1987년 당시에도 이러한 과제가 진행 중이었다. 사실 이 책을 집필한 목적 중 하나도 이러한 프로젝트에 기여하는 것이었다.

25년이 흐른 지금, 이러한 과제는 달성되었다고 말할 수 있다. 아니면 적어도 개인적 변화를 추구하는 어떤 접근 방법에서든 전문가 집단 내에서는 완전한 달성이 이루어졌다고 말할 수 있을 것이다. 사실 이러한 과제는 이미 10여 년 전인 21세기 초반에 달성되었다고 볼 수 있다. 현재 교류분석은 미국 외의 나라에서도 다른 이론과 동등한 지위에 놓여 있다. 심리치료, 상담, 교육, 조직 등의 분야에서 국제적으로 저명한 출판사에서 발간하는 출판물에서도 두각을 나타내고 있다.

지난 25년 동안 심리치료와 상담은 정부든 전문가 단체든 규제를 받아오는 추세를 보이고 있다. 교류분석에 대한 결과는 나라마다 상이하다. 유럽심리치료협회(EAP)에서는 영국심리치료협회와 영국 상담 및 심리치료협회와 마찬가지로 교류분석을 정통 심리치료 분야로 인정하고 있다.

세계 대회

2010년 8월 세계 여러 나라 교류분석 협회들이 모여 Eric Berne 탄생 100주년 기념 대회를 조직하였다. 이 대회는 Berne이 탄생한 캐나다 몬트리올에서 개최되었다. 저자들도 기조연설을 하도록 초청되었다. 대회를 마친 후 한 대표가 이러한 질문을 던졌다.

"언어가 다르고 문화가 다르고 교류분석 이론과 실제에 대한 접근방법이 다르면서 공통의 목적과 비전으로 모인 세계 31개국 267명의 참여자들 소리를 상상할 수 있겠습니까?"

교류분석 창시자의 탄생 100주년을 맞은 뒤에도 교류분석은 전 세계적으로 활용 범위를 넓히며 여전히 활력이 넘치고 부단히 발전을 거듭하는 학문으로 살아 있다.

미 주

제1장

1) 이 정의는 *Transactional Analysis Journal* 각 호의 'The ITAA' 라고 제시된 페이지에 나와 있다.

2) TA의 철학과 기본 개념에 대해서는 다음 책 참조.

Berne, E., *Principles of group treatment.* New York: Oxford University Press. 1966(또는 New York: Grove Press, 1966), chapter 10.

James, M. (Ed.), *Techniques in transactional analysis for psychotherapists and counselors.* Reading: Addison-Wesley, 1977, chapter 3.

James, M., and Jongeward, D., *Born to win: transactional analysis with gestalt experiments.* Reading: Addison-Wesley, 1971(또는 New York: Signet, 1978), chapter 1.

Steiner, C., *Scripts people live: transactional analysis of life scripts.* New York: Grove Press, 1974, 서문.

Stewart, I., Eric Berne. London: Sage, 1992, chapter 2, 3.

제2장

1) 자아상태의 특징과 정의에 대해서는 다음 책 참조.

Berne, E., *Transactional analysis in psychotherapy.* New York: Grove Press, 1961, 1966, chapter 2.

Berne, E., *Games people play.* New York: Grove Press, 1964(또는 Harmonds worth: Penguin, 1968 포함), chapter 1.

Beme, *Principles of group treatment*, chapter 10.

Berne, E., *Sex in human loving.* New York: Simon and Schuster, 1970(또는 Harmondsworth: Penguin, 1973), chapter 4.

Berne, E., *What do you say after you say hello?* New York: Grove Press, 1972(또는 London: Corgi,

1975), chapter 2.

James and Jongerward, *Born to win*, chapter 2.

McCormick, P.(ed), *Intuition and ego state*. New York: Harper and Row, 1977, chapter 6.

2) Berne은 저서마다 다양한 관점에서 '자아상태'에 대해 정의했다. 여기서 제시한 정의는 *Principles of group treatment*에서 한 정의다. Berne은 여기서 자아상태를 정의할 때 '사고'라는 단어는 사용하지 않았다. 그러나 사고를 '경험'의 한 부분으로 생각했음이 분명하다.

3) 자아상태의 단서에 대한 경험적 연구는 책 한 권에 달한다. 교류분석의 다른 많은 측면에 대해서는 다음 책들을 참고하기 바란다.

Steere, D., *Bodily expressions in psychotherapy*. New York: Brunner/Mazel, 1982.

또한 다음 저널 참고.

Falkowski, W., Ben-Tovim, D., and Bland, J., 'The assessment of the ego-states'. *British Journal of Psychiatry, 137*, 1980, 572-3.

Gilmour, J., 'Psychophysiological evidence for the existence of ego-states'. *TAJ, 11*, 3, 1981, 207-12.

Williams, J., et al., 'Construct validity of transactional analysis ego-states'. *TAJ, 13*, 1, 1983, 43-9.

4) 자아상태와 Freud의 구성개념 간의 차이에 대한 Berne의 설명에 대해서는 *Intuition and ego-states, TA in psychotherapy*와 *Principles of group treatment* 참조.

Drye, R., 'The best of both worlds: a psychoanalyst looks at TA'. In: Barnes, G. (Ed.), *Transactional analysis after Eric Berne: teachings and practices of three TA schools*. New York: Harper's College Press, 1977, chapter 20.

Drye, R., 'Psychoanalysis and TA'. In: James (ed.), *Techniques in transactional analysis*…, chapter 11.

Stewart, *Eric Berne*, chapter 4, pp.106-10.

5) Berne, *TA in Psychotheraphy*, chapter 5, p.37. 또한 Stewart, *Eric Berne*, chapter 2, p.27 참조.

제3장

1) 기능 분석에 대해서는 다음 책 참조.

Berne, E., *The structure and dynamics of organizations and groups*. Philadelphia: J. B. Lippincott Co., 1963 (또한 New York: Grove Press, 1966; 그리고 New York: Ballantine, 1973), chapter 9.

Dusay, J., *Egograms*. New York: Harper and Row, 1977 (또한 New York: Bantam, 1980), chapter 1.

Kahler, T., *Transactional analysis revisited*. Little Rock: Human Development Publications, 1978, chapter 1.

2) 에고그램에 대해서는 Dusay, J., *Egogram*, 모든 장. 또한 Dusay, J., 'Egogram and the constancy

hypothesis.' *TAJ, 2,* 3, 1972, 37-42 참조.

3) 세 개의 원으로 된 그림보다 직사각형을 사용한 기능 모델에 대해서는 다음 책 참조.

Stewart, I., 'Ego states and the theory of theory: the strange case of the Little Professor'. *TAJ, 31,* 2, 2001, 133-47.

Temple, S., 'Update on the functional fluency model in education'. *TAJ, 34,* 3, 2004, 197-204.

제4장

1) 제2차 구조모델에 대한 기본적 내용은 제2장 각주에 제시된 문헌에 대부분 나와 있다. 그리고 다음 책 참조.

Berne, *Transactional analysis in psychotherapy*, chapter 16, 17.

Schiff, J., et al., *The Cathexis reader: transactional analysis treatment of psychosis.* New York: Harper and Row, 1975, chapter 3.

Steiner, *Scripts people live*, chapter 2.

Drego, P., 'Ego-state models'. *TASI Darshan, 1,* 4, 1981.

Drego, P., *Towards the illumined child.* Bombay: Grail, 1979.

Erskine, R., 'A structural analysis of ego'. *Keynote speeches delivered at the EATA conference, July* 1986. Geneva: EATA, 1987, speech 2.

Erskine, R., 'Ego structure, intrapsychic function, and defense mechanisms: a commentary on Eric Berne's original theoretical concepts'. *TAJ, 18,* 1, 1988, 15-19.

Hohmuth, A., and Gormly, A., 'Ego-state models and personality structure'. *TAJ, 12,* 2, 1982, 140-3.

Holloway, W., 'Transactional analysis: an integrative view'. In: Barnes (Ed.), *Transactional analysis after Eric Berne*, chapter 11.

Sills, C., and Hargaden, H. (Eds), *Ego States.* London: Worth, 2003.

Summerton, O., 'Advanced ego-state theory'. *TASI Darshan,* 2, 4, 1982.

Trautmann, R., and Erskine, R., 'Ego-state analysis: a comparative view'. *TAJ, 11,* 2, 1981, 178-85.

2) C 자아상태의 발달을 나타내기 위해 사용한 '동심원'에 대해서는 아래책 참조.

English, F., What shall I do tomorrow?: Reconceptualizing transactional analysis." In: Barnes (Ed.) *Transactional Analysis afrer Eric Berne*, chapter 15.

English, F., 'How are you? And how am I? Ego states and inner motivators'. In: Sills and Hargaden (Eds), *Ego States*, chapter 3.

3) 아동발달에 관한 일반적인 문헌은 Donaldson, M., *Children's minds.* London: Fontana, 1978.

Piaget의 이론에 대한 요약된 글을 읽으려면 예를 들어 Maier, H., *Three theories of child development.* New York: Harper and Row, 1969.

Erik Erikson의 어린이의 정서적 발달에 관해서는 Erikson, E., *Childhood and society*. New York: W.W. Norton, 1950.

또한 Mahler, M.S., *The psychological birth of the human infant*. New York: Basic Books, 1975, 참조.

4) 교류분석 입장에서의 아동발달에 대해서는 이 장의 각주 2)에서 인용한 Fanita English의 자료 참조.

Babcock, D., and Keepers, T., *Raising kids okay: transactional analysis in human growth & development*. New York: Grove Press, 1976.

Levin, P., *Becoming the way we are*. Berkeley: Levin, 1974.

Levin, P., 'The cycle of development'. *TAJ, 12*, 2, 1982, 129-39.

Schiff et al., *Cathexis reader*, chapter 4.

5) Joins, V., "Differentiating structural and functional." *TAJ, 6*, 4, 1976, 377-80.

Kahler, *Transactional analysis revisited*, chapter 1.

제5장

1) 자아상태의 네 가지 진단 방법에 대해서는 다음 책 참조.

Berne, E., *Transactional analysis in psychotherapy*. New York: Grove Press, 1966, chapter 7.

Berne, *Structure and dynamics of organizations and groups*, chapter 9.

James (Ed.), *Techniques in transactional analysis...*, chapter 4.

또한 David Steere, *Bodily expressions in psychotherapy*, chapter 2의 각주 3) 인용 참조.

2) Berne의 에너지 이론에 대해서는 *Transactional analysis in psychotherapy*, chapter 3과 *Principles of group treatment*, chapter 13 참조.

또한 Kahler, *Transactional analysis revisited*, chapter 4.

Schiff et al., *Cathexis reader*, chapter 3 참조.

제6장

1) 구조적 병리에 대해서는 다음 책 참조.

Berne, *Transactional analysis*, in psychotherapy, chapter 4.

Erskine, R. and Zalcman, M., 'The racket system: A model for racket analysis', *TAJ, 9*, 1, 1979, 51-9.

James, M., and Jongeward, D., *The people book*. Menlo Park: Addison-Wesley, 1975, chapter 8.

Schiff et al., Cathexis reader, chapter 3.

2) 이중 오염과 각본의 관계에 대해서는 다음 책 참조.

Erskine and Zalcman, 'The racket system...', p. 53.

Kahler, *Transactional analysis revisited*, chapter 47 참조.

3) Berne, *TA in psychotherapy*, chapter 4, pp. 29-30. 또한 Kahlers *Transactional analysis revisited*, chapter 2.

제7장

1) 교류의 분석에 대해서는 다음 책 참조.

Berne, *Transactional analysis in psychotherapy*, chapter 9.

Berne, *Games people play*, chapter 2.

Berne, *Principles of group treatment*, chapter 10.

Berne, *What do you say...*, chapter 2.

James and Jongeward, *Born to win*, chapter 2.

Steiner, C., *Games alcholics play*. New York: Grove Press, 1971 참조.

2) Karpman, S., 'Option' *TAJ, 1*, 1, 1971, 78-87.

제8장

1) 스트로크와 기아의 특성과 정의에 대해서는 다음 책 참조.

Berne, *Games people play*, Introduction.

Berne, *Sex in human loving*, chapter 6.

Haimowitz, M., and Haimowitz, N., *Suffering is optional*. Evanston: Haimowoods Press, 1976, chapter 2.

James and Jongeward, *Born to win*, chapter 3.

Steiner, *Scripts people live*, chapter 22.

2) Spitz, R., 'Hospitalism: genesis of psychiatric conditions in early childhood'. *Psychoanalytic studies of the child, 1*, 1945, 53-74.

3) 역주: 이 책에서 전화를 통한 대화 외에는 순수 언어적 스트로크로만 교류하는 것을 상상하기 어렵다고 말했지만, 전화로 통화할 때에도 비언어적 스트로크가 개입되기 마련이다. 똑같이 '반갑다'고 말해도 상대방의 음성(비언어적 스트로크)에 따라 반갑지 않다는 의미를 전달할 수 있는 것이다.

4) Levine, S., 'Stimulation in infancy'. *Scientific American*, *202*, 5, 80-6.

5) Steiner, C., 'The stroke economy', *TAJ, 4*, 4, 1971, 9-15.

6) McKenna, J., 'Stroking profile', *TAJ, 1*, 4, 1974, 20-24.

7) English, F., 'Stroke profile'. *TAJ, 1*, 3, 1971, 9-15.

8) Pollitzer, J., 'Is love dangerous?' Workshop presentation, 1980, unpublished.

9) Kahler, *Transactional analysis revisited*, chapter 16.

제9장

1) 시간 구조화 양식에 대해서는 다음 책 참조.

Berne, *Games people play*, chapter 3, 4, 5.

Berne, *Principles of group treatment*, chapter 10.

Berne, *Sex in human loving*, chapter 3, 4.

Berne, *What do you say...*, chapter 2.

James and Jongeward, *Born to win*, chapter 3.

2) Boyd, L., and Boyd, H. 'Caring and intimacy as a time structure'. *TAJ, 10*, 4, 1980, 281-3

제10장

1) 각본의 특징, 기원, 정의에 대해서는 다음 책 참조.

Berne, *Transactional analysis in psychotherapy*, chapter 11.

Berne, *Principles of group treatment*, chapter 10, 12.

Berne, *What do you say...*, chapter 2, 3-6, 8-10.

English, F., 'What shall I do tomorrow? Reconceptualizing transactional analysis'. In: Barnes (Ed.), *Transactional analysis after Eric Berne*, chapter 15.

Erskine, R., 'Life scripts: unconscious relational patterns and psychotherapeutic involvement'. In: Erskine, R. (Ed.), *Life scripts: a transactional analysis of unconscious relational patterns*. London: Karnac, 2010, chapter 1, pp.1-28.

Holloway, W., 'Transactional analysis: an integrative view'. In: Barnes (Ed.), *Transactional analysis after Eric Berne*, chapter 11.

Goulding, M., and Goulding, R., *Changing lives through redecision therapy*. New York: Brunner/Mazel, 1979, chapter 2.

James and Jongeward, *Born to win*, chapter 2, 4.

Steiner, *Scripts people live*, chapter 3, 4, 5.

Stewart, I., *Transactional analysis counselling in action*. London: Sage(3rd ed.), 2007, chapter 3, pp. 21-37.

2) Woollams, S., 'From 21 to 43'. In: Barnes (Ed.), *Transactional analysis after Eric Berne*, chapter 16.

3) 아동 발달에 대해서는 4장의 각주 4) 참조.

제11장

1) 각본 내용의 분류에 대해서는 다음 책 참조.

Berne, *What do you say...*, chapter 3, 11.

Steiner, *Scripts people live*, chapter 6-12.

2) Woollams, S., 'Cure!?' *TAJ, 10*, 2, 1980, 115-7.

3) Berne, *What do you say...*, chapter 14, 17.

각본의 생리적 측면에 대한 견해에 대해서는 아래책 참조.

Cassius, J., *Body scripts.* Memphis: Cassius, 1975.

Cornell, W., 'Whose body is it? Somatic relations in script and script protocol'. In: Erskine (Ed.), *Life scripts*, chapter 5, pp.101-25.

Lenhardt, V., 'Bodyscript'. In: Stern (Ed.), *TA: The state of the art*, chapter 8.

제12장

1) 생활자세에 대해서는 다음 책 참조.

Berne, *Principles of group treatment*, chapter 12.

Berne, *What do you say...*, chapter 5.

Berne, E., 'Classification of positions'. *Transactional Analysis Bulletin, 1*, 3, 1962, 23.

James and Jongeward, *Born to win*, chapter 2.

Steiner, *Scripts people live*, chapter 5.

2) Ernst, F., 'The OK corral: the grid for get-on-with'. *TAJ, 1*, 4, 1971, 231-40.

3) Ernst, F., 'The annual Eric Berne memorial scientific award acceptance speech'. *TAJ, 12*, 1, 1982, 5-8.

제13장

1) 각본 메시지와 전달 방법에 대해서는 다음 책 참조.

Berne, *What do you say...*, chapter 7.

English, F., 'What shall I do tomorrow? Reconceptualizing transactional analysis'. In: Barnes (Ed.), *Transactional analysis after Eric Berne*, chapter 15.

Steiner, *Scripts people live*, chapter 6.

Tosi, M., 'The lived and narrated script: an ongoing narrative construction'. In: Erskine (Ed.), *Life scripts*, chapter 2, pp.29-54.

White, J., and White, T., 'Cultural scripting'. *TAJ, 5*, 1, 1975, 12-23.

Woollams, S., 'From 21 to 43'. In: Barnes (Ed.), *Transactional analysis after Eric Berne*, chapter 16.

2) Berne, *Transactional analysis in psychotherapy*, chapter 5.

3) Steiner, C., 'Script and counterscript'. *TAB, 5*, 18, 1966. 각본 매트릭스에 대한 다른 참고 자료는 아래 책 참조.

Berne, What do you say..., chapter 15.

English, F., 'Sleepy, spunky and spooky'. *TAJ, 2*, 2, 1972, 64-7.

Holloway, W., 'Transactional analysis: an integrative view' In: Barnes (Ed.), *Transactional analysis after Eric Berne*, chapter 11.

James (Ed.), *Techniques in transactional analysis...*, chapter 4.

Woolams, S., 이 장의 주1 참조.

제14장

1) Goulding, R., and Goulding, M., 'New direction in transactional analysis.', In: Sager and Kaplan (Eds.), *Progress in group and family therapy*. New York: Brunner/Mazer, 1972, 105-34. 또한, Goulding, R., and Goulding, M., 'Injuctions, decisions and redecisions', *TAJ, 6*, 1, 1976, 41-8.

Goulding, R., and Goulding, M., *The power is in the patient*. San Francisco: TA Press, 1978.

Goulding, *Changing lives through redecision therapy*, chapter 2, 9.

Allen, J., and Allen, B., 'Scripts: the role of permission'. *TAB, 2*, 2, 1972, 72-4.

2) English, F., 'Episcript and the 'hot potato' game'. *TAB, 8*, 32, 1969, 77-82.

3) Berne, *What do you say...*, chapter 7.

4) 다음 책 참조. Berne, what do you say···, chapter 23.

Holloway, W., *Clinical transactional analysis with use of the life script questionnaire*. Aptos: Holloway, undated.

James (Ed.), *Techniques in transactional analysis...*, chapter 4.

McCormik, P., *Guide for use of a life-script questionnaire in transactional analysis*. Sanfrancisco: Transactional Publications, 1971.

McCormik, P., 'Taking Occam's Razor to the life-script interview'. *Keynote speeches delivered at the EATA conference, July* 1986. Geneva: EATA, 1987, speech 5.

간략한 각본 설문지는 Stewart, I., *Developing transactional analysis counselling*. London: Sage, 1996, chapter 6, pp.48-58 참조.

제15장

1) Berne, *Sex in human loving*, chapter 5.

Berne, *What do you say...*, chapter 11.

2) Kahler, *Transactional analysis revisited*, chapter 60-65.

Kahler, T., *The process therapy model*, Little Rock: Taibi Kahler Associates, 2008, pp.103-5, 147-50 and 181-3.

3) Kahler, *Transactional analysis revisited*, chapter 72.

Kahler, T., and Capers, H., 'The miniscript'. *TAJ, 4*, 1, 1974, 26-42.

Kahler, *The process therapy model*, pp.82-102.

Joines, V., and Stewart, I., *Personality adaptations: a new guide to human understanding in psychotherapy and counselling*. Nottingham and Chapel Hill: Lifespace, 2002, pp.115-26.

4) Kahler, T., 'Drivers: the key to the process of scripts'. *TAJ, 5*, 3, 1975, 280-4.
Kahler, *Transactional analysis revisited*, chapter 60-65.

5) Kahler, *The process therapy model*, 이 장 각주 3)에서 인용한 참고문헌.
Kahler and Capers, 'The miniscript', 위의 책.

6) Kahler, Kahler, T., workshop presentation, EATA conference, Villars, 1984, unpublished.
Kahler, *The process therapy model*, pp. 36-9.
Joines and Stewart, *Personality adaptations*, chapter 2, pp.27-33.

7) 예를 들어, Lewis, T., Amini, F. and Lannon, R., *A general theory of love*. New York: Vintage, 2000, pp. 387-43 참조.

8) Kahler, *The process therapy model*, pp.101, 182-3.

제16장

1) Taibi Kahler, *in The process therapy model*, pp.19-30. 여기서는 여섯 가지 성격적응 개념을 포함하여 이 모델을 개발해 온 과정을 설명한다. 이 책의 그다음 장에서는 이 모델에 대한 현대의 사고(2008)를 자세히 기술하고, 치료에 활용할 방안을 제시한다.
Paul Ware's work in this field is described in: Ware, P., 'Personality adaptations'. *TAJ, 13*, 1, 1983, 11-19.

2) Joines, V., 'Using redecision therapy with different personality adaptations'. *TAJ, 16*, 3, 1986, 152-60.
Joines, V., 'Diagnosis and treatment planning using a transactional analysis framework'. *TAJ, 18*, 3, 1988, 185-90.

3) Kahler, 위의 책, pp.13-29. 여기서는 이 영역의 조사 과정을 개관하고 있다.

4) Joines, 위의 책, 1986, p.153; Joines and Stewart, 위의 책, pp.5-7.

5) Ware, 위의 책.
역주: 'Ware 시퀀스(Ware Sequence)'란 우리가 사람들을 만날 때 상대방과 접촉할 수 있는 문으로 사고, 감정, 행동이 있는데, 상대방과 효율적으로 접촉하고 관계를 유지하기 위해서는 상대방의 성격적응에 따라 접촉해야 할 순서가 다르다는 사실을 강조한다.

6) Joines, 위의 책, 1986, p.153.

7) Joines and Stewart, 위의 책, pp.13-18.

제17장

1) Schiff et al., *Cathexis reader*, chapter 2. 또한,
Mellor, K., and Sigmund, E., 'Discounting'. *TAJ, 5*, 3, 1975, 295-302

Schiff, A. and Schiff, J., 'Passivity'. *TAJ, 1*, 1, 1971, 71-8.

2) 이 정의는 Shea Schiff가 워크숍에서 제시한 정의다. '디스카운트란 자신, 타인 또는 실제 상황의 특정 측면을 과소평가 또는 무시하는 내적 기제'라고 한 *Cathexis reader*의 p.14의 정의보다 더 생생하다고 본다.

제18장

1) Schiff et al., Cathexis reader, chapter 2. 또한,
   Mellor, K. and Sigmund, E., 'Discounting'. *TAJ, 5*, 3, 1975, 295-302.
   Stewart, *TA counselling in action*, chapter 9, pp.143-62.

제19장

1) Schiffs et. al., *Cathexis reader*, chapter 5. 또한,
   Mellor, K., and Sigmund, E., 'Redefining' *TAJ, 5*, 3, 1975, 303-11.
2) 이 정의는 필자들이 내린 것이다. 이 정의가 *Cathexis reader*의 순환적 정의보다 더 분명하다고 생각한다.

제20장

1) Schiff et al. *Cathexis reader*, chapter 2. 또한,
   Schiff, A., and Schiff, J., 'Passivity.' *TAJ, 1*, 1, 1971, 71-8.
2) Woollams, S, and Huige, K., 'Normal dependency and symbiosis'. *TAJ, 9*, 1, 1979, 51-9.
3) Schiff et al., *Cathexis reader*, chapter 4.
   Schiff, S., "Personality development and symbiosis". *TAJ, 7*, 4, 1977, 310-6.

제21장

1) 라켓의 특징과 기능에 대해서는 다음 책 참조.
   Berne, *Principles of group treatment*, chapter 13.
   Berne, *What do you say ...*, chapter 8.
   English, F., 주석 2)와 4)
   Ernst, F., "Psychological rackets in the OK corral". *TAJ, 3*, 2, 1973, 19-23.
   Erskine, R., and Zalcman, M., 'The racket system: a model for racket analysis', *TAJ, 9*, 1, 1979, 51-9.
   Goulding, *Changing lives through redecision therapy*, chapter 2, 6.
   Joines, V., 'similarities and differences in rackets and games', *TAJ, 12*, 4, 1982, 280-3.
   Zalcman, M., 'Game analysis and racket analysis and racket analysis'. *Keynotes speeches delivered at the EATA conference, July* 1986. Genva: EATA, 1987, speech 4.

2) English, F., 'The substitution factor: rackets and real feeling'. *TAJ, 4*, 1971, 225-30.
English, F., 'Rackets and real feelings, Part II'. *TAJ, 2*, 1, 1972, 23-5.
3) Thomson, G., 'Fear, anger and sadness'. *TAJ, 13*, 1, 1983, 20-4.
4) English, F., 'Racketeering', *TAJ, 6*, 1, 1976, 78-81.
English, F., 'Differentiating victims in the Drama Triangle'. *TAJ, 6*, 4, 1976, 384-6.
5) 역주: 라켓티어는 라켓 감정을 표현하여 스트로를 얻기 위해 말을 거는 사람을 말한다.
6) Berne, 'Trading stamps'. *TAB, 3*, 10, 127.
Berne, *What do you say...*, chapter 8.
James and Jongeward, *Borne to win*, chapter 8.

제22장

1) Erskine, R., and Zalcman, M., 'The racket system: a model for racket analysis'. *TAJ, 9*, 1979, 51-9. 또한, Stewart, *TA counseling in action*, chapter 6, 69-100.
2) 22장에 소개된 두 가지 연습은 원래 Zalcman(워크숍 자료, 미출간)이 제시한 것을 Stewart, Lee, Brown(워크숍 자료, 미출간)이 수정한 내용이다.
3) 이러한 연습은 Zalcman(워크숍 자료, 미출간)에서 제시한 것이다. 이 장에서는 Stewart, Lee, Brown이 수정한 것이다(워크숍 자료, 미출간).

제23장

1) 게임의 특징에 대해서는 다음 책 참조.
Berne, *Intuition and ego-state*, chapter 7.
Berne, *Transactional analysis in psychotherapy*, chapter 10.
Berne, *Games people play*, chapter 5.
Gouldings, *Changing lives through redecision therapy*, chapter 2.
James and Jongeward, *Born to win*, chapter 2, 8.
2) 게임은 혼자서도 할 수 있는 것인지 아니면 두 사람이 맞물려야 일어날 수 있는 것인지에 대한 일치된 견해는 없다. Berne은 게임이 두 사람 모두 참여하여 일어나는 것으로 시사했지만 항상 그렇게 생각했던 것은 아니다. 이 책에서는 Goulding의 견해에 따라 게임이란 한 사람에 의해서도 진행될 수 있다고 정의하고자 한다. 앞서 제시한 두 사례에서는 두 사람 모두 게임을 했다. 그러나 각자 자기 고유의 게임을 한 것이라고 볼 수 있다.
'전환'(switch)의 의미에 대해서도 살펴볼 필요가 있다. 나와 당신이 각자 게임을 하고 있다고 가정할 때, 당신은 나를 '전환'시킬 수 없다. 다시 말해, 당신이 '나의' 게임에서 내가 전환하도록 유도할 수 없는 것이다. 그 대신 당신은 '당신의' 게임에서 전환을 할 수 있다. 그리고 내가 나의 게임에서 전환을 하여 당신의 변화에 따르도록 기대할 수는 있다.

3) Berne, *Games people play*, chapter 5.
Steiner, *Scripts people live*, chapter 1.
4) Berne, *What do you say...*, chapter 2. 이 책에서 제시한 게임 공식 G는 Berne의 이론을 수정한 것이다.
5) Karpman, S., 'Fairy tales and script drama analysis.' *TAB, 7*, 26, 1968, 39-43.
6) Berne, *Transactional analysis in psychotherapy*, chapter 10.
Berne, *Games people play*, chapter 5.
7) Gouldings, *Changing lives through redecision therapy*, chapter 2, p. 79.
8) James, J., 'The game plan.' TAJ, 3, 4, 1973, 14-7. 여기서 제시한 수정본은 Collinson이 워크숍(미출판)에서 제시한 것이다.
9) 게임의 정의에 대해서는 다음 책 참조.
Joins, V., 'Similarities and differences in rackets and games'. *TAJ, 12*, 4, 1982, 280-3.
Zalcman, M., 'Game analysis and racket analysis.' *Keynote speeches delivered at the EATA conference, July 1986*. Geneva: EATA, 1987, speech 4.

제24장

1) Berne, *Games people play*, chapter 5.
Berne, *What do you say...*, chapter 8.
James and Jongeward, *Born to win*, chapter 8.
Steiner, *Scripts people live*, chapter 1.
2) Schiff et al., *Cathexis reader*, chapter 2.
3) English, F., 'Racketeering'. *TAJ, 6*, 1, 1976, 78-81.
4) Berne, *Games people play*, chapter 5.
5) James, J., 'Positive payoffs after games'. *TAJ, 6*, 3, 1976, 259-62.

제25장

1) Berne, *Games people play*, chapter 6-12와 Index of Games.
2) 박해자에서 구원자로 전환되는 게임과 희생자에서 구원자로 전환되는 게임에 대한 공식적으로 명명된 게임은 알려져 있지 않다. 드라마 삼각형의 전환을 토대로 한 게임 분류 방법에 대한 대안으로 생활자세를 토대로 분류할 수 있다.
3) Gouldings, Changing lives through redecision therapy, chapter 4.
4) James, J., "Positive payoffs after games." *TAJ, 6*, 3, 1976, 259-62.
5) Woolams, S., 'When fewer stroke are better', *TAJ, 6, 3*, 1976. 270-1.

제26장

1) 계약의 특성과 기능에 대해서는 다음 책 참조.

Berne, *Principles of group treatment*, chapter 4와 Glossary.

Gouldings, *Changing lives through redecision therapy*, chapter 4.

James (Ed.), *Techniques in transactional analysis*···, chapter 5.

James and Jongeward, *Born to win*, chapter 9.

Lww, A., 'Process contracts', In: Sills, C. (Ed). *Contracts in counseling and psychotherapy*. London: Sage(2nd ed.), 2006, chapter 6, pp.74-86.

Steiner, *Scripts people live*, 서문과 chapter 20.

Stewart, *Developing TA counseling*, chapter 9-12, pp.65-108.

Stewart, *TA counselling in action*, chapter 8, pp. 119-41.

Stewart, I., 'Outcome-focused contracts', In: Sills (Ed.), 위의 책, 5장, pp.63-73.

Widdowson, M., *Transactional analysis: 100 key points and techniques*. London and New York: Routledge, 2010, pp. 181-203.

2) 이 '계약 체크리스트'는 워크숍에 사용하기 위해 Ian Stewart가 개발한 것이지만, 각주 1)에서 제시된 세 가지 출판된 자료를 토대로 하여 만든 것이다. 또한 다음 책 참조.

James, M., *It's never too late to be happy*. reading: Addison-Wesley, 1985, chapter 7.

제27장

1) 자율성에 대해서는 다음 책 참조.

Berne, *Games people play*, chapter 16, 17.

Berne, *Principles of group treatment*, chapter 13.

James and Jongeward, *Born to win*, chapter 10.

Steiner, *Scripts people live*, chapter 26, 27, 28.

2) Berne, *Transactional analysis in psychotherapy*, chapter 1, pp.211-12. 또한,

James (Ed.), *Techniques in transactional & analysis...*, chapter 4.

3) Berne, *Transactional analysis in psychotherapy*, chapter 14.

Berne, *Principles of group treatment*, chapter 13.

Berne, *What do you say...*, chapter 18.

4) TAJ, 10, 2, 1980.

제28장

1) James, M., 'Self-reparenting: theory and process' *TAJ, 4*, 3, 1974, 32-9. 또한,
James, M., *Breaking free: self-reparenting for a new life*. Reading: Addison-Wesley, 1981.
James, M., *It's never too late to be therapy*. Reading: Addison-Wesley, 1985 참조.

2) 교류분석의 이 세 전통적인 학파에 대해서는 다음 책 참조.
Barnes, G., 'Introduction'. In Barnes (Ed.), *Transactional analysis after Eric Berne*, chapter 1.
Dusay, J., 'The evolution of transactional analysis'. In: Barnes (Ed.), 위의 책, chapter 2.
Shiff, J., 'One hundred children generate a lot of TA' In: Barnes (Ed.), 위의 책, chapter 3.
Goulding, R., 'No magic at Mt. Madonna: redecisions in marathon therapy'. In: Barnes (ed.) 위의 책, chapter 4.
재결정 치료의 더욱 상세한 내용은 Joines and Stewart, *Personality adaptation*, 19-25장, pp. 247-348 참조.

3) Crossman, P., 'Permission and protection' *TAB, 5*, 19, 1966, 152-4.

4) 관계적 접근에 대한 상세한 이론과 원리 및 실제에 대해서는 다음 책 참조.
Hargaden, H., and Sills, C., *Transactional analysis-a relational perspective*. London: Routledge, 2002.
Cornell, W., and Hargaden, H. (Ed). *From transactions to relations: the emergence of a relational tradition in transactional analysis*. Chadlington: Haddon Press, 2005.
Widdowson, *TA: 100 key points*..., chapter 16-17, pp. 57-62.
사실, 2010년에 집필한 Widdowson(위의 책, chapter 2-17, pp. 7-62)은 현대 교류분석에서 여덟 가지나 되는 '학파와 접근방법'을 제시했다. 세 가지 전통적인 학파와 관계적 접근 외에도 급진적 정신의학, 통합적 교류분석, 인지행동적 교류분석, 정신역동적 교류분석을 제시했다. 이와 대조적으로, 관계적 접근(예: Cornell and Hargaden, 위의 책)에서는 통합적 교류분석과 정신역동적 교류분석 그리고 이와 더불어 소위 말하는 공동창조적 교류분석을 관계적 접근 안에 포함시킨다.
관계적 교류분석에 대해 정보를 더 얻기 위해서는 최근에 결성된 국제관계적 교류분석협회(IARTA)의 웹사이트(www.relationalta.com)를 참고하기를 바란다.

제29장

1) 발달적 교류분석에 대한 정보를 얻기 위해서는 발달적 교류분석 연구소(IDTA)의 웹사이트 www.instdta.com 참조.

2) 교류분석의 교육 및 조직 영역의 적용에 대한 전문가 수련 및 자격 관리위원회의 설명에 대해서는 http://ta-trainingandcertification.net/ta-what-is-ta-training.html#fields 참조.

3) 교류분석을 조직에 활용하는 방안에 대해서는 다음 책 참조.
De Graaf, A. and Kunst, K., *Einstein and the art of sailing: a new perspective on the role of leadership*. Hertford: Sherwood Publishing, 2010.

Hay, J., *Working it out at the work: understanding attitudes and building relationship*. Hertford: Sherwood Publishing, 2009.

Hay, J., *Donkey bridges for development TA: making transactional analysis accessible and memorable*. Hertford: Sherwood Publishing (2nd ed.), 2012.

James, M., *The OK boss*. Reading: Addison-Wesley, 1976.

Jongeward, D., *Everybody wins: TA applied to organizations*. Reading: Addison-Wesley, 1973.

Jongeward, D., and Seyer, P., *Choosing success: transactional analysis on the job*. San Francisco: Wiley, 1978.

Mohr, G., and Steinert, T. (Eds), *Growth and change for organizations*. Bonn: Kulturpolitische Gesellschaft, 2006.

Mountain, A., and Davison, C., *Working together: Organizational transactional analysis and business performance*. Farnham and Burlington: Gower, 2011.

4) Hay, J., personal communication, 2011.

5) 과정 치료 모델(Process Therapy Model, PTM)의 창시자인 Taibi Kahler는 과정 치료 모델(Process Communication Model®: PCM®)도 개발했다. PCM은 PTM과 같은 이론과 실제에 바탕을 두고 있으나, 비임상적 상황에도 더욱 직접적으로 적용할 수 있도록 만들었다. Kahler는 PCM을 비임상적 적용에 사용할 모델이라고 말했다. PCM 교육과 자격에 대한 더 많은 정보는 아래 참조.

www.kahlercommunication.com (in the US) / www.processcom.com (in Europe).

6) 교류분석의 교육 영역에서의 적용에 대해서는 다음 책 참조.

Barrow, G., Bradshaw, E., and Newton, T., *Improving behavior and raising self-esteem in the classroom*. Abingdon: David Fulton, 2001.

Ernst, K., *Games student play*. Millbrae: Celestial Arts, 1972.

Hay, J., *Transactional analysis for trainers*. Hertford: Sherwood Publishing (2nd ed.), 2009.

James, M., and Jongeward, D., *The people book: transactional analysis concepts for students*. Reading: Addison-Wesley, 1975.

Napper, R., and Newton, T., *Tactics: transactional analysis concepts for trainers, teachers, and tutors*. Ipswich: TA Resources, 2000.

7) Newton, T., 'Letter from the guest editor'. *TAJ, 34*, 3, 2004, 194-6.

8) Illsley Clarke, J., and Dawson, C., *Growing up again*, Center City: Hazelden, 1988.

제30장

1) Berne의 생애에 대해서는 주로,

Cheney, W., 'Eric Berne: Biological sketch' *TAJ, 1*, 1, 1971, 14-22를 참고했고, 기타 자료는 다음 문헌 참조.

Dusay, J., 'The evolution of transactional analysis'. In Barnes (Ed.), *Transactional analysis after Eric Berne*, chapter 2.

Hostie, R., 'Eric Berne in search of ego-state'. In: Stern (Ed.), TA: *The state of the art*, chapter 2.

James, M., 'Eric Berne, the development of TA and ITAA'. In: James (Ed.), *Techniques in transactional analysis*…, chapter 2.

2) Cranmer, R., 'Eric Berne: annotated bibliography.' *TAJ, 1*, 1, 1971, 23-9.

3) Shiff, J., 'One hundred children generate a lot of TA'. In: Barnes (Ed.), *Transactional Analysis after Eric Berne*, chapter 3.

4) ITTA의 초기 발달에 대한 이 책의 기술은 Cheney, Dusay, and James, 위의 책, 각주 1) 참조.

5) 1971년과 1980년 사이의 ITAA의 회원 수는 McNeel, J., 'Letter from the editor'. *TAJ, 11*, 1, 1981, 4에서 인용했다. 1980년부터 현재까지의 회원 수는 Ken Fogleman, personal communication, 2011에서 인용하였다.

6) EATA의 회원수는 2011년 11월 www.eatanews.org에 보고되어 있다.

부록 1

Eric Berne의 주요 저서

Berne의 전체 문헌 목록은 www.itaa-net.org/ta/BerneBibliography.htm 참조. (주: 2012년 3월 이후에는 www.itaaworld.org으로 변경)

아래 제시한 책은 Berne이 생전에 쓴 책과 유저 2권이다.

Berne, E., *A layman's guide to psychiatry and psychoanalysis*. New York: Simon and Schuster, 1957; 3판 1968. 타 출판사에서 펴낸 것으로, : New York: Grove Press, 1957; Harmondsworth: Penguin, 1971.

1947년 최초 출판된 *The mind in action*의 개정판. *A layman's guide*, 1967년판에서 Dusay가 교류분석에 대한 소개를 달았다.

Berne, E., *Transactional analysis in psychotherapy*. New York: Grove Press, 1961, 1966. (교류분석에 대해서만 다룬 최초의 책이다. 이 책에는 자아상태 모델에 대한 최초의, 그리고 지금도 여전히 확정적인 이론을 담고 있다. 그리고 초기 저널에 소개한 기본 이론 중 자아상태 외의 다른 주제에 대한 발전된 견해를 제시하고 있다.)

Berne, E., *The structure and dynamics of organizations and groups*. Philadelphia: J.B. Lippincott Co., 1963. 타 출판사에서 펴낸 것으로, New York: Grove Press, 1966; New York: Ballantine, 1973. (이 책은 제목에서 나와 있듯이 교류과정 및 게임분석과 같은 교류분석의 일부 개념을

설명한다.)

Berne, E., *Games people play*. New York: Grove Press, 1964. 타 출판사에서 펴낸 것으로, Harmondsworth: Penguin, 1968. (이 책은 Berne이 1960년대 발달시킨 게임분석을 다룬 책으로 세계적으로 베스트셀러가 되었다. 그 후의 책에서 이 이론을 수정한 것에 대해서는 『현대의 교류분석』 제23장 참조)

Berne, E., *Principles of group treatment*. New York: Oxford University Press, 1966. 타 출판사에서 펴낸 것으로, New York : Grove Press, 1966. (이 영역에서의 교류분석 적용을 포함하여, 임상 장면에서의 집단치료의 이론과 실제를 다룬 책이다.)

Berne, E., *Sex in human loving*. New York: Simon and Schuster, 1970. 타 출판사에서 펴낸 것으로, Harmondsworth: Penguin, 1973. (교류분석이론을 토대로 하여 성문제를 다룬 책이다.)

Berne, E., *What do you say after you say hello?* New York: Grove Press, 1972. 타 출판사에서 펴낸 것으로, London: Corgi, 1975. (Berne과 그의 동료들이 1970년대까지 발달시켜 온 각본이론을 다룬 책이다.)

Steiner, C., and Kerr, C.(eds.), *Beyond games and scripts*. New York: Ballantine, 1976. (교류분석의 전체 측면에 대한 Berne의 글을 선정하여 편집한 책이다.)

McCormick, P.(ed.), *Intuition and ego states*. New York: Harper and Row, 1977. (Berne이 1949년부터 1962년까지 전문 저널에 수록한 직관에 관한 주제들을 모아 놓은 책이다.)

부록 2

교류분석에 관한 주요 저서

'주요 저서'들을 선정할 때 현재 교류분석에 사용되고 있는 많은 책들의 질에 대해 부정적 논평을 할 의도는 전혀 없다. 여기서는 두 가지 기준을 바탕으로 선정했다. 그 기준은 교류분석의 이론과 실제에 대해 폭넓게 개관한 책이거나, 아니면 교류분석의 세 학파 중 하나로서 널리 인정받고 있고 최근의 접근 방법을 취한 책들을 선정했다. 교류분석을 더욱 깊이 공부하는 데 '주요한' 책들이다. 이 책들이 현재에도 출판되고 있는지는 밝히지 않았다. 왜냐하면 이러한 정보는 출판사 사정에 따라 바뀔 수 있기 때문이다.

문헌과 논문

James, M., and Jongeward, D., *Born to win: transactional analysis with gestalt experiments.* Reading: Addison-Wesley, 1971. 다른 출판사의 것으로, New York: Signet, 1978을 포함. (1971년 출판된 베스트셀러로서 현재에도 교류분석의 좋은 입문서다. 게슈탈트 이론과 접목시킨 점이 주목할 만하다.)

Barnes, G. (ed), *Transactional analysis after Eric Berne: teachings and practices of three TA schools.* New York: Harper's College Press, 1977. (이 책 속의 22편의 논문들은 실제에 대해서도 다루고 있지만, Berne 이후에 발달되어 온 교류분석 이론에 대한 논문들을 수집해 놓은 책이다. 1970년대 후반까지의 교류분석의 주요 세 학파의 특징과 발전을 다루고 있다.)

James, M.(ed), *Techniques in transactional analysis for psychotherapists and counselors.*

Reading: Addison-Wesley, 1977. (학술대회를 통해 발표된 43편의 논문을 수록해 놓았다. 제목이 말하듯이, 이 책은 주로 현대 교류분석의 기법들을 다루고 있다. 물론 이론도 다루고 있으며, 교류분석과 다른 심리치료와의 관계도 검토하고 있다.)

Stern, E. (ed), *TA: the state of the art*. Dordrecht: Foris Pubilications, 1984. (주로 유럽 교류분석 학자들이 발표한 23편의 논문을 실었으며, 1980년대 중반까지 교류분석의 최신 이론과 실제에 대해 개관하고 있다.)

Stewart, E.(ed.), *Eric Berne*. London: Sage, 1992. (심리치료의 이론과 실제에 미친 Berne의 공헌을 상세하게 기술하고 평가한 책이다. 이 책은 Sage 출판사의 *Key Figures in Counseling and Psychotherapy*라는 전집에 포함되어 있다.)

Stewart, I., *Developing transactional analysis counseling*. London: Sage, 1996. (이 책은 효율적인 개인적 변화를 촉진하기 위해 30가지 유익한 힌트를 제시하여, 교류분석 상담사와 치료사를 위한 실천적 핸드북이다.)

Tilney, T., *Dictionary of transactional analysis*. London: Whurr, 1998. (제목이 암시하듯이, 교류분석에 사용되는 이론적 실제적 용어들을 모아 처음으로 완전한 사전을 편찬하였다.)

James, M., *Perspectives in transactional analysis*. San Francisco: TA Press, 1998. (이 책은 1968년부터 1990년대 후반까지 교류분석에 대한 Muriel James—초기부터 San Francisco Seminars에 참여한 Berne의 동료 중 한 사람—의 논문과 책 속의 장들을 수집해 놓은 책이다. James의 글은 교류분석의 광범위한 측면을 담고 있다.)

Tudor, K.(ed.), *Transactional approaches to brief therapy*. London: Sage, 2001. (이 책은 비교적 짧은 회기 내에 심리치료나 상담을 해야할 때 교류분석을 얼마나 효율적으로 적용할 수 있는가를 보여 준다.)

Stewart, I., *Transactional analysis counselling in action*. London: Sage, 2013(3rd edn). (이 책은 교류분석으로 수련을 받거나 상담을 실시하고 있는 사람들을 대상으로 하여, 교류분석 치료의 체계적 과정을 다루고 있다.)

Erskin, R.(ed.), *Life scripts: a transactional analysis of unconscious relational patterns*. London: Karnac, 2010. (이 책은 보다 수준 높은 독자들을 위해 인생각본에 대한 13편의 학술대회 논문을 수록하고 있다.)

Widdowson, M., *Transactional analysis: 100 key points and techniques.* London and New York: Routledge, 2010. (이 책은 제목에서와 같이 교류분석 이론과 실제에 대해 100가지의 간결한 문장으로 안내해 준다. 자격있는 전문가와 고급 훈련자들을 위해 펴낸 책이다.)

고전학파

Steiner, C., *Scripts people live: transactional analysis of life scripts.* New York: Grove Press, 1974. (이 책은 인생각본의 이론과 영향에 대해 다루고 있다. Berne의 책과 더불어 이 주제에 대한 주요한 원전에 속한다.)

Dusay, J., *Egograms.* New York: Harper and Row, 1977. 다른 출판사가 펴낸 것으로, New York: Bantam, 1980. (이 책은 기능적 자아상태 모델 및 고전적 교류분석의 기타 측면과 더불어 Dusay의 에고그램 개념을 잘 제시해 놓았다.)

재결정학파

Goulding, R., and Goulding, M., *The power is in the patient.* San Francisco: TA Press, 1978.

Goulding, M., and Goulding, R., *Changing lives through redecision therapy.* New York: Brunner/Mazel, 1979. (이 두 책은 재결정치료의 이론과 실제를 기술한 책이다. 두 번째의 책은 저널과 전문지에 수록한 논문들을 편집한 것이다.)

Kadis, L. (ed.), *Redecision therapy: expanded perspectives.* Watsonville: Western Institute for Group and Family Therapy, 1985. (재결정치료의 이론과 실제에 대한 다양한 주제를 다룬 글들을 편집한 책이다.)

카섹시스학파

Schiff, J., et al., *The Cathexis reader: transactional analysis treatment of psychosis.* New York: Harper and Row, 1975. (TA *Journal*에 실린 Schiff 이론을 집대성한 책이다.)

관계적 접근

Hargaden, H., and Sills, C., *Transactional analysis: a relational perspective.* London:

Routledge, 2002. (관계적 접근의 이론과 원리와 실제에 대한 많은 중요한 자료들을 수록해 놓았다.)

Cornell, W., and Hargaden, H. (eds), *From transactions to relations: the emergence of a relational tradition in transactional analysis*. Chadlington: Haddon Press, 2005. (고급 독자들을 위한 자료로서 교류분석의 관계적 접근에 대한 핵심적인 내용을 담고 있다.)

성격적응

Joines, V., *Joines personality adaptation questionnaire administration, scoring and interpretive kit (JPAQ)*. Chapel Hill, NC: Southeast Institute, 2002. (또는 온라인)

www.seinstitute.com/books_videos_.html

Joines, V., and Stewart, I., *Personality adaptations: a new guide to human understanding in psychotherapy and counselling*. Nottingham and Chapel Hill: Lifespace, 2002. (교류분석 개념에 토대를 둔 성격 이해의 실천적 안내서다. 여섯 가지의 성격적응 모델을 기술하고, 각 유형을 진단하고 각 유형마다 지속적인 개인적 변화를 달성하도록 돕는 방법을 제시하고 있다.)

Kahler, T., *The process therapy model*. Little Rock: Taibi Kahler Associates, 2008. (과정 치료 모델의 창시자인 Taibi Kahler는 이 주제에 대한 최근의 사상을 제시하고 있다. Kahler는 개인이 추가로 획득하게 되는 성격 유형을 강조하면서 드라이버와 과정 각본에 대한 치료적 접근 방법을 다루고 있다.)

교육에서의 교류분석

Illsley Clarke, J., and Dawson, C., *Growing up again*. Center City: Hazelden, 1998. (이 책은 자녀의 건강한 발달을 위한 구조와 양육을 제공하도록 부모를 위한 안내서다. 이 책은 또한 가정과 학교에서 아동 청소년들을 대상으로 활동하는 사람들에게 유용하다.)

Napper, R., and Newton, T., *Tactics: transactional analysis concepts for trainers, teachers and tutors*. Ipswich: TA Resources, 2000. (학습을 촉진하는 전문가들을 위한 실천적 안내서로서, 교류분석이라는 틀을 통해 학습 과정에서의 관계를 탐색한다.)

Barrow, G., Bradshaw, E., and Newton, T., *Improving behaviour and raising self-esteem in the classroom*. Abingdon: David Fulton, 2001. (학교 문화에서 교류분석을 활용할 방안을 개관하고, 교실에서의 창조적 관계를 형성하고 교사들로 하여금 문제 행동들을 대처할 수 있게 지지하고 안내해 준다.)

Hay, J., *Transactional analysis for trainers*. Hertford: Sherwood Publishing (2nd ed.), 2009. (광범위한 교류분석 개념들에 대해 쉽게 접근할 틀을 제공하고, 개인적 전문적 효율성을 가르치기를 원하는 사람들을 위한 안내 및 지도를 제공한다.)

조직에서의 교류분석

Mohr, G., and Steinert, T. (eds), *Growth and change for organizations*. Bonn: Kulturpolitische Gesellschaft, 2006. (전 세계의 저자들은 조직 내에서의 사고와 감정과 행동 유형, 개인 및 체계의 진단 및 개입 방법, 그리고 경제와 사회에 관련된 교류분석의 전망을 다룬다.)

Hay, J., *Transactional analysis for trainers*. Hertford: Sherwood Publishing (2nd edn), 2009.

Hay, J., *Working it out at work: understanding attitudes and building relationships*. Hertford: Sherwood Publishing (2nd edn), 2009. (교류분석을 심리치료사의 눈으로 직장 내에서 일어나는 일을 쉽게 이해하고 적용할 수 있도록 집필했다. 자각을 증대하고 사람들간의 역동성을 해설하는 많은 사례를 제시하고 있다.)

De Graaf, A., and Kunst, K., *Einstein and the art of sailing: a new perspective on the role of leadership*. Hertford: Sherwood Publishing, 2010. (아인슈타인을 총명한 질문자로 등장시켜 독자로 하여금 현대의 리더십에 대한 중요한 질문을 던지게 하고, 훌륭한 관리자가 될 수 있는 개인적 특성을 되돌아보게 한다.)

Mountain, A., and Davidson, C., *Working together: organizational transactional analysis and business performance*. Farnham and Burlington: Gower, 2011. (현대의 교류분석 이론과 실제를 직장에 적용하여, 교류분석이 커뮤니케이션, 의사 결정, 업무 수행에 어떻게 적용할 수 있는지 보여 준다.)

Hay, J., *Donkey bridges for developmental TA: making transactional analysis accessible and memorable*. Hertford: Sherwood Publishing (2nd edn), 2012. (이 책은 교류분석에 대한 전문적인 지식을 갖춘 사람들을 대상으로 하여, 많은 교류분석 개념들을 쉽게 이해하고 병리보다는 건강에 초점을 맞추도록 안내한다.)

부록 3

에릭 번 기념상 수상자

Eric Berne의 학문적 공헌을 기리고 길이 보존하기 위해 1971년 'Eric Berne 기념상(The Eric Berne Memorial Scientific Award)'이 제정되었다. 이 상은 매년 교류분석의 새로운 개념을 발달시킨 사람에게 수여한다. 이 상은 ITAA 편집위원회에서 심의한다.

1990년 ITAA 평의원회에서 이 상의 명칭을 'Eric Berne 교류분석 기념상(Eric Berne Memorial Award in Transactional Analysis)'으로 바꾸고 수상 범위도 넓혔다. 이 상은 교류분석 이론이나 실제에 대한 출판물을 냈거나, 교류분석 이론이나 실제를 다른 접근방법과 통합 또는 비교 연구한 사람에게도 수여한다. 이 상은 ITAA 평의원회에서 지명한 위원회에서 심사한다.

다음 목록은 1971년부터 2011년까지의 수상 목록이다. ( ) 속의 이탤릭체로 된 숫자는 이 주제가 실린 『현대의 교류분석』의 장을 가리킨다.

1971: Claude Steiner, SCRIPT MATRIX. Steiner, C., 'Script and counterscript'. *Transactional Analysis Bulletin, 5*, 18, 1966, 133-35. (13)

1972: Stephen Karpman, DRAMA TRIANGLE. Karpman, S., 'Fairy tales and script drama analysis'. *TAB, 7*, 26, 1968, 39-43. (23)

1973: John Dusay, EGOGRAMS. Dusay, J., 'Egograms and the constancy hypothesis'.

Transactional Analysis Journal, 2, 3, 1972, 37-42. (3)

1974: Aaron Schiff and Jacqui Schiff, PASSIVITY AND THE FOUR DISCOUNTS. Schiff, A., and Schiff, J., 'Passivity'. *TAJ, 1,* 1, 1971, 71-8. (17)

1975: Robert Goulding and Mary Goulding, REDECISION AND TWELVE INJUNCTIONS. Goulding, R., and Goulding, M., 'New directions in transactional analysis'. In Sager and Kaplan (eds.), *Progress in group and family therapy.* New York: Brunner/Mazel, 1972, 105-34; and 'Injunctions, decisions and redecisions'. *TAJ, 6,* 1, 1976, 41-8. (14)

1976: Pat Crossman, PROTECTION. Crossman, P., 'Permission and protection'. *TAB, 5,* 19, 1966, 152-4. (28)

1977: Taibi Kahler, MINISCRIPT AND FIVE DRIVERS. Kahler, T., 'The miniscript'. *TAJ, 4,* 1, 1974, 26-42. (15)

1978: Fanita English, RACKETS AND REAL FEELINGS: THE SUBSTITUTION FACTOR. English, F., 'The substitution factor: rackets and real feelings'. *TAJ, 1,* 4, 1971, 225-30; and 'Rackets and real feelings, Part II'. *TAJ, 2,* 1, 1972, 23-5. (21)

1979: Stephen Karpman, OPTIONS. Karpman, S., 'Options'. *TAJ, 1,* 1, 1971, 79-87. (7)

1980 (joint award): Claude Steiner, THE STROKE ECONOMY. Steiner, C., 'The stroke economy'. *TAJ, 1,* 3, 1971, 9-15. (8)

1980 (joint award): Ken Mellor and Eric Sigmund, DISCOUNTING AND REDEFINING. Mellor, K., and Sigmund, E., 'Discounting'. *TAJ, 5,* 3, 1975, 295-302; and Mellor, K., and Sigmund, E., 'Redefining'. *TAJ, 5,* 3, 1975, 303-11. (17, 18, 19)

1981: Franklin H. Ernst, Jr., THE OK CORRAL. Ernst, F., 'The OK corral: the grid for get-on-with'. *TAJ, 1,* 4, 1971, 231-40. (12)

1982: Richard Erskine and Marilyn Zalcman, RACKET SYSTEM AND RACKET ANALYSIS. Erskine, R., and Zalcman, M., 'The racket system: a model for racket analysis'. *TAJ, 9,* 1, 1979, 51-9. (22)

1983: Muriel James, SELF-REPARENTING. James, M., 'Self-reparenting: theory and process'. *TAJ, 4,* 3, 1974, 32-9. (28)

1984: Pam Levin, DEVELOPMENTAL CYCLES. Levin, P., 'The cycle of development'. *TAJ, 12*, 2, 1982, 129-39. (10, Notes)

1985, 1986: Not awarded.

1987: Carlo Moiso, EGO STATES AND TRANSFERENCE. Moiso, C., 'Ego states and transference'. *TAJ, 15*, 3, 1985, 194-201. (−)

1988 through 1993: Not awarded.

1994 (joint award): Sharon R. Dashiell (area: Practice Applications). Dashiell, S., 'The Parent resolution process: reprogramming psychic incorporations in the Parent'. *TAJ, 8*, 4, 1978, 289-94. (−)

1994 (joint award): John R. McNeel (area: Practice Applications). McNeel, J., 'The Parent Interview'. *TAJ, 6*, 1, 1976, 61-8. (−)

1994 (joint award): Vann S. Joines (area: Integration of TA with Other Theories and Approaches). Joines, V., 'Using redecision therapy with different personality adaptations'. *TAJ, 16*, 3, 1986, 152-60; and 'Diagnosis and treatment planning using a transactional analysis framework'. *TAJ, 18*, 3, 1988, 185-90. (16)

1995 (joint award): Peg Blackstone (area: Integration of TA with other Theories and Approaches). Blackstone, P., 'The dynamic Child: integration of second-order structure, object relations, and self psychology'. *TAJ, 23*, 4, 1993, 216-34. (−)

1995 (joint award): Jean Illsley Clarke (area: Practice Applications). Applied Transactional Analysis in Parent Education. Illsley Clarke, J., *Self-esteem: a family affair*. San Francisco: Harper, 1978; *Self-esteem: a family affair reader guide*. San Francisco: Harper, 1981. (−)

1996: Alan Jacobs (area: Theory). Transactional Analysis and Social Applications. Jacobs, A., 'Autocratic power'. *TAJ, 17*, 1987, 59-71; 'Nationalism', *TAJ, 20*, 1990, 221-228. [Two further citations] (−)

1997: Fanita English (area: Theory). Hot Potato Transmission and Episcript. English, F., 'Episcript and the "Hot Potato" game'. *TAB, 8*, 32, 1969, 77-82. (14)

1998 (joint award): Richard G. Erskine and Rebecca L. Trautmann (area: Comparison and/or

Integration). 'Ego state analysis: a comparative view'. *TAJ, 11*, 1981, 178-185; 'Ego structure, intrapsychic function, and defense mechanisms: a commentary on Eric Berne's original theoretical concepts'. *TAJ 18*, 1988, 15-19. [Seven further citations] (2, 4)

1998 (joint award): James R. Allen and Barbara Ann Allen (area: Theory). Allen, J., and Allen, B., 'Narrative theory, redecision therapy and postmodernism'. *TAJ, 25*, 1995, 327-334; 'A New type of transactional analysis and one version of script work with a constructionist sensibility'. *TAJ, 27*, 1997, 89-98. [One further citation] (–)

1999-2001: Not awarded.

2002: Leonard Schlegel (area: Theory). Schlegel, L., 'What is transactional analysis?'. *TAJ, 28*, 1998, 269-287. (1)

2003: Michele Novellino (area: Theory). 'Unconscious communication and interpretation in transactional analysis'. *TAJ, 20*, 3, 1990, 168-172. (–)

2004: Pearl Drego (area: Permission Ritual Therapy). 'Changing systems through correlations of injunction inventories,' in Lapworth, P. (ed.), *The Maastricht Papers: Selections from the 20th EATA Conference* (pp. 5-19), Amersfoort: EATA, 2004. Also *Building family unity through permission rituals: permissions and ego state models*, Bombay: Alfreruby Publishers. (–)

2005: Graham Barnes: The circularity of theory and psychopathology with specific identification in the construction of schizophrenia, alcoholism, and homosexuality. Chapters 5 and 6 of Graham's doctoral dissertation, *Psychopathology of psychotherapy: a cybernetic study of theory* (Royal Melbourne Institute of Technology, Melbourne, Victoria, Australia) and 'Homosexuality in the first three decades of transactional analysis: a study of theory in the practice of transactional analysis psychotherapy.' *TAJ, 34*, 2004, 126-155. (–)

2006: Theodore B. Novey, 'Measuring the effectiveness of transactional analysis: an international study.' *TAJ, 32*, 1, 2002, 8-24. (–)

2007 (joint award): Helena Hargaden and Charlotte Sills: New theory of relational domains of transference. Chapters 4 and 5 in Hargaden, H., and Sills, C., *Transactional analysis-a relational perspective*, Hove: Brunner-Routledge, 2002. (29)

2007 (joint award): Bernd Schmid: New theory, role concept transactional analysis and social roles. In Mohr, G., and Steinert, T. (Eds.), *Growth and change for organizations: transactional analysis new developments 1995-2006* (pp. 32-61). Pleasanton, CA: ITAA. (Original work published 1994). (−)

2008: Gloria Noriega Gayol: New theory, Mechanisms for transmitting transgenerational scripts. Noriega Gayol, G., 'Codependence: a transgenerational script,' *TAJ 34*, 2004, 312-322; and 'Construcci?n y validaci?n del instrumento de codependencia (ICOD) para mujeres mexicanas [Construction and validation of the codependency instrument (ICOD) for mexican women],' April 2002 *Revista Salud Mental*. (−)

2009: Dolores Munari Poda: Practice application, New techniques in the treatment of children and ensuing theory. Munari Poda, D., 'Every child is a group: the girl of the snakes.' *TAJ, 34*, 2004, 52-68. (−)

2010: William F. Cornell: The relational and somatic organization of the Child ego state: expanding our understanding of script and script protocol. (Area: Theory). Cornell, W.F., 'Life script theory: a critical review from a developmental perspective', *TAJ, 18*, 1988, 270-282; 'Babies, brains, and bodies: somatic foundations of the Child ego state.' In Sills, C., and Hargaden, H.(Eds.), *Ego states (key concepts in transactional analysis: contemporary views)* (pp. 28-54). London: Worth Publishing, 2003. [One further citation] (4, 10-13)

2011: 수상자 없음

2011년 이후 Eric Berne 기념상 수상자는 http://ta-trainingandcertification.net/exam_handbook_pdfs/Section4.pdf 참조

부록 4

교류분석 101 과정 개관

'교류분석 101 과정(TA 101 course)' 은 ITAA와 EATA의 자격을 취득하는 데 필수적인 기본 교육 과정이다. 다음에 제시한 과정은 2008년 개정한 내용이다. ( ) 속의 번호는 이 책에서 다룬 장을 가리킨다.

I. 교류분석의 정의와 가치 및 적용 영역

1. 교류분석 정의(1)
2. 철학적 가정(1, 27)
3. 자율성의 정의(27)
4. 계약 방법(1, 26)
5. 적용 영역 (28, 29)
   1) 상담(1, 28)
   2) 교육(1, 29)
   3) 조직(1, 29)
   4) 심리치료(1, 28)

II. 교류분석 발달 개관

1. Eric Berne(30)
   - Eric Berne은 누구인가(30)
   - 이론의 발달(30)
   - 그의 저서(30)
2. 교류분석의 발달(30)
   - Berne 이후의 교류분석 이론 및 방법론의 진화(Berne 이후 교류분석의 이론과 방법론은 이 책 전반에 걸쳐 논의되고 있다. 특히 15~16, 17~20, 22 및 27~30장 참고)
   - Eric Berne 기념상(부록 3)
   - Eric Berne 기념상(EBMA)의 수상 목록(부록 3)
3. 교류분석협회의 조직

III. 성격 이론: 자아상태

1. 동기 이론: 구조, 자극 기아(8, 9)
2. 자아상태의 정의(2)
3. 자아상태의 구조모델(2, 4)
   - 네 가지 자아상태 진단 유형(5)
   - 내적 대화(4)
4. 오염과 배제(6)
5. 자아상태의 행동적 기술(3)
   - 에고그램(3)
   - 선택(7)

IV. 커뮤니케이션 이론: 교류과정분석

1. 교류(7)
   - 교류의 정의(7)
   - 교류의 유형(7)

- 교류의 규칙(7)

2. 스트로크(8)
   - 스트로크 정의(8)
   - 스트로크의 유형(8)
   - 스트로크 경제(8)
3. 사회적 시간 구조화(9)

V. 인생 유형 이론: 각본

1. 게임분석(23)
   1) 게임의 정의(23)
      - 게임하는 이유(24)
      - 게임의 이득(24)
      - 게임의 사례(23~25)
      - 게임의 급(23)

   2) 게임 과정 기술 방법(23)
      - 드라마 삼각형(23)
      - 공식 G(23)
      - 교류 게임 도표(23)
2. 라켓분석(21)
   1) 라켓의 정의와 결말(21)
      - 거래 스탬프(21)

   2) 내적/정신내적 과정의 중요성(21, 22)

   3) 라켓이 교류, 게임 및 각본과 맺고 있는 관계(21)
      - 라켓 체계와 라켓분석
3. 각본분석(10~15)
   1) 생활자세(12)
      - 생활자세의 정의와 OK(12)

- 네 가지 생활자세(12)
- 생활자세가 게임 및 각본과 맺고 있는 관계(12, 24)

2) 각본(10~15)

1) 각본의 정의(10)

2) 아동기 경험과 각본 기원(10, 13, 14)

3) 각본발달의 과정(10, 13, 14)

- 금지명령(13, 14)
- 속성(13)
- 대항금지명령(13)
- 초기결정(10, 14)
- 신체적 요인(11)
- 프로그램(14)
- 각본 변화(27)
- 각본 매트릭스와 기타 각본 도표(13, 22)

VI. 교류분석 방법론

- 집단 및 개인 적용 방법(28, 29)

참고문헌

Allen, J., and Allen, B., 'Scripts: the role of permission'. *Transactional Analysis Journal, 2,* 2, 1972, 72-4.

Allaway, J., 'Transactional analysis in Britain: the beginnings'. *Transactions, 1,* 1, 1983, 5-10.

Babcock, D., and Keepers, T., *Raising kids okay: transactional analysis in human growth and development.* New York: Grove Press, 1976.

Barnes, G. (Ed.), *Transactional analysis after Eric Berne: teachings and practices of three TA schools.* New York: Harper's College Press, 1977.

Barnes, G., 'Introduction'. In: Barnes (Ed.), *Transactional analysis after Eric Berne*, chapter 1.

Barrow, G., Bradshaw, E., and Newton, T. *Improving behaviour and raising self-esteem in the classroom.* Abingdon: David Fulton, 2001.

Berne, E., *A layman's guide to psychiatry and psychoanalysis.* New York: Simon and Schuster, 1957; third edition published 1968. *Other editions:* New York: Grove Press, 1957; *and* Harmondsworth: Penguin, 1971.

Berne, E., *Transactional analysis in psychotherapy.* New York: Grove Press, 1961, 1966.

Berne, E., 'Classification of positions'. *Transactional Analysis Bulletin, 1,* 3, 1962, 23.

Berne, E., *The structure and dynamics of organizations and groups.* Philadelphia: J.B. Lippincott Co., 1963. *Other editions:* New York: Grove Press, 1966; *and* New York: Ballantine, 1973.

Berne, E., 'Trading stamps'. *TAB, 3,* 10, 1964, 127.

Berne, E., *Games people play.* New York: Grove Press, 1964. *Other editions include:* Harmondsworth: Penguin, 1968.

Berne, E., *Principles of group treatment.* New York: Oxford University Press, 1966. *Other editions:* New York: Grove Press, 1966.

Berne, E., *Sex in human loving.* New York: Simon and Schuster, 1970. *Other editions:* Harmondsworth: Penguin, 1973.

Berne, E., *What do you say after you say hello?* New York: Grove Press, 1972. *Other editions:* London: Corgi, 1975.

Boyd, L., and Boyd, H., 'Caring and intimacy as a time structure'. *TAJ, 10,* 4, 1980, 281-3.

Capers, H., and Goodman, L., 'The survival process: clarification of the miniscript'. *TAJ, 13,* 1, 1983, 142-8.

Cassius, J., *Body scripts.* Memphis: Cassius, 1975.

Cheney, W., 'Eric Berne: biographical sketch'. *TAJ, 1,* 1, 1971, 14-22.

Cornell, W., 'Whose body is it? Somatic relations in script and script protocol'. In: Erskine (Ed.), *Life scripts,* chapter 5, pp.101-25.

Cornell, W., and Hargaden, H. (Eds.), *From transactions to relations: the emergence of a relational tradition in transactional analysis.* Chadlington: Haddon Press, 2005.

Crossman, P., 'Permission and protection'. *TAB, 5,* 19, 1966, 152-4.

De Graaf, A., and Kunst, K., *Einstein and the art of sailing: a new perspective on the role of leadership.* Hertford: Sherwood Publishing, 2010.

Donaldson, M., *Children's minds.* London: Fontana, 1978.

Drego, P., *Towards the illumined child.* Bombay: Grail, 1979.

Drego, P., 'Ego-state models'. *TASI Darshan, 1,* 4, 1981.

Drye, R., 'Psychoanalysis and TA'. *In:* James (Ed.), *Techniques in transactional analysis...,* chapter 11.

Drye, R., 'The best of both worlds: a psychoanalyst looks at TA'. *In:* Barnes (Ed.), *Transactional analysis after Eric Berne*, chapter 20.

Dusay, J., 'Egograms and the constancy hypothesis'. *TAJ, 2,* 3, 1972, 37-42.

Dusay, J., *Egograms.* New York: Harper and Row, 1977. *Other editions:* New York: Bantam,

1980.

Dusay, J., 'The evolution of transactional analysis'. *In:* Barnes (Ed.), *Transactional analysis after Eric Berne*, chapter 2.

English, F., 'Episcript and the "hot potato" game'. *TAB, 8,* 32, 1969, 77-82.

English, F., 'Strokes in the credit bank for David Kupfer'. *TAJ, 1,* 3, 1971, 27-9.

English, F., 'The substitution factor: rackets and real feelings'. *TAJ, 1,* 4, 1971, 225-30.

English, F., 'Rackets and real feelings, Part II'. *TAJ, 2,* 1, 1972, 23-5.

English, F., 'Sleepy, spunky and spooky'. *TAJ, 2,* 2, 1972, 64-7.

English, F., 'Racketeering'. *TAJ, 6,* 1, 1976, 78-81.

English, F., 'Differentiating victims in the Drama Triangle'. *TAJ, 6,* 4, 1976, 384-6.

English, F., 'What shall I do tomorrow? Reconceptualizing transactional analysis'. *In:* Barnes (Ed.), *Transactional analysis after Eric Berne*, chapter 15.

Erikson, E., *Childhood and society.* New York: W.W. Norton, 1950.

Ernst, F., 'The OK corral: the grid for get-on-with'. *TAJ, 1,* 4, 1971, 231-40.

Ernst, F., 'Psychological rackets in the OK corral'. *TAJ, 3,* 2, 1973, 19-23.

Ernst, F., 'The annual Eric Berne memorial scientific award acceptance speech'. *TAJ, 12,* 1, 1982, 5-8.

Ernst, K., *Games students play.* Millbrae: Celestial Arts, 1972.

Erskine, R., 'A structural analysis of ego'. *Keynote speeches delivered at the EATA conference, July 1986.* Geneva: EATA, 1987, speech 2.

Erskine, R., 'Ego structure, intrapsychic function, and defense mechanisms: a commentary on Eric Berne' s original theoretical concepts'. *TAJ, 18,* 1, 1988, 15-19.

Erskine, R. (Ed.), *Life scripts: a transactional analysis of unconscious relational patterns.* London: Karnac, 2010.

Erskine, R., 'Life scripts: unconscious relational patterns and psychotherapeutic involvement'. *In:* Erskine, R. (Ed.), *Life scripts: a transactional analysis of unconscious relational patterns.* London: Karnac, 2010, chapter 1, pp.1-28.

Erskine, R., and Zalcman, M., 'The racket system: a model for racket analysis'. *TAJ, 9,* 1, 1979, 51-9.

Falkowski, W., Ben-Tovim, D., and Bland, J., 'Assessment of the ego-states'. *British Journal of Psychiatry, 137,* 1980, 572-3.

Gilmour, J., 'Psychophysiological evidence for the existence of ego-states'. *TAJ, 11,* 3, 1981, 207-12.

Goulding, M., and Goulding, R., *Changing lives through redecision therapy.* New York: Brunner/Mazel, 1979.

Goulding, R., 'No magic at Mt. Madonna: redecisions in marathon therapy'. *In:* Barnes (Ed.), *Transactional analysis after Eric Berne*, chapter 4.

Goulding, R., and Goulding, M., 'New directions in transactional analysis'. *In* Sager and Kaplan (Eds.), *Progress in group and family therapy.* New York: Brunner/Mazel, 1972, 105-34.

Goulding, R., and Goulding, M., 'Injunctions, decisions and redecisions'. *TAJ, 6,* 1, 1976, 41-8.

Goulding, R., and Goulding, M., *The power is in the patient.* San Francisco: TA Press, 1978.

Haimowitz, M., and Haimowitz, N., *Suffering is optional.* Evanston: Haimowoods Press, 1976.

Hargaden, H., and Sills, C., *Transactional analysis-a relational perspective.* London: Routledge, 2002.

Harris, T., *I' m OK, you' re OK.* New York: Grove Press, 1967.

Hay, J., *Transactional analysis for trainers.* Hertford: Sherwood Publishing (2nd ed.), 2009.

Hay, J., *Working it out at work: understanding attitudes and building relationships.* Hertford: Sherwood Publishing (2nd ed.), 2009.

Hay, J., *Donkey bridges for developmental TA: making transactional analysis accessible and memorable.* Hertford: Sherwood Publishing (2nd ed.), 2012.

Hohmuth, A., and Gormly, A., 'Ego-state models and personality structure'. *TAJ, 12,* 2, 1982, 140-3.

Holloway, W., 'Transactional analysis: an integrative view'. *In:* Barnes (Ed.), *Transactional analysis after Eric Berne*, chapter 11.

Holloway, W., *Clinical transactional analysis with use of the life script questionnaire.* Aptos: Holloway, undated.

Hostie, R., 'Eric Berne in search of ego-states'. In: Stern (Ed.), *TA: the state of the art,* chapter 2.

Illsley Clarke, J., and Dawson, C., *Growing up again.* Center City: Hazelden, 1998.

James, J., 'The game plan'. *TAJ, 3,* 4, 1973, 14-7.

James, J., 'Positive payoffs after games'. *TAJ, 6,* 3, 1976, 259-62.

James, M., 'Self-reparenting: theory and process'. *TAJ, 4,* 3, 1974, 32-9.

James, M., *The OK boss.* Reading: Addison-Wesley, 1976.

James, M. (Ed.), *Techniques in transactional analysis for psychotherapists and counselors.* Reading: Addison-Wesley, 1977.

James, M., 'Eric Berne, the development of TA, and the ITAA'. *In:* James (Ed.), *Techniques in transactional analysis...*, chapter 2.

James, M., *Breaking free: self-reparenting for a new life.* Reading: Addison-Wesley, 1981.

James, M., *It' s never too late to be happy.* Reading: Addison-Wesley, 1985.

James, M., *Perspectives in transactional analysis.* San Francisco: TA Press, 1998.

James, M., and Jongeward, D., *Born to win: transactional analysis with gestalt experiments.* Reading: Addison-Wesley, 1971. *Other editions include:* New York: Signet, 1978.

James, M., and Jongeward, D., *The people book: transactional analysis for students.* Reading: Addison-Wesley, 1975.

Joines, V., 'Differentiating structural and functional'. *TAJ, 6,* 4, 1976, 377-80.

Joines, V., 'Similarities and differences in rackets and games'. *TAJ, 12,* 4, 1982, 280-3.

Joines, V., 'Using redecision therapy with different personality adaptations'. *TAJ, 16,* 3, 1986, 152-60.

Joines, V., 'Diagnosis and treatment planning using a transactional analysis framework'. *TAJ, 18,* 3, 1988, 185-90.

Joines, V., *Joines personality adaptation questionnaire administration, scoring and interpretive kit (JPAQ).* Chapel Hill, NC: Southeast Institute, 2002. (Or on-line at:) *www.seinstitute.com/books_videos_.html*

Joines, V., and Stewart, I., *Personality adaptations: a new guide to human understanding in psychotherapy and counselling.* Nottingham and Chapel Hill: Lifespace, 2002.

Jongeward, D., *Everybody wins: TA applied to organizations.* Reading: Addison-Wesley, 1973.

Jongeward, D., and Seyer, P., *Choosing success: transactional analysis on the job.* San

Francisco: Wiley, 1978.

Kahler, T., 'Drivers: the key to the process of scripts'. *TAJ, 5,* 3, 1975, 280-4.

Kahler, T., *Transactional analysis revisited.* Little Rock: Human Development Publications, 1978.

Kahler, T., *The process therapy model.* Little Rock: Taibi Kahler Associates, 2008.

Karpman, S., 'Fairy tales and script drama analysis'. *TAB, 7,* 26, 1968, 39-43.

Karpman, S., 'Options'. *TAJ, 1,* 1, 1971, 79-87.

Lee, A., 'Process contracts'. *In:* Sills, C. (Ed.), *Contracts in counselling and psychotherapy,* chapter 6, pp.74-86.

Lenhardt, V., 'Bioscripts'. *In:* Stern (Ed.), *TA: the state of the art,* chapter 8.

Levin, P., *Becoming the way we are.* Berkeley: Levin, 1974.

Levin, P., 'The cycle of development'. *TAJ, 12,* 2, 1982, 129-39.

Levine, S., 'Stimulation in infancy'. *Scientific American, 202,* 5, 1960, 80-6.

Lewis, T., Amini, F. and Lannon, R., *A general theory of love.* New York: Vintage, 2000.

Mahler, M.S., *The psychological birth of the human infant.* New York: Basic Books, 1975.

Maier, H., *Three theories of child development.* New York: Harper and Row, 1969.

McCormick, P., *Guide for use of a life-script questionnaire in transactional analysis.* San Francisco: Transactional Publications, 1971.

McCormick, P. (Ed.), *Intuition and ego states.* New York: Harper and Row, 1977.

McCormick, P., 'Taking Occam's Razor to the life-script interview'. *Keynote speeches delivered at the EATA conference, July 1986.* Geneva: EATA, 1987, speech 5.

McKenna, J., 'Stroking profile'. *TAJ, 4,* 4, 1974, 20-4.

Mellor, K., and Sigmund, E., 'Discounting'. *TAJ, 5,* 3, 1975, 295-302.

Mellor, K., and Sigmund, E., 'Redefining'. *TAJ, 5,* 3, 1975, 303-11.

Mohr, G., and Steinert, T. (Eds.), *Growth and change for organisations.* Bonn: Kulturpolitische Gesellschaft, 2006.

Mountain, A., and Davidson, C., *Working together: organizational transactional analysis and business performance.* Farnham and Burlington: Gower, 2011.

Napper, R., and Newton, T., *Tactics: transactional analysis concepts for trainers, teachers and *tutors.* Ipswich: TA Resources, 2000.

Newton, T., 'Letter from the guest editor'. *TAJ, 34,* 3, 2004, 194-6.

Nelson, Portia, 'Autobiography in five short chapters'. *In:* Black, Claudia, *Repeat after me.* Denver: M.A.C. Printing and Publications, 1985.

Schiff, A., and Schiff, J., 'Passivity'. *TAJ, 1,* 1, 1971, 71-8.

Schiff, J., 'One hundred children generate a lot of TA'. *In:* Barnes (Ed.), *Transactional analysis after Eric Berne*, chapter 3.

Schiff, J., *et al., The Cathexis reader: transactional analysis treatment of psychosis.* New York: Harper and Row, 1975.

Schiff, S., 'Personality development and symbiosis'. *TAJ, 7,* 4, 1977, 310-6.

Sills, C. (Ed.), *Contracts in counselling and psychotherapy.* London: Sage (2nd ed.), 2006.

Sills, C., and Hargaden, H., *Ego states.* London: Worth, 2003.

Spitz, R., 'Hospitalism: genesis of psychiatric conditions in early childhood'. *Psychoanalytic studies of the child, 1,* 1945, 53-74.

Steere, D., *Bodily expressions in psychotherapy.* New York: Brunner/Mazel, 1982.

Steiner, C., 'Script and counterscript'. *TAB, 5,* 18, 1966, 133-35.

Steiner, C., 'The stroke economy'. *TAJ, 1,* 3, 1971, 9-15.

Steiner, C., *Games alcoholics play.* New York: Grove Press, 1971.

Steiner, C., *Scripts people live: transactional analysis of life scripts.* New York: Grove Press, 1974.

Steiner, C., and Kerr, C. (Ed.), *Beyond games and scripts.* New York: Ballantine Books, 1976.

Stern, E. (Ed.), *TA: the state of the art.* Dordrecht: Foris Publications, 1984.

Stewart, I., *Eric Berne.* London: Sage, 1992.

Stewart, I., *Developing transactional analysis counselling.* London: Sage, 1996.

Stewart, I., 'Ego states and the theory of theory: the strange case of the Little Professor'. *TAJ, 31, 2,* 2001, 133-47.

Stewart, I., 'Outcome-focused contracts'. *In:* Sills, C. (Ed.), *Contracts in counselling and psychotherapy,* chapter 5, pp.63-73.

Stewart, I., *Transactional analysis counselling in action.* London: Sage(3rd ed.), 2007.

Summerton, O., 'Advanced ego-state theory'. *TASI Darshan, 2,* 4, 1982.

Temple, S., 'Update on the functional fluency model in education'. *TAJ, 34,* 3, 2004, 197-204.

Thomson, G., 'Fear, anger and sadness'. *TAJ, 13,* 1, 1983, 20-4.

Tilney, T., *Dictionary of transactional analysis.* London: Whurr, 1998.

Tosi, M., 'The lived and narrated script: an ongoing narrative construction'. *In:* Erskine (Ed.), *Life scripts,* chapter 2, pp.29-54.

Trautmann, R., and Erskine, R., 'Ego-state analysis: a comparative view'. *TAJ, 11,* 2, 1981, 178-85.

Tudor, K. (Ed.), *Transactional approaches to brief therapy.* London: Sage, 2001.

Ware, P., 'Personality adaptations'. *TAJ, 13,* 1, 1983, 11-19.

White, J., and White, T., 'Cultural scripting'. *TAJ, 5,* 1, 1975, 12-23.

Widdowson, M., *Transactional analysis: 100 key points and techniques.* London and New York: Routledge, 2010.

Williams, J., *et al.,* 'Construct validity of transactional analysis ego-states'. *TAJ, 13,* 1, 1983, 43-9.

Woollams, S., 'When fewer strokes are better'. *TAJ, 6,* 3, 1976, 270-1.

Woollams, S., 'From 21 to 43'. *In:* Barnes (Ed.), *Transactional analysis after Eric Berne*, chapter 16.

Woollams, S., 'Cure!?' *TAJ, 10,* 2, 1980, 115-7.

Woollams, S., and Huige, K., 'Normal dependency and symbiosis'. *TAJ, 7,* 3, 1977, 217-20.

Zalcman, M., 'Game analysis and racket analysis'. *Keynote speeches delivered at the EATA conference, July 1986.* Geneva: EATA, 1987, speech 4.

찾아보기

인 명

내 용

⊙ 저자 소개

Ian Stewart 박사는 영국 The Berne Institute 공동 소장을 맡고 있다. 그는 유럽교류분석협회(EATA) 및 국제교류분석협회(ITAA) 교류분석 슈퍼바이저 및 교육 전문가로 활동하고 있다. 또한 그는 UKCP 심리치료사이자 신경언어 프로그래밍의 Master Practitioner다. 1998년 유럽 교류분석 전파의 뛰어난 공로로 유럽교류분석협회 금상을 수상했다.

Vann Joines 박사는 임상심리학자로서 부부 및 가족 치료 전문가다. 그는 North Carolina의 Southeast Institute for Group & Family Therapy 소장을 맡고 있다. 그는 국제교류분석협회(ITAA) 교류분석 슈퍼바이저 및 교육 전문가로 활동하고 있다. 1994년 교류분석 이론을 타 심리학적 이론 및 접근방법과 통합한 공로로 Eric Berne 기념상을 수상했다. 그는 재결정치료 자격 소지자로서 미국 부부 및 가족 치료협회, 미국집단치료협회의 Life Fellow, Advanced Integrative Therapy(AIT) 강사 자격을 가지고 있다.

⊙ 역자 소개

제석봉(Je Seokbong)
대구가톨릭대학교 상담대학원 원장
한국TA연구소 소장
사단법인 밝고 아름다운 세상 대표
전) 대구가톨릭대학교 대학원장
　한국교류분석학회 회장
　대구경북상담학회 회장

〈주요 저역서〉
유능한 상담사(공역, 학지사, 2015)
가족치료(공저, 정민사, 2014)
상담이론과 실제(공역, 학지사, 2015)
사랑만으로는 살 수 없다: 아론 벡 인지적 부부치료(학지사, 2001)